HARTMUT REIBER

Grüß den Brecht

Das Leben der Margarete Steffin

Eulenspiegel Verlag

Elanor Eberlein gewidmet

Inhalt

Nach dem Tod meiner Mitarbeiterin M.S.

Seit du gestorben bist, kleine Lehrerin
Gehe ich blicklos herum, ruhelos
In einer grauen Welt staunend
Ohne Beschäftigung wie ein Entlassener.

Verboten
Ist mir der Zutritt zur Werkstatt, wie
Allen Fremden.

Die Straßen sehe ich und die Anlagen
Nunmehr zu ungewohnten Tageszeiten, so
Kenne ich sie kaum wieder.

Heim
Kann ich nicht gehen: ich schäme mich
Daß ich entlassen bin und
Im Unglück.

Bertolt Brecht

Rummelsburger Kellerkind

Im Herbst 1920 kehrt Grete Steffin nach sechsmonatiger Abwesenheit in ihre Heimatstadt Berlin zurück. Die Zwölfjährige sitzt im Zug aus Königsberg, inmitten fröhlicher und schwatzender Kinder. Sie alle sind auf dem Weg nach Hause und freuen sich auf das lang erwartete Wiedersehen mit Eltern und Freunden. Als Grete auf dem Bahnhof in Berlin aus dem Zug steigt, blickt sie in erstaunte Gesichter.

»Wie siehst du denn aus!« begrüßt man sie verwundert. »Gar nicht, als wärst du ein halbes Jahr auf dem Lande gewesen!«

Es ist nicht zu übersehen: Alle anderen Kinder sind gut genährt und haben zugenommen, Grete aber ist genauso dünn wie vor der Reise. *Hungerharke*, sagt die Schwester.

Der Erste Weltkrieg ist seit knapp zwei Jahren vorbei. Die Mutter hat Grete und ihre Schwester Herta mit Brennesselsuppe, Brotkartenrationen und Steckrüben über den Krieg gebracht, aber an dessen Ende hört das Hungern nicht auf. Grete ist blaß, dünn und überaus geräuschempfindlich. Sie ist unterernährt wie viele Berliner Kinder, die man schließlich in großen Transporten aufs Land schickt, wo sie sich erholen sollen.

So fährt auch Grete im Frühjahr 1920 für ein halbes Jahr nach Ostpreußen, in ein masurisches Dorf. Hier wird sie dem Hof des Bauern Zentarrer zugeteilt, mit dem sie es besonders schlecht getroffen hat.

Obwohl sie gern zur Schule gehen will, verweigert er ihr den Schulbesuch, denn er betrachtet sie als willkommene Hilfsmagd. Auch geizt er mit dem Essen, dem Sinn und Zweck der Reise, und er ist ein Hofherr, der seine Untergebenen mit harter Hand züchtigt.

Weit entfernt von zu Hause gerät Grete in eine fremde, gewalttätige und groteske Welt: In Masuren regieren die Gutsbesitzer noch mit Stock und Peitsche, die Landarbeiter buckeln und küssen die Rocksäume ihrer Gutsherren. Bauer Zentarrer und sein Anhang öffnen und kontrollieren Gretes Post und halten einige Briefe zurück, die sie nach Hause schreibt. Sie weisen lange Arbeitstage an und verteilen äußerst karge Mahlzeiten. Die lange Trennung, die weite Entfernung von zu Hause und die grobe Behandlung, die Grete von ihren Wirtsleuten erfährt, machen sie derart unglücklich, daß sie sich das Leben nehmen will.

Gretes Freundin Hilde Lützenhoff erinnert sich:

Sie kriegte kaum zu essen und wurde schlecht behandelt, auch von den Mägden und Knechten da. Sie erzählte mir sogar, daß sie Schläge bekam. Sie sagte diesen Bauersleuten dann, es sei so schwer dort, daß sie es nicht mehr aushalte, sie ginge ins Wasser, wenn sie noch einmal geschlagen würde. Und ich fragte sie darauf: »Na und, Gretl, waren die nicht entsetzt darüber!?« *Ja, und das ist eben ihr Galgenhumor gewesen, damals schon, daß sie sagte:* »Warum denn? Die hatten ja Grund mich auszulachen. Ich hab's ja nicht zu Ende geführt, bin ja wiedergekommen.« *Die hatten das nicht ernst genommen, als sie sagte,· sie würde ins Wasser gehen. Und als sie dann gegangen war und wieder zurückkam, da haben die so furchtbar gelacht.*[1]

Bauer Zentarrer lacht das selbstzufriedene Lachen des rechtgläubigen Untertanen, der sich seiner Macht gewiß sein darf – er hat den Staat auf seiner Seite.

Bauern hatten in Preußen das gesetzlich verbriefte Recht, ihre Dienstleute zu prügeln. Die halbfeudale Gesindeordnung war erst ein knappes Jahr zuvor im Ergebnis der Revolution abgeschafft worden, als einer der ersten juristischen Akte der Weimarer Republik, was Zentarrer und die Seinen hinter den masurischen Seen offensichtlich ignorieren.

Grete meidet die dumpfe Gesellschaft ihrer Wirtsfamilie so gut sie kann und zieht sich in ihre Phantasie zurück. Sie folgt einer erprobten Gewohnheit und beteiligt sich am Geschichten-Wettbewerb einer Kinderzeitschrift, die ihr der Klassenlehrer aus Berlin geschickt hat. »Schwesternliebe« heißt die Geschichte, die sie nun beginnt. Darin schreibt sie sich eine fiktive Rolle zu, die sie ganz und gar nicht als ausgestoßenes Aschenbrödel, wie in der Wirklichkeit des Sommers 1920, erscheinen läßt. Auch nicht als Prinzessin in kostbaren Kleidern, wie man vermuten könnte, sondern als das, was sie so gern sein will: mitfühlend, hilfsbereit, selbstlos. Die Geschichte handelt von einem dramatischen Rettungsversuch und endet tragisch. Grete erzählt von einem »Mädchen, das ›auf gischtgekrönter See‹ ihr Leben für die kleinere Schwester gab«.[2]

Offenbar hatte das starke Heimweh die kindliche Liebe zu ihrer jüngeren Schwester Herta wachgerufen. Grete verwandelt in ihren eigenen Lebensüberdruß in einen Opfertod, im christlichen Glauben sieht sie die Bedingung aller Erlösung und einen Zugang zum ewigen Leben. Was sie beim Schreiben erfahren hat, klingt noch in einer Erinnerung nach, die sie Jahre später als erwachsene Frau notiert: »Ich war selber sehr gerührt über meine Erzählung.«[3]

Auch die Preisrichter in Berlin sind beeindruckt: Der hohe Ton in dieser Geschichte einer Rettung. Die idealische Gesinnung. Das pietistisch grundierte und ins Heroische gesteigerte Motiv der tätigen Nächstenliebe. Grete erhält für ihre Geschichte den ersten Preis des Wettbewerbs, eine Prachtausgabe des »Don Quichotte« von Cervantes. Die Redaktion schreibt ihr eine Widmung hinein.[4]

Bauer Zentarrer und sein Anhang erfahren es wie immer als erste. Wieder einmal hatten sie Gretes Post aus Berlin geöffnet. Plötzlich ändert sich ihr Verhalten. Jetzt wird Grete hofiert und eingeladen, im nächsten Jahr unbedingt wiederzukommen.

Ihr großer Erfolg vermag sie allerdings nicht wirklich zu trösten. Im Herbst 1920 kehrt sie traurig und niedergeschlagen nach Berlin zurück, die schlechten Erfahrungen mit ihren Gastgebern wirken nach. Beinahe hätte sie ihr empörtes Aufbegehren, das dem Verhalten der Familie Zentarrer galt, gegen sich selbst gerichtet.

Den »Don Quichotte« reiht Greter in ihre schmale Büchersammlung ein, es ist das erste Buch der Weltliteratur, das sie kennenlernt. Dort steht er neben »Hummelchen«, »Treuhilde«, »Trotzkopf« und den »Nesthäkchen«-Romanen der Else Ury, Bücher, die sie von ihren Cousinen bekommen hatte.

Grete und ihre Mutter freuen sich über den kleinen Literaturpreis. Der Vater hingegen betrachtet ihn äußerst mißtrauisch, er paßt ihm nicht. August Steffin kann mit belletristischer Literatur nichts anfangen. Schöngeisterei ist in seiner Familie nicht üblich und auch nicht in seinen Kreisen. Hätte ihm jemand erklärt, seine Tochter habe geschrieben, um zu überleben, er hätte es nicht verstanden.

August Steffin ist ein geradliniger, aber auch kantiger Mann, der keinen Gedanken an Literatur oder Kunst verwendet. Sein Interesse gilt der Politik. Er nimmt sich vor, seiner Tochter die künstlerischen Flausen auszutreiben.

Gretes Eltern sind dem allgemeinen Zug vom Land in die Städte gefolgt, der mit der Gründung des Kaiserreiches eingesetzt hatte. August Steffin kommt aus Glambeck, einem kleinen Dorf in der Mark Brandenburg, Grafschaft Ruppin, wo er 1882 geboren wurde. Sein Vater ist der Schiffer Johann Steffin, die Mutter Emilie, geborene Krug, ist Händlerin.

August Steffin hat keinen Beruf erlernt. In Glambeck war er Bauhilfsarbeiter, später auch in Berlin, wo er der sozialdemokratischen Partei und der Bauarbeitergewerkschaft beitrat.

Gretes Mutter Johanna, auch sie 1882 geboren, kommt aus Amalienau, einem Dorf in Ostpreußen. Sie entstammt der Familie des Instmannes Gottlieb Sommer und der Landfrau Charlotte, geborene Sauerbaum. Instleute waren durch Kontrakt gebundene Tagelöhner, die auf dem Besitz ihres Herren lebten, etwas Land zur eigenen Bewirtschaftung erhalten hatten und vorwiegend in Naturalien entlohnt wurden. Johanna ist das jüngste von zwölf Geschwistern. Und sie ist die zweite in ihrer Familie, die es wagt, von ihrem Grundherren unabhängig zu werden. 1902 verläßt sie Amalienau, um einer ihrer Schwestern nach Berlin zu folgen. Hier arbeitet sie in der Familie eines Arztes als Dienstmädchen.

Johanna Sommer und August Steffin lernen sich in einem großen Berliner Tanzsaal kennen und heiraten im Oktober 1907. Sie wohnen im Berliner Osten, Mozartstraße 3. In dieser Wohnung kommt Grete am 21. März 1908 zur Welt.[5]

Die Geburtsurkunde ist auf den Namen Margarete Emilie Charlotte Steffin ausgestellt. Genannt wird sie Grete oder Gretl. Den Vornamen Margarete verwendet niemand, er taucht nur in standesamtlichen Dokumenten, Polizeiakten und Publikationen auf.

Wenige Monate nach Gretes Geburt macht sich August Steffin selbständig. Er ist nun 26 Jahre alt und hat eine eigene Familie, mit der er nach Rummelsburg zieht, in den Keller der Hauptstraße 86, wo er sich eine Werkstatt einrichtet. Über der Tür prangt ein Emailleschild, das den Ein-Mann-Betrieb anzeigt: Pantinenmacher August Steffin. Das Schild ist von zwei übergroßen Holzpantinen eingerahmt. Während ihrer ersten Lebensjahre im Pantinenkeller hört die kleine Grete ständig das Klicken der Seiten- und Spitzenzangen und das monotone Hämmern der Tacks. Und sie hört Schienenstöße: Unmittelbar hinter dem dreistöckigen Haus, in dem die Familie Steffin lebt, erhebt sich ein Damm, auf dem der Personenzug nach Adlershof rumpelt.

Dem Haus gegenüber befinden sich eine Leimsiederei und eine Färberei, eine Kalkbrennerei, eine Gerberei und eine Wollwarenfabrik. Die Fabriken stehen am Nordufer des Rummelsburger Sees, dessen ländliches Idyll wohlhabende Berliner Bürger einst zu schätzen wußten. Um 1830 hatten sie sich auf der Halbinsel Stralau ihre Sommervillen bauen lassen. Fünfzig Jahre später trieb die Gründerzeit dieser Gegend jede Beschaulichkeit aus. An der Rummelsburger Hauptstraße, einer langen Straße, die nach Köpenick führt, stehen jetzt Fabriken, städtische Erziehungsanstalten und einige Wohnhäuser. Seit Mitte des 19. Jahrhunderts hatten sich hier Werften angesiedelt, eine Holzverarbeitungs- und eine Mörtelfabrik, Maschinenfabriken und andere Industriebetriebe. Auch die weitere Umgebung der Steffinschen Behausung lädt nicht gerade zum Verweilen ein: da sind der Ringbahnhof Stralau-Rummelsburg, die AEG Treptow, die Stralauer Glashütte, eine Engelhardt-Brauerei, das Knorr-Bremsenwerk, eine Anilinfabrik und das riesige, im Volksmund *Rummeline* genannte Gefängnis Rummelsburg.

So unbehaglich das Steffinsche Kellergelaß auch sein mag, es ist für Berlin nichts Ungewöhnliches. Ein Zehntel der innerstädtischen Bevölkerung haust in solchen Kellerwohnungen.[6] Die jedes Jahr nach Zehntausenden zählende Zuwanderung in die Fabriken hat eine akute Wohnungsnot ausgelöst, zusätzlich befördert von der einsetzenden Bodenspekulation.

Im März 1908, dem Monat von Gretes Geburt, beschließt der Reichstag eine Novellierung des Flottengesetzes. Die Produktion schwerer Panzerschiffe wird verdoppelt, ein weiterer Sprung im Rüstungswettlauf mit England. Vaterländische Vereine machen dem Volk den kommenden Krieg als »Stahlbad zur Ertüchtigung der Rasse« schmackhaft. Damit sind sie durchaus erfolgreich, auch bei großen Teilen der Gewerkschaften und innerhalb der Sozialdemokratie.

Indessen haben die ruinöse Flottenrüstung und der deutsche Kolonialkrieg in Südwestafrika den Staatshaushalt zerrüttet. Die Regierung unter dem Reichskanzler Bernhard von Bülow sieht sich nach neuen Steuereinnahmen um. Im November 1908 bringt sie eine Finanzreform auf den Weg, mit der die Reichsfinanzen über eine Vielzahl indirekter Steuern saniert werden sollen. Steigende Lebenshaltungs- und Mietkosten sind die Folge. Trotz guter Konjunktur sinken die Reallöhne. Dagegen setzen sich die Arbeiter in zahlreichen Lohn- und Arbeitskämpfen zur Wehr.

Auch in Berlin-Rummelsburg kommt es zwischen 1908 und 1911 zu Lohnstreiks und Arbeitslosen-Demonstrationen. Gleichzeitig organisiert die Sozialdemokratische Partei Massenproteste gegen das halbfeudale Dreiklassenwahlrecht, nach dem in Preußen immer noch gewählt wird.

August Steffin hat von Anfang an Schwierigkeiten mit dem Verkauf seiner Holzpantinen: Schuhe und Pantinen werden zunehmend maschinell hergestellt. Familie Steffin lebt in Armut.

Am 27. Juli 1909 wird im Pantinenkeller das zweite Kind geboren, Herta. Bald darauf muß Johanna Steffin, die seit der Geburt der Tochter Grete ihre Stellung als Dienstmädchen aufgegeben hatte, wieder mitverdienen. Sie nimmt eine Fabrikarbeit an. Ihre Töchter bringt sie in einem evangelischen Kindergarten in der Prinz-Albrecht-Straße unter.

1913 ist August Steffin gezwungen, seine Werkstatt wegen mangelnden Umsatzes zu schließen. Von jetzt an schleppt er die große Emailletafel, die einst auf sein Geschäft hinwies, bei jedem der vielen Umzüge seiner Familie mit, von Wohnung zu Wohnung. Zur Erinnerung an eine Zeit, da er den Sprung in die selbständige Existenz gewagt hatte. Und er wendet sich ab von der Großstadt Berlin, die ihm beruflich kein Glück gebracht hat.

Familie Steffin zieht nach Lindow, einem Dorf in der Grafschaft Ruppin, wo Augusts Mutter Emilie als Posamentenhändlerin lebt. Lindow liegt nahe Rheinsberg am Wutzsee und hat eine Klosterruine zum Wahrzeichen, die der Dreißigjährige Krieg hinterließ. Theodor Fontane hatte sie fünfzehn Jahre zuvor in seinem Roman »Der Stechlin« zum Kloster Wutz umgeformt.

In Lindow verdingt sich August Steffin als Tagelöhner bei Bauern, Johanna ist Aufwartefrau und Wäscherin für einen Bäcker.

Grete und ihre Schwester Herta haben in Lindow reichlich Gelegenheit, mit ihrer lebenslustigen Großmutter Emilie über Land zu ziehen. Für Gretes Schwester Herta zählen diese Fahrten zu den schönsten Erlebnissen ihrer Kindheit:

Großmutter war eine dicke Frau und schon lange Witwe. Sie zog mit uns über die Dörfer, von Hof zu Hof, mit einem Planwagen, Pferd davor, wie Mutter Courage. Sie verkaufte Nähsachen. Knöpfe und Stoffe, Zwirn und Bänder, Nadeln, bißchen Wäsche und so was. Sie setzte uns kleine Mädels vorn auf den Kutschbock, und dann ging's los! Sie sang immer während der Fahrt, Schnulzen, »Mariechen saß weinend im Garten« – das hat uns so gut gefallen! Von der Groß-mutter hat Grete oft erzählt, da wundere ich mich, daß sie keine Ge-schichte über sie schrieb. Großmutter hatte wohl ihren Turnus, so daß die Bauern schon wußten, jetzt kommt die alte Steffin. Es ging aber jeden Abend wieder nach Hause, sie ist nur in die umliegenden Dörfer gefahren.[7]

Im März 1914 wird Grete Steffin in Lindow eingeschult. Am 1. August erklärt Reichskanzler Theobald von Bethmann Holl-weg, dem russischen Zarenreich den Krieg. Wenige Tage später wird August Steffin eingezogen, um an der Ostfront für »Kai-ser, Gott und Vaterland« zu kämpfen.

Johanna Steffin muß die Familie jetzt allein durchbringen. Ende 1914 zieht sie mit ihren Töchtern in das nahegelegene Kasernenstädtchen Neuruppin, wo sie Arbeit als Granaten-dreherin in einer Munitionsfabrik findet. Ihrer Tochter Grete erklärt sie, der Vater schieße mit den Granaten die Feinde tot, während August Steffin, der schon im September 1914 in rus-sische Kriegsgefangenschaft geraten war, seinen Dienst längst quittiert hat. Aber das kann Johanna nicht wissen. Sie hat seit langem keinen Brief mehr von ihrem Mann bekommen.

In der Schule wird Grete über das Heldentum deutscher Sol-daten unterrichtet. Sie erfährt, daß die Deutschen »Herrenmen-schen« seien, und sie selbst jetzt an der »Heimatfront« kämpfe. Sie singt mit ihrer Klasse Lieder, in denen Soldaten lachend ster-ben und bekommt »siegfrei«, wenn Deutschland eine Schlacht gewonnen hat. Sie verziert Bilder von Hindenburg und Kaiser Wilhelm, strickt Socken für Soldaten und spendet ihre Spar-pfennige, wenn die Mutter Kriegsanleihen zeichnet, die ab 1915 von Werbern des Reichsschatzamtes bis ins letzte deut-sche Dorf gebracht werden. Und sie erlebt die Erschütterung der Welt ganz nah und sehr persönlich.

Gretes Vater hat einen Frontkameraden, der seinen Urlaub bei ihrer Mutter verbringt und deren Liebhaber ist. Jahre spä-ter erzählt Grete in einer autobiografischen Geschichte: »Ein-mal kam ein Mann in feldgrauer Uniform zu uns. Ich dachte erst, es müsse Vater sein, aber es war nur irgendein Onkel. Der

Onkel schien wirklich nett, er brachte meiner Schwester und mir Bonbons und erzählte, wie es im Krieg sei, daß sie aber auch Karten spielten und manchmal sogar Theater. Und daß Krieg überhaupt gut sei, weil man sonst das Wunderbarste, den Urlaub, nicht hätte. Das mit dem Urlaub kam mir vor wie die engen Schuhe unserer Nachbarin. Die sagte auch immer: ›Das Schönste ist, enge Schuhe zu tragen, es gibt nichts Besseres auf der Welt, als zu enge Schuhe ausziehen zu können.‹«[8]

Als Grete einmal hört, wie ihre Mutter im Nebenzimmer den fremden Mann liebt, reagiert sie mit heftiger Abwehr: »Eines Nachts konnte ich sehr schlecht schlafen. Es gab keinen Grund, denn die Deutschen hatten keinen großen Sieg und keine große Niederlage gehabt. Eine Prüfung stand auch nicht bevor. Komisch. Aber dann wußte ich gleich den Grund. Mutter weinte. Sie schlief in der andern Stube, und sie weinte so, wie ich es noch nie gehört hatte von ihr, nicht einmal als sie die Gallenoperation hatte.

Ich wollte gleich zu ihr. Aber da hörte ich einen Mann sprechen. Zuerst dachte ich: Hurra, Vater! Aber der wäre doch zu uns gekommen. Der Onkel?«[9]

Nachdem der Mann die Wohnung verlassen hat, verlangt Grete von ihrer Mutter eine Erklärung. Sie erhält die Antwort: »Aber es ist doch Krieg, und er kommt vielleicht nie wieder. Man muß doch ein bißchen nett sein zu ihm. Es ist ja so schwer, wieder in den Krieg zu gehen. Vater kommt ja nie wieder.«[10]

Was mag das achtjährige Kind aus dieser Situation gelernt haben? Daß eine Frau mehrere Männer lieben kann, auch wenn sie verheiratet ist? So etwas kann sie noch nicht verstehen, ihr fehlt die vertraute familiäre Ordnung. Der Krieg hat ihr schon den Vater weggenommen, jetzt will sie nicht auch noch die Mutter an einen »Mann in feldgrauer Uniform«[11] verlieren. Der fremde Mann muß aus ihrem Leben verschwinden. So handelt sie beherzt und kurz entschlossen: »Wenn Briefe kamen (und er schrieb viel mehr, als Vater früher geschrieben hatte), las ich sie heimlich. Später nahm ich sie weg und gab sie meiner Mutter nicht mehr. Sie kam ja erst abends aus der Fabrik.«[12]

Im Frühjahr 1918 zieht Johanna Steffin mit ihren Töchtern zurück nach Berlin, wieder in die Rummelsburger Hauptstraße, diesmal in eine Zweizimmerwohnung des Hauses Nr. 88. In Berlin trifft sie auf Hunger und Chaos, die der Krieg hinterlassen hat.

Die Stimmung hier schwankt wie im ganzen Land zwischen Untergang und Aufbruch, zwischen Depression und einer Euphorie, die ihre Hoffnungen auf das Ende des Krieges und eine Revolution in Deutschland richtet. Der Aufstand beginnt am 30. Oktober in Wilhelmshaven mit der Weigerung der Matrosen, zu einer neuen Seeschlacht gegen England auszulaufen.

Ende 1918 kommt August Steffin aus russischer Kriegsgefangenschaft nach Hause. In den vier Jahren der Gefangenschaft hat er Russisch gelernt. Er teilt den Optimismus der russischen Revolution, der nach dem verheerenden Krieg nicht zuletzt auf der Vision einer friedlichen Welt gründet.

August Steffin kehrt in seinen vertrauten Rummelsburger Kreis sozialdemokratischer Genossen zurück. Es fällt ihm schwer, sich zwischen den verschiedenen Flügeln der Arbeiterbewegung, die sich während seiner Abwesenheit gespalten hatte, zurechtzufinden. Seine Partei, die SPD, ist jetzt an der Regierung und arrangiert sich mit den verbliebenen Stützen der Monarchie. Er diskutiert mit den Rummelsburger Genossen, warum die jahrzehntelange Orientierung der Partei auf die Revolution ausgerechnet jetzt, da sie gekommen ist, nicht mehr gelten soll. August Steffin will sich der revolutionären Bewegung anschließen, er verläßt die SPD und tritt der USPD bei. Kurz darauf finden in Rummelsburg und in anderen Berliner Stadtteilen schwere Massaker statt.

Unmittelbarer Anlaß ist der beginnende Generalstreik vom 4. März 1919. Er richtet sich gegen das am 27. Februar beschlossene Reichswehrgesetz, das die Strukturen der alten kaiserlichen Armee nicht antastet. Die Hauptforderungen lauten: Umgestaltung der Reichswehr, Abzug der Freikorps und Anerkennung der Arbeiter- und Soldatenräte. Darauf verbündet sich der sozialdemokratische Reichswehrminister Gustav Noske mit den Freikorps und entschließt sich, den Berliner Generalstreik, der täglich in einen neuen Aufstand umschlagen kann, militärisch zu brechen.

Als sich Regierungstruppen und Freikorps am 8. März 1919, mit schweren Waffen vom Alexanderplatz kommend, den Bezirken Friedrichshain, Lichtenberg/Rummelsburg, Neukölln und Wedding nähern, gehen sie gegen Revolutionäre vor, die sich mit Handfeuerwaffen hinter Barrikaden und auf Dächern verschanzt haben. Am 10. und 11. März ist Lichtenberg von Regierungstruppen eingekreist. Rummelsburg wird vom Freikorps Hülsen besetzt, das die Straßen und Häuser des Stadtteils systematisch durchkämmt. Als die Freikorpstruppen die Hauptstraße erreichen, entgeht August Steffin nur knapp einer standrechtlichen Erschießung. Gretes Schwester Herta berichtet:

Gegen Ende der Revolution kamen die Freikorps und holten unseren Vater ab, weil der doch auch so ein alter Aufwiegler war. Sie suchten im Haus nach Waffen, nahmen auch noch andere Männer mit und brachten sie auf das Betriebsgelände, das zum Rummelsburger See ging. Und dann begannen die Untersuchungen. Wir konnten das vom Fenster aus sehen. Und wir hatten furchtbare Angst um unseren Vater, denn wir hörten ja, hinter der hohen Mauer wurden manche erschossen. Auf dem Hof hatten wir einen Schuppen, den haben sie auch nach Waffen durchsucht, haben aber nichts gefunden. Sie durchsuchten auch unsere Wohnung und alle anderen, auch den Dachboden, konnten aber nichts nachweisen, denn die Hausbewohner, die sie befragten, haben alle dichtgehalten.

Noske beziffert die Toten der Berliner Märzkämpfe später auf 1200. Er selbst hatte den Schießbefehl gegeben, wie Sebastian Haffner nachweist.[13] Haffner untersucht das Vorgehen der Freikorps und charakterisiert sie als »Frühnazis«.[14] Mit Blick auf den sozialdemokratischen Reichskanzler Friedrich Ebert und seinen Minister Noske, die sich mit den Freikorps verbündet hatten, stellt er fest: »Erstaunlicher noch als die erbarmungslose Rücksichtslosigkeit, mit der sie gegen die Revolutionäre von links vorgingen, denen sie doch ihre eigene Macht verdankten, ist die Arglosigkeit und Sorglosigkeit, mit der sie ihre eigenen Todfeinde von rechts bewaffneten und ans Blutlecken gewöhnten.«[15] Widersprüche dieser Art bilden einen großen Teil der politischen Spannungen, denen die Arbeiterbewegung und die Weimarer Republik in den kommenden Jahren ausgesetzt sind.

Grete wird sich später in ihren Jugendgruppen immer wieder mit ihnen auseinandersetzen. Als ihr Vater im März 1919 verhaftet wird, hat sie allerdings nicht die leiseste Ahnung von dem, was da vorgeht. Aber der Einbruch von Freikorps-Söldnern in ihre Wohnung prägt sich ihr tief ein: »Am Abend kamen die Soldaten und durchsuchten unsere Wohnung nach Waffen. Die ganzen Häuser wurden durchsucht, aber unseres besonders, denn vom Dach aus war auf die Soldaten geschossen worden. Sie rissen die Betten auf, sie schmissen die Möbel hin, sie fanden nichts. Dann führten sie die Männer aus dem

Haus ab, auch unseren Vater. Keiner verriet etwas, und alle wußten, wo die Waffen waren. Man versuchte, die Frauen einzuschüchtern, aber auch das gelang nicht, und nach ein paar Tagen kamen die Männer zurück.«[16]

August Steffin verläßt die USPD, die er für das Blutbad und die weit über tausend Toten mitverantwortlich macht, da sie an der Regierung beteiligt ist. Er tritt der KPD bei. Von ihr glaubt er, sie würde seine Interessen, die auf einen sozialistischen Staat im Ergebnis der Revolution gerichtet sind, besser vertreten. Die eben erst gegründete KPD aber ist 1919, vor und nach den Morden an Rosa Luxemburg und Karl Liebknecht, eine noch ungenügend gefestigte Partei. Ihre Führung ist sich uneins über Wege und Ziele der Revolution, die ihre Vorläuferin, die Spartakusgruppe – gegründet Anfang 1916 und seit April 1917 ein selbständiger Teil der USPD – zwar unterstützt, aber nicht begonnen hatte. August Steffin wird auch diese Partei bald wieder verlassen. Sie scheint ihm nicht handlungsfähig.

Ein Jahr später tritt er der Kommunistischen Arbeiterpartei Deutschlands (KAPD) bei, einer Gründung des legendären Anarcho-Kommunisten Franz Jung.

Es gibt Erinnerungen von Zeitzeugen, die als Kinder die Berliner Märzkämpfe von 1919 miterlebt haben. Ihren Berichten zufolge habe die unerwartete Mordwut der Freikorps »mit Hakenkreuzen am Stahlhelm [...] einigen der Kinder ziemlich rasch den Blick für Soziales eröffnet, sie bereit gemacht für etwas anderes, Neues. So kam es, daß wir uns sehr früh schon links und sozial engagierten.«[17]

Ganz anders Grete Steffin. Sie empfindet die Revolution als vollkommen abwegig, denn sie stört ihre Kreise. Infolge einer Ausgangssperre darf sie weder zur Schule noch in den Hort gehen, worauf sie großen Wert legt. In ihrer Vorstellung ist die Revolution ein unerlaubter Aufstand gegen die ewige Ordnung. Zu Beginn des Aufruhrs ist sie zehn Jahre alt und betet, »Gott möge die Revolution ausmachen.«[18]

Von ihrem vierten Lebensjahr an hatte Grete einen evangelischen Kindergarten besucht. Sie ist tief gläubig und fromm. Die biblischen Legenden haben es ihr angetan, die starken, der Natur entnommenen Bilder und Gleichnisse. Das Übersinnliche hat ihre Phantasie derart entzündet, daß sie die Vorgaben des Alten Testaments weiterentwickelt oder in eigene Geschichten umformt. Schulaufsätze geraten ihr zu Geschichten, in denen sie biblische Motive fort- oder umschreibt, aber auch neue hinzuerfindet. Ihre Schulfreundin Martha Ditzell erinnert sich an einen Aufsatz von Grete, in dem sich Gottvater und die Engel an einem himmlischen Feuer wärmen, in bedeutende Gespräche vertieft sind und wie nebenher aus einem glühenden Stück Kohle die Sonne entstehen lassen.

Seit Grete schreiben kann, hält sie diese spielerischen Bibelvariationen oder auch erfundene Märchen in Heften fest und schickt sie an Kinderzeitschriften. Viele ihrer Einsendungen werden gedruckt. Grete besucht die Volksschule in der Rummelsburger Marktstraße, wo sie dem Religionsunterricht mit Leidenschaft folgt. Sie hat eine schnelle Auffassungsgabe und ist im Unterricht meist unterfordert. Andererseits erfährt sie hier eine ganz besondere Zuwendung, die ihr das Elternhaus in keiner Weise bietet. Grete sei von ihrem Vater, der oft betrunken nach Hause kam, nicht sehr entzückt gewesen, erzählt ihre Freundin Hilde Lützenhoff:

Sie suchte wahrscheinlich das Extrem, irgendwie einen Halt, und hatte eine Freundschaft mit einem Pfarrer. Der Pfarrer muß öfter in der Schule aufgetaucht sein, und dem wird sie aufgefallen sein, weil sie sehr aktiv an jedem Unterricht teilnahm und sehr interessiert an allem war. Vielleicht wurde sie mal eingeladen und ist zur Sonntagsschule gegangen, und das hat ihr gefallen. Als Kind besuchte Gretl sogar ab und zu Gottesdienste. Der Pfarrer wirkte eben anders auf sie. Sonst hatte sie – das ist aber mein Empfinden – keine männlichen Vorbilder. Es war die Kriegszeit, als wir zur Schule gingen, da hatten wir kaum männliche Lehrkräfte, sondern weibliche. Die waren stark überaltert und erzählten ein Zeug, das war nicht auszuhalten. Das war grausam. Die waren verbogen, und das war wirklich entsetzlich!

Entsetzlich? Hilde Lützenhoff spricht mit tiefer Verachtung von der wilhelminischen Schule. Die Schüler hatten Lieder singen müssen wie »Kein schöner' Tod ist in der Welt, als wer vom Feind erschlagen«. Achtjährigen Kindern solche Perspektiven zu eröffnen, bezeichnet sie als »krank«.

Als Grete heranwuchs, waren männliche Erwachsene, die ihr nahestanden, so gut wie abwesend. Seit ihre Mutter die Fabrikarbeit in Berlin aufgenommen hatte, kümmerten sich evangelische Kindergärtnerinnen um sie, dann die Großmutter in Lindow, deren Mann gestorben war. Mit Beginn des Krieges verschwanden die wenigen Lehrer, die sie kurz gekannt hatte, an die Front – wie ihr Vater. Ihn hatte sie ohnehin nicht oft gesehen, denn nach getaner Arbeit verbrachte er seine Freizeit oft in der Kneipe. Umso inniger ist ihr Verhältnis zu ihrer Mutter. Johanna Steffin achtet sehr genau darauf, daß ihre Töchter nichts von den Sauftouren ihres Mannes erfahren und sucht sie abzuschirmen so gut es geht, was ihr nicht immer gelingt. Allerdings hat sie wenig Zeit für die Kinder. Seit Kriegsbeginn ist sie Alleinernährerin der Familie und hatte als Granatendreherin in Neuruppin nicht nur einen 12-Stunden-Arbeitstag zu bewältigen, sie war zu Überstunden zwangsverpflichtet, so daß die beiden Schwestern häufig sich selbst überlassen blieben. Die eineinhalb Jahre ältere Grete fühlte sich für ihre kleine Schwester verantwortlich und entwickelte ihr gegenüber eine selbstlose Fürsorglichkeit, mit der die übliche Rivalität unter Geschwistern vorerst ausblieb. Herta wiederum hing mit Bewunderung an ihrer Schwester und vertraute ihr wie einer Freundin. Schließlich war Grete auch in der Schule nur mit Mädchen zusammen, die wilhelminische Pädagogik hatte eine Trennung der Geschlechter verordnet.

Das wird sich erst ab 1921 infolge einer Schulreform ändern.

Mit Nachbarn und deren Kindern in Rummelsburg. Johanna Steffin (2. v. l.),
auf dem Arm ihre Tochter Herta, davor Margarete, 1910.

In Lindow, Grafschaft Ruppin. Großmutter Emilie Steffin in der Mitte,
davor Margarete. Dahinter Johanna Steffin mit der jüngeren Tochter
Herta,
und August Steffin (2. v. l.), 1912.

Herta, Margarete und Johanna Steffin, 1914.

Gott und Vater

Ende 1920 wird Johanna Steffin eine Hauswartstelle in der Weserstraße 18 angeboten und so zieht die Familie ein paar Straßen weiter. Die Steffinsche Wohnung im Vorderhaus, vierter Stock, hat zwei Zimmer, eine Küche und sogar ein Bad. Johanna teilt ihren Töchtern das kleinere Zimmer zu, in dem zwei Betten Platz haben, ein kleines Bücherregal, ein Tisch mit zwei Stühlen, Schrank und Kommode. Der andere Raum ist das Wohn- und Schlafzimmer der Eltern, mit einer Sitzgelegenheit, ohne Teppich, ohne Couch und mit dem einzigen Luxus einiger Nippesfiguren, die Grete und Herta später beiseite schaffen, weil sie ihnen so abscheulich vorkommen, wie Herta bekennt.

Die Gegend um die Weserstraße liegt nördlich der S-Bahnstrecke Stralau/Rummelsburg-Schlesisches Tor, es sind Mietskasernen, in denen vorwiegend Arbeiter, Handwerker und Angestellte wohnen. Die Hinterhäuser sind überbelegt, auf den Höfen finden sich die üblichen Berliner Hinterhof-Fabrikationen: Molkereien, Wäschereien, Fuhrunternehmen, Handwerksbetriebe und Kleinfabriken. Hier ist es eng, und es geht schroff und sehr betriebsam zu. Aus den Fenstern dringt Kindergeschrei, Ehekrach und Werkstättenlärm, die Luft ist durchzogen von Kohlschwaden, Bohnerwachsgeruch und Kellermief. Tagsüber erscheinen die Straßenhändler und rufen *Spreewälder Leinöl!* aus oder *Magdeburger Industriekartoffeln!* Der Bolle-Kutscher bimmelt, und der Biermann preist sein *Braunbier, Braunbier!*, ein billiges Malzbier, für das Grete und Herta, Kiezgören wie alle anderen Kinder hier, den verächtlichen Ausdruck *Pupenbier mit Spucke* prägen. Wie überall in der Stadt sind die Kinder von Schildern umstellt, die das Spielen im Hausflur und auf dem Hof verbieten, so daß sich die Schwestern *in irgendwelchen Ecken herumdrücken, wo wir Hopse oder Himmel und Hölle spielten.*

Aus Langeweile verfallen sie auf Klingelstreiche. Oder sie gehen in fremde Häuser, um die Mieter nach jemandem zu fragen, der dort gar nicht wohnt. Grete macht sich einen Spaß daraus, die Gefoppten in endlose Gespräche zu verwickeln, in denen die Angelegenheiten der Gegend lang und breit erörtert werden.

Ein erbärmliches Leben und viel Plackerei, erinnert sich Herta an die Zeit in der Weserstraße. *Aber auch viel Fröhlichkeit.* Die wird nicht nur von ständelnden Musikanten und Leierkastenmännern befördert, bei deren Ankunft auf dem Hinterhof *sich ja alle Fenster öffneten und jeder mitsang.* Man singt die einschlägigen Lieder: »Es war einmal ein treuer Husar«, »In Rixdorf ist Musike«, »Mutter, der Mann mit dem Koks ist da«. Johanna und ihre Töchter singen leidenschaftlich gern, meist bei der Hausarbeit, *man hatte damals noch kein Radio und pflegte den Gesang in der Familie.* Einer der Nachbarn spielt Gitarre, ein anderer Akkordeon und so trifft sich die sangesfreudige Familie Steffin zu Musikabenden mit ihnen. Dann werden die erinnerungsschweren Lieder der alten ländlichen Heimat gesungen, aber auch Schnulzen und Gassenhauer.

Das Bild der Gegend dominieren rauchende Schlote. In der Weserstraße steht eine Gummifabrik, und ganz in der Nähe, am Ostkreuz, ein großes Bremsenwerk, das allgemein nach seinem Besitzer »Knorr-Bremse«, in Berlin aber auch »Knochenmühle« genannt wird. Das Bremsenwerk bestimmt das Fluidum des Viertels. Grete und Herta gehen täglich auf ihrem Schulweg an ihm vorbei, die Fabrik liegt der Schule direkt gegenüber. Hier, in der Knorr-Fabrik, ist ein neues Lied entstanden, in dem der Rhythmus der Maschinen stampft. Ein Lied über die Verhältnisse im Betrieb, über den Alltag der Arbeiter, ihre politischen Hoffnungen und das knechtselige Treiben von Spitzeln und Denunzianten:

In Lichtenberg, da steht 'n Haus,
Da schind'n se dir die Knochen.
Und wirste alt, dann fliechste raus,
Als hätt'ste wat verbrochen.

Knorr Knorr Knorr. Rasseln die Maschinen,
Knorr Knorr Knorr. Da jibt et nischt zu grienen!

In Schlange stehn' se manchmal an
Früh morjens anne Düre
Und drängeln sich nach Arbeet ran,

Als könnt'n se wat valieren.

Knorr Knorr Knorr. Se klappern mit die Zähne,
Knorr Knorr Knorr. Der Schnee knirscht anne Beene.

Der Herr Portier ruft: Ach, Herrjee!
Wat solln wir mit die Leichen?
Bloß, wer hier noch een Zentner stemmt –
Im Hof stehn alte Weichen!

Stemm, stemm, stemm. Und wenn de Lappen reißen!
Stemm, stemm, stemm. Sonst haste nischt zu beißen!

Im Werk tun se Kontrolle stehn
Mit Uhr'n in allen Winkeln.
Du kannst ooch gleich ins Zuchthaus jehn,
Da darfste doch noch pinkeln.

Knorr Knorr Knorr. Spuck dir in de Hände!
Knorr Knorr Knorr. Der Chef braucht Dividende.

An jede Banke drückt sich rum
Een Stücke Offiziere
Und horcht sich reen de Löffel krumm,
Wird jut bezahlt, die Schmiere!

Knorr Knorr Knorr. Bell'n im Hof die Köter,
Knorr Knorr Knorr. Herr Chef, da is 'n Roter!

Zehn Stunden täglich ausjemist'
Und kommst nich hoch vom Pflaster.
Und wenn de schließlich Leiche bist,
Da schick'n se dir 'n Pastor.

Knorr Knorr Knorr. Kollern dumpf de Schollen,
Knorr Knorr Knorr. Dem Herrn hat et jefallen!

In Lichtenberg, da steht 'n Haus,
Da schind'n se euch die Knochen
So lange bis euch eines Tags
Die Galle wird überkochen.

Knorr Knorr Knorr. Denn jibt et volle Wämse!
Knorr Knorr Knorr. Da hilft denn keene Bremse![1]

Die klassenkämpferische Haltung der Arbeiter, die dieses Lied vermittelt, teilen nicht alle Bewohner des Kiezes. Wenn die Häuser an Wahltagen beflaggt sind, flattern die Fahnen sämtlicher politischer Richtungen aus den Fenstern, von monarchistisch über deutschnational bis anarchistisch.

Johanna Steffin hat ihre Hauswartstelle in der Weserstraße auch deshalb angenommen, weil sie sich mehr um ihre Töchter kümmern will, was ihr bei ganztägiger Arbeit in einer Fabrik kaum möglich wäre. Aber es geschieht anders als sie es sich vorgestellt hat: Sie steht unter enormem Zeitdruck. Wenn sie ihre Hauswartspflichten erfüllen will, Treppenputz, Haus-, Hof- und Straßenreinigung, müssen Grete und Herta mithelfen. Das Hauhaltsgeld, das der Mann ihr überläßt, ist so knapp bemessen, daß sie nur die einfachsten Mahlzeiten zubereiten kann. Immer wieder ist sie gezwungen, angezahlte Anschaffungen zurückzugeben, weil sie die fälligen Raten nicht aufbringen kann. So nimmt sie noch eine Heimarbeit hinzu, stellt eine Nähmaschine in ihre Küche und beginnt Arbeitshosen zu nähen. Ein großes Pensum muß es sein, denn pro Stück verdient sie gerade 48 bis 50 Pfennige, und auch diese Arbeit schafft sie nur, wenn ihre Töchter mithelfen. Sie nähen die Knöpfe an:

Aber wie wir die angenäht haben! Zweimal, dreimal durch und ruck-zuck, rasch den Faden ab und dann wieder neu, damit sie es bloß schaffen sollte. Aber für die Pfennige! Dann mußte Mutter noch liefern, in ein Eckhaus an der Frankfurter Allee, da hat sie so ein großes Tuch zusammengeknotet, und dann über'n Rücken. Sie fuhr paar Stationen mit der Straßenbahn. Nee, unsere Mutter hat viel gearbeitet, viel zugeliefert. Mußte sie ja, weil Vater eben kein Geld nach Hause brachte. Wir haben alle schön schuften müssen. Vater trank. Aber Mutter hat sich uns gegenüber über Vater nie beschwert. Es war eben so.

August Steffin ist ein Mann von kräftiger Konstitution. Auf Gretes Schulfreundin Martha Ditzell wirkt er *sehr selbstbewußt und pfiffig.* Seine Tätigkeit als Hucker auf dem Bau ist hart, eine Knochenarbeit. Er hat die Ziegel in einer Hucke über die steilen Gerüstleitern hinauf zu den Maurern zu tragen. Eine Hucke enthält immer 42 Steine von zusammen gut zwei Zentnern Gewicht. Die Druckstellen der Gurte hinterlassen faustgroße

Blutblasen an den Schultern, Striemen auf dem Rücken und schürfen die Haut ab.

August Steffin hat sich angewöhnt, seinen Feierabend in der Kneipe zu verbringen und erst gegen Mitternacht heimzukehren. Die Kneipen, von denen es in Berlin mehr als genug gibt, bieten den Arbeitern nicht nur einen willkommenen Vorwand, den dürftigen häuslichen Verhältnissen zu entfliehen. Sie sind auch Treffpunkte, in denen politisiert und organisiert wird, schon deshalb, weil ihnen gar keine anderen Räumlichkeiten zur Verfügung stehen. In Kneipen tagen Vereine, werden Flugblätter, Aufrufe und Petitionen verfasst, Informationen über Arbeitsstellen ausgetauscht, Spenden gesammelt, Demonstrationen oder Feiern vorbereitet, und das seit Generationen.[2] Der hier erfahrene Zusammenhalt hat eine lange Tradition. Parallel zur Gründung der Sozialdemokratischen Partei war ein ganzes Netz sozialer und kultureller Arbeiterorganisationen entstanden, die großen Zulauf hatten und gut entwickelt waren. Ihre Vorstände, wie auch die örtlichen Parteivorstände, tagen oft in Hinterzimmern von Kneipen. Die private Folge der politischen Angelegenheit konnte freilich der Suff sein. Oder das unleidliche Verhalten des Vaters, wie Herta hervorhebt:

Unser Vater war ja nicht oft zu Hause, aber wenn er da war, hat er gestänkert. Da gab es meistens Krach. »Weib!« schrie er immer durch die Wohnung. Nee, unser Vater war nicht so, daß man ihn liebhaben konnte. Er fand ja dann kein Ende, kam irgendwann in der Nacht, wir kriegten das gar nicht mit. Und trotzdem stand er morgens immer pünktlich auf, also gebummelt hat er nicht, die Arbeit hat er nicht gescheut. Na ja, er brauchte ja das Geld für die Kneipe. Heutzutage würden wir Frauen rebellieren. Oder die Frau würde mit den Kindern weggehen. Früher konnte sie das nicht, wegen des Geldes. Ein bißchen hat er ihr ja doch immer gegeben, wenn Mutter auch Heimarbeit machte und die Portierstelle hatte. Allein hätte sie es wohl nicht geschafft. Aber sie war so ein Mensch: Sie hat sich geärgert, aber sie hat auch schnell wieder verziehen.

Johanna Steffin nimmt das Verhalten ihres Mannes als ihr Schicksal hin. Mit ihrem großen Freundeskreis und ihrer geselligen, humorvollen und kontaktfreudigen Lebensart kann sie ihren Töchtern dennoch einen Ausgleich zu der trüben Stimmung bieten, die vorherrscht, wenn der Vater zu Hause ist.

Hin und wieder erleben die Schwestern ihren Vater ausgeglichen, immer dann, wenn er nüchtern ist. Nüchtern ist er, wenn er mit seiner Frau bei Sportfesten oder auf Demonstrationen unterwegs sein kann. Johanna und August Steffin sind seit langem Mitglieder des Arbeiter-Samariterbundes, später des Proletarischen Gesundheitsdienstes. Sie haben Kurse in Erster Hilfe, hygienischer Aufklärung und Gesundheitsschutz absolviert und können sich um Verletzte kümmern, die nach Demonstrationen und Zusammenstößen mit der Polizei auf der Straße zurückbleiben.

Grete und Herta begleiten ihre Eltern ab 1919 immer häufiger zu politischen Kundgebungen und Demonstrationen, zum Beispiel zu den jährlichen Gedenkmärschen für Rosa Luxemburg und Karl Liebknecht nach Friedrichsfelde. Dazu werden die Mädchen von ihrer Mutter fein gemacht und herausgeputzt. Und sie erleben ihren Vater ganz anders als gewöhnlich, nämlich als einen aufgeschlossenen, gut gelaunten und von seinen Freunden geachteten Menschen.

Der häusliche Alltag dagegen bleibt zäh und beschwerlich. Johanna Steffin müht sich redlich, die Familie über Wasser zu halten. Obwohl ihre Töchter ständig mitarbeiten, fehlt ihr immer wieder das Nötigste, etwa der Groschen, mit dem der Gaszähler gefüttert werden muß, so daß sie manchmal nicht kochen kann. Oft schickt sie Grete und Herta mit trockenem Brot zur Schule, und daß sie jeder der Schwestern *nur ein Kleid* nähen kann, empörte Herta noch sechzig Jahre später.

August Steffin ist der Überzeugung, er habe als Familienoberhaupt das Recht, sein Geld für sich zu verbrauchen. In den andauernden Konflikten, die sich daraus ergeben, stehen die Schwestern auf Seiten ihrer Mutter. Und während Johanna Steffin das Verhalten ihres Mannes scheinbar gleichmütig und geduldig erträgt, regt sich in Grete etwas, das ihre Loyalität gegenüber dem Vater allmählich erschüttert: »Es gab viele Gründe, aus denen wir unseren Vater haßten«[3], bekennt sie später und meint damit sein grobes, mitunter cholerisches Auftreten, den ständigen Alkoholkonsum und sein Herr-im-Hause-Gehabe. Dazu kommt, daß er keinerlei Verständnis für ihre künstlerischen Interessen hat, die er ebenso verspottet wie ihre Gottesfurcht.

August Steffin verfügt über ein festgefügtes proletarisches Klassenbewußtsein wilhelminischer Prägung. Wie fast alle Arbeiter hat er sich von der Religion abgewandt und bekennt sich zur atheistischen Freidenkerbewegung. Er ärgert sich über die Frömmigkeit seiner Tochter Grete. Da sie an christliche Wunder glaubt, die regelmäßig ausbleiben, hat er immer wieder leichtes Spiel, sie zu verhöhnen und mit ihrem Wunderglauben seine Späße zu treiben. Grete dagegen meint es ganz ernst. Sie ist derart beseelt von ihrem Glauben, daß sie unbedingt auch ihren Vater bekehren will: »Jeden Abend betete ich zu Gott, er möge meinen Vater auch fromm machen. Einmal belauschte mein Vater mich dabei. Er lachte ganz laut und sagte: ›Wenn morgen früh auf dem Tisch Brot und Butter und Milch stehen, dann glaube ich auch an Gott!‹

Zwei Stunden lag ich auf den Knien und betete.

Am anderen Morgen war der Tisch leer. Erst war ich zornig. Aber dann verstand ich Gott: Mein Vater verdiente seine Güte nicht, was sollte er an so einen seine Wunder verschwenden.«[4]

Daß derlei Wunder ausbleiben, muß Grete in den Hungerjahren der Nachkriegs- und Inflationszeit besonders schmerzen. Ihr Interesse an Religion, soweit es über ihre Empfänglichkeit für Poesie und Legenden hinausführt, geht von dem Wunsch aus, sich Wertevorstellungen zu nähern, die über das *erbärmliche Leben* im Elternhaus hinausweisen, zumal es sich im Christentum in einer Erlösungs- und Jenseitsperspektive erfüllt. Überdies regt das Geheimnis, wonach eine übersinnliche Macht in das Leben der Menschen hineinspielt, ihr Denken an. Es ist weniger ein Verlangen nach Religiosität im engeren Sinne, als das Bedürfnis, zumindest geistig aus dem ihr ungenügenden Zirkel des Elternhauses auszubrechen. Sie sucht nach der Gesellschaft anderer, und sie ist an den Angelegenheiten der Gesellschaft interessiert. So organisiert sie sich ihre eigenen kleinen Zirkel. Etwa, wenn sie die Schule bis in ihre Freizeit hinein zu verlängern sucht und andere Kinder nach Hause einlädt, um ihnen Bibelstunden zu geben. Erscheinen sie regelmäßig, so erhalten sie dafür eine Belohnung: Grete schreibt ihnen ihre Wahlaufsätze. Als ihr der Vater diese Bibelstunden verbietet, geht sie sofort zu Gymnastikstunden über.

Nach und nach muß Grete erfahren, daß die Erwachsenen gar nicht nach jenen christlichen Tugenden leben, die es ihr so sehr angetan haben: Nächstenliebe, Hilfsbereitschaft und Wahrhaftigkeit. Auch macht sie *schlechte Erfahrungen mit ihrer Religionslehrerin*, wie sich ihre Schulfreundinnen ganz allgemein erinnerten. Eine dieser Erfahrungen erscheint in ihrer autobiografischen Erzählung »Die große Sache« als unlösbarer

Konflikt zwischen ihrer Hilfsbereitschaft und einem der zehn christlichen Gebote. Der Anlaß ist nicht der Rede wert, eine Lappalie, doch wird er schwerwiegende Folgen haben: Ihre Schwester hat zu Hause eine Flasche zerbrochen, die der Schule gehört. Grete will sie schützen, indem sie das Mißgeschick vor ihrer Lehrerin auf sich nimmt: »Die Lehrerin fragte mich, wer die Flasche zerschlagen hätte. ›Ich‹, sagte ich und wurde aber schrecklich rot dabei. Sie merkte, daß etwas nicht stimmte, und erinnerte mich streng an das Gebot, daß man nicht lügen solle. Es dauerte aber doch noch eine Zeitlang, ehe ich ihr vor der ganzen Klasse meine Schwester verriet. Sie ließ sie in die Klasse rufen, da stand die Kleine, so schüchtern und ganz rot vor Angst, und ich konnte dem frommen Aas nicht verzeihen, daß sie mich zu so was gezwungen hatte. Meine Schwester sah mich nur weinend an, es war furchtbar für mich.

Die Lehrerin war meine Religionslehrerin gewesen.

Wir bekamen nichts als gräßliche Schimpfe, aber mit der Religion war ich durch.«[5]

Gretes Darstellung des demütigenden Domestizierungsrituals liest sich wie die praktische Anwendung eines damals üblichen pietistischen Erziehungsprinzips, wonach der Mensch von Natur aus böse sei, weshalb als erstes sein Wille gebrochen werden müsse. Hier nun in einer Situation angewendet, da Grete Gutes tun will.

Auslöser aller Glaubenskonflikte in ihrer Erzählung ist jedoch der Vater. Nicht nur, daß er einen Gottesbeweis von ihr verlangt, er setzt sie ständig unter Druck. Immer wieder stellt er sie vor Alternativentscheidungen, solange, bis sie sich vom Religionsunterricht abmeldet und statt dessen in eine Kindergruppe der Internationalen Arbeiterhilfe (IAH) geht. So beschreibt sie es in ihrer Erzählung »Die große Sache«, bezogen auf das Jahr 1920.[6] Tatsächlich geht sie nicht in eine Kindergruppe der Internationalen Arbeiterhilfe, da diese noch gar nicht existiert,[7] sondern in eine der kommunistischen Kindergruppen, die nach der Revolution 1919 spontan entstanden waren, wie Martha Ditzell überlieferte, die mit ihr in derselben Gruppe war.

August Steffin erreicht allmählich, daß Grete sich vom christlichen Glauben löst. Ihre Abnabelung von der Religion, deren Dogmen sie zunehmend verinnerlicht hatte, ist nach neun Jahren christlicher Erziehung allerdings ein schwieriger

Prozeß. Er dauert viel länger als ihre Erzählung zu erkennen gibt. Da ist noch vieles unverarbeitet, sie ist noch lange nicht »durch mit der Religion«.

Ihre schlechten Erfahrungen mit der Lehrerin, vielleicht auch die unsanften Methoden ihres Vaters müssen tiefe Eindrücke hinterlassen haben, denn von jetzt an läßt sie das Thema Weltbild und Wirklichkeit nicht mehr los. Sie kommt immer wieder darauf zurück. Noch als erwachsene Frau wird sie es literarisch verarbeiten in Gedichten, Prosaskizzen und schließlich in ihrem Theaterstück »Wenn er einen Engel hätte«.[8]

In den ersten Nachkriegsjahren gibt sich Familie Steffin an manchen Wochenenden einem beliebten Berliner Sommervergnügen hin, bei dem Herta über ihre größere Schwester ins Staunen gerät:

Sonntags gingen wir manchmal mit unseren Eltern zu Schonert, das war ein Gartenlokal in Alt-Stralau, am Rummelsburger See. Wir waren Kinder, vielleicht elf, zwölf Jahre alt. Da wurden im Sommer Märchenspiele aufgeführt, so aus der Lameng, Gedichte vorgetragen oder lebende Bilder gestellt, und das Publikum mußte erraten, was da gemeint ist. Und unsere Grete war immer sofort dabei. Ich seh' sie immer noch da auf der Bühne – Mensch! – Ich denke: nein! Es wurde aufgerufen: Welches Kind macht mit? Ja, ich hab mich da gar nicht getraut. In dem Lokal, das war ja zufälliges Publikum, alles unbekannte Kinder, da hab ich mich gedrückt. Aber sie war couragierter als ich, sie ging immer gleich auf die Bühne, rezitierte da Gedichte und spielte was vor – sie war immer an Deck. Immer hat sie ihre große Klappe vorn gehabt. Die hatte eben so ein Talent zum Schauspielern, als Kind schon. Sie war auch immer so selbstbewußt, schon als junges Mädel.

Gretes Spiellaune ist von der Art, daß sie aus dem Stegreif improvisiert, wo immer sich eine Gelegenheit bietet. In der Schule wird sie häufig von den Lehrern aufgefordert, Geschichten zu erzählen. Damit versuchen sie, die lebhafte Wißbegierde ihrer nervösen Schülerin, die ständig über den vorgegebenen Lehrstoff hinausschießt und die Stundenplanung durcheinanderbringt, in Bahnen zu lenken, die im Unterricht verwertbar sind. Auch darf sie in Schule und Hort oft mit Rezitationen glänzen.Kurz nachdem Grete im Herbst 1920 aus Ostpreußen zurückgekommen war, ist sie wieder Klassenbeste, obwohl sie ein halbes Jahr lang gar nicht zur Schule gegangen war. Die Lehrer schätzen ihre guten Leistungen und binden sie in ihr Helfersystem ein, mit dem sie versuchen, einen notorischen

Volksschul-Notstand, die ständige Überbelegung der Klassen, zu lindern. Die Klassenfrequenzen in Volksschulen schwanken damals zwischen 50 und 80 Schülern, in Gretes Klasse sitzen 53. Grete darf nun einzelne Abteilungen unterrichten, Klassenarbeiten durchsehen und Nachhilfeunterricht geben, was ihrer kontaktfreudigen und hilfsbereiten Art entgegenkommt.

Wenige Jahre später wird sie einige ihrer Freunde in der Jugendbewegung unterrichten, und zwar in Fächern, die sie selbst gerade erst in Kursen erlernt hatte: Stenografie, und mit besonderem Interesse Esperanto, eine Sprache, von der die Reformbewegung annimmt, sie könne als Weltsprache zu einer Verständigung der Völker beitragen und damit die Wiederkehr von Kriegen verhindern.

Besonders Gretes Klassenlehrer Neuendorf sucht ihre Begabungen zu fördern wo er nur kann. Grete hat einige Theaterstücke mit märchenhaften Fabeln geschrieben, die er nun in Schulinszenierungen auf die Bühne bringt. Er sorgt auch dafür, daß die Stücke in anderen Schulen nachgespielt werden. Und er setzt sich beharrlich dafür ein, daß Grete nach Abschluß der Volksschule ein Lyzeum besuchen kann, wobei er sie finanziell unterstützen will. Schließlich wird ihr für ihren Aufsatz »Edle Frauengestalten in Wilhelm Tell« tatsächlich ein Platz auf dem Lyzeum angeboten.

Dies aber ist undenkbar für August Steffin, es trifft seinen Stolz und läuft seiner politischen Überzeugung zuwider: Mit privater Wohltätigkeit würden die ungleichen Chancen zwischen Armen und Reichen nicht beseitigt. Was sie auf dem Lyzeum lerne, wäre das Bildungsgut der Bourgeosie, und das würde sie ihrer eigenen Herkunft entfremden.

Solches Mißtrauen gegen die *Hohe Schule* ist in Arbeiterfamilien weit verbreitet, gleichgültig ob politisch begründet oder nicht. Die allgemeine Auffassung lautet: Kinder haben mitzuverdienen sobald sie vierzehn Jahre alt sind, um die Familie finanziell zu entlasten.

Bildung gilt in den meisten Arbeiterfamilien nicht als Wert, da er nie als solcher erfahren wurde.[9]

Grete hingegen will unbedingt ein Lyzeum besuchen, denn ihr Berufswunsch pendelt seit langem zwischen Schauspielerin und Dichterin. Das Verbot ihres Vaters trifft sie so hart, daß sie den Verlust des Lyzeums später einmal als »die größte enttäuschung meines lebens«[10] bezeichnet.

Statt zum Lyzeumsbesuch, meldet sie der Vater auf einer der neuen Reformschulen an. Für das letzte Schuljahr 1921/22 besucht sie die weltliche Volksschule, eine Möglichkeit, die sich ab 1920 nach einer Schulreform ergeben hatte. Hier ist der überkommene wilhelminische Drill von modernem Arbeitsunterricht abgelöst, die Fächer Deutsch, Geschichte, Staatsbürgerkunde, Erdkunde und Naturlehre haben neue Bildungsinhalte erhalten, das Fach Lebenskunde ist hinzugekommen. Prügelstrafe, Geschlechtertrennung und Religionsunterricht sind abgeschafft. Grete belegt fakultative Kurse in Laienspiel/ Theater, Stenografie und Schreibmaschine.[11]

August Steffins Selbstverständnis als Arbeiter ist politisch inspiriert, und er wendet es buchstäblich auf alle Bereiche des Lebens an. Allerdings ist es so eng gefügt, daß es keinerlei Grenzüberschreitungen zuläßt, gleichgültig in welcher Richtung. Wenn er einerseits den Lyzeumsbesuch seiner Tochter ablehnt, obwohl der ihren Neigungen, Fähigkeiten und Talenten entspräche und einen sozialen Aufstieg bedeutete, so wendet er sich andererseits gegen das, was er für einen sozialen Abstieg hält: Als Grete sich einige Jahre später, der Mode der Zeit folgend, einen Bubikopf frisieren läßt, protestiert er heftig. Solche Frisuren trügen die Putzfrauen bei ihm auf dem Bau, und das heißt, diese Frisur sei Gretes sozialem Stand nicht angemessen.

Für angemessen hält er dagegen ein Volksbühnen-Abonnement, das er zu Gretes großer Freude ab 1922 für die ganze Familie kauft. Im Spielplan dieser Theaterorganisation der Arbeiter hat er Dramen aus dem Leben der eigenen Klasse gefunden.

Auf dem Weg ins Theater und zurück besteht er jedoch darauf, daß er als Familienoberhaupt voranzugehen habe, während seine Frau Johanna und die Töchter im Abstand von drei Metern hinter ihm herzulaufen hätten.

Auf seinem Marsch in die neue Zeit schleppt August Steffin einen ganzen Packen törichter Wertvorstellungen mit, die ihm das wilhelminische Zeitalter in die Wiege gelegt hatte. Er empfindet keinen Widerspruch zwischen seinen revolutionären Ansichten und seinen patriarchalischen Gewohnheiten, in denen sich das Standesdenken des preußischen Obrigkeitsstaates spiegelt, gegen den die sozialdemokratische Arbeiterbewegung, aus der er kommt, lange kämpfte. Der entscheidende Anteil, den die Arbeiterbewegung an der Durchsetzung der Demokratie in Deutschland hatte, findet keine Entsprechung in seinem persönlichen Verhalten. Das Standesdenken verliert sich nicht so schnell.

Da geht es ihm nicht anders als der Gesellschaft insgesamt. In der Weimarer Republik ist es beispielsweise einem Reichswehroffizier immer noch verboten, eine Arbeiterfrau zu heiraten.

Eines Tages fragt sich August Steffin, ob er mit den Talenten seiner Tochter nicht ein wenig renommieren könnte. Er führt sie in seine Stammkneipe in der Scharnweberstraße ein. Dort haben sich im Hinterzimmer einige Lichtenberger Arbeiter zu einem als Sparverein »Zur letzten Mark« getarnten kommunistischen Bund versammelt. Hier tritt Grete nun zum ersten Mal außerhalb von Schule, Hort und Kindergruppe mit Rezitationen auf, zu Frühlingsfesten, beim Fasching oder zu Weihnachtsfeiern.

Angeregt von der Freidenkerbewegung haben sich August und Genossen vorgenommen, eine nichtchristliche Weihnachtstradition zu begründen. Ihre Familien treffen sich zu Weihnachten in der Kneipe unter einer Fichte, die mit weltlichen Symbolen geschmückt ist. Vor dieser Fichte, auf deren Krone ein roter Stern prangt, darf die dreizehnjährige Grete nun Gedichte vortragen. Sie tut es auf verblüffende Weise:

Früher hatten wir so ein Heft mit neuzeitlichen Weihnachtsliedern und -gedichten, also nicht »Stille Nacht, heilige Nacht«, sondern weltliche, sozialistische Texte zu Weihnachten. Die hat Grete dann vorgetragen. Einmal durchgelesen und gleich behalten. Sie war in dieser Hinsicht eine Ausnahme, solche Menschen gibt es selten. (Herta Hanisch).

Die ersten Podien für die von ihr ersehnten Auftritte in der Öffentlichkeit verdankt Grete Steffin ihrem ungeliebten Vater. Seine Art, Fürsorglichkeit zu zeigen, ist es, sie in die Gemeinschaften der Arbeiterkultur einzuführen. Das geschieht in aller Regel unter Druck und gegen ihren Willen.

August Steffin zwängt seine Tochter unerbittlich in seine Überzeugungen wie in einen Schraubstock. Das muß bei ihrem eigensinnigen und selbstbewußten Charakter zu innerer Abwehr führen. Zugleich aber eröffnet ihr der Vater in seiner unnachgiebigen Art genau die Räume, an denen sie so sehr interessiert ist: das Theater und die Vortragspodien für Rezitationen, worüber sie glücklich ist.

Vielleicht legen dieses sich oft wiederholende Wechselbad der Gefühle und die ständig einander widerstrebenden Empfindungen, mit denen sie dem Vater begegnet, den Grundstein für ihre ausgeprägte Skepsis gegenüber dem Verhalten von Menschen und für ihren nüchtern-kritischen Blick auf gesellschaftliche und politische Vorgänge. Ihre späteren Äußerungen über den Vater bezeugen sowohl ihren offenen Haß als auch ein ihn durchschauendes Verständnis – und immer eine große Distanz: »Mein Vater aber war Sozialist, oder wenigstens nannte er sich so.«[12]

1921, ein Jahr nach Gründung der Kommunistischen Jugend Deutschlands, schlägt August Steffin seinen Töchtern vor, sich dieser Organisation anzuschließen. Grete ist empört, sie kann sich nicht vorstellen, Mitglied einer Nachwuchsorganisation der Revolutionäre zu werden. Aber ihr Vater beharrt auf seiner Forderung: Ein Arbeiter, der nicht organisiert ist, sei kein Arbeiter, und bei Arbeiterkindern wäre das nicht anders.

Indessen bietet das Lichtenberger Wohnviertel seinen jungen Leuten keinerlei Möglichkeit, ihrem dringenden Wunsch nach einem Treffpunkt für die Freizeit zu entsprechen. Dies mag den Ausschlag dafür geben, daß sich Grete dem Willen ihres Vaters ein letztes Mal beugt.

Am Ende, sagt ihre Freundin Hilde Lützenhoff, *waren wir alle froh, daß wir sonntags hingehen konnten. Wir kamen endlich mal weg von zu Hause.*

Herta (2. v. l.), Johanna, (4. v. l.) und Margarete Steffin (r. außen stehend)
als Zuschauer bei einem Fichte-Sportfest in Berlin-Treptow, 1921.

Proletarischer Gesundheitsdienst Berlin-Lichtenberg. Johanna und August Steffin (2. und 3. v. r.), um 1924.

Johanna Steffin (vorn 2. v. r.) mit ihrer Gruppe vom Proletarischen Gesundheitsdienst, um 1925.

»Das ferne Land«

Die Jugendgruppen des Viertels treffen sich in einem Jugendheim in der Dossestraße, unweit der Steffinschen Wohnung. Grete ist dreizehn Jahre alt, die meisten anderen jungen Leute hier sind etwas älter. Im Jugendheim prallen anarchistische, völkische, pazifistische, deutschnationale und kommunistische Auffassungen aufeinander, herein schwappen alle möglichen Wellen politischer Überzeugungen der Nachkriegsgesellschaft.

Stärker als die politischen Ansichten wirkt eine Kulturströmung der Zeit, die sie alle wieder vereint: die bürgerliche Jugendbewegung. Die hatte ihr Unbehagen an der Gesellschaft um die Jahrhundertwende zunächst dadurch artikuliert, daß sie sich von ihr abwandte.

Damit reagierte sie auf die einschneidenden Veränderungen der Lebensweise, die von der späten Industriealisierung in Deutschland ausgelöst worden waren. Gegen deren sichtbarste Erscheinung, die Verstädterung, setzte die Jugendbewegung ein Leben mit und in der Natur. Auf ihren Wanderungen und Fahrten wollten die jungen Leute neue Formen der Gemeinschaftlichkeit entwickeln, die aus der alten Volkskultur entsprangen.

Nach dem Weltkrieg spaltete sich die Jugendbewegung in nationalistische, proletarische, religiöse, pazifistische und andere Gruppen, die sich jedoch nach wie vor auf ihre ursprünglichen Ideen bezogen, vor allem auf die Pflege der Volkskultur.

Es sind die Volkslieder und -tänze, auf die sich Grete und Herta am meisten freuen, wenn sie zu ihren Gruppenabenden ins Jugendheim gehen. Hier können sie immer neue Tänze lernen und Volksstücke, Sagen und Schattenspiele aufführen.

Am schönsten war, daß wir stundenlang tanzen und singen konnten, erinnert sich Herta.

Während der zwei Jahre, in denen Grete das Jugendheim besucht, lernt sie Bandoneon zu spielen, sie lernt Esperanto und unterrichtet ihrerseits andere in Stenografie. Auf den Treffen ihrer kommunistischen Gruppe findet sie neue Freundinnen, mit denen sie bald einen schwärmerisch jugendbewegten Mädchenbund gründet. Martha Ditzell, die sie schon aus der Schule kennt, gehört zu ihnen:

Im Jugendverband waren wir sehr eng zusammen, wir haben dann auch so einen Freundschaftsbund gegründet, ich weiß gar nicht mehr, wie der hieß. Emilie Marcuse war noch dabei, Hertha Kowallke, Grete und ich. Wir gingen zusammen auf Fahrten, wir haben überhaupt alles gemeinsam gemacht, und dabei hat Grete immer sehr viel Initiative entwickelt. Sie war eigentlich diejenige, die immer so ein bißchen was Neues hereinbrachte. Grete hatte ihren eigenen Kopf und ihre eigenen Ansichten. Sie hatte damals schon weitergehende Interessen und war sehr interessiert an weltanschaulichen Fragen. Und ich konnte ganz gut zeichnen, da machte sie immer Propaganda mit meinen Bildern. Immer versuchte sie, daß sie veröffentlicht werden, bei der Kinderzeitschrift oder irgendwo anders. Grete war ein unruhiger Geist, die hätte sich niemals behaglich einrichten können.

Wochenenden und Ferien verbringen die Mädchen auf Wanderfahrten ins märkische Umland. Sie legen großen Wert darauf, sich auch nach außen zur Jugendbewegung zu bekennen.

Wir hatten unsere eigene Kleidung, man sagte zu uns »Latscher«, weil wir immer in Sandalen gingen. Die Wandervögel waren ja alle so gekleidet, oben ein schwarzes Samtjäckchen und einen bunten Rock unten. Oder aus Wolle gehäkelte bunte Mieder. Und Lodenmantel und Schillerkragen. Die Haare zu Schnecken geflochten, mit Holzketten drin. So waren wir nun! Und wenn da einer modern angezogen kam, haben wir natürlich die Nase gerümpft. Wir haben das Moderne ein bißchen abgelehnt und fanden es lächerlich. (Martha Ditzell)

Gemeinsam mit einer sozialistischen Jugendgruppe gestalten sie Programme, um sie vor Erwachsenen aufzuführen. Die Programme bestehen aus Lebenden Bildern und Scharaden, pantomimischen Rätselspielen.

Lebende Bilder sind stumme Gruppenarrangements, mit denen Symbole der Arbeiterbewegung dargestellt werden, aber auch aktuelle politische Vorgänge: Stille, unbewegte Körperbotschaften in einer gewalttätigen Zeit. Diese heute so sonderbar anmutenden Teile der Programmgestaltung stammen aus den Arbeiterversammlungen des 19. Jahrhunderts.

Andere Gruppenabende der Kommunistischen Jugend knüpfen an Traditionen sozialdemokratischer Vereine an, die mit Hilfe von Lese- und Studienzirkeln den großen Bildungsrückstand ihrer Mitglieder zu verringern suchen. Grete hört regelmäßig

Vorträge über andere Völker, Sitten und Religionen. Und sie lernt mit den Schriften von August Bebel und Clara Zetkin systematisches Lesen, um das Gelesene hinterher zu diskutieren. Daneben beteiligt sich die Gruppe an Demonstrationen, zum Beispiel anläßlich der Berliner Hungerunruhen im Jahre 1923.

Obwohl wir in der Kommunistischen Jugend waren, kam immer ein Haufen Anarchisten zu uns und auch Leute von der KAPD, die Jugendlichen. Bei Demonstrationen haben sich diese Gruppen uns angeschlossen. Mit denen haben wir viel diskutiert, stundenlang. Wir haben auch allerhand mit der Polizei erlebt. Es gab auch Anarchisten, die sagten: Zerbrecht die Waffen! Und ich sagte dann: Nee, ich bin nicht gegen die Waffen, ich bin für die Waffen. Und der wollte mir dann einreden, also... na ja. Und später einmal, da kam ich aus einem Laden, da treffe ich ihn, ich kucke, kucke – der war in Polizeiuniform! Ich sage: Was ist denn mit dir los? Ich denke, du zerbrichst die Waffen? Da war er auf 'ner ganz anderen Seite gelandet. So was gab es ja auch. Wir hatten sogar einen Jungen bei uns, das war etwas später, der hat dann direkt gesagt, er geht zur Hitlerjugend. Er fühlte sich dort mehr hingezogen. Aber es wurde sehr viel diskutiert. Und nachher ging doch jeder seinen Weg. Wir waren ja Suchende.
(Martha Ditzell)

Nach Abschluß der Volksschule beginnt Grete am 1. April 1922 eine zweijährige Lehre als Buchhalterin und Kontoristin im Globus Verlag in der Kochstraße. Der Verlag ist auf Reiseliteratur, Landkarten und Atlanten spezialisiert, unterhält aber auch eine belletristische Abteilung, die klassische Werke und neue Unterhaltungsliteratur herausbringt.

In der Berufsschule lernt sie nach dem modernen, gerade eingeführten System der amerikanischen Buchführung: Kredit- und Zinswesen, Wechselkunde, Verzugszinsberechnung, Mathematik, geschäftlicher Briefverkehr, Diskont- und Staffelrechnung, Stenographie sind ihre Fächer.

Die künftigen Buchhalterinnen haben auch einen Kochkurs zu absolvieren, den Grete als angenehme und erholsame Abwechslung zum trockenen Schulstoff empfindet. Gretes Freundin Hilde Lützenhoff, die mit ihr in derselben Klasse sitzt, denkt gern an diese Zeit zurück:

Wir waren gar nicht unzufrieden mit der Berufsschule, weil wir eine sehr gute, patente Lehrerin hatten, die uns das zwar nicht sagte, aber bestimmt der SPD angehörte, also fortschrittlich, eine bürgerliche Humanistin war. Die gab auch abends noch, privat, für den, der da kommen wollte, Unterricht in Literatur und Kunstgeschichte. Und das machte sie nicht schlecht. Sie war längere Zeit in Italien gewesen, kannte die italienischen Maler und konnte uns daher die Renaissance gut nahebringen. Da gingen wir hin, ich dann länger noch als Gretl, weil ihre Abende anders eingeteilt waren als meine. Wir durften ja auch nicht jeden Abend weg von zu Hause. Wir haben manchmal auch sonntags 'ne Fahrt mit dieser Lehrerin gemacht, das war recht angenehm, denn sie zeigte uns etwas.

In diesen Jahren liest Grete ein Buch, das seit langem ein Bestseller ist und besonders in der linken Jugendbewegung Furore gemacht hatte: August Bebels »Die Frau und der Sozialismus«. Vieles von dem, was Bebel in seinem 1883 erschienenen Werk analysiert, entspricht ihren eigenen Erfahrungen, zum Beispiel die Beschreibung des Schulbetriebs und des Bildungssystems, für das Bebel Reformen gefordert hatte, die inzwischen erst ansatzweise umgesetzt sind, oder die Darstellung der Arbeiterfrau als *Arbeitssklavin und Hauslasttier*. Neu sind ihr Bebels Analysen der geschichtlichen, wirtschaftlichen und juristischen Hintergründe seiner Zeit. Ihren Erkenntnisgewinn will Grete unbedingt an ihre Mitschülerinnen weitergeben.

Unsere Lehrerin gestattete uns, während des normalen Unterrichts kleine Referate zu halten. Die waren nicht im Lehrplan vorgesehen. Da sprachen wir, das heißt Gretl und ich, und zwar pro und kontra, über die Bücher »Die Frau und der Sozialismus« von Bebel und »Ursprung der Familie und des Privateigentums« von Engels. Wir hatten vorher ausgemacht, daß immer einer kontra spricht, damit überhaupt eine Diskussion entsteht. Das hat auch wunderbar geklappt, aber ohne dieses Kontra wäre es nichts geworden, denn die anderen hätten ja nie den Mund aufgemacht, die waren ja nicht interessiert an solchen Sachen. Unsere Lehrerin empfahl nachher den Schülerinnen, die Bücher gelegentlich zu lesen. (Hilde Lützenhoff)

Auch setzen die beiden Freundinnen durch, daß sie in ihrer Berufsschulzeitschrift zu Wort kommen, in der die Schülerinnen bislang keine Stimme haben. In ihren Artikeln greifen sie eine gesellschaftliche Debatte auf, die seit Einführung des neuen Mediums Stummfilm geführt worden war, auch in der Jugendbewegung. Die Jugendbewegung hatte eine Kampagne »Gegen Schmutz und Schund« begonnen, Schriftsteller wie Hugo von Hofmannsthal sehen in dem neuen Zweig der Unterhaltungsindustrie einen »Ersatz für die Träume« – so der Titel eines seiner Aufsätze: Kino als Rezeptionsraum von Träumen, die der

Alltag den lohnabhängigen Massen vorenthalte. Grete und Hilde Lützenhoff kolportieren in ihren Artikeln gerade diesen Gedanken, denn bei ihren Kinobesuchen haben sie den Eindruck gewonnen, daß die Lichtspielproduzenten weit an der Wirklichkeit der deutschen Nachkriegsgesellschaft vorbeifilmen.
Während sie nun allmählich das gesellschaftliche Leben in Berlin entdecken, treibt sie doch immer noch das Altvertraute um. Immer wieder drängt sich die christliche Ethik als Maß hervor. Wenn sie dieses Maß an ihren Nachkriegsalltag legen, wo sich der Reichtum der Kriegsgewinnler unmittelbar neben der Armut der Massen spreizt, gibt ihnen der Vergleich Fragen auf, um die sie leidenschaftlich streiten:

Wie kann es so viel Elend und Ungerechtigkeit geben, wenn es einen Gott gibt, der die Guten belohnt und die Bösen bestraft? Wie war es möglich, daß Priester die Waffen segneten, mit denen der Weltkrieg geführt wurde? Wer hat recht, wenn es um die Erschaffung der Menschheit geht, die Bibel oder Darwin und die Naturwissenschaften? (Hilde Lützenhoff)

Es sind die alten Fragen, mit denen sie sich herumschlagen. Am Ende ihrer hitzigen Diskussionen suchen sie das zu bannen, was sie als Trugbilder erkannt zu haben meinen, indem sie einen Glaubenskampf vom Zaun brechen. Martha Ditzell spricht noch fünfundfünfzig Jahre später mit unverhohlener Begeisterung darüber. Hilde Lützenhoff dagegen sind die Jugendstreiche von damals inzwischen sichtbar peinlich:

Es war ja so – aber ich möchte das jetzt auf keinen Fall als Heldenstück hinstellen: Hier existierte eine Gemeinde, in der Boxhagener Straße, und da sind wir sonntags mal hingegangen, paar Mädels von der Kommunistische Jugend, und nahmen an einem Gottesdienst teil. Wir hatten uns vorher verabredet ...

Martha Ditzell: *Die christlichen Vereine hatten Zusammenkünfte in kleinen Räumen. Wenn die alle gebetet haben, das war ja verrückt, ich war ganz entsetzt, die sind niedergekniet und haben die Hände gerungen! Entweder haben wir dann ein Lied gesungen, »Wacht auf, Verdammte dieser Erde!« oder den Refrain »Es rettet uns kein höh'res Wesen, kein Gott, kein Kaiser, noch Tribun« oder »Brüder, zur Sonne, zur Freiheit!« Oder wir haben unsere Meinung geäußert und die Versammlung gestört. Das haben wir 'ne Zeitlang bei Zusammenkünften christlicher Jugendlicher sehr gern gemacht.*

Hilde Lützenhoff: *Und da war Gretl die Anführerin, so war ihre Einstellung inzwischen.*

Vielleicht sind es der Zorn der Konvertitin und die neue missionarische Dringlichkeit, die Grete antreiben, ihre pubertären Gewißheiten vorzutragen. Ihre unbedingte Hingabe an eine einmal als richtig erkannte Sache äußert sich aber auch in anderen Zusammenhängen als aktives und zupackendes Verhalten, das sie als Energiebündel mit einigem Durchsetzungsvermögen auftreten läßt, in manchen Situationen auch aggressiv. Das ist nicht immer so, im Gegenteil, gewöhnlich ist sie nachdenklich und zurückhaltend. Aber sie ist unfähig zu Gleichgültigkeit, Kalkül und Heuchelei, sie äußert sich immer direkt und geradezu.

Grete war immer aufrecht, sie trug eben ihre Meinung vor, egal ob es ihr nun schadete oder nicht. Und dadurch hatte sie immer Feinde. Sie hatte viele Freunde und auch Feinde. (Herta Hanisch)

Sie griff in Gespräche ein, sie war sehr real. Wir hatten ja auch einen Kern, wie das in jedem Kollektiv der Fall ist, und dann viele drum herum. Und was sie sagte, hatte unbedingt Gewicht, für jeden. Sie hatte eine bestimmte, temperamentvolle Art, jemanden zu überzeugen. Sie verstand es, mitzureißen. (Hilde Lützenhoff)

Bei ihrer Suche nach Orientierung in der inflationsgeschüttelten Nachkriegsgesellschaft stößt Grete auch auf eines der Leitbilder der Jugendbewegung, den populären Lebensreformer Hans Paasche, der sie tief beeindruckt.

Rosa Luxemburg, Carl von Ossietzky, Kurt Tucholsky schätzen ihn, seine Schriften erscheinen in hohen Auflagen. Besonders junge Leute nehmen seine Gedanken begeistert auf, auch in der Arbeiterjugend.[1]

Hans Paasche hatte seine kulturkritischen Gedanken als kaiserlicher Marineoffizier der deutschen Kolonialarmee in Ostafrika entwickelt, wohin er 1904 versetzt worden war. Hier hatte der junge Mann aus großbürgerlichem Hause erfahren, daß die preußisch-wilhelminische Auffassung von *Ehre, Pflicht und Gehorsam*, die ihm anerzogen war, den Afrikanern vor allem Brutalität, Mord und die Zerstörung ihrer Natur gebracht hatte. Er litt unter dem dünkelhaften und selbstsüchtigen Auftreten seiner Landsleute, fühlte sich der freieren Lebensart der Afrikaner verbunden und entwickelte ein wahrhaftiges Interesse an dem fremden Kontinent. Zurückgekehrt nach Deutschland, schloß er sich der Jugendbewegung an und setzte sich mit reformerischen Schriften für eine naturverbundene Lebensweise ein. Als Paasches populärstes Werk galt »Die Forschungsreise des Afrikaners Lukanga Mukara ins innerste

Deutschland«, eine amüsante und kritische Reflexion über das Alltagsleben der Deutschen. Darin schildert er nach dem Vorbild der »Perserbriefe« von Montesquieu die *denkwürdigen* Entdeckungen eines Afrikaners in der wilhelminischen Vorkriegszeit. »Alles, was die Deutschen damals als besonders wertvoll und selbstverständlich ansahen, stellt Lukanga in Frage. Der Hurrapatriotismus, die Heuchelei und Großmannssucht, der Korpsgeist und die Vergötzung der Macht, der Pflicht- und Ehrbegriff, die Organisation des Arbeitslebens, der Volkswirtschaft, des Verkehrs- und Geldwesens, die Eß- und Trinkgewohnheiten, das ›Rauchstinken‹ und die Bierseligkeit, die ›Unsitte des Bekleidens‹, die Reklame und Buchstabengläubigkeit, die Schmutz- und Schundliteratur, die alltäglichen Lebenslügen und Verrücktheiten der Weißen: all das und vieles andere wird von Lukanga Mukara staunend betrachtet ...«[2]

In anderen Schriften polemisiert Paasche gegen das Rauchen, die Trunksucht und deren Folgen. Als Teilnehmer an Kaisergeburtstagsfeiern und Marinefesten hatte er erfahren, daß übermäßiger Alkoholkonsum auch in bürgerlichen Kreisen als höchste Form der Geselligkeit galt.

Allein Paasches Feldzug gegen den Alkoholmißbrauch muß bei Grete und ihren Freunden auf offene Ohren treffen. Sie alle kommen aus Arbeiterfamilien, in denen die Väter trinken, einige weit exzessiver als August Steffin. Grete und Hilde Lützenhoff nutzen nun erneut das Forum ihrer Berufsschulzeitschrift und schreiben gleich in mehreren Artikeln gegen den Alkoholmißbrauch. Und sie stellen Paasches Kritik an der großstädtischen Lebensweise vor.

Afrika bleibt für Hans Paasche die nachhaltigste Erfahrung seines Lebens. Er hatte auf Expeditionen in unterschiedliche Regionen des Kontinents zunächst naturkundliche Studien betrieben, zunehmend aber auch soziale und wirtschaftliche Zusammenhänge wahrgenommen. Diese Erfahrungen bestimmten fortan seinen Blick auf die europäische Zivilisation. Er sieht einen Zusammenhang zwischen naturferner Lebensweise und gleichzeitiger Vernichtung der Natur. Hans Paasche ist ein früher Ökologe, dessen Analysen erst heute langsam ins allgemeine Bewußtsein rücken. Schon 1912 hatte er festgestellt: »Die weiße Rasse hat in unserer Zeit eine geistige Wandlung von unübersehbarer Wirkung begonnen: ihre Stellung zur Natur wird eine andere. Das Leid der geschändeten Natur war niemals, seit die Erde besteht, so groß wie jetzt, unter der nichtschonenden Macht des Welthandels, des Verkehrs, der Industrie. Maßlos sind die im Nehmen, im Verschleppen und im Füttern ihrer Maschinen. Was irgend die Erde an lebender Schönheit und Pracht hervorbrachte, muß ihnen dienen. Solange noch eine Gazelle lebt, deren Fell auf dem Weltmarkt Wert hat, ein Wal im Eismeer, ein Paradiesvogel im Urbusch entlegener Inseln, solange ruht die geschäftige Betriebsamkeit nicht, gepaart mit menschenunwürdiger Gedankenlosigkeit und Kurzsicht. Nicht vor den letzten Trägern von Keimzellen irgendeiner Art machen die Vernichter halt, die sich rühmen, Organe der Volks- und Welt›wirtschaft‹ zu sein. Die es nur sind, solange unter Wirtschaft das Ausbeuten ohne Rücksicht auf die Zukunft verstanden wird.«[3]

Paasche hatte die naturbeherrschende Rationalität der fleißigen, geschäftstüchtigen und autoritätshörigen Deutschen als vollkommen entseelt erlebt. In den vier Jahren des Weltkriegs wurde er zum Pazifisten und aktiven Kriegsgegner, was ihm Gerichtsverfahren und eine Gefängnisstrafe einbrachte. Um die Jahreswende 1918/19 ist er vorübergehend Mitglied des Vollzugsrates der Arbeiter- und Soldatenräte in Berlin. Hier setzt er sich dafür ein, der Republik einen echten Anfang zu ermöglichen. Er will einen Schlußstrich unter das Kaiserreich ziehen, und der Neuanfang soll mit einem Schuldbekenntnis beginnen: Paasche dringt darauf, jene Akten zu veröffentlichen, in denen die Verantwortung der Regierung und der Obersten Heeresleitung für den Weltkrieg und die Kriegsverbrechen sichtbar wird, um Politiker und Militärs vor Gericht zu stellen. Aber die Volksbeauftragten Friedrich Ebert und Philipp Scheidemann lehnen es ab, die entsprechenden Haftbefehle zu unterschreiben.[4] Paasche fährt nach Potsdam, »um der Kaiserin die Korrespondenz ihres nach Holland geflohenen Mannes abzufordern«[5], die er ebenfalls veröffentlichen will. Vergebens. Auguste Victoria weigert sich, ihm die Briefe zu übergeben. Wenig später ist die Chance der historischen Aufarbeitung anhand der Quellen vertan, die »kaiserliche Korrespondenz entschwindet – wie manches sonst und auch die Kaiserin – unbehelligt vom Bahnhof Potsdam-Wildpark nach Holland«[6].

Enttäuscht über die rudimentären Ergebnisse der Revolution zieht sich Paasche aus der Politik zurück. Er beginnt an der Möglichkeit gesellschaftlicher Veränderungen mit Hilfe von Parteien zu zweifeln. Eine wirkliche Überwindung der Monarchie stellt er sich nun eher im Geistigen vor. Er vertraut auf die Selbstlosigkeit, Einsicht und Vernunft Einzelner, die er durch Aufklärung erreichen will, um einen umfassenden Sinneswandel herbeizuführen. Bevor die Gesellschaft umgestaltet werden könne, müsse der Einzelne »auswandern aus seinem alten Menschen«[7] Die Deutschen hätten ihr deformiertes Denken, Fühlen und Handeln zu überwinden, das sie während der Jahrhunderte ihrer Untertänigkeit verinnerlicht hätten. Dann erst könnten sie eine freie Gesellschaft schaffen, die er mit der Metapher »Das ferne Land«[8] umschreibt.

Paasches Schriften gehen in ihrer einfühlsamen und menschenfreundlichen Art auf die innere Verfassung der Deutschen ein. Er will dem verunsicherten, vielfach geschlagenen, vom Ausland verachteten oder gefürchteten Volk einen Ausweg eröffnen, ein »Auswandern aus verhängnisvollen Traditionen«.[9] In seinen Werken verschränkt sich die Kultur- und Gesellschaftskritik mit einer psychologischen Selbsterkenntnis, die in auffälligem Kontrast zur militarisierten deutschen Gesellschaft steht und gerade darum so viele Menschen anspricht. Besonders die Jugendbewegung ist auf Paasches »Gabe der unmittelbaren und vorurteilslosen menschlichen Zuwendung«[10], wie Robert Jungk sie nennt, geradezu angewiesen.

Auch Grete fühlt sich von Paasche angesprochen, sein kritischer Humor kommt ihr entgegen. Paasches »fernes Land« ist kein abstrakter Ort der Sehnsucht, seine Schriften zielen auf den Alltag. Als Aktivist der Jugendbewegung ist er an der Umsetzung seiner Ideen immer auch selbst beteiligt. – Bei einem Überfall auf sein Haus wird er 1920 von marodierenden Freikorpssoldaten ermordet.

Grete findet Paasches Ideen in ihrer kommunistischen Jugendgruppe nicht hinreichend berücksichtigt. Daher verabschiedet sie sich 1923 ausdrücklich mit einem Wort Hans Paasches von ihr.

Nach zwei Jahren hat sich ihr Interesse an dieser Art von Vereinsleben erschöpft: Lesezirkel, Vortragsabende, Fahrten und Demonstrationen genügen ihr nicht mehr, sie sucht nach umfassenderen Eindrücken und Begegnungen. Inzwischen hat sie eine andere Gruppe kennengelernt, deren Interessen breiter gefächert sind. Es ist eine Gruppe der Naturfreunde im Bezirk Treptow von Berlin.

Als sie bei ihrem Wechsel auch den Mädchenbund mit ihren Freundinnen im Kommunistischen Jugendverband aufkündigt, bringen die Wehmut und die Irritation des Abschieds einen handfesten Streit hervor. Martha Ditzell erinnert sich:

Es war bei ihr zu Hause in der Küche. Und wir sagten: »Na, Grete, wenn du jetzt von uns weggehst, muß der Kochtopf aber bei uns bleiben. Wir sind ja die Mehrzahl. Dann kannst du nicht mit dem Kochtopf abziehn.« Das ging hin und her, denn wir wollten ja noch weiter Fahrten machen. Wir hatten alle was dazugegeben, und Grete hatte sogar vom Lehrer Neuendorf Geld geborgt bekommen, damit wir das Kochgeschirr kaufen konnten. Aber mir tat sie dann bald leid, weil ich gesehen habe, sie hat ihn so schweren Herzens rausgerückt. Ich war schon immer drauf und dran zu sagen, also, Grete, behalt ihn. Aber die Hertha Kowallke sagte: »Nein, das ist unser Kochtopf!« Ich merkte, wie schwer Grete das fiel, sich von dem Kochtopf zu trennen. Wenn man heute darüber nachdenkt ...

Während wir uns da so stritten, lag Gretes Mutter krank im Nebenzimmer im Bett. Die hat sich das wohl angehört. Und wie wir dann kamen, uns von der Mutter zu verabschieden, da hat sie auf Grete geschimpft, daß sie wieder mit uns gezankt hätte. ›Ja, ja, der Dickkopf‹, so ungefähr hat sie sich ausgedrückt.

Martha Ditzell macht sich über die Naturfreunde lustig, denen sich Grete nun anschließen will. Sie nennt sie *Blümchenpflücker*, sie sind ihr zu harmlos, zu unpolitisch:

Die Naturfreunde gehörten ja nicht zum Kommunistischen Jugendverband oder zu unserer Partei. Wir waren dann eben doch für die Partei eingestellt. Und Grete hat andere Verbindungen gesucht. Sie wollte ihr Leben auf andere Art leben, so, wie sie es sich dachte. Sie hat jedem von uns ein kleines Buch geschenkt, »Pompeji«, glaube ich, hieß es, von einem polnischen Schriftsteller. Da hat sie mir über eine ganze Seite eine Widmung reingeschrieben. Ich hab das so als Abschied empfunden. Und da kam vor, das hab ich behalten, weil ich mir über Grete Gedanken gemacht habe: »Du wirst das ferne Land noch schauen, das Land der Sehnsucht ...« und so weiter. Darauf sagte ich dann zu ihr: »Na, Grete, willst du denn die Zukunft nicht mehr sehen?« Und da lächelte sie so geheimnisvoll und hat keine Auskunft gegeben.

Gretes Lächeln, das eine frühe Todesahnung anzudeuten scheint, bleibt rätselhaft. Ihre Lungentuberkulose ist 1923 noch nicht entdeckt, und die Zeit, da sie in Heilstätten erfahren wird, daß Tuberkulose eine Krankheit zum Tode sein kann, ist noch nicht heran. Seltsam ist auch, daß sie sich in ihrer Widmung ausgerechnet auf Paasches Wort vom *fernen Land* bezieht. Die Metapher erscheint bei ihm in einem Zusammenhang, der den Weg in eine freie Gesellschaft als so langwierig beschreibt, daß ihn nicht jeder zu Ende gehen könne. »Und mancher, der dem Rufe folgt, wird das ferne Land nicht sehen und doch in neuer Heimat sterben, frei und glücklich; wenn er nur den ersten Schritt vor dem zweiten tut. Wer aber nicht auswandert aus seinem alten Menschen, der wird in keiner Steppe frei.«[11]

Möglicherweise hatte Grete sich so stark mit Paasches Ansichten identifiziert, daß sie sich einen Zusammenhang zwischen ihrem eigenen Lebensplan und dem Schicksal Hans Paasches vorstellte.

Jugendbewegter Mädchenbund. Margarete Steffin, Hertha Kowallke, Emilie Marcuse, Martha Ditzell (v. l.), am Rheinsberger See 1923.

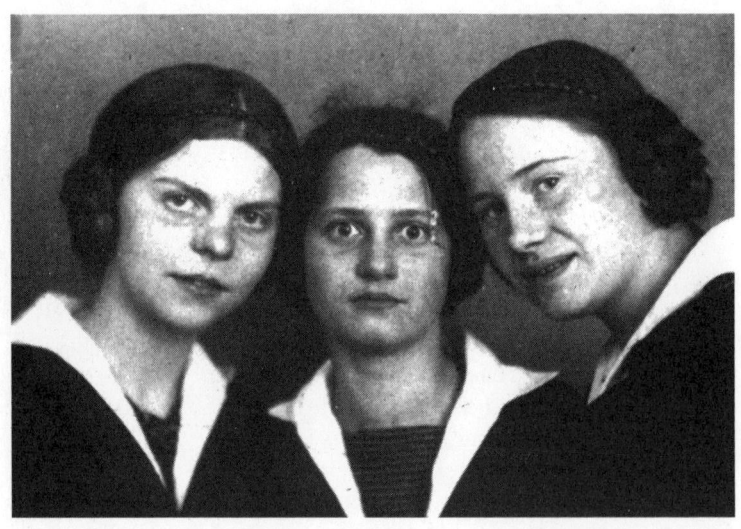

Martha Ditzell, Emilie Marcuse, Margarete Steffin (v. l.), 1924.

Die Gruppe

Die Treptower Gruppe, zu der sich Grete hingezogen fühlt, hat unter den Berliner Naturfreunden den Ruf, eine *besonders muntere Gruppe mit anarchistischem Einschlag* zu sein. Ihre Mitglieder sind eine Spur ideenreicher, neugieriger und unternehmungslustiger als andere und ziehen daher auch junge Leute aus benachbarten Stadtbezirken an. Grete findet hier Freunde, mit denen sie in den kommenden zehn Jahren bis 1933 eng verbunden bleibt: Hertha Bär, Gertrud Glondajewski, Richard Müller, Herbert Dymke und Alfred Hanf. Die fünfzehnjährigen Mädchen und Jungen sind in ihren Interessen noch wenig festgelegt, nur eines ist unverrückbar: im Mittelpunkt steht die Gruppe. Sie bietet den Rahmen für neue Formen des Zusammenlebens, nach denen die Jugendbewegung sucht.

Hertha Reinicke (geborene Bär): *Wir hatten in der Treptower Gruppe ein so starkes Gemeinschaftsleben, wie man es nicht oft unter Jugendlichen findet, das war wirklich 'ne ideale Angelegenheit. Wenn der eine nichts hatte, dann hatten eben alle nichts, und hatte der eine was, dann hatten die anderen auch. Wenn wir auf Fahrt gingen, dann wurde alles auf einen Tisch getan, jeder kriegte von jedem. Wir waren alle noch Lehrlinge, die gar nichts verdienten. Und wenn einer schon ausgelernt hatte und ein bißchen mehr verdiente, dann war davon für die anderen was da. Das war etwas, was man auch schon damals selten fand. Heute noch viel seltener.*

Die Gruppe, zu der um die zwanzig Jugendliche gehören, kann ein Mangelgefühl kompensieren, das den jungen Leuten deutlich bewußt ist: Sie alle kommen aus Arbeiterfamilien, und ihre Eltern hatten ihnen an Bildung und Lebensqualität wenig mitgeben können. Dieser Umstand war von den sozialdemokratischen Gründern der Naturfreunde einst aufgegriffen und zum programmatischen Ansatz ihres Vereins gemacht worden. Das Programm war ursprünglich nicht kulturkritisch ausgerichtet gewesen, wie das von Hans Paasche, sondern auf eine pragmatische Weise sozial. Es gab eine Antwort auf die schlechten Wohn- und Arbeitsbedingungen von Arbeitern, auf ihre in der Regel überbelegten, wenig durchsonnten und mangelhaft zu lüftenden Wohnungen mit unzureichenden Sanitäranlagen und auf den Verschleiß ihrer Gesundheit in der stickigen Luft von Fabrikhallen. Daß solche Lebensbedingungen krank-machten, war offensichtlich und statistisch belegt, und so wollten sie ihnen mit Körperertüchtigung, Sport und Wandern begegnen, mit einem Auslüften der Lungen in der Natur. Der Verein baute Schutzhütten für seine Mitglieder und später, als ein erster bescheidener Urlaubsanspruch für Arbeiter durchgesetzt war, einige wenige Heime, in denen sich Familien erholen konnten. Zugleich wollte er seinen Mitgliedern Allgemeinbildung, naturwissenschaftliche und heimatkundliche Kenntnisse vermitteln.

Sitz der Leitungsgremien war Wien, wo die Naturfreunde 1905 als internationaler Verein gegründet worden waren, in deutlicher Abgrenzung zu völkischen Wandervereinen.[1]

Die Treptower Gruppe trifft sich an jedem Sonnabend Nachmittag nach Arbeitsschluß zu einer Wanderfahrt in die weitere Umgebung Berlins, zum Beispiel nach Altenhof am Werbellinsee oder zum Üdersee bei Eberswalde. Man übernachtet im Freien oder bei Bauern in der Scheune.

Gertrud Glondajewski: *Wir hatten immer Instrumente mit, Klampfe, manche hatten auch 'ne Geige. Wandergruppen wurden immer von oben herab angesehen: Na die! Wir hatten unsere Kleider mit kurzem Oberteil und breiten Röcken, derbes Leinen, und wir hatten Sandalen. Unsere Jungs gingen in Oberhemd und kurzer Hose, das war doch nicht salonfähig. Wenn wir am Potsdamer Bahnhof von Fahrt kamen, haben wir uns einen Spaß daraus gemacht, in der Friedrichstraße ins Mocca-Effti zu gehen, das war ein Café, das außen Rolltreppen hatte. Und wir alle auf die Rolltreppe und raufgerollt. Oben stand der Empfangschef, und wenn wir mit Rucksack und die Jungs in kurzen Hosen kamen, haben die uns rausgeschmissen oder gar nicht erst reingelassen. Wir haben ausreichend Dämlichkeiten gemacht, natürlich. In der Woche hatten wir oft einen Tag, da wurde Sport getrieben, und einen Tag haben wir im Jugendheim verbracht. Wir lebten ganz in diesem Kollektiv, das war eine verschworene Gemeinschaft.*

Neben dem eher schlichten Spaß am Erschrecken von gutsituierten Bürgern treibt die jungen Leute ein ungestümer Gestaltungswille zum Theaterspiel. Wenn sie längere Fahrten unternehmen, führen sie abends in den Jugendherbergen Stücke auf, bei denen die Zuschauer Tränen lachen. Es sind

Volksstücke wie »Der Förster und der Wilddieb«, deren Bindung an Brauchtum, ländliche und religiöse Sitten diesen Kindern der Metropole schon derart fremd geworden ist, daß sie sie nur noch burlesk spielen können, mit langen Bärten, Blitz und Donner. Und während sich ihre Zuschauer in den Jugendherbergen vor Vergnügen kugeln, können sie selber vor lauter Lachen kaum ihre Texte vorbringen. Friedel Thulke berichtete von einer Fahrt nach Mecklenburg:

Wir blieben zwischen Weihnachten und Silvester und hatten ein Theaterstück einstudiert, mit dem wir uns Weihnachten amüsieren wollten. Der Spaß war so groß, daß wir nicht zu Ende spielen konnten, daß der, der den Souffleur machte, den hatten wir hinter einem Vorhang, der reichte zum Schluß das Buch raus und ist vor Lachen bald gestorben.

Das Foto von einer Fahrt im Jahre 1924 zeigt ein von den Jugendlichen gestelltes Lebendes Bild. Man sieht, wie viele der disparaten Kulturströmungen der Zeit sich in ihren Köpfen abgelagert haben: Zwei mit Speeren und einem Krummsäbel bewaffnete feindliche Gruppen stehen sich gegenüber, bevor sie aufeinander losgehen. Die meisten der Kämpfer sind nackt, einem von ihnen ist ein großes Hakenkreuz auf die Brust gemalt. In dieser Szene vereinigen sich das Bekenntnis der Jugendbewegung zur Nacktheit und die Vorliebe des 19. Jahrhunderts für Orientalisches mit dem Pathos eines expressionistischen Theaterarrangements, um eine politische Alltagsbeobachtung auszustellen. Das Lebende Bild heißt »Nazis gegen Kommunisten«.

Aber die jungen Leute spüren bereits, daß ihre Posen nur geborgt sind. Unter der Last ihrer eigenen Pathetik brechen sie in Gelächter aus, im Moment der Aufnahme können sie es kaum noch zurückhalten. Das Ganze ist eine wilde, diffuse Mischung aus Kunst, Kultur und Politik, zusammengehalten von einer überlebten Form, dem Lebenden Bild aus dem 19. Jahrhundert. Hier deutet sich an, daß die Berliner *Naturfreunde*-Gruppen Interessen entwickeln, die nicht mehr identisch sind mit denen der Gründerväter des Vereins.

Weitere Erinnerungsfotos zeigen die Treptower Gruppe nackt und ausgelassen bei einer Schlammschlacht am Ufer eines Sees. Wie andere Vereine wollen auch die Naturfreunde das Nacktbaden durchsetzen, das die Jugendbewegung seit der Jahrhundertwende eingeführt hatte.

Damals hatte es polizeiliche Strafbescheide gehagelt, und auch Mitte der zwanziger Jahre sind die jungen Leute oft noch handgreiflich mit den sittlichen Auffassungen ihrer Mitbürger konfrontiert. Wiederholt werden die Jungen der Gruppe von vorübergehenden Spaziergängern geohrfeigt, weil sie sich so *schweinisch* bewegen: Die deutsche Lebenskultur ist kümmerlich entwickelt, Nacktheit gilt im allgemeinen Bewußtsein als *schweinisch*. Da aber auch Sexualität als *schweinisch* angesehen wird, werden beide oft miteinander gleichgesetzt.

August Steffin ist da ganz ähnlicher Ansicht, auch er kennt keinen Unterschied zwischen Nacktheit und Sexualität. Er stört sich grundsätzlich am Miteinander der Geschlechter in der Gruppe, wie Herta berichtet, die ihrer Schwester Grete zu den Naturfreunden gefolgt war:

Unser Vater durfte von den Fahrten gar nichts wissen. Und wenn er uns wirklich mal vermißte und fragte, wo sind die Mädels, dann sagte Mutter, die sind bei unserer Tante Lina. Der durfte doch nicht wissen, daß wir mit Jungs zusammen in 'ner Scheune schlafen. Da passiert bloß was, sagte er. Aber wirklich wahr, wir hatten überhaupt keine Idee, da ist gar nichts passiert.

Und später dann, sexuelle Aufklärung, ach, das gab's ja gar nicht. Nee, nee, die haben kein Wort darüber verloren, alle beide nicht. Also, das muß ich sagen: Meine Mutter, auch Vater, die so fortschrittlich eingestellt waren, alle beide in der Partei und im Proletarischen Gesundheitsdienst und wo überall, die haben nicht ein Wort darüber gesprochen, meine Mutter auch nicht, das Thema wurde überhaupt nicht angerührt. Wir wußten von gar nichts, wir waren doof bis siebzehn. Als wir unsere erste Menstruation hatten – wir wußten von nichts. Wir wußten nicht, wie wir uns behelfen können, wie wir das Blut stoppen können, es hat uns auch keiner geraten, was wir machen sollen. Und ich staune selbst, daß unsere Mutter, die so interessiert war und nun wirklich nicht nur in der Stube gesessen hat, kein Wort darüber verlor, obwohl es ja längst bekannte sozialistische Aufklärer gab. Magnus Hirschfeld, Max Hodann, die wirkten doch damals schon in Berlin. Da bin ich mir heute noch im unklaren, ich weiß es nicht. Und unser Vater, an den war gar nicht zu denken. Unsere Eltern haben das regelrecht totgeschwiegen. Kein Wort darüber, auch keine Verbote, daß sie uns den Geschlechtsverkehr vor der Ehe verboten hätten. Das wurde einfach nie erwähnt. Sie haben sich um nichts bekümmert.

Den anderen in der Gruppe geht es ähnlich, auch sie sind allein mit ihren Beklemmungen und Ahnungen, mit den Gefühls-

und Hormonwallungen ihrer Pubertät. Was sie von körperlicher Liebe wissen, ist nicht unbeeinflußt von der Sünden-, Scham- und Bußideologie ihrer christlichen Erziehung in der Schule.

Der damalige Vorsitzende der Sozialistischen Arbeiterjugend Berlin, Erich R. Schmidt, schreibt: »Wenn nach achtjähriger Schulzeit der sogenannte ›Weg ins Leben‹ begann, munterte man uns auf mit Sprüchen über Pflichten und Tugenden, und daß die ›freie Bahn dem Tüchtigen‹ gehöre. Den Mädels wurde eingehämmert, daß es gut und wichtig sei, kochen zu können, ein Heim zu schaffen und die Kinder zu betreuen. Wie sie zu letzteren kamen, sollten die Jungen dem Grinsen ihrer Väter und anderer männlicher Berater entnehmen. Das war die ganze Philosophie.«[2]

Indessen hatte es in Berlin seit der Jahrhundertwende die unterschiedlichsten Bemühungen um eine Sexualreform gegeben, hervorgerufen unter anderem von der zunehmenden Berufstätigkeit der Frauen und den neuen Erkenntnissen der Psychoanalyse.

Unter den Sexualpädagogen gibt es einige, die der Arbeiterjugend eng verbunden sind, so der Reinickendorfer Amtsarzt Dr. Max Hodann, den die Treptower in ihre Gruppe einladen. Er kommt in den Jahren 1924 bis 1930 mehrfach zu Vortrags- und Diskussionsabenden, um mit den Jugendlichen über »Kameradschaft, Freundschaft, Liebe«, »Die sexuelle Frage« und »Gemeinsame Erziehung der Geschlechter« zu sprechen.

»Der Informationsbedarf in den Gruppen war unerschöpflich [...]. Den aufgeklärten Pädagogen verdankten wir einen guten Teil unserer psychischen Stabilität [...]. Es ist unmöglich, den Einfluß zu überschätzen, den Hodanns Artikel und Schriften ausgeübt haben. Sie eigneten sich auch als Einführung in die schwierigeren Werke von Auguste Forel, Magnus Hirschfeld, Theodor van de Velde und Sigmund Freud. Zwei Schriften Hodanns wurden zu Klassikern: ›Bub und Mädel – Gespräche unter Kameraden über die Geschlechterfrage‹ und ›Onanie – weder Laster noch Krankheit‹«, berichtet Erich R. Schmidt.[3]

Hodann verbindet seine lebensnahen Vorträge über Sexualpraktiken, Schwangerschaftsverhütung und den Abtreibungsparagraphen 218, an denen die jungen Leute am meisten interessiert sind, mit Diskussionen über eine neue Sexualmoral, wie sie in Deutschland seit 1905 geführt worden waren, seit Helene

Stöcker und ihr »Bund für Mutterschutz und Sexualmoral« zu bedenken gaben, Sexualität nicht nur auf die Fortpflanzung zu beschränken. Aber Hodann geht noch weiter. Er hat einen emanzipatorischen Ansatz, und eben dieser macht ihn so populär bei der bildungsinteressierten Arbeiterjugend. Hodann hat die gesamte Lebensweise im Blick, die seine Zuhörer aus eigener Erfahrung nur zu gut kennen. Er zeigt auf, was sich von der wilhelminischen Kasernenhofgesellschaft und ihren jahrhundertealten preußischen Vorläufern in vielen Arbeiterfamilien abgelagert hat: patriarchale Strukturen, Prügelerziehung, Autoritätshörigkeit, Frauenunterdrückung – Deformationen, die dem Heranwachsen von Untertanen förderlich sind. Hodanns Vorstellungen von einer sozialistischen Gesellschaft schließen die familiäre, psychische und pädagogische Emanzipation unabdingbar mit ein, werden aber von den meisten Politikern der Linken unter Verweis auf die alles entscheidende Klassenfrage oft genug beiseite geschoben.

Max Hodann bleibt ein ständiger Mentor und Begleiter der Berliner Arbeiterjugend bis 1933. Sein Einfluß auch auf die Treptower Gruppe ist groß, aber er ist nicht der einzige. Im Berlin der zwanziger Jahre stürmen immer neue Anregungen auf die jungen Leute ein, und ihre Neugier und ihr Bildungshunger sind enorm. Da gibt es die Theater und die Philharmonie, die die Treptower nun entdecken. Da sind die Abendschulen, in denen die Erkenntnisexplosionen der Naturwissenschaften vorgestellt werden und in denen sie Vorträge über moderne Kunst hören. Ein Vortrag über den Expressionismus regt sie derart an, daß sie am nächsten Tag im Atelier von Otto Dix erscheinen, um sich mit ihm über seine Weltkriegs-Gemälde zu unterhalten. Auch die Oper wollen sie kennenlernen.

Hertha Reinicke: *Die erste Oper haben wir gemeinsam mit der Gruppe gesehen – »Der Freischütz« in der Staatsoper. Für uns alle ein großes Erlebnis. Es war schwer, dafür Karten zu kriegen, und wir hatten oben, vierte Galerie, Stehplatz, 'ne Mark, aber das machte uns nichts aus. Es war die erste Oper, die wir gemeinsam mit einem Teil der Gruppe sahen, und zwar Herbert Dymke, Richard Müller, Gretl, noch ein paar Mädchen und ich. Später haben wir mit Gretl oft allein Opern besucht, »Die Meistersinger«, auch »Palestrina« von Pfitzner, mit der wir allerdings nichts anfangen konnten, das lag uns nicht.*

Bei ihren Wanderfahrten lernen sie auch andere Gruppen kennen:

Es gab ja damals alle möglichen Richtungen in der Jugendbewegung, es gab Naturapostelbewegungen, es gab den Ausdruck »Eigenkleid und Innenleben«: Nach außen hin zu dokumentieren, wir sind anders als die anderen, was die Kleidung betrifft, und eben rausfahren und sich um gar nichts kümmern. Für die gab es keine Fürstenabfindung und keine Arbeiterbewegung, da gab es nur ihr kleines bißchen Ich. Die eine Gruppe haben wir mal bei einer Pfingstfahrt am Üdersee kennengelernt, die tanzten da so rum und waren jedenfalls nur auf ihren kleinen Kreis gestellt. Und da war Gretl diejenige, die versuchte, gegen den Stachel zu löcken. Wir sind dann ein paarmal in diesen Gruppen gewesen, Gretl und ich, in Neukölln, die hatten da ihre Zusammenkünfte und irgendwelche Vorträge. Damals gab es diese Hefte von Steinmüller »Rhapsodie des Ich«, »Rhapsodie der Trauer«, »Rhapsodie der Freude« – und die lebten eigentlich an der Wirklichkeit vorbei. Gretl hat versucht, denen ihre Abwegigkeit klarzumachen, daß es doch noch was anderes gibt, sie hat gut diskutieren können. Da gingen wir eben mal hin zu solchen Abenden, die im Grunde dann fruchtlos waren. Aber wir haben's versucht, vor allem Gretl hat versucht, politische Diskussionen zu führen. Denn die hatten nun nichts weiter als Natur und Reinheit und Schönheit, aber das Elend, was so drum herum war, scherte sie nicht. Uns behagten schon die Naturfreunde nicht. (Hertha Reinicke)

Die naturkundlichen Studien während der Fahrten genügen den Treptowern bald schon nicht mehr. Sie bekennen sich zum »sozialen Wandern«, einer Richtung der Jugendbewegung, die die Naturbetrachtung zugunsten sozialer Studien vernachlässigt.

Auch der Berliner Alltag bietet ihnen hinreichend Gelegenheit, soziale Studien zu treiben. Nur bleibt es nicht bei Studien, das widerspräche ihrem aktivistischen Naturell. Sie betätigen sich als frühe Sozialarbeiter. Während ihrer Streifzüge durch die Stadt sprechen sie andere Jugendliche an, die dem Alkohol verfallen sind, in Cliquen herumschweifen oder ins Kriminelle abzugleiten drohen. Die Angesprochenen reagieren oft äußerst ruppig, zur Begrüßung werden die Treptower erst einmal beschimpft. An ihrer Kleidung werden sie als *Latscher* erkannt und nicht ernst genommen. Es gelingt ihnen nur ein einziges Mal – in Moabit –, einige dieser jungen Leute in ihre Gruppe herüberzuziehen.

Auch politisch wollen sie sich bekennen. Auf einer ihrer Wanderfahrten im Jahre 1924 ziehen sie vor das Zuchthaus

Brandenburg und singen Kampflieder der Arbeiterbewegung, um den politischen Gefangenen zu zeigen, daß sie nicht vergessen sind – ein Anliegen der Roten Hilfe, das sie unterstützen.

Grete verbringt kaum einen ihrer Abende zu Hause, so daß sie Ärger mit ihrer Mutter bekommt. Johanna Steffin ist der Meinung, ein junges Mädchen dürfe nicht so oft außer Haus gehen und solle ihr Geld vielmehr für ordentliche Kleider sparen, um sich allmählich und mit Bedacht auf den Stand der Ehe vorzubereiten. Damit stößt sie bei Grete auf taube Ohren, solche Gedanken sind ihr fremd. Was sie in ihrem Elternhaus von der Ehe mitbekommen hat, erscheint ihr nicht unbedingt erstrebenswert. Auch zeigt sie ein notorisches Desinteresse an allen Dingen des Haushalts und verbringt die wenigen Stunden zu Hause viel lieber mit Büchern, womit der Vater wiederum nicht einverstanden ist. Oft muß sie sich von ihm vorhalten lassen, sie sei so ganz anders als ihre jüngere Schwester, die jede Hausarbeit gewissenhaft erledigt. Im Gegensatz zu ihrer Schwester Herta nimmt Grete den Haushalt kaum wahr, weshalb der Vater Herta bevorzugt und von Grete verlangt, sie solle sich ein Vorbild an ihr nehmen.

Herta hat nach Abschluß der Volksschule eine Lehre als Wäscherin begonnen. Sie ist die Jüngste in der Familie und steht zwischen einer lebensklugen Mutter, einem autoritären Vater und einer ambitionierten Schwester. Der Einfachheit halber muß sie Grete überall hin folgen, also auch in alle Jugendgruppen. Aber Herta ist nicht so umtriebig und neugierig wie Grete. Sie verfügt weder über Gretes analytischen Verstand, noch über ihr organisatorisches Talent und auch nicht über die Leidenschaftlichkeit, mit der sie ihre künstlerischen Interessen verfolgt.

Gretes Talente sind sehr früh anerkannt worden: Ihre Geschichten waren in Kinderzeitschriften gedruckt worden, die Theaterstücke in den Schulen aufgeführt, ihre Rezitationen zustimmend aufgenommen worden. Sie fühlt sich auf ihrem Weg bestätigt, während Herta von Gretes starkem Selbstbewußtsein, ihrer initiativen Art und ihren Erfolgen eingeschüchtert ist. So zieht sich Herta in sich selbst zurück, redet kaum und beteiligt sich nicht an Gesprächen. Statt dessen macht sie sich eigene Gedanken und zieht ihre Schlüsse, die sie allerdings für sich behält. In der Familie gibt sie sich lieb und bescheiden, freundlich, folgsam und anstellig. Der Vater hat seine Freude an ihr, denn im Unterschied zu Grete hat Herta ihm noch nie widersprochen. Herta begegnet seinen Forderungen und Wünschen äusserst zuvorkommend, ihre ausgestellte Harmlosigkeit, trübt kein Wässerchen. Und gerade das bringt Grete auf die Palme, denn sie geht keiner Auseinandersetzung mit dem Vater aus dem Weg. Auf Grete wirkt Herta manchmal so, als sei sie »ein wenig doof«[4], was sie nicht ist. Sie ist nur schlichter veranlagt als Grete, deren *unruhiger Geist* (Martha Ditzell) ihr ständig neue Fragen aufgibt, die sie offen austragen will.

Herta dagegen schweigt und wird wenige Jahre später in aller Stille ihren Auszug aus der Familie vorbereiten. Eines Tages ist sie plötzlich verschwunden, ohne irgendjemandem Bescheid zu geben. Erst allmählich finden Vater, Mutter und Schwester heraus, daß die neunzehnjährige Herta mit ihrem künftigen Mann Herbert Hanisch zusammenlebt.

Grete wird den Auszug ihrer Schwester in der Erzählung *Das Paradestück*[5] beschreiben, in der sie ihr Verhältnis zum Vater und die Mentalität ihrer Schwester gleichermaßen ironisiert. Untergründig aber ist die Erzählung von heftigen Emotionen bewegt, die auf Gretes schmerzliche Enttäuschung über die ausbleibende Anerkennung durch den Vater zurückgehen. Allerdings scheint dies ein Schmerz zu sein, mit dem sie umzugehen vermag, denn ihre Rückschau überliefert auch eine wachsende und unumkehrbare Distanz zu den Lebensgewohnheiten und -ansichten von Vater und Schwester. Vorerst aber überlegt sich Grete, wie sie sich vor der Hausarbeit drücken kann. Sie schlägt ihrer Schwester einen Handel vor.

Wenn wir abwaschen mußten, fragte sie mich immer: »Willst du es nicht machen? Ich erzähl dir dafür heute abend ein Märchen.« Sie dachte sich ein Märchen aus, und dann hat sie sich immer geärgert, weil ich dabei eingeschlafen bin. Nee, für den Haushalt war unsere Grete gar nicht zu haben. Auch mit Strümpfe stopfen und so, das war alles nicht nötig. Das nicht. Sie hatte ja andere Interessen.

Grete gestaltet Literaturabende in der Gruppe. Sie ist Mitglied der Büchergilde Gutenberg geworden und Abonnentin des Malik-Verlags. Nicht anders als ihre Freunde erhofft sie sich von der Literatur Aufklärung über die unmittelbare Vergangenheit, die ihre Kindheit geprägt hat und bis in die Gegenwart fortwirkt: Weltkrieg, Revolution, Gegenrevolution, Nachkriegselend, Hunger und Inflation. Diese Erfahrungen mögen ein Grund dafür sein, daß sie von belletristischer Literatur vorwiegend geschichtliche Reflektionen und politische Orientierung erwartet.

Wenn sie in der Gruppe eine Erzählung über den weißen Terror am Ende der ungarischen Revolution 1919 vorliest, die sich ihren Freunden tief einprägt, erinnert sie sich an Selbsterlebtes: Ihr Vater hatte um 1920 einen ungarischen Revolutionär bei sich wohnen lassen, der vor dem Terror des Horty-Regimes geflohen war. Die zwölfjährige Grete hatte damals nicht begriffen, warum sie und ihre Schwester ihr Zimmer verlassen und monatelang in der Küche schlafen mußten.

Ein anderes Mal trägt Grete in der Gruppe ein Tagesgedicht vor, das um die Frage kreist, was die Deutschen 1914 veranlaßt haben könnte, mit Hurragesängen in den Krieg zu ziehen.

Hertha Reinicke: *Sie hat mich stark beeindruckt. Das sind für mich Dinge, die ich nie vergessen werde, weil sie das so eindringlich brachte, daß es sich einprägte. Sie brachte ein Gedicht, ich weiß nicht von wem, es ging um Karl Liebknecht, es muß sogar auf einer Liebknecht-Feier gewesen sein. Da kommt eine Stelle drin vor: »Er hat für die Kredite gestimmt, er, Karl, Wilhelms Sohn«. Aber diese Worte, die sie da gesprochen hat! Denn Karl Liebknecht hatte ja Anfang 1914 im Reichstag für die Kriegskredite gestimmt, und erst später, bei der nächsten Abstimmung, war er dagegen. Und stell'n Sie sich mal vor, das sind, ach Gott, über fünfzig Jahre her! Das hat sich mir damals so eingeprägt, wie sie das gebracht hat. Also, sie konnte sich so hineinfühlen, sie hat so eine starke Aussage gehabt, wenn sie rezitierte. Und es kam aus ihr selbst heraus, damals gab es ja noch nicht mal den Sprechchor. Sie hat rezitiert – und es packte. Es war eindrucksvoll, sie hat den richtigen Ton gefunden.*

Während dieser Vorträge erkennen sie ihre Freunde kaum wieder. Ihre Fähigkeit, andere mit Rezitationen zu begeistern, hebt sich deutlich von ihrem nachdenklichen und unauffälligen Verhalten im Alltag ab.

Alfred Hanf: *Als Mensch hat man ihr manchmal gar nicht zutrauen können, daß sie in so mitreißender Form auftreten konnte. Sie konnte lammfromm sein, möcht' ich mal sagen. Aber sie konnte auch sehr energisch und mitreißend auftreten. Sie konnte durch Rezitationen begeistern. Sie hatte eine große Stimme.*

Für Herbert Dymke sind die Literaturabende vor allem Gelegenheiten, nachzuholen, was ihm Schule und Elternhaus vorenthalten haben. Gretes Vorträge eröffnen ihm eine unbekannte Welt:

Literarische Abende sind auch heute bei Jugendlichen beliebt. Wir hatten ähnliche Empfindungen und haben nach Entwicklung gesucht, wobei wir den Rückstand gegenüber dem, was möglich gewesen wäre, bald gespürt haben. Je älter man wird, desto mehr merkt man, wieviel uns an Entwicklungsmöglichkeiten geklaut worden war.

Grete spricht Gedichte auch aus dem traditionellen Repertoire sozialdemokratischer Kulturveranstaltungen: Georg Herweghs »Bet' und arbeit', ruft die Welt«, Richard Dehmels »Mahle, Mühle, mahle«, Heinrich Heines »Die schlesischen Weber« und Goethes »Prometheus«. Außerhalb der Gruppe trägt sie die Gedichte auch in den zentralen Veranstaltungen der Berliner Naturfreunde vor.

Auf einer solchen Veranstaltung wird sie eines Tages von Max Hodanns Frau angesprochen, von Traute Neumann, der Leiterin des Naturfreunde-Sprechchors. Traute Neumann hatte Schauspiel und Regie bei Max Reinhardt studiert und im Sprechchor für proletarische Feierstunden mitgearbeitet, der von Albert Florath gegründet worden war, einem Schauspieler vom Staatstheater am Gendarmenmarkt[6]. Aus Gretes Gesprächen mit Traute Neumann ergibt sich, daß sie und ihre Treptower Freunde bald im Naturfreunde-Sprechchor mitarbeiten. Von jetzt an werden die Auftritte im Sprechchor einen großen Teil ihrer Freizeit beanspruchen.

Lebendes Bild »Nazis gegen Kommunisten«, 1924.

Gruppenfahrt zum Hölzernen See, 1924.

Nach einer Solidaritätskundgebung vor dem Zuchthaus Brandenburg für die politischen Gefangenen. Anni Schneck (2. v. l.), Margarete Steffin (3. v. l.), Margot Kriebgensky (4. v. l.), Herbert Dymke (6. v. l.), Hertha Bär (7. v. l.), 26. Oktober 1924.

Gruppenfahrt nach Schöpfurth-Steinfurth am Üdersee, Wintersonnenwende 1924.

Rufe aus der Tiefe

Der Sprechchor ist ein Genre des Arbeitertheaters, das in den zwanziger Jahren weit verbreitet war und heute vergessen ist. Die Schauspielerin Tilla Durieux und ihr Kollege Alexander Moissi hatten 1919 im Berliner Großen Schauspielhaus sozialistische Morgenfeiern veranstaltet, in denen der Revolution gedacht wurde. Das war der Anfang. Es ging zunächst um ein Innehalten, um Besinnung. Das Programm bestand aus Orgelwerken von Bach, Rezitationen, einem Trauermarsch für die Opfer, Ansprachen von USPD-Politikern und Gesang. Der rituelle Charakter dieser Feiern war gewollt, denn zur Verarbeitung des unmittelbar Vergangenen gehörte auch die Trauer um die Opfer des Krieges und der Revolution. Der große Anklang, den die Veranstaltungen bei Tausenden von Zuschauern fanden, veranlaßte die Organisatoren, die künstlerische Gestaltung künftig in die Hände von Dichtern zu legen.

»Bald wurde ein kleiner proletarischer Sprechchor gebildet, um zunächst Dichtungen fortschrittlicher Schriftsteller kollektiv vorzutragen. Dann trat Leo Kestenberg im Auftrag des Zentralbildungsauschusses der USPD an verschiedene Schriftsteller heran und regte sie dazu an, Chorwerke speziell für Aufführungen im Rahmen von Feierstunden zu verfassen.«[1]

Die ersten Sprechchorwerke schrieben Ernst Toller und Bruno Schönlank. Die Form, die sie entwickelten, hatten sie letztlich von der Straße aufgehoben: Sie brachten die revolutionären Massen, die eben noch in Kämpfe verwickelt waren, als sprechende Chöre auf die Bühne. Ihre Stoffe, zunächst Krieg und Revolution, wurden von großen, gegeneinander agierenden Sprechchören und von kleineren Stimm- und Sinngruppen vorangetrieben. Daneben gab es nur noch wenige Solosprecher, die meist in dramatischen Kurzszenen auftraten. Das Chorische, für das sich Toller und Schönlank entschieden, hat eine lange theatergeschichtliche Tradition. Seit dem antiken Drama erscheinen sprechende Chöre – sinnfälliger Ausdruck des Politischen – vermehrt in Zeiten politischer Umbrüche auf dem Theater.

Albert Floraths »Sprechchor für proletarische Feierstunden«, in dem Traute Neumann mitgearbeitet hatte, die spätere Leiterin des Naturfreunde-Sprechchors, brachte Tollers und Schönlanks Werke ab 1920 im Großen Schauspielhaus heraus. In diesen frühen Werken mündet die Klage über erbärmliche Lebensverhältnisse in das Bekenntnis zur Gegenwehr innerhalb der internationalen Bewegung. Florath stellte die arbeitenden Menschen als eine große Gemeinschaft dar, die allmählich ihr Schicksal zu reflektieren beginnt. Sein Sprechchor brachte dreihundert Laiendarsteller auf die Bühne, die meisten von ihnen Arbeiterinnen und Arbeiter, unterstützt von zwei Schauspielern des Staatstheaters: Elsa Wagner und Wilhelm Dieterle. Sie sprachen die Solopartien.

Das rhythmisch akzentuierte Sprechen der lyrischen Texte, verteilt auf unterschiedliche Stimmgruppen, brachte eine ganz eigene, neuartige Musikalität hervor. Sie ersetzte die Musik des Oratoriums, dessen Form die Entstehung der Arbeitersprechchöre wesentlich angeregt hatte. Tilla Durieux berichtet von einer »Komposition für großen Sprechchor und Orchester«, die »Oskar Fried, der Schüler Gustav Mahlers«[2] zu Richard Dehmels »Erntelied« schon 1912 aufgeführt hatte.

Albert Floraths Aufführungen vor fünftausend Zuschauern im Großen Schauspielhaus waren in den frühen zwanziger Jahren so populär, daß sie zu einer festen Institution der Berliner Arbeiterkultur wurden. Noch ganz dem 19. Jahrhundert verpflichtet, kamen sie der Sehnsucht ihrer Zuschauer nach erhabenen Eindrücken entgegen: »Im Hause Max Reinhardts, dem Großen Schauspielhaus, wurden die proletarischen Feierstunden rasch das zentrale Kulturereignis der sozialdemokratischen Berliner Arbeiterschaft, wo man einmal im Monat, am Sonntagvormittag, den Realitäten des politischen Alltags und seinen zahllosen Enttäuschungen entrinnen konnte und die großen Ideale in der reinen Sphäre der Dichtung [...] erleben durfte. [...] Der einzigartige Symbolwert der Sprechchöre als Stimme der Unterdrückten, die ihr Schicksal und ihre Träume schildern, sicherte ihnen in allen Teilen und auf allen Ebenen der deutschen Arbeiterkultur und der politischen Agitation eine phänomenale Verbreitung.«[3]

Floraths Aufführungen führten die Überwindung der alten Gesellschaft symbolisch vor und stellten den Sozialismus als ein heiliges Ziel dar, als Erlösungsversprechen.

Seine Inszenierungen arbeiteten mit einem ins Mystische drängenden Pathos und wirkten mit ihren weihevollen Apotheosen der Revolution oft wie ein Kirchenersatz. Dadurch, bemängelten kommunistische Kritiker, fungierten sie auch als Revolutionsersatz: Die Heiligsprechung der Revolution verhindere zu erkennen, wie und auf welchem Weg sie zu erreichen wäre.[4] An solchen Handlungsanleitungen war ein Sprechchordichter wie Bruno Schönlank allerdings gar nicht interessiert. Er bekannte sich zum rituellen Charakter seiner Aufführungen. Es ging ihm um »gemeinschaftsbildende Wirkungen«[5], um den »ständigen Wechselstrom des Kraftgebens und Kraftempfangens«[6] zwischen Bühne und Zuschauern. Schönlanks Dichtungen reagierten auf das Weltkriegstrauma. Er wollte gegen »die seelische Leere«[7] angehen, wie sie zu Beginn des Krieges auch bei den Arbeitermassen vorhanden war, da doch gerade die 1914 ausgebrochene »Kriegspsychose ein lehrreiches Beispiel dafür sein sollte, wie sehr mit diesen Imponderabilien zu rechnen ist.«[8]

Der Lyriker Bruno Schönlank widmet sich bis 1932 fast ausschließlich der Weiterentwicklung des Sprechchor-Genres, er will die »seelischen Kräfte«[9] durch proletarisches Selbstbewußtsein stärken und »die Masse selber zum Verkünder ihrer Sehnsucht, ihres Kampfverlangens, aber auch ihrer Niedergeschlagenheit machen«[10]. Er will die Arbeitermassen nicht mit Revolutionsanleitungen versehen, sondern vielmehr die Innenräume ihrer Seelen mit Selbstbewußtsein und einer Revolutionsperspektive füllen, die er nicht aus einer historischen Mission ableitet, wie die marxistische Theorie es tut. Er greift das Revolutionsbewußtsein in dem Moment auf, da es sich in der Realität ankündigt und will es mit der Wirkung seiner Werke befördern.

Angeregt von Albert Floraths Erfolgen im Berliner Großen Schauspielhaus bilden sich Sprechchöre in ganz Deutschland.

Jon Clark, der eine Studie zur Arbeitersprechchorbewegung vorgelegt hat, führt deren erstaunliche Ausbreitung auf das Fortwirken der unmittelbaren Vergangenheit zurück: »Die gesellschaftspolitische und massenpsychologische Grundlage der Arbeitersprechchorbewegung der Weimarer Republik war ohne Zweifel das neue Selbstbewußtsein des deutschen Proletariats, das 1918-1919 aus den Massenkämpfen in den wichtigsten deutschen Großstädten hervorgegangen war.«[11]

Von Chor zu Chor wird das neuentstehende lyrisch-dramatische Bühnengenre ganz unterschiedlich aufgefaßt, man experimentiert mit Motiven, Formen und Wirkungen. Der Naturfreunde-Sprechchor unter Traute Neumann entscheidet sich mehr und mehr für die Verwendung von Theatermitteln.[12] 1924 bringt er Teile aus Gerhart Hauptmanns Schauspiel »Die Weber« heraus.

Grete und ihre Freunde setzen sich auf den Proben zum ersten Mal systematisch und unter professioneller Anleitung mit einem dramatischen Text auseinander. Für die Theaterenthusiasten der Treptower Gruppe ist das ein großes Ereignis.

Herbert Dymke: *Man hat uns allmählich zur Selbständigkeit geschoben, und dieses Selbermachen war für uns das große Erlebnis. Damals galt für Arbeiterkinder die Redensart: »Ihr seid zu nichts anderem fähig als zum Arbeiten, was anderes könnt ihr gar nicht!« Und wenn man es nicht ausgesprochen hat, dann hat man es uns fühlen lassen: Ein Arbeiter kann nicht studieren. Wir dachten immer – weil wir zu dumm sind. Wir haben erst später gemerkt, es war deswegen, weil Vater kein Geld hatte. Aber so waren wir erzogen, und deswegen war alles, was wir selbst gestalteten, ein Erlebnis für uns, weil es uns bereicherte, weil es uns entwickelte zu jemand anderem, von dem man nicht mehr sagen durfte: Ihr könnt das gar nicht.*

Der Naturfreunde-Sprechchor probt einmal in der Woche in der Aula des Sophiengymnasiums, Weinmeisterstraße, im Scheunenviertel, und Traute Neumann hatte Gretes darstellerisches Talent schnell erkannt. Grete wird die Solosprecherin des Chors, der jedesmal achtzig bis hundert Akteure auf die Bühne bringt.

Gertrud Glondajewski: *Gretl hatte eine unerhörte Begabung. Ein sehr waches Gedächtnis, sehr wache Aufmerksamkeit, sehr wache Konzentration, so daß der Sprechchor für sie nur den Anstoß gab, vorhandene Talente zu entwickeln. Gretl war Solosprecherin, und das machte sie sehr gut. Wir hatten noch andere Solosprecher, da war zum Beispiel Herwart Grosse, heute ein bekannter Schauspieler am Deutschen Theater, und Kurt Bork, später stellvertretender Kulturminister der DDR.[13] Und Gretl war die weibliche Rolle.*

Gertrud Cerny: *Sie hatte eine gute, kräftige Stimme. Wir unterstützten alles, was den linken Teil der Arbeiterbewegung ausmachte, die verschiedensten Organisationen. Wenn wir außerhalb von Berlin auftraten, wurde die Übernachtung bei Genossen oder in einem Massenquartier organisiert. Wir sind gelaufen, wenn wir kein Fahr-*

geld hatten. Wir waren zwei Stunden vorher da, haben die Bühne
aufgebaut, mit Stoffen verhängt, und nachher wieder abgebaut, und
die Sachen geschleppt und alles gemacht. Meist war die Bühne nur
mit roten Stoffen verhängt oder mit weißen oder schwarzen. Ganz
wenig Requisiten. Der Chor war immer gleichmäßig gekleidet, wir
hatten immer diese schwarzen Kittel an, oder die Männer eben mal
mit freiem Oberkörper. Es war ein Sprech- und Bewegungschor, denn
der Chor machte auch Schrittbewegungen. Bei den Proben hatten wir
gleichzeitig Gymnastikstunde. Wir standen ja nicht wie ein Gesangs-
verein da.

Der Sprechchor tritt zu Veranstaltungen der Naturfreunde,
der Roten Hilfe, der SPD, der KPD, der Gewerkschaften, des
Proletarischen Gesundheitsdienstes und anderer linker Organisationen auf.

Nach Hauptmanns »Die Weber« bringt der Naturfreunde-
Sprechchor 1924 die Uraufführung von Johannes R. Bechers
»Arbeiter, Bauern, Soldaten« heraus. Die Proben werden Grete
an den ihr vertrauten Streit um Gott oder einen diesseitigen
Weltentwurf erinnert haben.

Die Inszenierung führt zu einem Eklat mit weitreichenden
Folgen. Becher hatte zwei sehr unterschiedliche Fassungen
seiner Dichtung vorgelegt. Die erste Fassung von 1919 trägt
den Untertitel »Der Aufbruch eines Volkes zu Gott«[14]. Darin
werden die vom Weltkrieg gezeichneten Versehrten, Blinden,
Verzweifelten und Hoffnungslosen von einem Heiligen zu einem Aufbruch ins *Land der Verheißung* bekehrt. Die Bekehrung
steht für eine Art von Revolution, die Becher idealistisch als
Verschmelzung mit einer Gottheit darstellt.

Die überarbeitete Fassung von 1924, die der Naturfreunde-
Sprechchor nun im Beisein Bechers probt, hat den Untertitel
»Entwurf zu einem revolutionären Kampfdrama«. Im Gegensatz zur ersten Fassung, die »aus einer Atmosphäre von Ge-
fühlskommunismus und verworrenem ekstatischem Gottes-
suchertum heraus« geschrieben sei, wäre nun »der von den
üblichen expressionistischen Schauerkrämpfen durchschüttel-
te Sprachkörper gründlich auskuriert«, teilt Becher mit. »Die
anderen hundertfältigen Mängel dieses Versuchs waren nicht
zu retuschieren, aber schließlich ließ ich mich bei der Umarbeitung auch dadurch bestimmen, daß Arbeiten solcher Art
nicht vorhanden sind und in diesem Fall ein wenn auch noch
so mangelhafter Anfang eben doch ein Anfang ist, der im In-

teresse dessen, um was wir kämpfen, unbedingt fortgesetzt werden muß.«[15]

In der Neufassung ist aus dem Festspiel eine Collage geworden, bestehend aus Chroniken, dramatischen Kurzszenen, Dialogen, chorischen Kommentaren, politischem Rummelplatz, Maskenspiel und einer langen Revolutionshymne am Schluß. Wie in der ersten Fassung steht am Beginn der lemurenhafte Ruf der Verelendeten nach Erlösung:

Aus der Tiefe rufen wir,
Wir rufen aus der Tiefe,
Aus der Tiefe der Erde,
Die die Menschen entheiligt haben.
Die die Menschen mit ihrem eigenen Blute gedüngt haben.
...
Du Schöpfer des Welten-Raums,
Du Schöpfer der Welt-Zeit!
Erlöse uns![16]

Der Klageruf wird nun nicht mehr von anderen aufgenommen, sondern abgewiesen: »Eure Schwäche nennt ihr Gott« und »Niemand hilft euch, wenn ihr euch nicht selbst helft / Niemand erlöst euch, wenn ihr euch nicht selbst erlöst.«[17]

Es folgt die szenische Darstellung der deutschen Ereignisse von 1918/19, die Becher als Verrat an der Revolution vorführt: Kriegsmüde Soldaten verweigern den Befehl, die Offiziere heften sich rote Kokarden an, stellen sich an die Spitze des Aufruhrs und versprechen, das Heer geordnet heimzuführen. Unterdessen werden die Arbeiter- und Soldatenräte hingehalten und die Freikorps rekrutiert. Es folgen der Mord an Rosa Luxemburg, Noskes Selbstbekenntnis als *Bluthund* und ein Trauerchor für die gefallenen Revolutionäre. Dazwischen sind erklärende Dialoge, lehrhafte Kommentare zur kommunistischen Politik und Weltanschauung und heftige Polemiken gegen völkische Politiker wie gegen die als *Sozialverräter* bezeichnete SPD-Funktionäre montiert.

Ein Manegestück mit dem Titel »Deutscher Pfuhl« zeigt die Stützen der Gesellschaft von 1924: Sie bereiten den nächsten Krieg vor, Chemiker und Physiker experimentieren mit Gas und mit Strahlen, Rassenforscher stellen Ariernachweise aus, die Justiz verhängt immer wieder hohe Zuchthausstrafen gegen Arbeiter und linke Intellektuelle, rechte Fememörder feiern ihren fünfhundertsten Mord, ein General kündigt mit Blick auf Mussolinis Regime in Italien die faschistische Alternative an. Bechers Antwort auf dieses Horrorszenario, das er in der Mitte der Gesellschaft sich entwickeln sieht, sind eindringliche Aufrufe zur Revolution, am Ende mit einer langen Hymne, während »auf der Bühne, von der Bühne herab [...] Waffen verteilt«[18] werden. In seiner Schlußhymne mit dem Titel »Große Rote-Marsch-Hymne« setzt Becher die Auferstehung Christi in eins mit der Revolution. Wie in der Bibel sieht er Christus an der Seite der Armen, Beladenen und Ausgegrenzten. Aber statt ihn in den Himmel fahren zu lassen, nimmt er den Zurückbleibenden alle Jenseitsperspektiven. Christus führt den Roten Marsch an:

> Mitternacht war es,
> Da stieg hernieder der gekreuzigte Christus vom Kreuz,
> Der war der Sohn eines Zimmermanns,
> Wie leichte Bänder noch flattern ihm um die Gelenke
> die Fesseln,
> Schwarz sein Antlitz,
> Zerfressen vom Jahrtausende-Leid.
> Der schwang sich vorauf,
> Wie geflügelt,
> An die Spitze des Sturmtrupps!
> Roter Marsch! Roter Marsch!
> Marsch![19]

Die Umdeutung der Auferstehung ist nur einer von mehreren Verweisen auf die Bibel. Solche Zitate dienen Becher dazu, die gesamte abendländische Geschichte und das *Jahrtausende-Leid*, entstanden aus der Spaltung der Gesellschaft in arm und reich, in den Blick zu nehmen. Sein Stück ist ein ununterbrochener Aufruf, diese Spaltung zu überwinden.

An anderer Stelle greift Becher auf die griechische Mythologie zurück und spielt auf Atlas an, den die Welt tragenden Riesen. »Dieser Riese, sieh: er trägt auf seinen Schultern die Erdkugel. Er weiß es nicht. Seine Fäuste sind es, die alle Werte, die in der Welt sind, geschaffen haben. Er weiß es nicht.«[20] Becher verklärt ihn: »Sieh dir die Muskeln dieses millionenköpfigen, millionenfüßigen Riesen an, die wunderbar blau geschwungenen Adern, die stählernen Augen, ein Wunderwerk an unverbrauchter athletischer Kraft!«[21]

»Arbeiter, Bauern, Soldaten« enthält im Teil mit dem Untertitel »Deutscher Pfuhl« eine erstaunlich präzise politische Prophetie. Neun Jahre vor Hitlers Machtantritt sieht Becher die wesentlichen Folgen der nationalsozialistischen Diktatur voraus: die Rassenideologie, den Terror und den Krieg. Er leitet sie aus den Herrschaftsstrukturen des deutschen Staates und aus den Handlungen seiner führenden Klassen und Gesellschaftsschichten ab, er sieht ihr gleichsam beim Wachsen zu. Bechers aufrichtiges Mitgefühl mit den Menschen, die nach seiner Voraussicht demnächst wieder in einem Krieg verheizt werden, führt zu einer suggestiven Reihung von Revolutionsaufrufen. Es sind beschwörende Aufrufe, die ihre Kraft vor allem aus einem religiösen Vertrauen ziehen, dem Glauben an eine umfassende Erlösung durch die Weltrevolution. Hier trifft er sich mit einer der Vorformen des Sprechchors, den Sozialistischen Morgenfeiern, die ausdrücklich als »Ersatz des Kirchenbesuches in weltlich-sozialistischem Sinne« konzipiert waren und von Anfang an »einen starken kultischen, wenn nicht sogar ritualistischen Charakter«[22] trugen.

Becher stellt den revolutionären Christus als kommenden Erlöser dar, so, als wolle er in einer Welt ohne Gott eine Ersatzreligion schaffen. Der Dichter gehört einer Generation an, die ihren Glauben an Gott während der monströsen Materialschlachten des Ersten Weltkriegs verloren hatte.

Aus dieser Erfahrung heraus richteten nach dem Krieg auch zahlreiche andere Schriftsteller ihre Hoffnungen auf die Revolution, von der sie die Entstehung einer *Neuen Welt* erwarteten. Becher füllt diese Erlösungserwartung mit einem konkreten politischen Programm. Christus dient ihm im Stück als Metapher, um die kommunistische Revolutionstheorie zu veranschaulichen. Er ist darauf aus, die abhanden gekommene, sinngebende Position Gottes zu ersetzen, indem er sie verweltlicht, um sie sogleich mit einer neuen Religiosität aufzuladen. In seiner Erlösungserwartung an die Revolution und mit der Idealisierung der Armen und Elenden sucht er nach einer neuen Transzendenz.

Die Nähe zwischen Christentum und Sozialismus, aus der Becher seinen Aufruf zur Revolution herleitet, wird seit Jahrhunderten und bis heute in verschiedenen christlichen Gemeinschaften rund um die Welt praktisch gelebt. Bei Becher, der diese Nähe mit einem neuen Mythos adeln will, führt sie zur Konservierung des Religiösen. Seine Vision von der Revolution als Heilsweg wirkt wie ein Prototyp der gläubigen Inbrunst, mit der viele Menschen, unter ihnen nicht wenige Intellektuelle, die russische Revolution und die Sowjetunion heilig sprechen.

Mit Beginn der zwanziger Jahre erscheinen zahlreiche Bücher über den neuen Staat, in denen die christliche Metaphorik immer wieder zur Vermittlung einer weltlichen Heilserwartung benutzt wird. Becher geht diesen Weg weiter, zum Beispiel, wenn er später eine kultische Verklärung Stalins in Gedichten zelebriert, vor allem aber, wenn er das religiöse Element als dogmatischen Glauben auf sein politisches Handeln überträgt.

Ganz anders Bruno Schönlank, mit dem Becher die Überzeugung teilt, Sprechchöre wären ein zukunftsfähiges Genre des Arbeitertheaters. Schönlank zieht eine scharfe Trennlinie zwischen den kultischen Intentionen seiner Sprechchöre und der Beurteilung aktueller politischer Vorgänge mit ihren daraus abzuleitenden Handlungen.

Schönlank war auf seinem Lebensweg zu tieferen Kenntnissen über die Wirklichkeit gelangt als Becher. Er weiß, daß ein zum Dogma erstarrter Glaube zu viele Aspekte der Wirklichkeit ausblendet und daher untauglich für ein politisch gestaltendes Handeln ist – eine Haltung, die später zum Bruch mit Becher führt.[23]

Wie mag Grete auf den Proben mit diesem Stück umgegangen sein? Die Idealisierung, gar die Verklärung der Armen muß sie mißtrauisch gemacht haben, denn die ist ihr vollkommen fremd. Auch hat sie sich in langwierigen Auseinandersetzungen von der Religion abgewandt und bevorzugt einen nüchternen Blick auf politische Vorgänge. Später wird sie keine Gelegenheit auslassen, die Sinnhaftigkeit religiösen Glaubens ironisch oder sarkastisch mit den Gegebenheiten des Alltags zu konfrontieren. Der Sowjetunion wird sie interessiert und engagiert, aber keineswegs gläubig begegnen. Begnügte sie sich damit, daß Bechers politische Umdeutung der Christusgeschichte die etablierte Kirche kritisierte? Leider ist nicht überliefert, wie die neoreligiöse Attitüde des Stückes auf sie wirkte. In den Gesprächen mit ihren Freunden schob sich das Aufregende der

Bühnenauftritte in den Vordergrund, das zu dieser Zeit wahrscheinlich auch für die sechzehnjährige Grete bestimmend war. Auf den vielen großen Bühnen, die ihr der Sprechchor bietet, kann sie ihren seit Kindertagen vorhandenen Drang nach Auftritten in der Öffentlichkeit ausleben, und dies in der herausgehobenen Position einer Solosprecherin.

Zu Pfingsten 1924 begleitet Becher selbst den Sprechchor nach Magdeburg, wo sein Werk anläßlich einer Kulturtagung der Naturfreunde in der Stadthalle uraufgeführt wird. Zu dieser Tagung kommen mehr als tausend Teilnehmer aus ganz Deutschland. Sie wird vom Gau Brandenburg organisiert, dessen Leitung das Bildungsprogramm des Vereins schon seit längerem stärker kulturpolitisch ausrichten will.

Schon 1922 war gemeinsam mit anderen Arbeiterorganisationen ein »Proletarisches Kulturkartell« gegründet worden.[24] Jetzt schlägt man dem Kongreß vor, den Verein in eine proletarische Kulturorganisation umzuwandeln.[25]

Unter den angekündigten Referenten befinden sich die Kunstsoziologin Lu Märten, die schon vor dem Weltkrieg an den großen SPD-Debatten um Ästhetik, Tendenz und Kulturpolitik beteiligt gewesen war, Max Hodann und die Schriftsteller Arthur Holitscher und Karl August Wittfogel. Die Diskussionen kreisen um die Frage, wie die Eigenarten und Wirkungsmöglichkeiten proletarischer Kunst und Kultur zu bestimmen seien.[26] Alle Redner sind sich einig, daß sich wirkliche Kunst in den Dienst des »proletarischen Befreiungskampfes gegen die kapitalistische Wirtschaftsweise«[27] zu stellen habe, und betonen deren aufklärende, mahnende und agitatorische Funktion.

Noch enthält sich diese von freiwilliger Selbstbeschränkung getragene Kunstauffassung jeder dogmatischen Reglementierung. Das Magdeburger Konzept schließt die gesellschaftskritische Kunst-Avantgarde der Zeit mit ein. Dies veranschaulichen zwei Ausstellungen, die anläßlich der Tagung gezeigt werden. Die eine zeigt Bilder des Malers George Grosz, der als einer »der typischsten Vertreter proletarischer Bildkunst« gewertet wird: »Grosz zeichnet nicht ein verzerrtes Bild der grausamen Wirklichkeit kapitalistischer Ordnung, sondern seine Karikaturen sind reale Abbilder einer verzerrten Wirklichkeit.«[28] Auch die Verkaufsausstellung des Malik-Verlags, darunter eine von Hermynia Zur Mühlen betreute Kinderbuchreihe »Die Märchen der Armen« stellt Schriftsteller vor, die später nicht zum offiziellen Kanon von Autoren des sozialistischen Realismus gehören: Franz Jung, Erich Mühsam, John Dos Passos, Upton Sinclair.

Zum Abschluß der Magdeburger Tagung zeigt der Naturfreunde-Sprechchor Bechers Stück »Arbeiter, Bauern, Soldaten«. Ein enthusiastischer Kritiker schreibt: »Wie vereinigt sich hier künstlerisches Massenwirken mit künstlerischem Massenerleben! Eine Einheit proletarischen Klassenbewußtseins umschlang Sprechende und Hörende! Alle Sehnsucht, alles Leid, alles Kämpfen, alles Ringen der proletarischen Menschen, der proletarischen Klasse, wurde Ausdruck, wurde Schrei, wurde Singen, wurde Musik! Herbheit und Weichheit, Güte und Liebe, aber auch Grobheit, Haß, Verachtung, alle Gefühle des unterdrückten, geknechteten Volkes, die Seele des Proletariats in ihrer zuckenden Qual offenbart sich!«[29]

Becher ist mit dieser Wirkung vermutlich zufrieden. Er selbst hatte einen merkwürdigen Begriff gewählt, um zu erläutern, was er erreichen wollte: Das Stück wolle »weiter nichts sein als ein Erreger des ›revolutionären poetischen Gewissens‹, das verschüttet in jenem Teil des Volkes schlummert, der, durch die krasseste materielle Not künstlich ferngehalten von allen Bildungsschätzen, bisher weder über die Zeit noch über die Mittel verfügen konnte, sich auszudrücken.«[30]

Der Magdeburger Kongreß wird von Geheimpolizisten überwacht. Das Bekenntnis der Naturfreunde zu Revolution, Klassenkampf und einer neuen Kunst ruft aber nicht nur die bürgerliche Staatsmacht auf den Plan, sondern auch den sozialdemokratischen Zentralausschuß des Naturfreunde-Vorstands in Wien. Dort war man schon seit Monaten mit einigen Landesfunktionären aus Deutschland über die politische Ausrichtung des Vereins in Konflikt geraten. In den Leitungen einiger deutscher Landesverbände hatten sich SPD- und KPD-Fraktionen gebildet, die den Streit ihrer Parteien um Reformismus oder Klassenkampf auch innerhalb des Vereins fortsetzen. Die Spaltung der Arbeiterbewegung hat jetzt auch die Naturfreunde erreicht.

Der große politische Grundsatzkonflikt wird hier aber vor allem anhand zweier Fragen ausgetragen: Wie wollen wir wandern? Was erhoffen wir uns von der Natur? Dazu äußert sich der Wiener Zentralausschuß 1924 programmatisch: »Der Kreis der Naturfreunde sollte die grüne Insel werden, auf der die

Mitglieder Frieden suchen – und es möge ohne Scheu gesagt werden – auch von der Politik. Für kurze freie Stunden nach erfüllter Berufs- und Parteipflicht suchte man sich in eine schöne Welt zu retten [...]. Miteinander wandern, Schutzhütten und Heime erbauen, die dieses Wandern erleichtern, die Liebe zur Natur erwecken, naturwissenschaftliche Kenntnisse vermitteln [...]. Wir wehren uns entschieden gegen einen Mißbrauch unseres schönen Vereins zu einseitig politischen Zwecken. Wir sind nicht geneigt, den ursprünglichen Wesenszug unserer Bewegung verändern zu lassen.«[31]

Die KPD-Anhänger innerhalb des Vereins argumentieren dagegen: »Die sogenannte ›schöne Welt‹ zeigt einen wesentlich anderen, wenig erhebenden Anblick, wenn der proletarische Wanderer hinter den bröckelnden romantischen Fassaden, die *Menschen*, seine Klassengenossen sucht. Ob er im herrlichen Thüringer Wald in die Hütten der Glasarbeiter geht, die für Stundenlöhne von 10 bis 20 Pfennig sich für das reiche Fabrikantengesindel die Lunge aus dem Leibe blasen dürfen – ob er in der Rhön – im Erzgebirge – im Schwarzwald – im alten Nürnberg in die Baracken halbverhungerter Heimarbeiter blickt, in denen die ganze Familie vom dreijährigen Kind bis zum achtzigjährigen Greis vom frühen Morgen bis in die sinkende Nacht über jämmerlich entlohnte Arbeiten gebeugt sitzen, um sich durch den Verdienst eines lumpigen Trinkgeldes das ›Recht‹ zum weiteren Leben zu erwerben, – ob er zu den Kumpels in Oberschlesien, an der Ruhr, in Waldenburg – zu den Webern im Schlesischen Gebirge geht, – ob er sich von den heutigen Bewohnern der alten romantischen Stätten [...] diese Romantik einmal von innen zeigen läßt – oder in stillversonnenen Dörfern die verlausten Ställe der sogenannten ›Heime‹ der Landarbeiter aufsucht – ja gewiß, er findet Unangenehmes genug, das ihn veranlassen könnte, sich feige in eine nur ›schöne Welt zu *retten*‹.«[32]

Nach Meinung der kommunistischen Vereinsmitglieder sollten sich die Arbeiterwanderer nicht nur die Natur-, sondern auch die Geisteswissenschaften aneignen. In Wien wertet man diese Auffassung als Unterwanderung des Vereins, als »Zerstörungswerk im Auftrage Moskaus«[33]. Dagegen beharren die KPD-Genossen mit einem Wort von Karl Marx auf ihrer Strategie: »Die Arbeiterklasse ist revolutionär oder sie ist nichts.«[34]

Nach monatelangen Verhandlungen steht fest, daß sich die

beiden Fraktionen nicht einigen können. Am 5. Januar 1925 beschließt der Zentralausschuß in Wien, dem auch die deutsche Landesleitung angehört, den Gau Brandenburg, einige rheinländische Bezirke und die Ortsgruppen Berlin, Spandau und Friedrichshagen aus dem Verein auszuschließen.[35]

Grete und ihre Freunde waren an den Auseinandersetzungen in den Leitungsgremien des Vereins nicht beteiligt. Dennoch sind sie ähnlicher Ansicht wie ihr Berliner Vorstand. Zwar unternehmen sie nach wie vor Wanderfahrten, aber das *bloß Wandern*, wie sie es inzwischen geringschätzig nennen, befriedigt sie längst nicht mehr. Ihre kulturellen und politischen Interessen überwiegen.

Gertrud Cerny: *Wir standen auf alle Fälle den Linken nahe, ohne daß nun alle oder auch nur der größere Teil in der Partei organisiert war. Wir kamen aus allen möglichen Richtungen, es gab Anarchisten, Syndikalisten und Unorganisierte, die sich politisch noch gar nicht festgelegt hatten, und natürlich gab es auch KPD-Genossen.*

Ihre eigenen, mehr oder weniger diffusen politischen Ansichten bezeichnen sie selbst als *linke Abweichung von der KPD* (Alfred Hanf). Gretes Auftritte als Solistin eines großen Sprechchors sind vorerst beendet. Aber der Ausschluß hat Folgen für die gesamte Treptower Gruppe.

Hertha Reinicke: *Wir hatten in Treptow einen sehr schönen Raum für unsere Heimabende, das war eine Villa, die der Stadt gehörte, wo gesungen wurde, wenn wir keinen Vortragenden hatten. Und als wir ausgeschlossen waren aus dem Verein, hat man uns das Recht abgesprochen, das Heim noch zu besuchen. Wir waren etliche Zeit ohne Heim, haben uns so getroffen. Und nachher kriegten wir eine Schulklasse in der Wildenbruchstraße. Das war ein Klassenraum, kahl, öde, und da haben wir einen großen Teil unserer Abende verbracht. Im Sommer waren wir viel draußen, wir hatten unsere Abende im Treptower Park, da haben wir uns im Volkstanz geübt oder Sport getrieben.*

Im Herbst 1924 führt der Sprechchor Bechers Stück »Arbeiter, Bauern, Soldaten« noch im Berliner Lehrervereinshaus, in Braunschweig und in Brandenburg auf. Danach zerfällt er, findet sich allerdings später in veränderter Form neu zusammen. Bechers Aufruf zur Revolution bringt ihm 1925 einen Prozeß wegen Vorbereitung zum Hochverrat ein. Das Gericht verweist auf sein Stück »Arbeiter, Bauern, Soldaten« und einige seiner Bücher, von denen einzelne Exemplare beschlagnahmt werden.[36]

Die ausgeschlossenen Naturfreunde-Gruppen lösen sich nicht auf. Vielmehr verhandeln die Vorstände noch knapp zwei Jahre lang um eine Wiederaufnahme in den Verein. Nachdem jedoch auch diese Verhandlungen gescheitert sind, treten die Berliner Gruppen am 1. September 1926 dem KPD-nahen Arbeiter-Turn- und Sportverein Fichte bei.[37] Da sie allerdings keine Wett-kampfsportler sind, werden sie dort als separate Naturfreunde-Wandersparte geführt.

Seit Grete so erfolgreich in großen Sälen vor vielen hundert Zuschauern aufgetreten ist, will sie Schauspielerin werden. Nach der Auflösung des Sprechchors hat sie sich ein eigenes Rezitationsprogramm zusammengestellt, mit dem sie nun auftritt. Sie spricht Gedichte von Kurt Kläber, Erich Mühsam, Ernst Toller, Bruno Schönlank und F. C. Weiskopf.

Gretes intensive Konzentrationsfähigkeit und ihre Sprach-begabung erlauben ihr, die Gedichte nicht wirklich auswendig zu lernen, womit sie ihre Freundin Gertrud Glondajewski ver-blüfft:

Gretl machte das so: Gedichte, vier Strophen, sechs Strophen hat sie gelesen, dann ging sie raus und rezitierte das. Aber wenn sie zu-rückkam, war es wieder weg. Sie hatte eine komische Methode, sich zu konzentrieren. Ich hab da mal soufliert, hab hinter dem Vorhang gestanden, sie stand davor. Ich brauchte nicht zu soufflieren, über-haupt nicht. Sie konnte das einfach. Sie hatte das, was sie vortragen wollte, gerade gelesen! Das hat mich immer verblüfft. Diese Methode war mir ganz fremd. Ich mußte eifrig lernen, wenn ich etwas behalten wollte. Aber danach sagte sie: »Das hab ich schon wieder vergessen, jetzt kannst du mich nicht mehr fragen, jetzt ist es weg.«

Hinzu kommt Gretes Lust an unterhaltsamen Vorführungen. In Gesellschaften und auf den Wanderfahrten improvisiert sie aus der jeweiligen Situation heraus. In der Öffentlichkeit dage-gen wirbt sie vor allem für ihre politische Überzeugung, wenn nötig, aus dem Stegreif:

Wenn sich was ergab, machte sie den Alleinunterhalter. Zu jeder Gelegenheit. Sie erzählte aber immer aktuelle Sachen, keine Märchen. Also, ich weiß nicht mehr genau, wie wir da zusammenkamen. Es muß 1927 gewesen sein. Wir hatten 'ne Veranstaltung in einer Schu-le, und dort gab es etwas später eine andere Versammlung. Jedenfalls war es in der Friedensstraße, in einer Schule, eine Versammlung vom Laubenkolonistenverein. Da fiel der Referent aus. Und da fragten die uns: „»Was sollen wir bloß machen? Es ist so voll und so gut besucht, wir können doch die Leute jetzt nicht nach Hause schicken!« Und da sagte Gretl: »Mach' ich.« Das konnte sie. Sie sagte: »Die brauchen ja nicht nur was über Obst und Gemüse zu hören. Ich kann ihnen ja auch noch ein paar tagespolitische Ereignisse und so etwas bringen. Und ein Gedicht fällt mir auch noch ein.« Das brachte sie aus der Lameng. Das machte ihr keiner nach, also von uns jedenfalls nicht. Sie las ja die Presse, und es gab immer irgendwelche aktuellen Ereignisse. Da hielt sie also ein Referat, etwa eine halbe Stunde lang. Und danach kam sie raus und sagte: „Kinder, ich weiß gar nicht, was ich gesagt habe. Nochmal könnte ich das nicht. Aber ich hab' einen Applaus gekriegt!« (Hilde Lützenhoff)

Als sich der Sprechchor im Herbst 1925 in veränderter Form wieder zusammenfindet, wagen auch Grete und ihre Treptower Freunde einen neuen Anfang. Sie beginnen mit kleinen Programmen, treten aber schon bald wieder mit geschlossenen Sprechchorwerken auf. Man spielt in den großen Veranstaltungssälen der Arbeiter, zu Matineen in den Theatern und auch im Großen Schauspielhaus, dem späteren Friedrichstadtpalast, von dem die Sprechchorbewegung einst ausgegangen war.

Das Große Schauspielhaus hat sich inzwischen zu einem der drei führenden Berliner Revuepaläste entwickelt, und so werden die jungen Leute jetzt hin und wieder von einem Hauch der *Goldenen Zwanziger* gestreift. Zum Beispiel, wenn sie dem Flair der pompösen Ausstattungsrevuen begegnen oder androgynen Stars wie Anita Berber, der ersten deutschen Nackttänzerin, die hier ihre »Tänze des Lasters« vorführt oder ihr Stück »Kokain«.

Als die Treptower 1926 einmal auf der Hinterbühne des Großen Schauspielhauses die Requisiten ihres Stückes »Großstadt« zusammenstellen, kommen *ständig die halbnackten Mädchen von der Bühne gehüpft, weil vorne eine Revue lief. – War spaßig,* erinnert sich Richard Müller.

Genau diese Art von Spaß hatte auch der Dichter Bruno Schönlank im Blick, als er sein Stück »Großstadt« schrieb. Er reagierte mit diesem Chorwerk auf die veränderte Situation in Berlin, auf die spürbare wirtschaftliche Erholung, die durch eine Neuregelung der Reparationszahlungen, mit Hilfe einer neuen Währung und amerikanischer Kredite erreicht worden war. Eine der sichtbaren Folgen dieser wirtschaftlichen Stabilisierung ist die Expansion der Vergnügungsindustrie, deren

Angebote die Massen wahrnehmen, um sich bei Sechstage-
rennen, Jazz- und Tanzveranstaltungen, Revuen, Autorennen,
Boxkämpfen oder Filmvorführungen zu amüsieren. In seinem
Stück faßt Schönlank die große Stadt als neuartiges Wesen mit
übermächtigem Eigenleben auf, gierig, chamäleonartig, ein Moloch, der den einzelnen Menschen wie an unsichtbaren Fäden
durch sein Labyrinth dirigiert. Der Einzelne aber fühlt sich dem
Moloch zugehörig, denn der beteiligt ihn an seinen modernen
Neuerungen:

> Blutstropfen bin ich deinem wilden Rausch,
> Verzweiflung deiner dumpfen Trauer
> Und Jubel deinen dröhnenden Akkorden.[38]

Große Teile der verarmten Massen sind vom Eigenleben der fie-
bernden Großstadt infiziert:

> Auf Rummelplätzen wirres Lachen gellt.
> Erstickt die Zeit. Der ew'ge Jahrmarkt lockt.
> Die Rutschbahn abwärts, daß der Atem stockt!
> Die reiche Straße flirrt von süßen Puppen.
> Die Schnapsdestille träumt von Bettelsuppen.
> Rausch! Rausch! In Schnaps, in Wein, in Kokain,
> Bis grauer Morgen selber sich bespien.
> Das Kind der Schwindsucht greint im Lumpenkleide.
> Das Damenhündchen ruht auf Atlasseide.[39]

Schönlank erinnert an die Würde der Revolution von 1918/19,
er ermuntert, die vorherrschende Lethargie zu überwinden
und die Verbindungen zum Betäubungspotential der Vergnügungsindustrie abzubrechen. Er kann jedoch nicht übersehen,
daß der Elan der Revolutionszeit längst verflogen ist. Fortbe-
stehende Not hindert die sogenannten kleinen Leute daran, sich
aus ihrer Armut zu befreien, sie sind den Vergnügungen der
Großstadt verfallen.

Schönlank gestaltet den Sog, der von den vielfältigen Neuerungen der Technik ausgeht, aber er mißtraut deren wirtschaftlicher Tragfähigkeit ebenso, wie dem ständig überhitzten Börsen-
system.

Sein Stück läßt den Tanz ums goldene Kalb und den Taumel
hinein ins schnelle Vergnügen düster enden:

STIMMEN: Nach uns die Sündflut!
Der Dollar steigt,
Der Dollar steigt.
Champagner. Wein. Kokotten!
CHOR: Die Sündflut steigt,
Die Sündflut steigt
Und läßt sich nicht mehr spotten.
STIMMEN: Geplärr. Die Dämme halten fest.
Devisen, nur Devisen!
Die Wucherpest, die Hungerpest
Mag in die Halme schießen.
Der Dollar steigt,
Der Dollar steigt!
Der Teufel geigt
Der Teufel geigt: Devisen, nur Devisen.
CHOR: Die Sündflut steigt und steigt mit Macht.
Der Zeiger rückt auf Mitternacht.[40]

Ein Kassandraruf, der den Schwarzen Freitag und die Weltwirtschaftskrise des Jahres 1929 vorwegzunehmen scheint.

Neben den Sprechchorauftritten beteiligen sich Grete und ihre Freunde an tagespolitischen Agitationen und entwickeln verschiedene Formen des Straßentheaters. Vor dem Volksentscheid über die Fürstenabfindung im Juni 1926 ziehen sie durch die Dörfer in der Umgebung Berlins, um die Bauern mit kurzen, spektakulären Szenen in politische Gespräche zu verwickeln.

Manchmal werden sie mit Hunden aus dem Dorf gejagt, oft ernten sie jedoch auch Beifall.

Richard Müller: *Einer wurde ausstaffiert mit Uniform und mit Orden behängt. Wir liefen durch die Dörfer und er vorneweg: »Gebt mir meine Millionen wieder! Gebt mir meine Güter wieder! Hier Fürst Sowieso!« Und wir hatten dann unsere Parolen zu rufen, »Keinen Pfennig den Fürsten!« und so weiter. Und der antwortete dann wieder darauf und lamentierte. Das kam mächtig an bei den Bauern, die haben sich mächtig gefreut über den Clown da vorne.*

Alfred Hanf: *So kamen wir ins Gespräch. Wir waren der Meinung, jedes Gespräch hat einen Sinn. Die Fürstenabfindung war ja eine Sache, die einen Großteil der Menschen erboste, daß eben dem Kaiser, der ausgerückt war, und den Prinzen und Fürsten noch so eine Abfindung nachgereicht werden sollte.*

Herbert Dymke: *Wir sind auch auf kleine, behelfsmäßige Bühnen gegangen und haben uns da gedrängelt. Wichtig war, daß wir in Veranstaltungen, die wir sehr gern gestaltet haben, vor den Arbeitern sprechen konnten. Wir machten auch Landeinsätze, sind mit Lastkraftwagen irgendwohin gefahren und haben dann Sonnabend abends in einem Dorf die Veranstaltung des dortigen Vereins, oder meistens Parteigruppen, unterstützt. Praktisch haben wir die Veranstaltung gestaltet, mit einem Sprechchorstück, mit Agitprop-Stükken, mit Gesang. Und am nächsten Tag wurde dann mit dem Sportverein trainiert.*

Der Sprechchor stellt Programme zu Sonnenwendfeiern zusammen und tritt in einem Kinderheim bei Berlin mit einem humoristischen Stück auf. Anläßlich des 100. Todestages Ludwig van Beethovens richtet er 1927 eine Feier des Fichte-Vereins aus.

Nach wie vor trifft sich die Gruppe regelmäßig, um Vorträge linker Politiker, Wissenschaftler und Künstler zu hören – im Durchschnitt zweimal pro Monat.

Grete ist seit 1926 Leiterin der Treptower Gruppe und wird an der Auswahl der Themen beteiligt gewesen sein. Zu den Referenten, die in der Gruppe sprechen, gehören die Anarchisten Friedrich Rocker, Paul Albrecht und Erich Mühsam, der Gewerkschafter Fritz Heckert, der Dozent und Publizist Hermann Duncker, der Kulturtheoretiker Karl August Wittfogel, und die Ärzte Max Hodann und Georg Benjamin, der Bruder Walter Benjamins. Auf den Vortragsabenden können sich die Jugendlichen neben historischen Themen mit wesentlichen kulturellen und politischen Strömungen ihrer Zeit vertraut machen. Die Perspektive, aus der heraus die Themen behandelt werden, umfaßt alle Facetten linker Kultur- und Politikströmungen. Sie verschafft den jungen Leuten ein Hintergrundwissen, mit dem sie sich auf ihren Arbeitsstellen erfolgreich in die Gewerkschaftsarbeit einbringen.

Das breite Spektrum dieser Themen mag eine Titel-Auswahl jener Vorträge veranschaulichen, welche die Treptower Gruppe in den Jahren 1926 bis 1929 diskutierte: »Ahasverus«, »Straßenkämpfe in Berlin 1918/27«, »Mexico von heute«, »Proletarische Dichtung«, »Darwinismus«, »Strömungen der Arbeiterbewegung«, »Entstehung der Welten«, »Reformbestrebungen und Arbeiterschaft« »Erich Mühsam: Kriminelle und politische Verbrecher« »KPD und SPD«, »Ford und sein System«, »China-

Abend«, »Sexualreform«, »Schund- und Schmutzgesetz«, »6 Monate Sowjetrußland«, »Psychoanalyse«, »Jean-Jacques Rousseau«, »Die neue Kunst in Sowjetrußland«, »Das neue Strafgesetz«, »Kollektivismus und Individualismus«, »November 1918«, »Der Weltkongreß der Komintern«, »Anfänge der Kunst«, »Spartakusaufstand«, »Paris« »Italienischer Faschismus«.[41]

Die jungen Leute arbeiten intensiv daran, ihren Bildungsrückstand aufzuholen, sie lesen und studieren, um Diskussionsbeiträge vorzubereiten. Auf ihren Wochenendfahrten setzt die Gruppe jene Gespräche fort, die im Anschluß an die Vorträge beginnen. Solche Diskussionen verlaufen oft stürmisch und wild, und es geht in den Jugendherbergen hoch her.

Fritz Thulke: *Wir haben Gott und alle Welt in die Irre diskutiert, wobei die Frage nach Gott gar nicht mehr stand, das war uninteressant, wir hatten eine materialistische Weltauffassung. Sie war aber nicht ganz klar formuliert, sie hatte leicht anarchistische Züge, sie hatte auch Züge der damaligen linken Abweichung von der KPD. Wir waren teilweise Mitglieder der KPD. Dann gab es ja die SAP, dann gab es die Leninisten, die Brandler-Richtung und so weiter. Und all diese Strömungen kamen dort an die Oberfläche. Es gab ja keine ganz klare Linie, die wollte man sich erarbeiten, die wollte man diskutieren.*

Friedel Thulke: *Wir hatten vor, zu lernen, um noch mehr von den Vorträgen zu profitieren. Man war nicht gewohnt, methodisch zu hören und methodisch zu lernen, wir mußten uns das erarbeiten. Zu unserer Zeit war der Unterschied zwischen dem Realgymnasium, der Mittelschule, dem Lyzeum, der Volksschule riesig groß. Man hat das nachher im Beruf gemerkt. Ich war Schneiderin, habe in großen Ateliers gearbeitet, am Kurfürstendamm, in Charlottenburg und überall. Die Lehrlinge, die dort hinkamen, die hatten ja Abitur, ich hatte nur die Volksschule. Sie merkten sehr schnell, daß man mit mir reden konnte, daß ich einiges wußte und über einiges sprechen konnte. Aber das Gegenteil von dem, was ich sagen oder ihnen beibringen wollte – ich wollte sie ja von dem überzeugen, was ich dachte – trat ein. Sie konnten etwas sagen, was mir den Wind aus den Segeln nahm. Und wenn es nur darum ging, ein Fremdwort richtig auszusprechen. Und da fing ich an, Sprachen zu lernen, aber das war auch eine Geldfrage und eine Zeitfrage. Wenn ich Geld brauchte, dann mußte ich Überstunden machen oder besser: Ich mußte Überstunden machen, damit ich Geld hatte, und dann konnte ich die Abendschule nicht besuchen.*

Fritz Thulke: *Wenn man Zeit hatte, hatte man kein Geld. Das zu untersuchen, wäre mal interessant, diese ganze Entwicklung, denn sie war ja nicht nur auf unsere Gruppe beschränkt. Das war damals in der Arbeiterbewegung überall so. Wir haben viel gelesen, uns über alle möglichen Dinge unterhalten, viele Veranstaltungen besucht und so weiter, das war die eine Seite. Auf der anderen Seite gab es zum Beispiel Richard Müller und noch ein Mitglied der Gruppe – es war etwas später, Anfang der dreißiger Jahre –, die sind an großen Schornsteinen hochgeklettert, mit dem Seil, die waren halbe Bergsteiger, und haben dann mit großen Buchstaben von oben nach unten geschrieben: Rot Front oder Wählt KP, Liste 4 und so weiter. Sie waren nicht nur reine Wanderer, sondern sie haben sich mit der harten Gegenwart konfrontiert. Ich selber war damals in der AEG Treptow auch im Arbeiterrat und dort engagiert. Wir haben nicht nur philosophiert. Genauso war es auch mit Grete Steffin, die dann rausgegangen ist und auf großen Veranstaltungen rezitiert hat.*

Probe des Naturfreunde-Sprechchors im Musiksaal des Lyzeums Weinmeisterstraße im Berliner Scheunenviertel, um 1925.

Siebzehnter Geburtstag von Margarete Steffin. Obere Reihe v. l.: Kurt Thiele, Erich Hoffmann, Herbert Dymke. Untere Reihe v. l.: Fritz Spiller, Margarete Steffin, Kurt Dymke, Margot Kriebgensky, 21. März 1925.

Margarete Steffin an ihrem siebzehnten Geburtstag am 21. März 1925.

Am 19. Januar 1926 ist unser Genosse
Günther Mattschoss

verstorben! Er stand seit langen Jahren in unseren Reihen als einer der Besten, der seine ganze Kraft in den Dienst des Proletariats gestellt hatte. Wir werden ihn als einen tüchtigen Kämpfer in unserem Gedächtnis behalten.

Am 27. Januar 1926 wurde unser Genosse
Hans Klaffert

bei der Rückkehr von der Demonstration gegen die Fürstenabfindung durch Revolverschüsse faschistischer Mordbuben schwer verwundet und ist wenige Tage darauf verstorben.

Wir verlieren in dem Ermordeten einen unserer besten Genossen; die gesamte Arbeiterklasse in ihm einen unermüdlichen, sich seiner Klassenaufgabe bewußten Kämpfer.

Der Sprechchor hat an seiner Bahre gesprochen, Worte, die wir an der Stelle eines Nachrufes beiden Genossen als ein Gelöbnis nachsenden.

Wir knieen nicht nieder am Rande eures Grabes.
Euer Grab ist riesengroß!
Wir halten es offen!!

MÄRZ

Ein proletarisches Frühlingsfest

Sonntag, den 14. März im Rose Theater
Berlin O 17, Große Frankfurter Straße 132

Aus der Vortragsfolge

Rote Symphonie mit Orchester und Sprechchor unter Leitung von Edmund Meisel - Großstadt. Ein Chorwerk v. Bruno Schönlank (Sprechchor der Naturfreunde) - Gesänge des Jungen Chores Groß-Berlin Ansprache Max Hodann

anschl. Marsch zu den Gräbern der Märzgefallenen
Einlaß 10,30 vorm., Beginn 11,30 / Eintritt 1 M
Der Ertrag ist für den Bau eines Ferienheimes best.

Ortsgr. Berlin (ausgeschlossene Gruppe)

Annonce für einen Auftritt des Sprechchors in der Naturfreunde-Zeitschrift »Fahrtgenoss« (ausgeschlossene Gruppen), Februar 1926.

Osterfahrt der Gruppe in die Sächsische Schweiz. Vorn l. Herbert Dymke, dahinter Margarete Steffin. R. außen Hertha Bär, daneben Herta Steffin, 1926.

Gruppenfahrt an den Elsensee, Sommer 1926.

Titelblatt der Naturfreunde-Zeitschrift »Fahrtgenoss«, Juni 1926.
Annonce zu einem Auftritt des Sprechchors im »Fahrtgenoss«, Juni 1926.

Auftritt des Sprechchors im Kinderheim Gütergotz bei Berlin, um 1927.

Treptow

Marg. Steffin, O 112, Weferftr. 18. Heim IV. Gemeindefchule, Wildenbruch- Ecke Grätzftr. Jeden Freitag 7-10 Uhr. 7.5. Gefchäftliches. 14. Naturwiffenfchftl. Plaudereien, 21. Heimabd. fällt aus, Abendfpaziergg. Treffen 7,30 Uhr Bhf. Treptow, 28. Hüttenbau und Ferienheimgenoffenfch.

Treptow

Marg. Steffin, O 112, Weferftr. 18. Heim IV. Gemeindefchule, Wildenbruch- Ecke Grätzftr. Jeden Freitag 7-10 Uhr. 9.4. Naturwiffenfchftl. Vortrag, nur wenn d. Heim geöffnet ift, 16. Gefchäftliches. 23. Ford und fein Syftem, 30. KPD. und SPD.. Referat und Korreferat. Ofterfahrt der Abt.eilung n. d. Sächf. Schweiz.

Kinderabteilung

Freitags 5.30-7,30 Heim Elfenftraße 3.

Treptow

Marg. Steffin, O 112, Weferftr. 18. Heim IV. Gemeindefchule, Wildenbruch- Ecke Grätzftr. Jeden Freitag 7-10. 4.6. Gefchäftliches; anfchl. Liederabend. (Inftrumente mitbringen), 11. Politifche Tagesfragen?? 18. Zunftwefen v. »Anno dazumal« bis heute, 25. Gegnerifche Jugendbewegung (mit Korreferat). Dienstags v. 5.30 an Spielen auf der Spielwiefe 9 in Treptow. Fahrtenbek. im Heim.

Kinderabteilung

Freitags 5.30-7,30 Heim Elfenftraße 3. Spielabend wie oben, ein zweiter wird im Heim bekanntg.

Annoncen im »Fahrtgenoss« zu Veranstaltungen der Treptower Naturfreunde, April, Mai und Juni 1926.

Gruppenabend in der IV. Gemeindeschule Neukölln mit Margarete Steffin (4. v. r.), um 1927.

Gruppenfahrt um 1927.

Das Leben verfeinern

Nach Abschluß der Lehre kommt Grete von 1924 bis 1927 im Globus Verlag unter. Sie geht täglich zu Fuß zur Arbeit, von der Weserstraße im Boxhagener Kiez bis zur Kochstraße im Zeitungsviertel, um das Fahrgeld zu sparen. Von diesem Geld kauft sie für sich und ihre Freunde Bücher, die sie im Verlag verbilligt bekommt.

Ihre Arbeit als Kontoristin füllt sie nicht aus, immerhin aber hatte man ihrem Wunsch entsprochen, in der Buchhaltung der belletristischen Abteilung arbeiten zu dürfen. Hier lernt sie eines Tages die Schriftstellerin Hedwig Courths-Mahler kennen, die sie außerordentlich sympathisch findet und von der sie ihren Freunden in den wärmsten Tönen erzählt – worüber diese wiederum entsetzt sind. Aber Grete winkt nur ab. Wichtiger als der obligate Gruppenkanon, der da lautet *Vorsicht Kitsch! Abstand halten!*, ist ihr, daß sie sich mit der Courths-Mahler so gut über Kinder unterhalten kann. Die Autorin hatte ihr ausführlich von ihren Enkelkindern erzählt und damit Gretes Interesse erregt. Grete liebt Kinder und begegnet deren unmittelbarer Art, sich die Welt anzueignen, aufgeschlossen und offen. Sie ist so vernarrt in die Kleinen, daß ihre Freundinnen sie für die Zukunft nicht anders denn als Mutter mehrerer Kinder sehen.

Friedel Thulke: *Gretl war bescheiden und ruhig und ganz unauffällig. Sie war sehr mütterlich in ihrer Art, sie hatte mütterliche Züge. Das war eine Frau, die Kinder hätte haben müssen, eine Familie mit Kindern, so ein Typ war sie. Ich kam ja damals neu in die Gruppe und war zuerst noch ein bißchen fremd und scheu. Und es war Gretl, die sich meiner annahm, die mich betreute und mir sagte: Ach, du brauchst hier vor gar keinem Angst zu haben! Es ging doch damals schon um das Nacktbaden, und wenn man da so reinkommt in eine fremde Gruppe ... Nein, das war Gretl. Sie war ruhig und wirkte beruhigend auf andere. Sie war nicht weich in dem Sinne, aber sie wirkte so.*

Grete sind die Erfahrungen ihrer eigenen Kindheit noch so nahe, daß sie oft mit ihnen beschäftigt ist. Sie ist an wissenschaftlichen Auskünften über die eigenen Lebensverhältnisse interessiert und liest zum Beispiel die 1926 erschienene soziologische Untersuchung von Otto Felix Kanitz »Das proletarische Kind in der bürgerlichen Gesellschaft«. Gleichzeitig hält sie die eigenen Kindheitserfahrungen in Erzählungen und Gedichten fest. Damit erregt sie im Sommer 1927 die Aufmerksamkeit einer Verlagsmitarbeiterin. In ihrem Tagebuch schreibt sie: »Frl. Westphal bat mich, ihr etwas zu zeigen, von dem, was ich geschrieben habe. Sieht sie meinen Stern nicht? Sie fragt, warum ich mir damit nicht Geld verdiene: für unseren Kinderkalender schreiben usw. Huuuh ...«[1]

Es fröstelt sie, wenn man ihr Veröffentlichungsmöglichkeiten in den üblichen Kinderkalendern anbietet, die mit süßlichen Idyllen über Blümchen, Schmetterlinge und die Vögel im Walde angefüllt sind. Der Stern, der sie leitet, ist ihr »lieber Sowjetstern«, wie sie schreibt, ein Abzeichen, ein Geschenk ihres Freundes Richard Müller. Dieser Stern steht für die sozialistische Perspektive, die sie ganz selbstverständlich für ihr Schreiben beansprucht. Nicht im Verlag, sondern in der Gruppe will sie ihre Texte vorstellen.

Hertha Reinicke: *Sie ergriff die Initiative, daß wir eine kleine Zeitung herausgaben, wo dann jeder, der konnte und wollte, kleine Artikel schrieb. Und ich möchte fast meinen, von Gretl waren kleine Gedichte dabei. Das ist leider alles verlorengegangen. Sie tippte das. Und dann wurde es abgezogen, und jeder in der Gruppe bekam diese Zeitung. Aber das Interesse war dann doch nicht so groß. Ich glaube, sie ist höchstens dreimal herausgekommen. Und dabei blieb es. Vor allen Dingen, weil sie die Hauptarbeit hatte, und das paßte ihr natürlich auch nicht. Da war das Bedürfnis bei den anderen doch nicht so vorhanden.*

Die jungen Leute sind in einem Alter, in dem sich ihre Neigungen allmählich differenzieren. Mit ihrem Interesse am Schreiben literarischer Texte steht Grete in der Gruppe allein da.

Auf den Wanderfahrten pflegt die Gruppe nach wie vor die Tugenden der Jugendbewegung: einfache Lebensweise und sportliche Abhärtung. Das wird Grete im Oktober 1926 zum Verhängnis. Auf einer Fahrt in die Sächsische Schweiz badet sie trotz niedriger Temperaturen im eiskalten Wasser eines Gebirgsbaches, der Wilden Klamm, und zieht sich eine schwere Erkältung zu, aus der sich eine Lungenentzündung entwickelt.

Während der Behandlung in Berlin weist ihr Arzt Tuberkelbakterien in der Lunge nach.

Die Entdeckung ihrer Lungentuberkulose erschüttert die Achtzehnjährige. Sie erzählt ihren Freunden nichts von der Krankheit, so, wie sie bis dahin noch nie mit ihnen über ihre Familienverhältnisse gesprochen hat. Einzig mit ihrer besten Freundin Hertha Bär tauscht sie sich aus. Ist es einerseits die Abscheu über die Trunksucht des Vaters, die sie schweigen läßt, so ist es nun der Schock, die Krankheit könnte alle ihre Lebenspläne durchkreuzen. Sie will Schauspielerin werden und unter keinen Umständen als krank gelten. Sie weigert sich, ihr Leiden überhaupt anzunehmen.

Erst als sie Anfang 1927 für einige Monate in einem Spezialkrankenhaus im Neuköllner Ortsteil Britz behandelt werden muß, läßt sich nicht mehr verheimlichen, daß sie an Lungentuberkulose leidet.

Ihre Freunde zeigen jedoch bei einem Krankenbesuch in Britz gar kein Mitleid sondern reagieren auf ihre eigene Art. Sie nehmen die Tatsache, daß Lungentuberkulose eine klassische Proletarierkrankheit ist, zum Anlaß, in dem großen Neuköllner Krankensaal Kampflieder der Arbeiterbewegung anzustimmen, laut und vernehmlich. Damit lösen sie unter den Patienten augenblicklich Tumulte aus. Die Situation ist ungeeignet, grundsätzliche Fragen zu stellen. Die meisten der Kranken zeigen nicht das geringste Verständnis für diese Demonstration und beschweren sich. *Wir sind da nicht ganz angenehm aufgefallen,* berichtet Hilde Lützenhoff.

Tatsächlich gilt Lungentuberkulose als Proletarierkrankheit Nr. 1. Der Umstand, daß sie unter Armen und Arbeitern so weit verbreitet ist, lenkt die Untersuchungen der Sozialpolitiker und der Krankenkassen auf die mangelhaften Wohnverhältnisse der weniger wohlhabenden Schichten. In den überbelegten, lichtlosen Hinterhof- und Kellerwohnungen liegen die Brutstätten für Rachitis, Bronchial-, und Lungenerkrankungen. Stickige oder dumpfe Luft, feuchte Keller, mangelhafte sanitäre Einrichtungen, fehlendes Sonnenlicht, unzureichende oder vitaminarme Ernährung begünstigen den Ausbruch der Lungentuberkulose. Zugleich aber ist Lungentuberkulose ein Leiden, dessen Ausbruch mit bakteriologischen Kausalitäten allein nicht erklärbar ist. Seine auslösenden Faktoren sind vielgestaltig, einschließlich psychischer Dispositionen, und sie bedingen und verstärken einander wechselseitig. Überdies erschwert es die lange Inkubationszeit der Tuberkelbazillen, den Krankheitsverlauf zurückzuverfolgen. Grete könnte sich schon in ihren ersten Lebensjahren in der Rummelsburger Kellerbehausung infiziert haben, aber auch die Hungerjahre in der Kriegs- und Nachkriegszeit können ihr Immunsystem entscheidend geschwächt haben.

Grete behält jedenfalls ihre gewohnte Lebensweise bei, tritt weiterhin im Sprechchor auf und macht alle Fahrten der Gruppe mit.

Pfingsten 1927 fahren sie gemeinsam nach Norddeutschland, ihr Weg führt sie von Worpswede und Bremen über Cuxhaven nach Hamburg und zur Insel Sylt. In Worpswede kommen sie für zwei Nächte bei dem Maler Heinrich Vogeler unter.

Vogeler hatte für seine Ende des 19. Jahrhunderts gegründete Künstlerkolonie Worpswede, den Gutshof Barkenhoff gekauft und ihn zu einer Arbeits- und Begegnungsstätte ausgebaut. Seit der Jahrhundertwende verkehrten hier die Worpsweder Maler Otto Modersohn und Paula Modersohn-Becker. Aber auch Theaterleute wie Max Reinhardt oder die Dichter Richard Dehmel und Rainer Maria Rilke waren hier zu Gast. Nachdem Vogeler der KPD beigetreten war, hatte er 1924 einen Teil seines Gutshofes als Kinderheim an die Rote Hilfe übergeben.

Die Wände in der Diele seines Hauses hatte er mit großformatigen Agitationsbildern »gegen die rechtslastige Weimarer Justiz und Szenen aus dem revolutionären Kampf sowie aus einer befreiten kommunistischen Gesellschaft«[2] bemalt, war aber vom Landrat in Osterholz dazu verurteilt worden, die Bilder zu verhüllen und sie niemandem zu zeigen.

Gertrud Glondajewski: *Als wir reinkamen, war das überall schwarz, furchtbar. Und natürlich hat er die schwarzen Tücher abgemacht, als wir dann da waren. Jedenfalls, ich kann mich an die einzelnen Bilder nicht mehr erinnern, ich weiß nur noch die Sache mit den schwarzen Tüchern, die mich schrecklich beeindruckt hat.*

Im Strandbad von Sylt finden die jungen Leute jeden Strandkorb mit einer Reichskriegsflagge behängt.

Alfred Hanf: *Das kann man sich gar nicht vorstellen! Da haben wir einen Regentag benutzt und den ganzen Plunder da runtergerissen.*

»Bubenhände haben im Strandbad gehaust«, empört sich das Sylter Lokalblatt am nächsten Morgen.

Gertrud Glondajewski: *Wir waren drei Wochen auf Fahrt. Elf Mann, vier Jungs, sieben Mädel. Acht von uns waren erwerbslos. Wir hatten kaum Geld, gerade fürs Fahrgeld hat es gereicht. Jeder hatte Rosinen und Bananen mitgebracht, getrocknete Bananen. Da aßen wir immer trocken Brot mit Rosinen oder Bananen. Brot mußten wir täglich kaufen. Gretl wollte immer drei, vier Brote tragen, jeder hatte ja 'n Rucksack. Und wir sagten immer: »Wieso? Verteilen wir das doch!« Gretl war immer sehr hilfsbereit und aufopfernd und fühlte sich sehr stark und kräftig. Vom Äußeren her sah sie auch kräftig aus. Nur trug sie den Rucksack immer schief. Und ich sage zu ihr: »Du, Gretl, achte darauf, daß du die linke Schulter hebst, daß du nicht die linke Lunge eventuell eindrückst!« – »Nein, nein, nein!« Sie hat das bagatellisiert. In den Jugendherbergen gab es dann oft diese Brunnenduschen. Ich hab das nie gemacht, mir war das zu kalt. Aber sie: Jeden Morgen Brunnendusche! Also, sie hat immer ihre starke Gesundheit demonstriert. Sie hat immer geleugnet, daß sie irgendwie anfällig ist. Sie wollte das nicht. Als wir wieder in Berlin waren, gingen wir einmal in die Volksbühne. Gretl trug damals einen Lodenmantel und nichts auf dem Kopf, es war abends, und es goß in Strömen. Wir kamen an, alle hatten verregnete Haare. Sie setzte sich auch hin, und das ist natürlich Gift für einen so anfälligen Menschen. Aber wenn wir dann sagten: »Gretl, setz dir doch was auf den Kopf«, antwortete sie: »Nein, nein, wieso, das macht mir doch nichts«. Na ja, das war 1927. Später kam sie für vier Monate zu einer Kur weg, nach Lychen, wir haben sie da auch besucht. Da hat sie uns nichts gesagt, da hat sie gesagt, sie hat Magenbeschwerden, und sie wird am Magen behandelt.*

Ihre Krankheit zu verdrängen, fällt Grete zunächst nicht schwer. Sie hat noch keine akuten Schmerzen. Im Sommer 1928 wird sie in der Lungenheilstätte im uckermärkischen Hohenlychen behandelt. Sie interessiert sich für jedes neu entwickelte Tuberkulinpräparat, mit dem Ärzte und Pharmakologen laborieren, muß aber erfahren, daß sie alle keine Heilung bringen. Grete ist ratlos.

Seit 1926 ist Grete eng mit Herbert Dymke befreundet, ihrem Lockenkopf, wie sie ihn nennt. Er ist ihre erste große Liebe. Dymke ist einer der Musikanten in der Gruppe, er arbeitet als Textilkaufmann, aber sein Hauptinteresse gilt der Musik. Nach eigener Aussage kommt er aus *dürftigen Verhältnissen*, vier Kinder zu Hause, der Vater ist Transportarbeiter, schlecht bezahlt, oft arbeitslos, Mitglied der SPD. Neben seinen Auftritten im Sprechchor spielt Herbert Dymke Geige im Orchester der Roten Hilfe. Das musiziert in Gefängnissen, auf politischen Veranstaltungen und Sportfesten. Später wird das Orchester in Fichte-Streichorchester umbenannt, Dymke gehört zur Orchesterleitung und ist an der Programmgestaltung beteiligt. Er ist ebenso oft wie Grete zu Proben und Auftritten unterwegs.

Herbert Dymke begegnet Grete mit Hochachtung, und er schätzt sie als eine ständige Anregerin: *besonders was Literatur, Theater und Film betraf, wobei das bei uns ja auch entwicklungsbedürftig war. Sie war sehr vielseitig. Wenn man zu ihr zu Besuch kam, lag immer ein anderes Buch auf dem Tisch. Etwas anderes gab es gar nicht. Ich kann mich nicht entsinnen, daß wir da mal Halma gespielt hätten oder Mensch-ärgere-dich-nicht, weil immer etwas Neues da war. Grete war sehr intelligent und uns allen, die wir mit ihr zusammen waren, weit überlegen. Wir haben sehr viel bei ihr zu Hause gelesen und diskutiert, also nicht bloß sie und ich, Richard Müller war noch dabei, Alfred Hanf und Hertha Bär. Grete sagte: Wir wollen das und das lesen, und dann haben wir darüber gesprochen. Es war ein sehr wertvoller Zug an ihr, andere in ihre Interessen mit einzubeziehen, und sie dadurch zu fordern und zu fördern, aus dem Bedürfnis heraus, ein kulturell reiches Leben zu führen.*

Da beide, Grete und Herbert, in festen Stellungen arbeiten, können sie sich gelegentliche Fahrten außerhalb der Gruppe leisten, nur zu zweit. Einmal unternehmen sie eine Kurzfahrt nach Bornholm: *Als wir morgens in den Frühstücksraum des Hotels kommen, da grüß ich mit »Guten Morgen, Herrschaften«. Und als wir am Tisch sitzen, sagt Grete zu mir: »Das sind keine Herrschaften, das sind genau so arme Lumpen wie wir.«*

So klar und konsequent war sie, diesen Sprachgebrauch abzulehnen – Leute, die in Hotels wohnen, werden Herrschaften genannt – aber hier traf das gar nicht zu.

Im Sommer 1927, ein Jahr, nachdem sie ein Liebespaar geworden waren, beginnt sich Herbert Dymke für eine andere Frau zu interessieren. Er ist unschlüssig, ob er sich von Grete trennen soll, steht zwischen zwei Frauen und kann sich drei Jahre lang für keine von beiden entscheiden. Grete leidet unter diesem Zustand, er beunruhigt sie dermaßen, daß sie damit beginnt, auch in ihrem Tagebuch über die Unwägbarkeiten der Liebe nachzugrübeln. Sie versucht, ihre widerstreitenden Stimmungen, die zwischen Hingabe, Verzicht und Selbstbehauptung schwanken, mit ihrem ethischen Anspruch in Übereinstimmung zu bringen. »Nur reine Wahrheit ist wahre Reinheit«, lautet ihre Maxime, und sie erwartet, daß auch ihr Geliebter danach handele. Was aber ist die reine Wahrheit?

Grete und Herbert erwägen eine Trennung, gehen dann aber doch nicht auseinander, obwohl Grete meint, körperliche Liebe ohne seelische Anteilnahme sei »wie Zitronenwasser ohne Essenz, nur noch viel bitterer. Das ist junger Menschen *unwürdig*.«[3] Aber das »Unwürdige« geschieht weiterhin, und für Grete ist es viel zu selten mit Lust verbunden. Die sexuellen Begegnungen mit ihrem Geliebten enttäuschen sie: »›Ob der Junge nicht bald fertig ist?‹ / Dachte ich und haßte diesen Mist. / Wenn die Liebe ohne Lust geblieben.«[4], heißt es später in einem ihrer Gedichte. Und in einem Entwurf schreibt sie: »Abscheu davor, weil immer rasch und Angst, jemand merkt es.«[5] Man ist an die Sexualnot erinnert, die Max Hodann und andere in ihren Büchern ausführlich dokumentiert haben. Grete wird ein ernüchterndes Resümee dieser Umarmungen ziehen: »Liebe liebte ich, doch nicht das Lieben.«[6]

Ihren Geliebten wünsche sie sich stark, gut, froh und rein, schreibt sie in ihr Tagebuch, so, wie sie sich sein Bild in ihrem Herzen aufgebaut habe. Ihn »den ich achte, verehre, bewundere, liebe, dem ich mich fügen will, dem ich nachgebe ...«[7]

In ihrer selbstbewußten Art glaubt sie, ihn vollkommen zu durchschauen und sich seiner sicher zu sein. Sie meint ihren Geliebten zu kennen, es fällt ihr nicht schwer, sich in ihn hineinzuversetzen: »O, ich kenne ihn doch, seinen Atemzug, der mir ganz seine Empfindungen verrät. Ob ich ihn sehe oder nicht, ich fühle ganz stark mit ihm.«[8]

In ihren Grübeleien greift sie nach einem Muster des überlieferten Frauenverhaltens ihrer pietistischen Erziehung. Sie schlägt die Töne des Opfers an: »Eine eventuelle Trennung soll auch *kein* Opfer sein«, redet sie sich zu. Vielmehr solle die Trennung »ein beglückendes Geschenk«[9] für beide sein, besonders aber für ihn. Der freiwillige Verzicht, den sie erwägt, ist ganz im Sinne eines Kalenderspruchs, den sie für aufhebenswert hält: »Je mehr du von deinem Selbst aufgibst, desto größer und wahrer ist deine Liebe«.

Ein riskanter Rat. Es gelingt ihr nicht, ihn umzusetzen. Sie hängt viel zu sehr an Herbert und kann das Trennungsopfer nicht bringen. So denkt sie an andere mögliche Opfertaten: »Mein Lockenkopf war gestern so traurig und sagte mir nicht den Grund. Nun will ich auch ein Opfer bringen, damit er froh ist. Obwohl ich mich so närrisch auf die Fahrt im September, unsere Fahrt, gefreut hab, will ich darauf verzichten. [...] Ich will ihm gern das bißchen Geld, was ich noch hab, geben. Er darf aber natürlich nicht merken, wie schwer, wie schwer mir das wird. Ich hatte mich so gefreut.«[10]

Dann aber paßt ihr die Selbstentsagung auch wieder nicht. Sie fühlt sich unwohl beim ewigen Warten auf ein Zeichen von ihm und fragt sich: »Warum will ich aber *alles* auf *mich* nehmen? Auch er muß tapfer und gut sein, damit ich ihn noch mehr lieben kann. *Noch mehr? Geht ja gar nicht!*«[11]

Düsteren Gedanken hängt sie nach als sie sich daran erinnert, was ihr Paul Albrecht, ein Bekannter, einmal gesagt hatte. Paul Albrecht, genannt »Sitten-Paul«, ist einer der Aktivisten in der Berliner anarchistischen Jugend. Er hatte eine Zeitlang in einer Kommune gelebt und konnte »so feurig von der freien Liebe und dem Tod der Ehe reden«.[12] Albrecht hatte das Buch »Geschlechtsnot der Jugend« geschrieben, und Grete hatte ihn anläßlich seiner Vorträge kennengelernt. Die in den zwanziger Jahren viel diskutierte freie Liebe oder die »Ehe ohne Trauschein« wird auch in der Gruppe einhellig akzeptiert. Die am heftigsten umstrittene Frage hingegen lautet, was aus den Kindern werde, die aus solchen patchwork-Verbindungen hervorgingen. Im Zusammenhang mit Paul Albrechts Vorträgen unterhält sich Grete mit ihm über ihre eigenen Vorstellungen. Sie hat nichts gegen die freie Liebe einzuwenden, aber für sie selbst kommt sie nicht in Frage. Grete will mit dem Mann, den sie liebt, bis ans Ende des Lebens in gegenseitiger Treue zusammenbleiben, was Paul Albrecht zu seinem Urteil veranlaßt hatte, das ihr nun wieder in den Sinn kommt: »Paul Albrecht hatte vor Jahren recht: Wenn ich liebe, werde ich das ›Gretchen‹ sein, wie es im Buche steht.«[13]

Zwei Tage später schüttelt sie ihre düsteren Gedanken wieder ab: »›Bruder, laß den Kopf nicht hängen, kannst ja nicht die Sterne sehn!‹ Das ist es ja! Wie konnte ich die Sterne sehen, da ich so ein Kopfhänger war? Aber ich wußte: Die Fahrten geben Kraft. In Sonne, Luft, Wasser gebadet: wie armselig erscheint mir mein Verzweifeln! Von *einem* Menschen das Leben vernichten lassen? Unsagbar verfeinern, verschönern, ja! ja! ja! Auch – verbittern, auch zeitweise trüben, aber für immer vernichten? Ich, die ich nach Reinheit, Wahrheit, strebe, so klein werden? So hilflos verbluten? Nein.«[14]

Ein deutliches Wort, gesprochen von den Höhen eines Selbstbildes, auf die sie ihr Idealismus getragen hat. Dieser Idealismus, davon ist sie überzeugt, wird von allen ihren Freunden geteilt.

Anfangs hatte sie versucht, ihre Unruhe zu verbergen. Niemand sollte davon erfahren, nicht einmal ihre beste Freundin Hertha Bär. Sie fürchtet sich vor einer Offenbarung und bittet ihre Freundin um Verzeihung dafür, daß sie nicht offen sein könne. Allein will sie mit ihrer Bedrückung fertig werden, sich »*selbst* klar werden, aus eigener Kraft!«[15] Dennoch registriert sie die verwunderten Fragen ihrer Freunde mit Dankbarkeit: »Wo ist deine frohe Siegeszuversicht, dein unverwüstlicher Optimismus?«

Jetzt allerdings, in der Zeit ihres großen Kummers, kann sie nur knurren: »Ha, unverwüstlich!«[16]. Sie weiß ja längst, wie sie von anderen gesehen wird: »Wenn *du* nicht stark bleibst, wer dann?«[17]

Gretes Autorität in der Gruppe ist von allen anerkannt und hatte ihre Entsprechung in ihrer Position als Leiterin gefunden. Ihr von anderen so oft bewundertes Selbstbewußtsein steht in einem bemerkenswerten Zusammenhang mit den Intentionen der Gemeinschaft, der sie angehört. Ihr Geliebter Herbert Dymke erscheint ihr»so rein und gut wie wir alle in unserer Sehnsucht nach Wahrheit draußen und drinnen«[18]. Daß sein Verhalten sie unglücklich macht, trennt sie davon ab. Sie sieht ihn als Teil der Gruppengemeinschaft, die durch übergeordnete hohe Ideale miteinander verbunden ist. Diese Ideale benennt sie ganz deutlich: Das Schöne, Die Freude, Das Klare, Die Wahrheit, Das Reine. Und ihr tiefes Bedürfnis: helfen wollen, helfen müssen, tapfer sein.

Gretes Ideale sind eingebunden in die Gruppe. Sie lassen sie in einem Wir-Gefühl aufgehen, das sie in Konfliktsituationen auffängt und das ihr weiterhilft. Sie und ihre Freunde *streben nach Höherem*. In ihrem Tagebuch, das die kurze Zeit von sechs Wochen des Sommers 1927 spiegelt, setzt sich dieses Höhere aus pietistisch inspirierten Normen, jugendbewegten Idealen, strengen ethischen Maßgaben und – im Umkreis der Internationalen Arbeiterhilfe – einer unbedingten Solidarität mit politisch Verfolgten zusammen. Ihr Interesse an Politik und Gesellschaft korrespondiert deutlich mit ihrem starken Selbstbewußtsein, dem wiederum das überkommene Frauenverhalten von Hingabe, Opferbereitschaft und Selbstaufgabe im Wege steht. Sie kann sich mit diesem Verhalten nicht abfinden. Wiederholt versucht sie, es auf den Konflikt mit ihrem Geliebten anzuwenden, ebenso oft widerstrebt es ihr aber.

Im heftigen Auf und Ab ihrer Gefühle stehen Überlegungen, sich selbst zurückzunehmen, opfer- und duldungsbereit zu sein, neben solchen, in denen ihr Wille zur Selbstbehauptung hervordrängt. Diese widerstreitenden Haltungen finden sich zu gleichen Teilen in ihrem Tagebuch, und am Ende ist nicht absehbar, ob sich eine von beiden sich durchsetzen wird.

Herbert Dymke indessen, hin- und hergerissen zwischen zwei Frauen, ist mit Gretes Erwartungen und ihrer Haltung, zu ihm aufblicken, ihn bewundern, sich ihm fügen zu wollen, doppelt überfordert. Dabei hängt er denselben Vorstellungen an wie sie. Auch er wünscht sich eine feste und dauerhafte Bindung, aber er kann oder will sich noch nicht zwischen Grete und der anderen Frau entscheiden.

Im Nachdenken über die Liebe orientiert sich Grete an der Literatur. Mitten im eigenen Text unterlaufen ihr einzelne Zeilen fremder Gedichte und Lieder. Sie klebt ein Zitat von Goethe und Gedichte von Friedrich Rückert und Theodor Fontane, die sie auf den Rückseiten eines Abrißkalenders gefunden hat, zwischen ihre Eintragungen – Orientierungsbojen auf den schäumenden Wogen ihrer widerstreitenden Gefühle.

Dabei geht sie ganz frei mit der fremden Literatur um: Wenn sie einen Gedanken findet, der ihr nicht schlüssig scheint, hakt sie sich sofort fest an einzelnen Wendungen und befragt, kommentiert, korrigiert oder ergänzt sie auch gleich. Vor solchen schnellen Eingriffen kann niemand sicher sein, weder Goethe, noch Fontane, noch sie selbst. Sie bewegt sich in der fremden Literatur zupackend wie eine Gärtnerin, die umgräbt und Altes entfernt, um Neues zu pflanzen. Ständig interveniert sie und prüft, ob die Worte stimmig gesetzt sind, klopft sie ab, horcht ihnen nach und korrigiert. Manchmal fällt sie sich mitten im Satz selbst ins Wort, um eigene Formulierungen kommentierend in Frage zu stellen oder aber sofort Änderungen hinterherzuschicken. Sie will die Worte zum Sprechen bringen. Ihre impulsive Besessenheit geht weit über den Anlaß der Selbstverständigung über den Liebeskummer hinaus.

Die Hartnäckigkeit, mit der sie die Aussagen und Worte hinterfragt, erinnert an die Obsession jener kleinen Schar von Menschen, die nicht davon ablassen können, in immer neuen Anläufen der Frage aller Fragen nachzugehen, der Frage, woran's nun eigentlich liegt. Solche Zeichen in ihrem Tagebuch geben einen weiteren, beredten Hinweis auf ihre Nähe zur Literatur.

Das Tagebuch endet am 24. August 1927. Grete und Herbert trennen sich nicht. Bald darauf, noch im selben Jahr, »hatte es geschnappt«[19]. Grete ist schwanger, und ihr seit langem gehegter Kinderwunsch könnte sich nun erfüllen. Herbert Dymke verhält sich nach wie vor unentschieden und er ist mit seinen neunzehn Jahren noch nicht in der Lage, eine Familie zu gründen.

Grete sieht für ein gemeinsames Leben mit einem Kind keine Perspektive und entscheidet sich im letzten Moment für eine Abtreibung. Als es darum geht, das nötige Geld zu besorgen, zeigt sich, daß Herbert noch sehr unselbständig ist. Er hängt am Gängelband seiner Mutter, steht unter deren Kontrolle und ist abhängig von ihrem Urteil, das wie ein tonnenschweres Gewicht auf ihm lastet.

Gretes Freundin Hilde Lützenhoff hatte kein Verständnis für sein Verhalten: *Der hat sich ihr gegenüber so schofel benommen, es ist haarsträubend!* »*Ich kann doch meiner Mutter nichts sagen, die würde was merken.*« *Der hat ihr nie einen Pfennig dazugegeben, es war ja nicht nur das eine Mal. So darf man sich einer Frau gegenüber nicht benehmen, so nicht: Keine Hilfestellung, in keiner Beziehung. Und Gretl hat sich immer Kinder gewünscht, das schreibt sie ja auch in einer Erzählung, und ihre Worte da, die sind so wahr! Hätte es damals die heutigen Verhältnisse gegeben, daß man als ledige Mutter so viel Schutz hat, hätte sie Kinder bekommen. Da wäre sie zu keinem Kurpfuscher gegangen, und wenn sie tausendmal allein geblieben wäre.*

Nach Paragraph 218 des Strafgesetzbuchs steht auf Abtreibung eine schwere Haftstrafe, das Gesetz kennt keine soziale Indikation, und die üblichen Hausmittel oder die Angebote von Kurpfuschern sind lebensgefährlich. Das Risiko ist zusätzlich stark erhöht, da Grete schon im fünften Schwangerschaftsmonat ist. Wahrscheinlich zögert sie so lange, weil ihr die Entscheidung zu schwer fällt und sie die Ansteckungsgefahr für das Neugeborene, die von ihrer Tuberkulose ausgeht, mit zu bedenken hat. Dann entschließt sie sich, die Dienste eines Apothekers in Anspruch zu nehmen. In ihrer Erzählung »Zwillinge« schreibt sie: »Ich ging zu ihm. Er wohnte in einer schrecklichen Kleinbürgerwohnung mit Plüschmöbeln und vielen Nippesgegenständen. Seine Frau führte mich in ein Kabinett, wo er an einem unordentlich beladenen Tisch saß.

Erst fragte er mich nach Alter und Beruf aus. Ich sagte, ich sei einundzwanzig, und er untersuchte das nicht näher (ich glaubte, er würde es leichter machen, wenn ich mündig wäre). Dann fragte er mich, in welchem Monat ich sei. Ich sagte, im dritten, denn da soll es ja am besten gehen, aber ich war im fünften. Ich hatte große Angst, daß er mich untersuchen würde. Aber das hielt er nicht für nötig. Er klopfte mir nur väterlich auf den Hintern, aber unter dem Rock. Es war gräßlich, und ich machte ein paar Schritte zurück. Da lachte er und sagte, es würde 50 Mark kosten und meine Mutter müsse Bescheid wissen, denn er glaube mir die Einundzwanzig nicht. Am nächsten Morgen um zehn Uhr würde er zu uns nach Hause kommen.«[20]

Auf ihre Mutter, die jetzt zur Mitwisserin wird, kann sich Grete wie immer verlassen: »Um halb zehn Uhr früh sagte ich meiner Mutter nur, sie solle heißes Wasser machen, in einer halben Stunde käme Apotheker Heiser.

Sie kannte natürlich seinen Namen und wußte gleich, was los war. Aber sie fragte nichts und schimpfte auch nicht, sie sagte nur: Meine arme Kleine.«[21]

In der Erzählung schildert Grete die Tortur der Abtreibung, geht jedoch nur in einer kurzen Zusammenfassung auf ihre Motive ein. Neben den Tatsachen, daß sie selbst wenig verdiene und das Paar zum Heiraten zu jung wäre, führt sie ein weiteres Motiv an: »... vor allem aber hatten wir keine Zeit für so etwas, wir waren beide in der Kommunistischen Jugend.«[22]

Diese lakonische Mitteilung gehört zu den fiktiven Passagen ihrer autobiografischen Prosa. Weder Herbert Dymke noch sie selbst sind in der Kommunistischen Jugend, für Grete war die Mitgliedschaft in dieser Organisation schon 1923 beendet. Angesichts der breiten Proteste gegen den Paragraphen 218 und des sozialen Massenelends, das in den zwanziger Jahren zu Tausenden von Abtreibungen führt, von denen viele mit Haftstrafen für die Frauen enden, hält sie den Verweis auf eine politische Alternative offenbar für dringend geboten. Auch der Hinweis auf die Arbeitslosigkeit ihres Freundes entspricht nicht den Tatsachen und verweist eher auf einen gesellschaftlichen Defekt. Herbert Dymke arbeitet zu dieser Zeit in seinem Beruf als Textilkaufmann und ist keineswegs arbeitslos.

Ein anderer in »Zwillinge« geschilderter Vorgang dagegen klingt so unwahrscheinlich, daß man ihn für frei erfunden hält, und doch entspricht er der Wirklichkeit: »Um sechs Uhr nachmittags fingen die Wehen an. Es war sehr schlimm. Ein Arzt erzählte mir später, sie seien besonders arg, weil diese Art der Abtreibung der Geburt sehr ähnlich sei, die Frucht löse sich aber viel schwerer als bei der Geburt. [...]

Gegen elf bekam ich eine Rohrpostkarte von einer Freundin, die mir schrieb, in einer Druckerei sei eine glänzende Stelle frei. Der Besitzer würde aber spätestens um ein Uhr seinen Urlaub antreten, also müßte ich mich bis dahin vorgestellt haben, sie habe ihm von mir erzählt. [...]

Ich zog mich an, und jetzt protestierte meine Mutter zum ersten Mal. Aber ich wollte diese glänzende Stelle haben.«[23]

In der Erzählung sind zu dieser Zeit 25 Stunden vergangen, seit der Apotheker den Abort eingeleitet hatte und fünfzehn Stunden seit dem Beginn der Wehen. Grete steigt in die Straßenbahn, fährt nach Kreuzberg, schleppt sich zum Bewerbungsgespräch in die Druckerei Schäfer und erhält die Zusage, auf einen Probemonat eingestellt zu werden. Mit Müh und Not erreicht sie wieder die elterliche Wohnung. Kurz darauf beginnt der Abort.

Wenn sie sich, nachdem die Wehen bereits eingesetzt hatten, tatsächlich noch zu diesem Vorstellungsgespräch begeben hat, ist sie mindestens für zwei Stunden unterwegs. Der Weg führt von der Weserstraße, die zum Boxhagener Viertel im heutigen Bezirk Friedrichshain-Kreuzberg gehört, über die Oberbaumbrücke zum Kottbusser Tor, von dem die Adalbertstraße abgeht. Hier befand sich damals die Druckerei Schäfer.

Die in der Erzählung erwähnte Freundin, die Grete über die freie Stelle informierte, ist Hilde Lützenhoff. Sie bestätigt die Authentizität dieser Episode: *Ich arbeitete in einer Papiergroßhandlung, und die Druckerei Schäfer war mit unserem Betrieb verbunden. Ich hörte, daß dort eine Stelle frei war und hab den Schäfer angerufen, das war ein ganz angenehmer Mensch. Da sagte er mir, daß er wegfahren muß, also in Urlaub fährt, und daß er deshalb keinen anderen Termin nennen kann. Und Gretl wollte von der alten Firma weg, kündigen. Daraufhin hab ich dann den Rohrpostbrief – Brief oder Karte, weiß ich nicht mehr – jedenfalls hab ich sie benachrichtigt: Es ist nicht aufzuschieben. Und ich wußte, sie hatte tatsächlich in diesen Tagen immer sehr zu leiden, aber dann dachte ich:*

Na, also, eine Arbeitsstelle deswegen aufs Spiel setzen? Was wirklich war, wußte ich erst hinterher. Das konnte sie mir ja nun nicht erzählen. Das hat man mit sich allein abgemacht, und man hat auch Namen nicht genannt, selbst den engsten Freunden nicht, weil man ja wirklich Zuchthaus riskierte. Nicht nur riskierte, es wäre einem sicher gewesen.[24]

Grete konnte in der Druckerei Schäfer mehr Geld verdienen als im Globus Verlag. Ging sie darum das große Wagnis ein? Wahrscheinlich, denn die Tätigkeit im Globus Verlag unterschied sich nicht grundsätzlich von der Arbeit in der Druckerei, in der sie nun bis Anfang 1929 bleibt. Sie nimmt ihre Angelegenheiten entschlossen und zielstrebig in die Hand.

Mit derselben Zähigkeit wird sie 1929 bei ihrer nächsten Arbeitsstelle, einem Unternehmerverband, dafür sorgen, daß man ihr kündigt. Hier arbeitet sie nur ein halbes Jahr, dann will sie gehen, da ihr die politische Richtung dieser Institution nicht paßt. Ihr Arbeitgeber will sie allerdings nicht ziehen lassen, offenbar ist man mit ihren Leistungen sehr zufrieden.

Diesmal ist Hilde Lützenhoff an Gretes Kündigungsvorgang beteiligt: *Sie wollte da weg, und man wollte sie nicht gehen lassen. Da bat sie dann darum ... Einige Genossen haben es abgelehnt, dort anzurufen und zu sagen, daß sie im ZDA, dem Zentralverband der Angestellten, organisiert wäre. Das war der Verband der Angestellten, ein anderer existierte nicht auf freigewerkschaftlichem Boden, wenn man es heute mal so bezeichnen will. Zum Schluß hab ich's gemacht, hab da angerufen und sie quasi denunziert: Ist Ihnen eigentlich bekannt, daß ihre Angestellte Grete Steffin im ZDA organisiert ist? Da ist sie dann rausgeflogen. Man hat gefragt, ob's stimmt, und da hat man ihr anheimgestellt zu gehen. Sie hat gefragt: Kann ich heute noch gehen? Das hat sie dann auch getan. Sie wußte aber, daß sie woanders unterkommen kann, in einer Lehrergewerkschaft. Da fing sie dann an.*

So sicher, wie sie inzwischen auf der Klaviatur ideologischer Reflexe spielt, kann sie sich ihrer Verbindung mit Herbert Dymke nicht sein. Ihre Gefühle lassen sich nicht manipulieren, im Gegenteil, sie scheint ihnen ausgeliefert. Ihr intensives Eingehen auf den Geliebten, das sie glauben läßt, all seine Regungen, Gedanken und Empfindungen zu kennen und zu verstehen, führt zu einer derart starken Identifikation, daß sie nicht mehr in der Lage ist, ihrer beider Gefühle und Intentionen, die eben nicht identisch sind, auseinanderzuhalten. Sie scheint in einer

Art zu lieben, die sie vollkommen vereinnahmt und ihr keinen Abstand mehr lässt. Ein Hang zur Sentimentalität kommt hinzu. Grete wird immer wieder von ihren Emotionen überwältigt, sie ist wie gelähmt und blockiert. So kann sie nur noch verharren – ein Zustand, der insgesamt drei Jahre lang andauert. Es kommt zu einem weiteren Schwangerschaftsabbruch. Grete und Herbert Dymke werden sich erst 1930 trennen.

Dymke betonte oft, wie überlegen ihm Grete gewesen wäre, womit er auch ihre größere Bildung meinte, die ihm besonders wichtig war, da er selber so sehr an Bildung interessiert war. Vielleicht empfand er sie als zu überlegen, vielleicht war ihm das Leben an der Seite einer Lungentuberkulösen zu riskant. Er selbst war auch fünfzig Jahre danach nicht in der Lage, über seine damaligen Konflikte zu sprechen. Dymke brauchte lange Zeit bis er sich endgültig für die andere Frau entschieden hatte, die er schließlich heiratete.

Grete wird viele Jahre später versuchen, ihre erste große Liebe literarisch zu gestalten. Die wenigen Worte, die sie in der Erzählung »Zwillinge« auf sie verwendet, erscheinen ihr wahrscheinlich als zu dürftig. Sie spart in dieser Erzählung ihre Zweifel und Skrupel, die Gedanken und Gefühle, mit denen sie sich angesichts ihres heftigen Kinderwunsches geplagt haben muß, vollkommen aus. Möglicherweise stört sie sich später daran, daß die Erzählung vorwiegend politisch ausgerichtet ist, die Abtreibung in den Mittelpunkt rückt und deshalb nicht allen Facetten dieser großen Liebe gerecht wird.

Von ihrem Plan einer neuen Erzählung ist lediglich ein Entwurf vorhanden, der neben den sozialen Bedrängungen auch emotionale und sexuelle Motive berührt:

»Die erste Mensis. / Der Mann in der Allee. / Vater und Mutter. / Das polnische Ehepaar in der Scheune. / Die Kinder in der Hausnische. / Tolstoi. / Das erste Mal. / Nachhauseschleichen. Jeder kann's ansehen. / Die Vermieterin. / Zelt. / Tagung. / Vergewaltigung. / Emmi hängt sich auf. / ›Verhältnis‹. / Abscheu davor, weil immer rasch und Angst, jemand merkt es. / Lange Enthaltsamkeit bei Abwesenheit des Freundes. / Lange Enthaltsamkeit bei Anwesenheit des Freundes. / Eifersucht. / Kühle. / Verlangen. / Scham. / Zorn. / Nichts.«[25]

Bei Hornberg im Schwarzwald, Margarete Steffin, Herbert Dymke, Richard Müller (v. l.).

Gruppenfahrt nach Hornberg im Schwarzwald. In der Mitte Margarete Steffin, l. neben ihr Herbert Dymke, September 1927.

Annonce zur Sprechchor-Aufführung »Amerika« aus der Fichte-Zeitschrift »Kampfgenoss«, November 1927.

Osterfahrt in die Schorfheide, vorn l. Alfred Hanf, vorn r. Herbert Dymke, dahinter Margarete Steffin, 1928.

Fahrt in die Götzer Berge, Margarete Steffin (3. v. l.), Alfred Hanf (2. v. r.), r. außen Richard Müller, 1928.

Margarete Steffin (hinten) in Hohen-Lychen, August 1928.

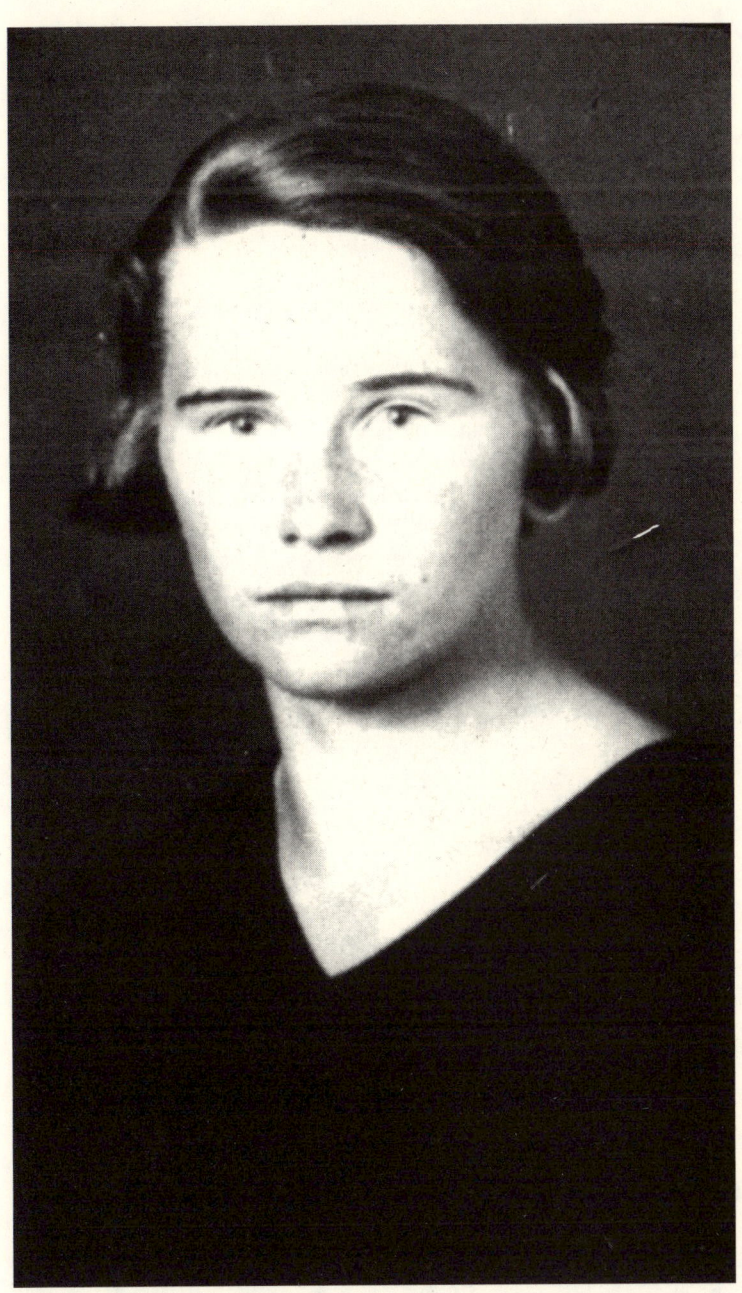

Margarete Steffin 1927/28.

Am Ende der Jugend

Die Geschichte einer Freundschaft,
erzählt von Hertha und Gerhard Reinicke

HERTHA REINICKE: Gretl war der erste Mensch, mit dem ich mich
stark verbunden fühlte. Unsere Beziehung war eine sehr schöne Mädchenfreundschaft, das ging dann über die Gruppe noch
hinaus. Wir waren sehr oft zusammen, haben viele Theater besucht, die Oper, Konzerte, auch ohne die Gruppe. Das heißt
aber nicht, daß wir außerhalb der Gruppengemeinschaft standen. Die Gruppe war ja unser zweites Zuhause. Und ich habe
Gretl in gewisser Beziehung bewundert, weil ich ihre geistige
Überlegenheit fühlte, die mir auch persönlich etwas gab. Sie
hat das nie hervorgehoben, sie hat das nie spüren lassen, aber
wir selbst spürten das. Ich spürte das auch, aber mir war das
lieb, es gab mir etwas, und für meine Entwicklung war das ein
gewisser Ansporn. Ich habe zum Beispiel mit Gretl zusammen
ein halbes Jahr lang Russisch gelernt, Herbert Dymke war noch
dabei, privat, bei einem Emigranten, der das für ein paar Pfennige machte, er hieß Sascha Röder. Unser Traum war, gemeinsam
nach Rußland zu fahren. Ist natürlich nie was daraus geworden.
Ich war Schneiderin, sie war ja im Kontor, ich hab Nähen
gelernt. Ich hatte bis um fünf zu arbeiten, sie bis um fünf, dann
raste man schnell nach Hause oder man ging schon gleich irgendwohin, traf sich irgendwo. Eigentlich durfte ich nicht jeden
Abend weg von zu Hause, ich war ja sehr eingeengt, Gretl hatte da mehr Freiheit als ich. Gretls Mutter war ein ganz anderer
Mensch als meine Mutter, viel verständnisvoller, sie war für
uns Muttchen Steffin. Sie war auch politisch engagiert. Während meine Mutter indifferent war. Sie war nicht in der Partei.
Mein Vater schon, er war in der KPD, wie eben früher viele
Arbeiter in der KPD waren, wenn ihnen die SPD nicht zusagte.
Mein Vater war in der Eisengießerei, der war Handformer, und
er hat auch sehr, sehr getrunken. Bei uns zu Hause hatte meine
Mutter das Sagen, und bei der hab ich kein Verständnis gefun-

den. Meine Mutter war ganz und gar gegen unsere Fahrten in der Gruppe, sie sagte, wenn Jungs und Mädels auf dem Heuboden zusammen schlafen, dann leben die da ihre sexuellen Triebe aus. Da hab ich oft zu hören gekriegt: Du bist 'ne Hure! Sie war gegen unsere Wanderfahrten, schon zu der Zeit, als das alles noch gar kein Thema für uns war. Und da war Muttchen Steffin ganz anders. Auch bei den Freundinnen, durch die ich überhaupt zu den Naturfreunden gekommen bin, da waren die Eltern, auch die Mütter, viel verständnisvoller.

Gretl und ich, wir hatten die Absicht, eine Weihnachtsfahrt zu machen, das war 1924, wir wollten Weihnachten draußen verleben und hatten uns einen kleinen Weihnachtsbaum gekauft. Wir wußten aber, daß an dem Tag Erich Mühsam aus dem Gefängnis entlassen wird und wollten auch zum Empfang von Erich Mühsam gehen, auf dem Anhalter Bahnhof. Er kam aus Bayern, er hatte in Bayern fünf Jahre Festungshaft abgesessen, und wurde nun entlassen.[1] Wir wußten, daß er sich dort politisch betätigt hatte, ich hielt ihn allerdings für einen Kommunisten, nicht etwa für einen Anarchisten, also, das wußte ich nicht. Wir wollten zu Weihnachten an den Üdersee, dafür hatten wir uns besagten Tannenbaum besorgt, und mit dem zogen wir zum Bahnhof. Unterwegs ulkten wir immer: Das hier ist unser Friedensbäumchen, unsere Friedenstanne – wie man eben als junger Mensch so ein bißchen angibt. Aber dann wurde es eine ziemlich bittere Angelegenheit. Links und rechts der großen Bahnhofstreppe waren Maschinengewehre aufgestellt. Auf dem Bahnhof oben war alles abgesperrt, und Polizei war da, viel Polizei. Für mich war das die erste Demonstration, wo die Polizei wirklich dazwischenknüppelte. Wir standen da, und dann kamen Ordner vorbei, die sagten uns: Also, Erich Mühsam kommt nicht vorne raus, er kommt zum Nebeneingang raus. Geht mal alle da und da hin, die Straße runter, irgendwo kommt er dann vorbeigefahren und wird ein paar Worte sprechen. Alles drängte nun dorthin, wir wurden auch dahin geschoben, natürlich auch Polizei dazwischen, die haben auch zwischengehaun, das war ja eine ziemliche Menschenmenge. Und wir hatten nachher das Glück, rein durch Zufall, daß wir ziemlich dicht an Erichs Taxe rankamen. Da war das Fenster runtergelassen, und er hing dann da so aus dem Fenster raus und sprach einige Worte zu uns, also zu allen. Er war ziemlich matt, man sah ihm an, daß er ein kranker

Mensch war. Er sprach nur ein paar Worte, und dann fuhr das Auto ab. Langsam löste sich dann alles auf, alle waren natürlich sehr bewegt. Man war ja irgendwie in einer eigenartigen Stimmung, für uns bedeutete das etwas, daß wir ihn von so nahe sehen konnten. Er war ein Revolutionär, kam aus dem Gefängnis. Und wir hatten das Glück, ihn nun ganz von dichtem zu sehen.

Die Demonstration wurde dann aufgelöst, und ich meine, es war die Königgrätzer Straße, wo alle Menschen hinströmten, und wo die Polizei tüchtig reinschlug. Bei der Menschenmenge! Das war nicht nur ein kleiner Haufen oder eine kleine Demonstration, es waren nicht bloß ein paar hundert Leute. Denn die Straße, die uns die Polizei runtertrieb, die war ja voller Menschen, das strömte ja, das flüchtete die Straße hinunter, weil die Polizei dazwischen war, zu Fuß und zu Pferd. Da war auch berittene Polizei, die in die Menge sprengte, und immer von oben hastewaskannste mit dem Knüppel auf die Leute einschlug. Wir sind dann alle auseinandergekommen. Richard Müller war noch dabei, sein Freund Paul Hirsch, das waren auch zwei Unzertrennliche, Herbert Dymke, Gretl war dabei, und wenn ich mich nicht irre, auch die Margot Kriebgensky. Neben mir lief ein junges Mädchen, die hatte einen ganz dikken Striemen über die Stirn bekommen. Es sah furchtbar aus, also für mich war das eine erschütternde Angelegenheit.

Und wir zogen nachher mit unserem Bäumchen nach Hause, allerdings nicht mehr so lachend und scherzend wie zuvor. Ein paar Tage später machten wir dann unsere Weihnachtsfahrt nach Schöpfurth am Üdersee. Wir hatten ein Zimmer in einem Gasthaus, das Zimmer war schön mit Stroh ausgelegt, und da hatten wir unser Lager. Das Bäumchen stand, glaube ich, draußen auf dem Hof, das durften wir nicht mit hineinnehmen, weil ja Stroh aufgeschüttet war. Da haben wir dann draußen Weihnachten gefeiert, was natürlich sehr schön für uns war.

Ich war oft bei Gretl zu Hause, ich kannte ihre Mutter, eine liebenswerte, herzensgute Frau. Dem Vater mochten wir nicht so gerne begegnen, wir wollten nichts mit ihm zu tun haben. Speziell bei den Arbeitern war es für die Kinder immer besonders bedrückend, wenn die Väter tranken. Das war bei meinem Vater auch nicht anders. Da war man froh, wenn man weg war, draußen war, nichts sah und nichts hörte.

Wir sind oft zu allen möglichen Vorträgen in die Volkshochschule gegangen. Wir hatten auch mal angefangen mit dem historischen Materialismus, in der MASCH[2], die Vorträge waren einmal pro Woche, mit anschließender Diskussion. Da hab ich bald Flagge gezeigt. Da hab ich nicht lange mitgemacht, das war mir zu abstrakt, das widerstrebte mir vollständig. Also, ganz offen gesagt, weil ich's nicht verstand. Ich war überfordert, das war mir zu kalte Wissenschaft, die lag mir gar nicht, ich war bedeutend gefühlsbetonter. Und Gretl hat es auch nicht bis zum Schluß mitgemacht. Aber nicht etwa, weil sie es nicht verstand, sie war intelligent genug. Bei Gretl war beides vorhanden, Gefühl und Intellekt. Das wird 1925/26 gewesen sein, wir waren etwa siebzehn. Und dann gab es noch so viele andere Dinge, für die man sich interessierte. Es war auch eine Frage der Zeit, wir gingen noch zu anderen Vorträgen, zu Kunstvorträgen zum Beispiel.

Wir gingen oft zusammen ins Theater. Wir haben uns den »Faust« in der Volksbühne angesehen, und ich sehe noch heute die Szene: Alexander Granach spielte den Mephisto, und wir waren beide über eine Szene empört, die uns bestimmt nicht nur widerlich vorkam, sondern auch widerlich war: Wo Granach sich in der Walpurgisnacht eine Hexe auf den Schoß nimmt, ihr auf den Hintern klatscht und sagt: »Man muß es nur verstehn, mit Weibern umzugehn«. Also – Mensch! Wir hätten dem sonstwas an den Kopf schmeißen können! Für uns war das eine Mißachtung der Frau, die uns unheimlich empörte! Und Gretl hatte ein stark ausgeprägtes Gerechtigkeitsgefühl, wir haben lange darüber gesprochen. Sicher, wir haben uns gesagt, es ist Theater, aber Gretl sah darin eine Abwertung der Frau. Und Granach war ein sehr guter Schauspieler, und er hat das sehr gut gebracht.

Wir haben »Peer Gynt« zusammen gesehen, dann natürlich auch »Maschinenstürmer« und alles, was damals in der Volksbühne gespielt wurde. »Gewitter über Gotland« von Ehm Welk war für uns beide ein sehr starkes Erlebnis, nach dem Stück sang das ganze Theater impulsiv die Internationale. Ohne daß da irgendwer was sagte oder eine Geste machte. Das sind natürlich Dinge, die man nie vergißt.

Wir haben eine andere Aufführung besucht, von einer Gruppe junger Schauspieler, ich weiß nicht mehr, wie die hieß. Es war jedenfalls ein französisches Stück, behandelte die Zeit der Pariser Commune. Wir saßen ganz hoch oben und waren von dem Stück gepackt. Dann hatten wir eine sehr, sehr starke Ernüchterung: Vorne lief eine aufregende Angelegenheit, eine Verhandlung mit Thiers. Nun waren die Dekorationen ja alle sehr einfach, denn das Theater hatte nicht viel Geld, und da konnte man hinter die Kulissen sehn. Da saß – vorher wurde wohl gerade ein Chaiselongue gebraucht – ein Pärchen und knutschte sich da hinten ab. Also, das war für uns eine Ernüchterung! Und Gretl konnte sich über so etwas immer furchtbar empören. Nicht aus moralischen Gründen, sondern eben: Wenn die da vorn richtig etwas darstellen wollen, dann müssen sie so stark darauf eingestellt sein, daß sie dafür leben! Und sich nicht fünf Minuten später hinter der Bühne abknutschen. Das sind Bagatellen, aber ich möchte nur charakterisieren, wie stark sie empfand und wie sie sich immer schnell über etwas erregen konnte, wenn sie es nicht für gut und richtig fand.

Gretl war aber sich selbst gegenüber genau so streng. Wenn sie etwas darstellen wollte oder wenn sie etwas von sich geben wollte, dann forderte sie von sich selbst, daß das Hand und Fuß hat, daß es aussagekräftig ist. Sie war gegen Verschwommenheiten, es mußte alles klar und verständlich sein. Was Wahrhaftigkeit angeht hat sie von sich selbst bestimmt noch mehr gefordert als von anderen.

Ich mochte sie, sie war eben der Mensch, mit dem ich mich verstand. Unsere Verbundenheit war so stark, daß ich mitging, wenn Gretl sagte, komm, wir machen das und das. Ich ging mit, weil ich sie mochte. Wo der eine war, da war der andere. Wir hingen wie Kletten aneinander. Da war mal eine Sache im Sprechchor, wir standen ja da auch immer zusammen. Und einmal standen wir wieder beieinander, und, na ja, man hatte sich so umgefaßt.

Da sagte Traute Neumann, die Leiterin: Na, ihr seid wohl auch anders als die anderen. Was uns natürlich sehr empörte. Denn es war nicht der Fall, aber selbst wenn es der Fall gewesen wäre, so war es von ihr eine Unverschämtheit, das in dem großen Kreis zu sagen. Der ganze Sprechchor feixte und grinste und lachte. Wir waren darüber natürlich verärgert, daß sie das in so einer häßlichen Art sagte, daß sie gar kein Verständnis dafür hatte, daß es auch eine wirkliche und schöne Mädchenfreundschaft geben kann. Vor allen Dingen sie, wo gerade ihr Mann, Max Hodann, so viel für Jugendliche tat, für deren sexuelle Aufklärung. Da hätte sie so eine Bemerkung am allerwenigsten machen dürfen.

Traute Neumann war sehr herrisch, und zwischen ihr und Gretl gab es eine gewisse Konkurrenz. Aber sie konnte etwas. Sie konnte etwas auf die Beine stellen, daß wir zu Veranstaltungen Dinge vollbrachten, die wirklich beeindruckten. Und das war ihr Verdienst.

Paul Albrecht, er kam ja von den Anarchisten, hatte ein sehr starkes Charisma, wir jungen Leute waren von ihm begeistert. Er war ein blendender Redner, ein blendender Agitator, und man hat ihm sehr gern zugehört. Wir haben einmal einen großen Abend mit ihm in Neukölln gemacht. Darauf waren wir alle stolz, wir haben an diesem Abend eine ganze Schulaula vollgekriegt, und er sprach speziell über Jugendprobleme. Gretl hat diese Dinge sozusagen gemanagt, sie hatte Organisationstalent. Paul Albrecht hielt in unserer Gruppe Vorträge über Freie Liebe. Das waren Fragen, die uns interessierten, es gab damals den Begriff Kameradschaftsehe, das hieß, Zusammenleben ohne Trauschein und daß man auseinandergeht, wenn man merkt, es geht nicht mehr. Und auch Polygamie gehörte dazu. Daß einer mehrere Frauen hatte, so was hat's ja schon immer gegeben. Und das sollte auch erlaubt sein. Also, wir fanden das alles in Ordnung.

Aber unsere Einstellung, auch Gretls Einstellung war: Für uns kommt das nicht in Frage. Einmal die große Liebe, und das ist dann für immer. Als junger Mensch stellt man sich das halt so vor, nicht? Gretls Leben ist nachher ganz anders verlaufen. Es kam alles anders, sonst hätte sie ja ihre Beziehung zu Brecht nicht aufrecht erhalten können. Und in meiner Ehe war es so, daß es auch mal Konflikte gab oder ein anderer Mensch dazwischen kam, aber im Grunde genommen ist mein Leben so verlaufen, daß der erste Mann für mich eben alles war und auch geblieben ist. Das kommt nicht so häufig vor. Und Gretls Meinung war: Nicht dauernd die Männer wechseln, sondern einen Menschen wirklich lieben und mit ihm leben.

Wir hatten innerhalb unserer Gruppe einen kleinen Kreis gebildet, der sich stärker für geistige Dinge interessierte, dazu gehörten Alfred Hanf, Herbert Dymke, Richard Müller, Pietsch, Anni Schneck, Gretl und ich. Wir lasen Bücher, sprachen dann darüber und über alle möglichen Themen. Das waren Gesellschaftsthemen, Religion. Obwohl wir alle Freidenker waren, hat man sich doch mit den Dingen beschäftigt. Die sind natürlich nie hundertprozentig durchgearbeitet worden, es waren immer nur Ansätze. Wir waren jung, wir wollten dieses machen und jenes, man hat sich zersplittert. Wir lasen viel von Dostojewski. Mit den »Geschichten aus dem Totenhaus« haben wir uns stark beschäftigt, und auch der »Der Idiot« hat uns alle beeindruckt. Gar nicht mal Gorki, den hab ich erst viel später kennengelernt. Und dann natürlich Hans Paasches kleines Buch gegen Rauchen und Trinken, das für alle in der Jugendbewegung wichtig war, die sich ein bißchen was anderes vorstellten in der Jugend.[3]

Da waren noch die Filme, die wir zuerst eigentlich abgelehnt hatten. Die üblichen Filme, die gezeigt wurden, hatten für uns keine Aussage. Dann sahen wir uns »Panzerkreuzer Potemkin« an, und das war nun der Film, der uns so stark begeisterte! Nach ihm haben wir viele Filme gesehen, viele russische auch, mit Gretl zusammen, mit der ganzen Gruppe. Sehr eindrucksvolle Filme. »Sohn der Berge«, »Palast und Festung«, das waren russische Filme aus Turkistan, die haben uns hingerissen. Später kam »Die Mutter« dazu, der russische Film, das waren für uns die gemeinsamen starken Erlebnisse. Deutsche Filme haben wir mit allen gemeinsam im Kino am Zoo gesehen, Wilhelm Dieterles »Die Weber«, noch ein Stummfilm, und das Lied »Wir haben im Dorf hier ein Gericht, / 'S ist schlimmer als die Feme!« wurde mit dem Orchester eingespielt. Die Melodie und der Text hatten sich so eingeprägt, daß wir wochenlang immer dieses Lied pfiffen oder sangen.

Ich bin 1927 von der Gruppe weggekommen. Ich hatte schon vorher, bevor ich meinen Mann kennenlernte, anarchistische Abende besucht.

Ich war ein bißchen unsicher geworden, was Rußland betraf. Nicht wegen der Revolution selbst, sondern wegen der Entwicklung, die das nahm. Da gefiel mir halt manches nicht. In den ersten Jahren gab es in unserer Gruppe gar keine Kritik an der Sowjetunion. Wir waren sehr kritiklos. Die Kritik kam erst später. Das begann bei mir Ende 1926, Anfang 1927, da wurde ich kritischer, weil vieles so widersprüchlich war: Die Zwangskollektivierungen und die Umsiedlungen der Bauern, der Beginn der politischen Prozesse, die Berichterstattung darüber, da kamen mir Zweifel. Wir sagten, daß eben doch irrsinnig viel Geld für die Aufrüstung verwendet wird, und das

Volk leidet Not. Und dann vertraten wir den Standpunkt, daß die Arbeiterschaft den Aufbau von unten organisieren müßte und nicht von oben. Wir waren gegen das Diktatorische.

Die anarchistische Ideologie ist ja in weitaus stärkerem Maße gegen das Staatssystem gerichtet. Ich meine, ich stehe heute auch auf einem anderen Standpunkt und sage mir, so einfach liegen die Dinge nicht, daß man von der Gegenwart in irgendein staatenloses System springen kann. Es spielte auch der Personenkult eine Rolle, die Prozesse, das waren ziemlich ausschlaggebende Faktoren. Es fing mit Trotzki an, und dann wurden viele andere, die während der Revolution eine Rolle gespielt hatten, immer stärker von Stalin isoliert. 1927 fing ich an, mich zu lösen, und 1928 war die Lösung vollständig.

Herbert Hanisch kam zu unserer Gruppe, und dann fing die Freundschaft zwischen ihm und Herta an, Gretls Schwester. Und dann kam die Einladung, komm doch mal mit uns mit, wir gehn mal zu den Anarchisten. So ging das an, und vieles, was die da sagten, das sagte mir zu, das entsprach meinen Empfindungen und Gedanken. Ich war dann in dem Kreis um Erich Mühsam. Das war eine Bewegung, von der man nicht sagen kann, daß sie groß war oder irgendwelchen Einfluß hatte. Mühsam hatte in Neukölln einen kleinen Kreis, »Anarchistische Vereinigung« nannte er sich, und da kamen wir oft zusammen. Unser Zeichen war ein zerbrochenes Gewehr. Erich orientierte sich sehr stark am Rätesystem, das am Anfang in der Sowjetunion auch vorhanden war, dann aber abgeschafft wurde.

Da lernte ich dann Gerd kennen, meinen späteren Mann, und dadurch begann eine Entfremdung zwischen Gretl und mir. Sie mochte meinen Mann nicht so gern, wie das manchmal bei Mädchenfreundschaften ist, wenn ein Dritter dazwischenkommt. Sie hatte keine Sympathie für ihn, und zwischen Gretl und Gerd ist immer eine Distanz gewesen. Ich sehe es noch wie heute: Wir kamen gerade von der Russischstunde und fuhren ein Stück mit der S-Bahn zusammen. Und da sollte ich mit zu ihr kommen. Ich sagte ihr, ach, weißt du, heute abend mag ich eigentlich nicht. Na, warum denn nicht? Komm doch mit. Also, ihr lag sehr viel daran, daß ich mitkomme. Da hab ich gesagt, ich erwarte doch heute abend einen Brief, ich erwarte da noch eine Einladung zu einem Lesezirkel. Das war eine Einladung von Gerd. Mir lag daran, dorthin zu gehen, weil Gerd da war. Und das konnte sie nicht schlucken, daß ich nun wegen eines Mannes von ihr weggehe. Danach ist unsere Freundschaft langsam abgeklungen. Ich war von meinen anderen Kameraden etwas abgedriftet. Das war Gretl nicht recht und den anderen auch nicht, und ich war dann sozusagen als schwarzes Schaf abgeschrieben. Was mir immer leid getan hat, denn die Gruppe und unser kleiner Kreis waren für mich wie mein Zuhause. Wir stützten uns gegenseitig, denn jeder hatte ja in seinem Elternhaus Schwierigkeiten.

1928 bin ich dann von zu Hause abgehauen, Gerd und ich, wir wollten nach Spanien. Spanien war das Land der Anarchisten! Aber das hat sich zerschlagen, meine Eltern ließen mich von der Polizei suchen, ich war ja erst zwanzig und noch nicht volljährig. Ich wurde in Würzburg in der Jugendherberge verhaftet, saß einen Tag im Gefängnis und wurde dann per Schub nach Berlin gebracht.

Meine Eltern wollten die Beziehung zu Gerd nicht. Und ich wollte selbständig sein, für mich leben. Wir sind dann wieder abgehaun, im selben Jahr, auf Wanderschaft gegangen. Gerd hat unterwegs gefiedelt, hat sich das Geld, das wir zum Leben brauchten, zusammengefiedelt. Ich hab immer auf die Polizei aufgepaßt, denn Straßenmusikanten wurden ja ganz schnell kassiert. Wir waren acht Wochen unterwegs, bis mich meine Eltern zurückholten. Ich war zwanzig Jahre alt! Aber meine Mutter sagte: Bis zu deinem 21. Lebensjahr kann ich über dich bestimmen, da hast du zu tun, was ich sage! Und meine Eltern waren gegen Gerd. Was war er denn schon? Er war ungelernter Arbeiter, dazu noch arbeitslos, also, das war ja das Letzte, was man sich überhaupt als Schwiegersohn wünschen konnte. Obwohl mein Vater in der KPD war, spielten Kommunismus und kommunistische Idee da gar keine Rolle.

Ab 1930 wohnten wir mit Herta und Herbert Hanisch zusammen in Weißensee. Jedes Paar hatte ein Zimmer. Die Wohnung war irrsinnig teuer, die hätten wir allein nie bezahlen können. Ich hatte einen Wochenverdienst von 28 Mark, und die Wohnung hat hundert Mark gekostet. Da haben wir je die Hälfte bezahlt. Fünfzig Mark, das war schon erschwinglich. Herta arbeitete, und ihr Mann hatte auch Arbeit. Mein Mann hatte keine Arbeit. Aber es war für die damalige Zeit eine horrende Miete. Gretl kam öfter mal, um ihre Schwester zu besuchen. Aber es war ein gewisser Bruch da. Wenn sie bei uns war, haben wir gar nicht mehr diskutiert, sie hat das so hingenommen.

GERHARD REINICKE: Ich hab nie mit Grete diskutiert, wir haben zusammen Karten gespielt, aber diskutiert haben wir nicht. Mit einem Anarchisten, da diskutierte die doch nicht. Die sagte doch damals schon: Diese kleinbürgerliche Denkweise. Und daß ich ihr nun die Hertha abspenstig machte! Ein unbewußtes erotisches Moment ist da auch dabei, unter Jugendlichen, das ist völlig klar. Das ist bestimmt vorhanden bei solchen Zuneigungen. Die waren zwei so grundverschiedene Typen: Hertha ist voller Emotionen, voller Liebe, sie ist ein weicher Typ, und Grete war eine Intelligenzbestie.

HERTHA REINICKE: Ja, aber nun nicht im schlechten Sinne!

GERHARD REINICKE: Nein, nicht daß sie das andere fühlen ließ, sie bevormundete oder sie zu ihrem Nachteil in eine Ecke drängte. Das war vorgebildet und entfaltete sich dann im Umgang mit Brecht. Das Format war ganz erstaunlich. Als Hertha mit mir anfing – na, wie soll ich das nennen, also, Liebe auf den ersten Blick, verdammt noch mal –, da war Grete eingeschnappt. Mit den Anarchisten hatte sie nichts am Hut, die war eine hundertprozentige Anhängerin der Kommunistischen Partei. Das heißt aber nicht, daß sie nicht flexibel war. Sie war vollständig überzeugt davon, daß man Anarchisten nicht ernst nehmen kann, das wäre verschwendete Zeit für sie gewesen.

HERTHA REINICKE: 1929 sind wir durch die Abtreibungsgeschichte nochmal ein bißchen näher zusammengekommen. Ich hatte vorher eine Abtreibung, Gretls Schwester hatte auch eine. Gretl war seit 1926 sehr eng mit Herbert Dymke befreundet, und 1929 wurde sie zum zweitenmal schwanger. Sie waren sich beide darüber einig, daß sie in diesen Zeiten ein Kind nicht würden durchbringen können. Die Freundschaft war dann auch nicht mehr so eng, Herbert stieg auch anderen Mädchen nach, und daß es nachher auseinanderging, darunter hat sie sehr gelitten. Sie hing sich in einen Menschen rein und kam dann gar nicht weg von ihm. Eine andere wäre vielleicht eher darüber hinweggekommen. Aber sie kam nicht von ihm los, und daß es nachher auseinanderging, das hat sie sehr, sehr mitgenommen. Ja, was nun? Ich fragte Erich Mühsam, ob er nicht einen Arzt wisse, der die Abtreibung machen könne, das war doch damals alles illegal. Herbert Dymke war mit dabei, als ich mit Gretl zu Mühsam ging. Und Erich war dagegen. Er verstand die Sorgen, meinte aber, man soll das gründlich bedenken. Er erzählte uns von der Mutter der Schauspielerin Adele Sandrock, die einmal bei einer wunderbaren Theatervorstellung ihrer Tochter erschrocken ausgerufen hatte: Und so etwas wollte ich abtreiben!

Aber er besorgte dann doch einen Arzt, einen Professor, der in der Frankfurter Allee eine Klinik hatte. Und der Arzt war hochanständig. Eine Abtreibung kostete damals unter Umständen etliche hundert Mark. Der Arzt sagte nur: Das bezahlen die Frauen mit, die in der Grunewaldklinik liegen. Er hatte irgendwo im Westen, im Grunewald, eine Frauenklinik, wo die Frauen lagen, die Geld hatten und ohne weiteres wer weiß was für Summen zahlen konnten. Die haben mitbezahlt, was er in der Frankfurter Allee, im Berliner Osten, den Arbeiterfrauen gutgetan hat. Gretl mußte nur ein paar Mark bezahlen für die Frau, die da saubermachte. Die Abtreibung war ohne Narkose, und die Frauen wurden an Händen und Füßen am Tisch angeschnallt, damit sie nicht um sich schlugen. Gretl hatte sich vorher von einem Lungenarzt noch ein Attest besorgt, um den Professor abzusichern.

Danach hatte Gretl keine Liebschaften mehr, sie war mit Georg Lowack befreundet, aber das war keine Liebe. Wir haben oft, auch die Gruppe, sonntags die Abendkonzerte in der Philharmonie besucht. Und als wir einmal wieder dort waren, kam in der großen Pause ein junger Mensch zu uns und suchte unsere Gesellschaft. Er hatte Gretl während des Konzerts beobachtet und war tief beeindruckt von dem, was sich auf ihrem Gesicht abspielte, wie sehr sie mitempfand. Da hat er sie in der Pause angesprochen. Und er blieb dann auch eine Zeitlang bei uns in der Gruppe.

In einem Punkt unterschied sich unser kleiner Anarchistenkreis überhaupt nicht von den Kommunisten: Wir haben gegen den Nationalsozialismus agitiert.

GERHARD REINICKE: Wir haben in unserem Viertel in Neukölln sonntags vormittags Hofpropaganda gemacht. Wir haben Lieder gesungen, mit Gitarre und Geige, die Leute rissen die

Fenster auf: Was is'n los? Dann haben wir Ansprachen gehalten, und dann liefen manche von uns mit Broschüren treppauf, treppab und verkauften die und sammelten, andere Leute schmissen Geld runter, damit haben wir »Fanal«, die Zeitschrift, die Erich rausbrachte, mitfinanziert. Wir glaubten daran, daß es möglich sei, eine Idee in die Menge zu tragen, eine Idee die es später ermöglichte, etwas Reales daraus zu machen: Eine freie Gesellschaft. Das ist heute ein sehr vager Begriff, ich weiß, ich weiß.

HERTHA REINICKE: Und wenn uns gesagt wurde, Menschenskind, ihr mit euren Ideen, dazu müßt ihr erst mal die Menschen umkrempeln, dann haben wir gewettert: Natürlich sind die Menschen wandelbar, natürlich kann man sie zum Guten, zum Einsichtsvollen erziehen, natürlich ist der Mensch fähig, sein Leben so zu gestalten, daß er nicht auf Kosten der anderen lebt, sondern jeder für alle und alle für einen! Was natürlich 'ne schöne Utopie ist. Aber früher waren wir von dieser Utopie überzeugt.

Ich sah Erich Mühsam 1933 zum letztenmal, einen Tag bevor er verhaftet wurde. Mein Mann hatte eine Zeitlang den Versand von Erichs Zeitschrift übernommen, dadurch kamen wir oft mit ihm zusammen, auch mit seiner Frau, Zensl. Ich wohnte damals bei meinen Eltern in Neukölln, und mein Mann wohnte woanders. Wir wollten in der Zeit nicht zusammenbleiben, und es war auch gut so, denn wir hatten nachher bei meinen Eltern eine große Haussuchung. Und wenn die den Gerd da gekriegt hätten, die hätten ihn mitgenommen, den hätte ich vielleicht nie wieder gesehn. Bei uns in der Gegend, wir wohnten in der Richardstraße, war eine berüchtigte SA-Kaserne, ein SA-Lokal, wo viele, die da hineingeschleppt wurden, lebend nicht wieder herausgekommen sind. Erich kam zu mir und wollte etwas von meinem Mann wissen. Jedenfalls zeigte er mir eine Fahrkarte: Hier, aber ich kann nicht fahren, ich kann die Genossen nicht im Stich lassen. Und dann sagte ich, er solle auf alle Fälle fahren, er solle sich nicht aufopfern, außerdem sei er Jude, und wenn sie ihn kriegen, dann ist er einer der ersten, denn er stand ja ganz vorn auf der Liste der Nazis. Das haben ihm andere auch gesagt: Erich, du mußt fahren! Aber er war so im Zweifel, er sagte, wenn er an seine Genossen denkt, die hier bleiben müssen, komme er sich wie ein Verräter vor. Außerdem wartete er noch auf ein Honorar von einer Zeitschrift, das er unbedingt brauchte, er war ja immer in Geldnot. Na ja, er ging dann weg, in derselben Nacht war der Reichstagsbrand, und am nächsten Morgen um fünf oder sechs Uhr wurde er verhaftet. Er und viele andere. Er kam nicht mehr weg. Fahrkarte hat er in der Tasche gehabt, nach Prag.[4]

Gretl schickte mir 1936 eine Karte aus Dänemark. Da hatte sie durch ihre Schwester meine neue Adresse erfahren, wir waren ja nach Schleswig-Holstein gezogen. Ich habe es damals versäumt, auf diese Karte einzugehen. Nun waren ja die Nazis an der Macht, und Gretl war in Dänemark. Und wir hatten schon eine Verbindung nach Spanien und hatten deswegen Haussuchungen gehabt. Also, vielleicht war ich irgendwie schon zu ängstlich geworden. Ich hab's hinterher sehr, sehr bedauert. In dieser Zeit waren wir auch mit Herta und Herbert Hanisch nicht so eng zusammen. Wir hatten uns schon etwas auseinandergelebt. Sie wohnten nachher am Rand von Berlin, in der Nähe von Strausberg, dort kamen wir nicht hin. Nachher, als Gerd im KZ war, kam ich hier nicht weg, da hatte ich zu tun mit meiner Schneiderei, und, na ja: Man wußte immer nicht, Menschenskind, wie wirst du die anderen vorfinden? Wie werden sie dich aufnehmen? Wieweit versuchen sie selbst, Distanz zu wahren? Und dadurch unterblieb das.

Ich habe in der Freundschaft mit Gretl nie, nie irgendeinen Konflikt gehabt, keine Enttäuschung, nichts. Die Enttäuschung kam nachher, als es auseinanderging. Das war meine größte Enttäuschung. Und meine größte Hoffnung war immer, daß wir das noch mal beibiegen könnten. Wenn der Krieg zu Ende ist, wenn alles mal anders wird, wollte ich die Verbindung mit ihr wieder aufnehmen. Das war meine feste Absicht, daß wir dann wieder zusammenfinden. Und ich hab ja nie daran gedacht, daß Gretl sterben könnte, der Gedanke ist mir nie gekommen.

Als der Krieg zu Ende war, hoffte ich immer: Jetzt wird irgendwann Gretl Steffin auftauchen, und dann ist das bestimmt nicht mehr existent, dann ist man über so was hinaus. Dazu hat man ja dann sein eigenes Schicksal erlebt, sie auf ihre Art und wir auf unsere.

Hertha Bär (vorn) und Margarete Steffin in der Sächsischen Schweiz, 1926.

Margarete Steffin (l.) und Hertha Bär in der Märkischen Schweiz, Weihnachten 1926.

Margarete Steffin (vorn Mitte) und Hertha Bär (vorn r.) auf einer Demonstration, 1926.

In der Wohnung von Familie Steffin. Margarete und Johanna Steffin, Herbert Dymke (l.) und Georg Lowack, 1930.

Brodeln in Berlin

Im Sommer 1927 erregte ein Justizurteil Grete Steffins Aufmerksamkeit: die Todesstrafe, die ein amerikanisches Gericht über die Anarchisten Nicola Sacco und Bartolomeo Vanzetti verhängte. Sie will sich unbedingt der weltweiten Protestbewegung gegen das Urteil anschließen, um die beiden vor dem elektrischen Stuhl zu retten. Sie besucht eine Kundgebung in der Stadthalle Klosterstraße, wo der Anarchist Ernst Friedrich spricht, der Gründer des Anti-Kriegs-Museums. Erst nach dieser Rede, schreibt sie in ihr Tagebuch, habe sie mit dem Gefühl erfaßt, was sie bisher nur verstandesmäßig begriffen habe: die Ungeheuerlichkeit dieses Urteils. Die Todesstrafe geht ihr so nahe, daß sie sich persönlich verantwortlich fühlt. Sie sucht nach Möglichkeiten, den Inhaftierten zu helfen: »Was wird aus den beiden verurteilten Anarchisten? Sicher vollstreckt man das Urteil. Warum proklamieren Parteien und Gewerkschaften nicht den Generalstreik? Warum lassen wir uns das gefallen? Ich bin überzeugt davon, man könnte mit eiserner, geschlossener Front die beiden retten. Warum nicht? Ich finde keine Antwort. Ach, Hoelz und unzählige Ungenannte haben nicht diese Empörung in mir, in allen wachgerufen. Ich gebe mir auch meine Schuld. [...] HERAUS MIT IHNEN. Aber man begnügt sich mit Kundgebungen und Resolutionen. WARUM KEINE TAT?«[1]

Nicola Sacco und Bartolomeo Vanzetti werden am 23. August 1927 in Boston hingerichtet. Zwei Monate später hat Grete Steffin Gelegenheit, ihrer Empörung über den Justizmord nicht nur im Tagebuch Ausdruck zu geben. Der Sprechchor erarbeitet das Stück »Amerika«, mit dem er am 27. November im Großen Schauspielhaus auftreten wird. Das Werk rekonstruiert die Vorgänge, die zur Anklage und Hinrichtung von Sacco und Vanzetti geführt hatten. Mit »Amerika« setzt der Sprechchor eine Linie fort, die er ein Jahr zuvor begonnen hatte: die Gestaltung aktueller internationaler Vorgänge. Im November 1926 hatte er im Großen Schauspielhaus »China erwacht« herausgebracht, Szenen vom Aufstand der Chinesen gegen die britischen, amerikanischen, französischen und japanischen Kolonialherren. Mit diesem Werk kündigt sich die Auflösung der seit 1919 entwickelten großen Sprechchordichtungen an, es erscheint kein Autorenname mehr.

Auch die am 21. Januar 1927 im Saalbau Friedrichshain uraufgeführte Produktion von »Die Fabrik« weist keinen Autor aus. Das Stück hat die entfremdete Arbeit zum Thema, dargestellt am Beispiel der Geschichte eines Betriebes, eingebettet in die historischen Ereignisse der Jahre 1914 bis 1926.

Nach Auskunft von Gertrud Cerny wurden die Vorlagen dieser Stücke aus vorhandenem Material, Kurzszenen und Gedichten collagiert: *Es waren Montagen mit Text und Musik von den verschiedensten Autoren, und die Zusammenstellung machte ein ganzes Kollektiv. Da gehörte Hermann Leupold dazu, später der Leiter der AIZ, Traute Neumann-Hodann, meine Schwester Grete Lamlé war noch dabei, die war älter als ich, und noch ein oder zwei andere.*

Die individuelle Autorschaft wird abgelöst von der kollektiven, die bisherige Form geschlossener Sprechchordichtungen ist in einer Krise. Und während sich die alte Form allmählich auflöst, drängen neue Gestaltungsmittel auf die Bühne. »Die Fabrik« besteht aus »scharfen, wildmusizierenden Vershymnen«[2], unterlegt mit modernen Geräuschcollagen und begleitet von Fotoprojektionen. Geschlossene Sprechchordichtungen sind nicht mehr zeitgemäß, und »China erwacht« ist nur noch Teil einer großen Solidaritätskundgebung, gekoppelt mit einer Filmvorführung.

Grete Steffins Sprechchor, der ab 1927 als Fichte-Sprechchor auftritt, bringt Ende 1929 eine letzte große Inszenierung heraus, »Funktürme funken«, in der Gedichte Johannes R. Bechers durch Filmprojektionen kommentiert werden. Diese Inszenierung scheint ein work in progress zu sein, jedenfalls dokumentiert sie die Suche nach zeitgemäßen Theaterformen: Anläßlich einer Aufführung im Germania-Palast wird sie unter einem neuen Titel und mit anderer Genrebezeichnung annonciert, nämlich als Revue »Hallo Welle Rot«.[3]

Gertrud Cerny: *Bei »Funktürme funken« kann ich überhaupt nicht mehr sagen, was eigentlich der aktuelle Anlaß war. Das weiß ich nicht mehr. Eine Veranstaltung war in der Plaza am Küstriner Platz. Das war ein altes Bahnhofsgebäude in der Nähe vom Schlesischen Bahnhof, 'ne Bahnhofshalle, die nicht mehr genutzt wurde, die war umgebaut zum Varieté-Theater. Heute existiert sie nicht mehr, ist weggebombt. Als die Veranstaltung zu Ende war und die Menschen da rauskamen, stand die Schupo draußen, und die haben uns auseinandergeprügelt. Damals gab's doch schon sehr scharfe Auseinandersetzungen, da rückte ja die Nazizeit immer näher.*

Der Sprechchor zerfiel dann. Spieltruppen waren beweglicher, das war einfacher, die konnten überall auftreten, die konnten auf dem Lastwagen spielen, auch außerhalb von Berlin. Dafür war der Sprechchor doch zu unbeweglich, so 'ne ganze größere Gruppe von Menschen irgendwohin zu bringen. Das war auch immer mit erheblichen Kosten verbunden, denn die Mitglieder waren ja doch größtenteils arbeitslos, die hätten Fahrgelder auch nicht aufbringen können. War auch schwierig, die vielen Leute immer so zusammenzuhalten. Also, irgendwie zerfiel das, löste sich auf.

Die Zeit der großen lyrisch-deklamatorischen Form chorischen Sprechens, wie sie der Sprechchor seiner oratorischen Herkunft nach pflegte, ist vorbei. Das Arbeitertheater entwickkelt kleinere, mobilere, weniger schwerfällige Formen. Politische Revuen und Agitprop-Gruppen reagieren schneller und direkter auf die sich nun überstürzenden zeitgeschichtlichen Ereignisse.

Politisch hatte sich der Sprechchor immer mehr der Kommunistischen Partei angenähert. In all seinen Produktionen erscheint die Zentralperspektive Revolution als Antwort auf soziale Spannungen, das Massenelend, die neuerliche Aufrüstung und das Erstarken der Nazipartei. Dieses Politik- und Geschichtsverständnis überliefert eine Rezension zu »Die Fabrik« in der KPD-Zeitung »Rote Fahne«.

Parallel zur Geschichte einer Fabrik führt das Stück den Militär- und Beamtenapparat, den die Weimarer Republik vom Kaiserreich übernommen hat, als degeneriert vor. Die neue Republik wird ausschließlich als »Absteigequartier der Konterrevolution« gesehen, und das Stück endet mit der Vision der »greifbaren Umrisse von Rätedeutschland«[4]. Das Gesellschaftsmodell Demokratie und andere zukünftige Möglichkeiten für die bürgerliche Republik werden nicht mehr erwogen. Das Nachkriegsland gilt als von Anfang an korrumpiert. Es scheint nur noch zwei geschichtsbildende Richtungen zu geben: Die Fortentwicklung der kapitalistischen Gesellschaft hin zu einer faschistischen Diktatur oder die Arbeit für eine kommunistische Revolution.

Nach dem Zerfall des Sprechchors 1929 gründen sieben Mitglieder der Treptower Gruppe eine Agitprop-Truppe, geleitet von Traute Neumann-Hodann, die nun mit ihren Programmen in und um Berlin herum auftritt. Zu ihr gehören Grete Steffin, Friedel Thulke, Alfred Hanf und Richard Müller. Die Gruppe probt in den Räumen eines Fabrikgebäudes in der Nähe des Moritzplatzes in Kreuzberg. Sie nimmt Unterricht an der Marxistischen Arbeiterschule, wo die Schauspielerin Helene Weigel Kurse in Sprech- und Atemtechnik anbietet. Während dieser Kurse lernt Helene Weigel die jungen Laienspieler näher kennen, und sie gefallen ihr so gut, daß sie meint, auch ihr Mann, der Dichter Bertolt Brecht, solle sie kennenlernen. Helene Weigel bemüht sich ebenso wie der Komponist Hanns Eisler darum, Brecht mit den Produktionen der Arbeiterkultur bekannt zu machen und ihn für die Arbeit dieser Laienkünstler zu interessieren. Aber Brecht ist zunächst nicht interessiert. So lädt Helene Weigel die Treptower eines Tages kurzerhand ein, Brecht in seiner Wohnung in der Hardenbergstraße zu besuchen.

Die Gruppe kennt den Dichter bis dahin nur als Autor der »Dreigroschenoper«. Die Inszenierung hat sie derart begeistert, daß sie gleich in vier Vorstellungen gewesen sind.

Herbert Dymke: *Das Stück, das haute so hin! Man kriegte ja die erste Zeit gar keine Eintrittskarten. Vor allen Dingen die Songs gefielen uns sehr gut. Ich weiß, wir kamen noch bei Grete oben zusammen, und irgendwer hatte sogar dann schon eine Platte, den Seeräubersong und verschiedene andere Songs, die wir spielten und uns daran begeisterten.*

Im übrigen glauben die jungen Leute, mit Brecht gar nichts gemein zu haben. Grete Steffin überliefert die große Distanz zu ihm in einer Skizze, die ein Gespräch mit einer Bekannten wiedergibt. Diese Bekannte »übte auch alle neuen Sachen für die Agitprop-Truppe mit mir ein. Da sie eine gute Klavierspielerin war, war ihre Hilfe sehr viel für uns. Einmal hörten wir im Radio durch Zufall ein Lied von Brecht. (Wir saßen in einem Café und besprachen mal wieder, wie wir die Welt grundlegend ändern könnten.) ›Die Musik kann ich, kannst du den Text?‹ fragte sie mich. Nein, ich konnte ihn nicht, denn Brecht-Texte waren nichts für unsere Agitprop-Truppen. Es hieß, er habe die Mitarbeit abgelehnt, da er keine Zeit hätte. [...] Für uns stand fest, Brecht ›fiel aus‹ (wie damals der Ausdruck ging), wenn wir die Welt ändern würden.«[5]

Obwohl Grete Steffin kein Interesse an Brecht hat, folgen einige ihrer Freunde der Einladung Helene Weigels dennoch. Unter ihnen ist Alfred Hanf, dem einzig das Befremdliche an dem unbekannten Milieu in Erinnerung blieb: *Wir waren drei oder vier Jungens, Richard Müller war noch dabei. Man mußte den Hinterhof lang, hoch- und runtergehen, für Dienstboten. Vorne war ja abgeschlossen, war nur für Herrschaften. Wir gingen hinten die Eisentreppe hoch, denn die Bodenluke, durch die man zu ihm reinkam, die war ja nicht angeschlossen ans normale Treppenhaus. Da haben wir uns mal umgesehen in seiner Dachwohnung. Große Unterhaltung wurde nicht gepflegt, weil wir ja mehr interessiert waren, wie er lebt in seiner Bude, und staunten, daß sich alles auf der Erde abspielte. Der hatte keine Stühle. Telefon lag auf der Erde, und alle saßen bloß auf Kissen. Also, für uns war das mehr so ein bißchen Neugierde, wir wollten mal sehen, wie Künstler wohnen.*

Für solche Milieustudien fehlt Grete Steffin jetzt einfach die Zeit. Sie hatte inzwischen Kontakte zu Schauspielern des Piscator-Theaters geknüpft, das sie für das aufregendste aller Theater hält.

Richard Müller: *Sie gehörte zu diesem Kreis der fortschrittlichen Künstler in der Jungen Volksbühne, zu dem auch Schriftsteller gehörten, da hatte sie ja nun schon Eingang gefunden. Sie erzählte uns oft von den Namen, die uns gar keine Begriffe waren. Sie war es auch, die vermittelte, daß wir an der Jungen Volksbühne als Statisten gespielt haben.*

Der Regisseur Erwin Piscator bringt politische Vorgänge der Gegenwart auf die Bühne, die er mit spektakulären bühnentechnischen Neuerungen als historische Prozesse sichtbar macht. Mit seinem Konzept war er 1927 in Konflikt mit der sozialdemokratischen Leitung der Volksbühne geraten, die einen klassischen, auf die ewigen Werte der Kunst orientierten Spielplan favorisierte und eher tradierte Dramen als politische Gegenwartsstücke herausbringen wollte.[6] Die Treptower haben damals für Piscator Partei ergriffen.

Herwart Grosse: *Die nach links, zur KPD tendierenden Mitglieder der Volksbühne hatten aus Protest gegen den Spielplan eigene Vorstellungen verlangt und auch bekommen, bis dann die Entwicklung so weiterging, daß die ganze linke sogenannte Junge Volksbühne-Organisation als Mitgliederorganisation aus der sozialdemokratischen Volksbühne austrat. Für die mußten nun Vorstellungen geschaffen werden.*

Gertrud Cerny: *Wir wollten nicht nur Klassiker, wir wollten zeitgenössische Stücke sehen. Es wurden dann Sonderabteilungen gegründet, und da gab's dann die Stücke, die Piscator inszenierte. Immer auf Drängen und auf Druck hin.*

Seit 1927 sind die Treptower gemeinsam mit einem Viertel aller Volksbühnen-Abonnenten in diesen Sonderabteilungen organisiert, aus denen 1930 die Junge Volksbühne hervorgeht, ein Theaterkollektiv. Dieses Kollektiv aus Berufs- und Laienschauspielern spielt im Wallnertheater, nahe der Jannowitzbrücke, und wird von Piscator unterstützt. Nachdem Piscators eigenes Theater am Nollendorfplatz in Konkurs geht, erhält es Gastrecht in anderen Berliner Theatern. Auf diesen Bühnen spielt Grete Steffin mit dem Piscator-Kollektiv in kleinen Rollen, so 1930 in »Des Kaisers Kulis« von Theodor Plivier im Lessing-Theater und 1931 in Friedrich Wolfs »Tai Yang erwacht« im Wallnertheater.[7] Gleichzeitig sorgt sie dafür, daß einige ihrer Freunde als Statisten dabei sind. Daneben tritt sie mit Schauspielern des Piscator-Kollektivs in Matineen auf.

Curt Trepte: *Grete Steffin ist mir ein Begriff gewesen schon als ich 1930 als Schauspieler zur Piscator-Bühne nach Berlin kam. Sie war ein sehr schlichter, einfacher, selbstverständlicher Mensch. Ich habe sie damals auf der Bühne miterlebt, ihr Blond und ihr schmales, hageres Gesicht, ihr etwas herbes, sehr interessantes Frauengesicht sind mir noch in lebhafter Erinnerung. Sie war klug. Und sie tauchte auch in den Versammlungen des Arbeitertheaters auf. Da wurden die Inszenierungen aller Theater und Gruppen analysiert und kritisiert, die im ATBD, dem Arbeitertheaterbund Deutschlands, organisiert waren. Wir hatten ja viele Versammlungen, die sich mit kulturpolitischen Problemen oder gewerkschaftlichen Fragen oder mit Arbeiterkultur beschäftigten, und ich entsinne mich, daß Grete ihre Meinung immer sehr streitbar vortrug.[8]*

Während sich Grete Steffin auf ihre Rezitationen und die Theaterarbeit konzentriert, verlieren sich die künstlerischen Interessen bei vielen ihrer Freunde. Die Sorge um den Broterwerb, Familiengründungen und die Parteiarbeit sind ihnen jetzt wichtiger.

Die Weltwirtschaftskrise des Jahres 1929 verschärfte die sozialen Spannungen noch einmal drastisch. Massenarbeitslosigkeit und wachsende Armut machen immer mehr Menschen anfällig für die Parolen der Nazis, für den schrankenlosen Trieb, der Not des eigenen Lebens auf Kosten anderer zu entkommen, wie es Grete Steffins späterer Brieffreund Arnold Zweig sieht. Die politische Polarisierung veranlaßt Grete Steffin und viele ihrer engeren Freunde, der KPD beizutreten.[9] Alfred Hanf, Hilde Lützenhoff, Richard Müller, Herbert Dymke und Fritz Thulke übernehmen Funktionen in der Partei.

Richard Müller und sein Freund Paul Hirsch machen Wahlpropaganda für die KPD, indem sie deren Losungen an möglichst hohe Schornsteine malen. Auf der Straße und bei Veranstaltungen geraten sie mit den immer dreister auftretenden Nazis aneinander, aber auch mit ihren eigenen Genossen. Friedel und Fritz Thulke geraten zum Beispiel in den Pharus-Sälen in eine Saalschlacht zwischen *Linientreuen* und *Brandleristen*, den Anhängern Heinrich Brandlers, der in seiner Partei, der KPO, die kommunistische Opposition gegen die fortschreitende Stalinisierung der KPD organisiert.

Fritz Thulke: *Die haben sich oben auf der Bühne gegenseitig angeschmiert. Das ging soweit – bis zur Keilerei. Sie haben von den Stühlen die Beine abgerissen, und dann haben sich die Brüder gegenseitig verprügelt. Hemmungslos! Nicht etwa unter Alkohol oder so was, sondern rein aus der Überzeugung heraus. Brandler war gar nicht dabei. Da wurde ich reingedrängt in eine Ecke und wäre beinah an den glühenden Ofen geschmissen worden. Ein riesiger eiserner Ofen, der hat den ganzen Saal geheizt ... Solche Dinger gab es oft.*

Die Treptower setzen sich mit den Warnungen kommunistischer Oppositionsgruppen nicht auseinander. Sie haben die Argumente der Realpolitik übernommen. Die KPO ist für sie eine Splitterpartei, der politisch keinerlei Bedeutung zukommt.

Für Familie Steffin bringt die Weltwirtschaftskrise einen weiteren Wohnungswechsel. Johanna Steffin verliert ihre Hauswartsstelle in der Weserstraße. Jetzt kann die Familie die geforderte Miete nicht mehr aufbringen und zieht im September 1930 in die Lasdehner Straße 5, nahe am Frankfurter Tor, wo Johanna Steffin wieder eine Portierstelle erhält.

Es war eine miese, feuchte Parterrewohnung, anderthalb Zimmer, berichtet Herta, die gar nicht erst mit einzieht.[10] Während Grete mit ihren Eltern in die Lasdehner Straße übersiedelt, zieht Herta mit ihrem späteren Mann Herbert Hanisch und Familie Reinicke in eine Zweizimmerwohnung nach Weißensee. Allerdings nur für zwei Jahre. Dann wird auch dort die Miete unerschwinglich. So beschließen Herbert Hanisch und Herta Steffin, sich am Stadtrand von Berlin niederzulassen, in einer

Laubenkolonie in Biesenhorst, wo Herbert für die künftige Familie ein Holzhaus baut.

In dieser unsicheren Zeit einschneidender Veränderungen bildet Johanna Steffin den ruhenden Pol der Familie. Sie hat einen großen Freundeskreis, der ganz anders zusammengesetzt ist als der ihres Mannes.

Hilde Lützenhoff hebt vor allem ihre Verläßlichkeit und ihren Humor hervor: *Hannchen, Gretes Mutter, das war 'ne Seele von Mensch. Obwohl sie nichts hatte und es ihnen sehr dreckig ging. Das war unser Hannchen, die war in Lichtenberg auch dafür bekannt, daß sie hilfsbereit ist. Wenn jemand mal nicht wußte, wo er schlafen sollte, wo er unterkommen konnte, Hannchen fand einen Weg. Es gab so viele Arbeitslose, und wenn jemand kam, hatte sie 'n Teller Essen für den. Das war ganz selbstverständlich, und das war viel zur damaligen Zeit. Sie war organisiert, in der KPD, und daher kannten wir sie ja alle. Wir gingen auch öfter hin, wir hatten uns so viel zu erzählen, und wir haben uns ja auch geschult. Wir hatten politische Kurse damals, da kamen wir mal in dieser Wohnung, mal in jener Wohnung zusammen, und so auch bei Hannchen. Sie hatte ein sehr ausgeglichenes Wesen, war aber ein sehr vitaler Mensch. Man mußte sie ansprechen, um dann mit ihr ins Gespräch zu kommen. Jeder wußte bei ihr, woran er war. Und Gretl hatte viel von ihrer Mutter, diese Gutmütigkeit, dieses Gewinnende und Entgegenkommende.*

Im Unterschied zu vielen ihrer Freunde ist Grete Steffin, die in einem Angestelltenberuf tätig ist, nie arbeitslos. Dagegen verlieren zur Zeit der Weltwirtschaftskrise gerade die Jungarbeiter oft als erste ihre Arbeit, und da sie keinen Anspruch auf Unterstützung haben, sind sie vollkommen mittellos.

Gretes Freund Richard Müller etwa, der Werkzeugmacher gelernt hatte und nun arbeitslos ist, will seinen Eltern nicht länger auf der Tasche liegen. Er verläßt das Elternhaus und kampiert in einer Zeltsiedlung am Rande von Berlin: *Man war erwerbslos. Wir lagen draußen an den Tonseen bei Körbiskrug, hinter Königs Wusterhausen, im Zelt. Und zum Sonnabend/Sonntag kam die Gruppe raus, also die, die noch in Arbeit standen. Wir hatten ein großes rundes Militärzelt organisiert und aufgestellt, mit Stroh drin, und wenn die rauskamen, hatten sie gleich 'ne Bleibe, konnten zwanzig Mann drin übernachten. Dass war natürlich auch schön: Wenn die Sonntagabend nach Hause fuhren, ging jeder stillschweigend ran an den Tisch und legte den Rest Margarine oder den Kanten Brot oder den Zipfel Wurst noch, was übriggeblieben war, auf den Tisch, und dann konnten wir wieder die halbe Woche davon leben, wir Erwerbslosen.*

Wir waren da draußen auch politisch tätig, zum Beispiel beim gro-ßen Ziegeleiarbeiterstreik, wo die Ziegeleiarbeiter nicht mehr mit den Streikbrechern fertig wurden, da kamen sie zu uns, zum Zeltlager, und wir schwangen uns auf die Räder und haben da mal für Ordnung gesorgt. Da haben wir die Streikbrecher in die Flucht geschlagen, und eh' die Polizei eintreffen konnte, war der ganze Spuk vorbei. Ein andermal, in Niederlehme, da war ein Faschistentreffen in einem Lokal, da haben wir eben dafür gesorgt, daß die Sache platzte. Wir waren natürlich immer wieder auch ein paar Tage in Berlin, wenn irgendwas war. Wir waren dauernd unterwegs, ich war ja schon in die Parteiarbeit eingebunden. Man kam dann hin und wieder mal mit Gretl zusammen, und sie erzählte von ihrer Sache und wir von unseren.

In diesen Jahren entstehen in den Berliner Außenbezirken verschiedene Zeltstädte, die von Arbeits- und Obdachlosen errichtet werden. Slatan Dudow, Bertolt Brecht und Ernst Ottwalt verwenden das Sujet 1931 in ihrem Spielfilm »Kuhle Wampe oder Wem gehört die Welt?« Der Film greift Motive aus dem Leben der Arbeiterjugend und alltägliche Vorgänge der Zeit auf: die Jagd nach Arbeit, Erwerbslosigkeit, Räumungsklagen, Exmittierungen, spießbürgerliches Verhalten in Arbeiterfamilien und das Entstehen neuer sozialer Beziehungen in der Zeltsiedlung Kuhle Wampe, die am Müggelsee entstanden war. Bei den Dreharbeiten spielen als Statisten viertausend Fichte-Sportler mit.[11]

Von der Treptower Gruppe ist einzig Richard Müller unter den Statisten. Der Film wird von der Zensurbehörde mehrfach verboten und kommt nach Protesten und Verhandlungen erst im Mai 1932 in die Kinos.[12]

Grete Steffin trägt in politischen Veranstaltungen und auf Matineen ihre Rezitationen vor.

Richard Müller: *Sie legte Wert darauf, daß ihr Name nicht auf den Plakaten genannt wurde, wenn sie in Matineen auftrat. Denn die Gewerkschaft, bei der sie arbeitete, war sozialdemokratisch, und da durfte man nicht wissen, daß sie in kommunistischen Veranstaltungen auftritt. Einmal ist da eine krumme Sache passiert, und Gretl hat die Informationen an unsere Genossen, an die Rote Fahne weitergegeben. Es ging darum, daß sich ein Lehrer an Schülerinnen daneben benommen haben muß, und die Gewerkschaft versuchte, die*

ganze Sache zu vertuschen, so hinzustellen, daß der Lehrer verhält-
nismäßig unschuldig war. Die Rote Fahne hat das aber aufgegriffen
und richtiggestellt. Diese Informationen schlugen dann auf einer El-
ternversammlung ein. Die Leitung dieser Gewerkschaft war wegen
der Vertuschung kompromittiert. Gretl erzählte mir, daß nach dieser
Versammlung in der Gewerkschaft eine Besprechung zu der Frage
war, wieso und warum das platzte. Jeder Einzelne wurde befragt: Wie
kann denn die kommunistische Seite so gute Informationen bekom-
men haben? Auf der Besprechung konnte sie das noch abbiegen. Aber
dann ist es doch passiert, daß bei einer Matinee im Bachsaal auf den
Plakaten auch ihr Name als Mitwirkende erschien. Jetzt wußten die
also, daß sie in kommunistischen Kreisen verkehrt und sogar in Ma-
tineen kommunistischer Schauspieler auftritt. Da war für ihre Bröt-
chengeber klar, daß die Informationen nur von ihr gekommen sein
konnten, und sie flog dann mit großem Krach.

Auch diesmal scheint es Grete Steffin nicht schwerzufallen,
eine neue Arbeitsstelle zu finden. Nach ihrer Entlassung aus
der Lehrergewerkschaft arbeitet sie in der Wohnungsbauge-
sellschaft Gehag, die ihren Sitz in der Sebastianstraße im Bezirk Mitte hat.[13]

Wie immer ist ihr die Arbeit als Buchhalterin nicht mehr
als ein Broterwerb. Ihre Freizeit teilt sie zwischen einem Vor-
trags- und Diskussionskreis, der sich um Carl von Ossietz-
kys »Weltbühne« geschart hat und in einem Café in der Alten
Jakobstraße tagt, der Agitprop-Gruppe und den Matineepro-
grammen mit dem Piscator-Kollektiv. Daneben tritt sie mit Rezitationen in politischen Massenveranstaltungen der Jungen
Volksbühne, der Roten Hilfe und der KPD auf, in den großen
Restaurationsgärten, auf Sportplätzen und in den Versamm-
lungssälen der Arbeiter: in den Al-Hambra-Sälen, den An-
dreas-Festsälen, den Sophiensälen, den Pharus-Sälen oder in
der Neuen Welt in Moabit. Hin und wieder trifft sie ihren alten
Freund Herbert Dymke, der mit dem Fichte-Orchester zur Programmgestaltung beiträgt.

Dymke empfindet die gespannte Atmosphäre in diesen Versammlungen wie ein heftiges Brodeln: *Einmal erzählte sie mir,*
daß sie bestimmte Stücke nicht mehr sprechen darf, zum Beispiel
Goethes Prometheus. Das Gedicht stand schon vor der Machtüber-
nahme der Nazis auf dem Index, zur Zeit der Notverordnungen.

Reichskanzler Brüning hatte ab 1930 mit einigen Notverordnungen die Pressezensur eingeführt, das Demonstrationsrecht

abgeschafft und polizeiliche Eingriffe in künstlerische Vorträge ermöglicht.

Damit forderte er die Findigkeit politischer Künstler heraus, berichtet die Schauspielerin Steffie Spira[14], die Grete Steffin in diesen Jahren kennenlernt: *Es konnte nichts stattfinden, es kam einfach ein Polizist und sagte: Die Versammlung ist geschlossen! Da war die Versammlung geschlossen. Wir sind mal zusammen mit Erich Weinert in der Hasenheide aufgetreten, und da hatte Weinert Verbot, zu sprechen. Da hat Wangenheim das Gedicht, das Weinert sprechen wollte, gesprochen. Und Weinert hat mit auf der Bühne gestanden. Der Polizist war natürlich außer sich, aber er konnte nichts machen. Das Gedicht war ja nicht verboten, es war verboten, daß Weinert spricht. Das müßte so 1930/31 gewesen sein. Ernst Busch passierte dasselbe, es wurde ihm verboten zu singen, und dann hat jemand anderes gesungen. Man muß sich auch vorstellen, daß wir Kommunisten uns in unserer Propaganda durch die Sozialdemokraten blockiert fanden. Ohne Zweifel waren wir das. Der Polizeipräsident war ein Sozialdemokrat, Zörgiebel. Und natürlich genierten sich auch die Agitprop-Gruppen nicht, beispielsweise Zörgiebel oder Scheidemann anzugreifen. Aber das, was wir dann aus ihnen gemacht haben, Sozialfaschisten, das waren sie nun wirklich nicht. Denn natürlich haben sie auch ganz schöne Schlachten gegen die Nazis geschlagen, man kann also nicht sagen, daß sie sich mit denen an einen Tisch gesetzt hätten. Diese Auseinandersetzungen zwischen Sozialdemokraten und Kommunisten waren wahrhaftig nicht erfreulich. Das war ja tief traurig, tief traurig! Denn wenn wir damals eine Einheitsfront geschlossen hätten, hätten, hätten, dann wären die Faschisten vielleicht an die Macht gekommen, aber sie hätten sich nicht so durchsetzen können.*

Die These von den Sozialdemokraten als Sozialfaschisten geht auf eine Vorgabe Stalins und auf Fehleinschätzungen der KPD zurück, die seit langem, besonders aber infolge der Weltwirtschaftkrise, eine revolutionäre Offensive der Arbeiter erwartet, sich als revolutionäre Partei darstellen und von der SPD abgrenzen will. Mit der Sozialfaschismus-Theorie verharmlost und unterschätzt sie zugleich ihren eigentlichen Gegner, die Nazipartei. Die Sozialdemokraten wiederum betrachten es als ihre wichtigste Aufgabe, die parlamentarische Demokratie zu retten, machen große Zugeständnisse an die bürgerlichen Parteien und sehen nicht, daß sich diese von der Demokratie verabschieden und die Diktatur in Kauf nehmen werden, wenn ihre Interessen durch ein Zusammengehen mit den Nazis gewahrt bleiben. So blockieren sich die beiden großen Arbeiterparteien gegenseitig, während die Anhängerschaft der NSDAP sprunghaft anwächst.

Diesen Umstand, die breite Zustimmung, die den Nazis entgegengebracht wird, thematisiert 1931 ein Projekt der Jungen Volksbühne. Anläßlich dieser Inszenierung lernt Grete Steffin den Dichter Bertolt Brecht kennen.

In der Jungen Volksbühne hatte man das Wählerverhalten bei den Reichstagswahlen vom September 1930 analysiert und festgestellt, daß Hitlers Partei mehr als die Hälfte ihrer Stimmen den Mittelschichten verdankt, den infolge des Weltkriegs und der Nachkriegsentwicklung verarmten Gewerbetreibenden, Handwerkern, Angestellten und Kleinbauern.[15] Die Theaterleute nehmen sich vor, den Hoffnungen, die der Mittelstand auf die NSDAP richtet, »Aufklärung entgegenzusetzen«[16]. Sie arbeiten an einer politischen Revue, in der die Ursachen der wirtschaftlichen Verelendung aufgezeigt werden sollen. Zugleich nimmt sich die Junge Volksbühne das Unmögliche vor: den Mittelstand in eine Einheitsfront gegen die Nazis zu bringen.

Die Revue »Wir sind ja sooo zufrieden« setzt sich aus einundzwanzig Spielszenen und Songs zusammen. Zum Autorenkollektiv gehören Günther Weisenborn, Bertolt Brecht, Bernard von Brentano, Ernst Ottwalt und Erich Weinert. Dargestellt wird die Familiengeschichte des Klempnermeisters Freese, »der nach *oben* deklassiert wurde, dann aber von der Wirtschaftskrise gepackt, exmittiert und wieder zu seiner Klasse zurückgebracht wird«[17]. Die Fabel stammt vermutlich von Brecht, der sich nach einer Aussage von Günther Weisenborn an der Erarbeitung des Textes »leidenschaftlich beteiligte«[18], den Kreis der Autoren koordiniert und unter anderem »Das Lied vom SA-Proleten«, »Die Ballade vom § 218« und »Das Solidaritätslied« beisteuert.[19]

In der Revue treten Berufsschauspieler gemeinsam mit Laiendarstellern des Arbeitertheaters auf. Damit setzt die Junge Volksbühne eine Zusammenarbeit fort, die seit 1930 von beiden Seiten gesucht worden war und schon in einigen Inszenierungen erprobt ist.

Unter den Laienspielern ist Herwart Grosse, der neben Grete Steffin und Kurt Bork in den vergangenen Jahren zu den

Solosprechern des Fichte-Sprechchors gehört hatte: *Als Mitwirkender bei dieser Roten Revue, kann ich mich noch erinnern, damals Werner Pledath kennengelernt zu haben, vielleicht auch Gerhart Bienert, bestimmt aber Ernst Busch. Auch die großartige Charaktertänzerin Valeska Gert wirkte mit. Und von unserem Sprechchor der Fichte-Wandersparte war eine kleine Gruppe von zehn oder zwölf Personen dabei. Die Szenen waren zum Teil von Brecht geschrieben, und ich entsinne mich, daß da auch mehrere Spielszenen stattfanden, in denen Helene Weigel mitwirkte und wo auch ich eine kleine Rolle bekam. Ich war da bei Brecht in seiner Dachwohnung auch mal zu 'ner Probe, da hat er dann mit uns privat probiert. Jedenfalls, bei diesen zehn oder zwölf Leuten aus dem Fichte-Sprechchor war Grete Steffin dabei. Und ich erfuhr dann von anderen: Die Grete Steffin hat was mit dem Brecht. Ich hab' das persönlich gar nicht wahrgenommen, weil mich ... also wer mit wem zusammen ins Bett geht, nie interessiert hat.*

Die Rote Revue wurde sehr ambulant gespielt, ich weiß, die Veranstaltungen fanden in verschiedenen Berliner Sälen statt, die für diese Zwecke gemietet wurden, zum Beispiel in den Haberland-Festsälen in der Nähe vom Alexanderplatz, aber auch im Westen, Philharmonie, Beethovensaal ...[20]

Neben den Schauspielern Lotte Lenya, Blandine Ebinger, Helene Weigel, Ernst Busch, Gerhard Bienert und der Tänzerin Valeska Gert treten Laien aus dem Fichte-Sprechchor, dem Uthmann-Chor und der Jungen Truppe auf. Die Kompositionen stammen von Kurt Weill, Friedrich Hollaender, Hanns Eisler, Levy und Josef Schmid. Die Premiere findet am 17. November 1931 vor zwölfhundert Zuschauern im Berliner Bachsaal, Lützowstraße 76 statt.[21]

Infolge der Notverordnungen steht die Aufführung unter Polizeiaufsicht. Nach Ende der Vorstellung habe der Berliner Polizeipräsident der Revue noch eine weitere Szene hinzugefügt, schreibt eine Rezensentin: »Als die Zuschauer den BachSaal verließen, mußten sie, wie sich das leider nicht anders machen ließ, durch den Ausgang über die Straße gehen. Ein Schupokommando, Sturmriemen unterm Kinn, empfing sie mit ›Weitergehn, weitergehn‹ schon an der Tür.«[22]

Die Revue wird insgesamt nur viermal gegeben. Auch die folgenden drei Aufführungen in den Haberland-Festsälen, der Philharmonie und im Beethovensaal stehen unter Polizeiaufsicht.

Der Fichte-Sprechchor. Margarete Steffin (obere Reihe, 4. v. l.), 1928.

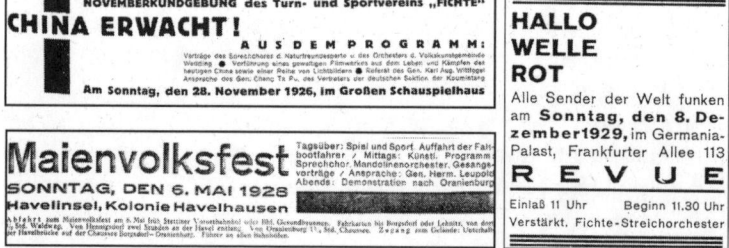

Annoncen zu Sprechchor-Aufführungen aus der Fichte-Zeitschrift »Kampfgenoss« 2/1926, 5/1928 und 11/1929.

Margarete Steffin im Treptower Park, Berlin März/April 1928.

Wochenendwanderung der Fichte-Gruppe, 1928.

Margarete Steffin 1928.

Brecht

Auf den Proben zur Revue »Wir sind ja sooo zufrieden« interessierte sich Grete Steffin eher für Ernst Busch, »den netten blonden Jungen [...], der die Eisler-Lieder so gut vortrug«.[1] Sie kannte ihn seit langem von gemeinsamen Auftritten und Diskussionen im Arbeitertheaterbund her. Auch sah sie in Busch eine Art von Kollegen und empfand ihn als einen der ihren, der ihr sehr viel näherstand als Brecht.

Gertrud Glondajewski berichtet von einer der Proben: *Es war an einem ganz langen Tisch, wir saßen alle drumrum, viele Leute. Und da hat die Gretl den Ernst Busch fertig gemacht, also so furchtbar! So daß ich nachher zu ihr sagte: Du, also das war doch ein bißchen übertrieben. Sie hatte ihm vorgeworfen, er sei arrogant und überheblich und so was von unnahbar. Das stimmte meiner Ansicht nach gar nicht. Ich hatte nicht den Eindruck, daß sie Recht hatte. Er hat mir das nachher auch gesagt. Aber da hat sie vom Leder gezogen: Du hast vergessen, wo du herkommst! Also, sie hat da geschimpft, das ging so über Eck, der Busch saß da oben, wir saßen hier an der rechten Ecke, und viele Leute ringsum.*

Grete Steffin ist verliebt in Ernst Busch, aber der interessiert sich für eine andere. Offenbar empfindet sie Buschs großes Selbstbewußtsein als Arroganz und so verpackt sie ihre Enttäuschung in etwas, das wie eine öffentliche Bestrafung anmutet.

Von Brecht kennt sie außer der »Dreigroschenoper« nur die Kontroversen um das Lehrstück »Die Maßnahme«. Einige ihrer Freunde waren im Dezember 1930 an der Uraufführung des Stückes beteiligt gewesen, und was sie ihr darüber erzählten, deutet auf eine Irritation. Die Arbeit an dieser Inszenierung war ihnen derart befremdlich vorgekommen, dass sie das Stück anschließend parodierten.

Während der Proben zur »Maßnahme« war Brecht, der bis dahin gar keine Kontakte zu Arbeitern unterhielt, zum ersten Mal mit Laienkünstlern aus der Arbeiterbewegung zusammengekommen. Hanns Eisler, von dem die Musik des Stückes stammte, hatte sich wie auch Helene Weigel in den Jahren zuvor bemüht, Brecht mit der Praxis der Arbeiterkultur vertraut zu machen, denn er arbeitete schon länger mit kommunistischen Agitprop-Gruppen zusammen. Besonders in der Jahren bis 1929 sei er eine Art Bote gewesen, »der dem Brecht doch etwas mehr Praktisches von der Arbeiterbewegung mitteilte, was auf ihn, ein sehr empfindsamer Mann – ich sage ›empfindsamer Mann‹: nämlich für Haltungen empfindsam –, einen gewissen Eindruck machte.«[2] Es bedurfte aber noch eines äußeren Anlasses, ehe sich Brecht entschloß, mit Arbeiterkünstlern zusammenzuarbeiten. Erst nachdem der Verein »Neue Musik Berlin« die »Maßnahme« zwar herausbringen, deren Text aber vorher zensieren wollte, hatten Brecht und Eisler entschieden, ihre Aufführungen aus den Abhängigkeiten der »großen, von hundert Bedenken gehemmten Apparate« herauszunehmen und sie von denen aufführen zu lassen, »für die sie bestimmt sind und die allein eine Verwendung dafür haben: von Arbeiterchören, Laienspielgruppen, Schülerchören und Schülerorchestern, also von solchen, die weder für Kunst bezahlen, noch für Kunst bezahlt werden, sondern Kunst machen wollen«[3].

Für diesen Entschluß gab es noch andere Gründe. Zum einen hatte Brecht ab 1930 darauf zu reagieren, daß die Intendanten der Institutionstheater seine Stücke immer häufiger ablehnten und sich den Vorgaben des Republikschutzgesetzes, einem Vorläufer der späteren Notverordnungen, aber auch den Einmischungsversuchen der Nationalsozialisten allmählich unterordneten. Zum anderen wollte er der Beliebigkeit des bürgerlichen Publikums im Umgang mit dem Theater etwas entgegensetzen. Diese an Gleichgültigkeit grenzende Gedankenlosigkeit des Publikums hatte sich bei der »Dreigroschenoper« besonders deutlich gezeigt. Brecht konnte sich zwar über den kommerziellen Erfolg des Stückes freuen, nicht aber über seine begeisternde Wirkung. Das Paradoxe an diesem Enthusiasmus war niemandem verborgen geblieben, der etwas genauer hinsah. Gershom Scholem beispielsweise, der Freund Walter Benjamins, konnte über die Jubelstürme der Theatergänger nur den Kopf schütteln: »Um mich, wie es hier wohl angemessen ist, berlinisch auszudrücken: ich staunte Bauklötzer, als ich sah, daß hier ein Publikum von Bürgern, die jeden Sinn für ihre eigene Situation verloren hatten, einem Stück zujubelten, in dem sie bis aufs letzte verhöhnt und angespuckt wurden.«[4]

Mit dieser Bewunderung der gedankenlosen Art konnte auch Brecht nicht zufrieden sein. Er sah in ihr den gewöhnlichen Umgang des Bürgertums mit dem Theater, das ganz und gar folgenlose Amüsement auf Grund einiger Nervenaufreizungen und Provokationen, das ihn seit langem herausforderte. Auf der Suche nach Möglichkeiten, das herkömmliche Theater zu reformieren, hatten er und seine Mitarbeiter Elisabeth Hauptmann, Emil Burri, Slatan Dudow und Hanns Eisler ein neues Dramengenre entwickelt, das Lehrstück/Lernspiel. Als nun die Proben zur »Maßnahme« begannen, mußte Hanns Eisler zunächst zur Kenntnis nehmen, daß die Zusammenarbeit mit Arbeiterkünstlern an handwerkliche Grenzen stieß. Eisler hatte sich an das Fichte-Orchester gewandt, aber die Laienmusiker waren von seiner Komposition überfordert.

Herbert Dymke: *Er lud uns zu einer Probe ein, und wir merkten selbst, daß wir qualitativ nicht stark genug waren. Danach setzte er noch eine weitere Probe an, aber da haben wir gar nicht erst ausgepackt. Er hat sich dann Berufsmusiker geholt.*

Eislers musikalische Höhe vermochten die Laienmusiker nicht zu erreichen. Dagegen war der Fichte-Gesangschor an der Uraufführung der »Maßnahme« am 13. Dezember 1930 beteiligt. Die Sänger konnten sich zwar für die Lieder des Stückes begeistern, fanden das Werk insgesamt aber derart befremdlich, daß sie es anschließend parodierten.

»Alle amüsierten sich ungeheuer«, notierte Grete Steffin, die das Gaudi auf einer Silvesterfeier bei Freunden 1930/31 erlebte. Sie selbst hatte das Stück nicht gesehen. Wie gewöhnlich war sie in ihre eigenen Vorhaben verwickelt und hatte »wirklich keine Zeit«[5], denn ihre Auftritte mit dem Piscator-Kollektiv, der Agitprop-Gruppe und als Rezitatorin erfolgten neben ihrer Berufstätigkeit. Aber sie überlieferte den Kommentar ihrer Freunde: »Schade, daß Brecht durchaus nichts von der KPD wissen will. In seiner Unkenntnis der Arbeiterschaft sind die Unklarheiten seiner ›Maßnahme‹ begründet. So kann er nie wirklich für uns etwas schaffen. Wenn er den Eisler nicht dabei gehabt hätte, wäre er von vornherein erledigt gewesen.«[6] Das Urteil ihrer Freunde klingt wie die erste Kritik der KPD-Zeitung »Rote Fahne«, die Eislers musikalische Gestaltung als »vollen Erfolg« begrüßte, Brechts Text aber als »unmarxistisch«[7] ablehnte.

Brecht dagegen bemühte sich auf seine Weise, mit kommunistischen Organisationen zusammenzuarbeiten. Er glaubte, in der marxistischen Dialektik eine gemeinsame Basis gefunden zu haben, zumal er keine andere Alternative sah: »Wenn es für meine Klasse (die bürgerliche) noch irgendeine Möglichkeit gegeben hätte, die auftauchenden Fragen gründlich zu lösen – ich bin überzeugt, daß ich dann nur wenig Gedanken an das Proletariat verloren hätte. Zu meiner Zeit konnte sie die Fragen nicht einmal mehr gründlich stellen.

Das Mitleid hat mich nicht geführt. Ich hatte kein Mitleid mit dem Proletariat, ich hatte auch keines für das Bürgertum.

Die Dialektik bietet die Möglichkeit, ohne Aufgabe der Parteilichkeit die beiden Parteien völlig zu Wort kommen zu lassen.

Wie soll man ohne sie kämpfen können?«[8]

Brechts scheinbar kühler und sachlicher Ansatz unterscheidet sich erheblich von dem der Arbeiterkünstler. Die Differenz war während der Kontroversen um die »Maßnahme« deutlich geworden, und so ist es nicht verwunderlich, daß Gretes Steffins Freunde mit dem Stück wenig anzufangen wissen. Ihre Irritation erklärt sich aus dem Zusammenstoß der herkömmlichen Ästhetik mit Brechts Neuerungen. Sein Dramentypus Lehrstück/Lernspiel steht den Intentionen der ihnen vertrauten Sprechchöre diametral entgegen: Setzte der Sprechchor auf das expressive Pathos und die Wucht des kollektiven Vortrags als an die Zuschauer gerichtete Agitation, so geht es Brecht in der »Maßnahme« um den analytischen Diskurs anhand modellhafter Konflikte, um Selbstverständigung und Verhaltenstraining vor allem der Spieler. Hier wird ein Bericht befragt und sachlich untersucht, um möglichst zu neuen Erkenntnissen zu kommen, statt eine Handlung gestaltet, um Idealbildung zu erreichen.

Grete Steffin registriert schon auf ihrer Silvesterfeier die grundverschiedenen Wirkungen, die beide Theaterformen erzielten: »Aber daß man in der Art mit der ›Maßnahme‹ sich beschäftigte, war ein Zeichen, daß sie überall ein ganz seltenes Interesse fand. Unsere Riesenveranstaltungen im Großen Schauspielhaus usw. hatten nie die Gemüter in der Art bewegt.«[9]

Ein dreiviertel Jahr nach dem Amüsement, das die Parodie der »Maßnahme« Grete Steffin und ihren Freunden bereitet hatte, sieht sie den Dichter zum erstenmal. Im Oktober 1931 ist sie in die Wohnung von Helene Weigel geladen, wo eine Probe zur Revue »Wir sind ja sooo zufrieden« stattfindet. Steffin erscheint früher als alle anderen, denn Ernst Ottwalt soll ihr noch einen

Text schreiben. Eigentlich aber freut sie sich auf Ernst Busch: »Bei jedem Klingeln dachte ich: Das wird der Busch sein. Aber das Luder kam mal wieder nicht. Als wir mitten in der Probe waren, kam jemand herein, der einen schäbigen Anzug trug, die Haare, die er, was sofort auffiel, ganz kurz verschnitten trug, hatten es nötig, mal wieder geschnitten zu werden. Er nahm nicht mal die Mütze ab, sondern berührte sie nur leicht, und alle sagten strahlend: Guten Tag, Brecht. So, dachte ich, das ist also Brecht? Na, dem scheint es ja nicht gut zu gehen, hat wohl nichts mehr übrig von seiner 3 Groschen Oper. Er sah sehr müde und abgespannt aus und war es anscheinend auch, denn obwohl die Probe für ihn angesetzt war, sagte er kaum ab und zu leise etwas, unterhielt sich nur mit irgend jemandem. Er schien mir sehr schüchtern und bescheiden, jemand anders würde man unhöflich genannt haben, der sich so benahm, aber bei ihm wirkte es nur als Unsicherheit.

Als er dann mitten in der Probe davonlief, fiel es mir eigentlich kaum [auf].«[10]

Grete Steffin scheint wenig beeindruckt. Was für ein Unterschied zwischen dem frischen, lauten und offenen Ernst Busch und diesem scheuen, schüchternen Mann, der Unsicherheit ausstrahlt und außerdem noch müde ist.

Brecht dagegen ist auf den Proben und während der Aufführungen von ihrer schauspielerischen Begabung angetan, von ihrer präzisen, aber auch leidenschaftlichen Spielweise. Vermutlich schlägt ihr Schauspieltalent den Funken, der ihn entflammt. Ihrer Auffassung von Schauspielerei liegt eine nüchtern-bissige Sicht auf die Wirklichkeit zugrunde, gespeist aus den Alltagserfahrungen gewöhnlicher Leute und durchsetzt mit einem bis ins Sarkastische reichenden Humor. Diese Mischung aus Talent, skeptischer Bodenständigkeit, sozialer Empfindsamkeit, politischem Engagement und energiegeladener Vitalität muß ihn über alles Erotische hinaus interessiert und ihm eine Spannung verheißen haben, die eine gemeinsame Arbeit wünschenswert machte. Er bietet ihr eine kleine Rolle in seiner nächsten Produktion an, der Uraufführung seines Schauspiels »Die Mutter«. Die Proben beginnen im Dezember 1931, unmittelbar nach den letzten Vorstellungen der Revue.

Grete Steffin wird das Angebot gern angenommen haben, denn die stücktragende Rolle der Pelagea Wlassowa ist ihr die liebste unter allen Theaterfiguren Brechts, wie sie später einmal bekennt.[11] Womöglich erkennt sie in der Figur Züge ihrer Mutter. Zudem bündelt die Fabel viele ihrer Lebenserfahrungen, sie kennt manche der Situationen, die den Szenen zugrunde liegen, aus eigenem Erleben. Die Probenatmosphäre ist ihr nicht fremd, einige der beteiligten Schauspieler kennt sie von den gemeinsamen Auftritten in der Revue, so Helene Weigel, die die Hauptrolle spielt, Ernst Busch und Gerhard Bienert.

Die »Gruppe junger Schauspieler«, die diese Produktion übernimmt, besteht aus Berufs- und Laienschauspielern. Veranstalter der Uraufführung ist wiederum die Junge Volksbühne, und die Premiere findet am 17. Januar 1932 im Komödienhaus Berlin statt, nachdem es einige Voraufführungen im Wallnertheater gegeben hatte.

Grete Steffin muß ihre kleine Rolle beeindruckend gespielt haben. Noch im Jahr 1951 wird Elisabeth Hauptmann vorschlagen, für einen Band über Brechts Theaterarbeit »etwas über das Dienstmädchen der Grete Steffin zu schreiben, eine der unvergeßlichen Erinnerungen an die Berliner Aufführung«.[12]

Bei einer dieser Vorstellungen gerät auch die »Gruppe junger Schauspieler« in die Fänge der Notverordnungen. Diesmal schickt man einen Baupolizisten als Co-Regisseur, wie Helene Weigel überliefert: »Das Stück direkt zu verbieten, mißlang beim ersten Versuch. Da versuchten es die Behörden im Februar 1932 auf andere Weise, als wir die ›Mutter‹ im Gesellschaftshaus Moabit vor Arbeitern spielen wollten. Eine polizeiliche Genehmigung lag vor. Aber in einem Schreiben der Theaterabteilung der Baupolizei, das wir erst kurz vorher erhielten, wurde die Aufführung untersagt, weil die Sache in dem Saal ›zu feuergefährlich‹ sei. Wir begannen trotzdem, und nun wurde die Aufführung ständig unterbrochen. Das ging in Phasen vor sich und war sehr lustig. Wenn also die Aufführung aus feuerpolizeilichen Gründen nicht gespielt werden darf, meinten wir, dann werden wir den Text nur sprechen. Dabei haben wir ihnen nun wieder zuviel Gesten gemacht. Dann sagten sie, Gänge auf der Bühne zu machen, das geht auch nicht. Und schließlich hatten sie auch etwas gegen die Kostüme. So haben wir uns vor den Vorhang gesetzt und das Stück ›gelesen‹. Das schien ihnen dann übrigens auch noch feuergefährlich. Es war eine unbeschreiblich komische und ständig unterbrochene Aufführung, weil die Feuerpolizei von uns immer etwas Neues verlangte.« Die Vorstellung ist zu Ende geführt worden »und war eine unserer erfolgreichsten Aufführungen, weil die Leute herrlich fanden, daß wir uns nicht kleinkriegen ließen und weitermachten unter immer schwierigeren Bedingungen.«[13]

Während der Aufführungen befreundet sich Grete Steffin auch mit Hanns Eisler und Helene Weigel. Die Staatsschauspielerin Helene Weigel macht »nie große Unterschiede [...] zwischen Berufsschauspielern und Laien«, findet Grete Steffin als Dienstmädchen in der »Mutter«»sehr gut«[14] und akzeptiert sie sofort als Kollegin, was nicht eben selbstverständlich ist. Helene Weigels heitere Klugheit und ihre lebenspraktische Art imponieren Grete Steffin nicht weniger als ihre Schauspielkunst. Weigel und Brecht nehmen sie nun mit auf ihre Wege, und so gelangt sie an Orte, an denen sie sonst nie verkehrt, etwa in die Galerie Tiedemann Unter den Linden.

Dort lernt Steffie Spira sie kennen: *Tiedemann hatte eine wunderbare Buchhandlung und einen Tisch in einem Nebenraum, in dem er Lesungen veranstaltete. Ich erinnere mich, daß Curt Bois mit seiner Schwester auf dem Tisch auftrat, die sangen und tanzten da. Gerda Müller trat oft auf, die ja damals en vogue war. Meine Schwester Camilla und ich, wir lasen Bronnen und Zuckmayer, die beide nicht gut lesen konnten. Und einmal sang dort auch Brecht zur Klampfe, und die Helli hat etwas vorgetragen, wenn ich nicht sehr irre, waren es die »Proletarischen Wiegenlieder«.[15] Da haben sie mir die Grete vorgestellt. Sie erschien mir sehr nett und angenehm, auch im Aussehen.*

Anfang 1932 bricht ihre Lungentuberkulose wieder mit Hustenanfällen hervor. Die winterliche Zugluft auf den Bühnen während der »Mutter«-Aufführungen hat sie reaktiviert. Auch die feuchte Parterrewohnung in der Lasdehner Straße 5, wo Grete Steffin bei ihren Eltern lebt, ist ihrer Gesundheit nicht gerade zuträglich. Brecht ist besorgt. Er tut das Naheliegende und bietet ihr an, in sein Atelier in der Hardenbergstraße zu ziehen, eine Arbeitswohnung, die er allein nutzt, während Helene Weigel mit den Kindern Stefan und Barbara in Wilmersdorf lebt. So zieht Grete Steffin für die ersten Monate des Jahres 1932 in Brechts Atelier.[16] Zwischen ihr und Brecht entwickelt sich eine Liebesverbindung, die Brecht mit einer von Vorsicht bestimmten Distanziertheit und Grete Steffin mit der ihr eigenen Skepsis beginnt. Im ersten dreiviertel Jahr ihrer Liaison werden sie noch beim förmlichen *Sie* bleiben, obwohl sie längst ein Liebespaar sind.

Mit ihrem Einzug in Brechts Wohnung gerät Grete Steffin in die ihr fremde Arbeitswelt eines freien Schriftstellers, der seinen Alltag anders zu gewichten hat als sie, die neben regelmäßiger Berufstätigkeit ihrer Freizeitpassion Theater nachgeht.

Bei Brecht gibt es keine Trennung zwischen Erwerbsarbeit und Freizeit, nicht einmal bei geselligen Zusammenkünften, wie Lou Eisler, die Frau des Komponisten Hanns Eisler, berichtete: *Jedes Zusammentreffen, jedes, auch jedes gesellschaftliche, bedeutete irgendwo Arbeit. Mit wem immer es war. Ich mein', das war nicht langweilig, es war auch sehr lustig. Aber was immer man sprach, es ging um Arbeit oder Politik oder solche Dinge.*

Bei diesen Treffen lernt Grete Steffin neue Begriffe, unbekannte Perspektiven und politische Akzentuierungen kennen. Zwar ist sie mit der kollektiven Arbeitsweise aus den vergangenen sieben Jahren im Arbeitertheater vertraut, aber sie weiß immer noch nicht genau, was sie eigentlich von Brecht halten soll. Die Zweifel und Vorurteile, ob er nicht eigentlich »ausfiel, wenn wir die Welt ändern würden«[17], sind noch nicht beseitigt. Ihre kommunistische Weltsicht zieht scharfe Grenzen und räumt gerade dieser politischen Frage oberste Priorität ein. Brechts Auffassungen und Ziele sind nicht identisch mit denen jener Organisationen, denen sie sich zugehörig fühlt: dem Arbeitertheaterbund und der Kommunistischen Partei.

Richard Müller: *Ich hab' sie ein paarmal besucht in der Hardenbergstraße, in den Arbeitsräumen, als sie dann bei Brecht wohnte. Einmal sah ich dort auch Dudow, den Regisseur von »Kuhle Wampe«. Ich erinnere mich, daß sie mir im Arbeitszimmer von Brecht Stapel von Büchern der Klassiker zeigte, ich sah da Lenin-Bände und Marx, und da sagte Gretl zu mir: »Ja, der gute Brecht, der merkt, wenn er Stücke schreiben will in unserem Sinne, dann muß er auch unsere Klassiker kennen.«*

»Der gute Brecht.« Grete Steffin nimmt Übereinstimmendes wahr, macht aber immer noch einen Unterschied zwischen *er* und *wir*. Vieles an Brecht muß ihr vollkommen fremd gewesen sein, nicht nur in der Theaterarbeit, die sie zusammenführte. Es wird noch einige Zeit dauern, bis das Rummelsburger Kellerkind und der Augsburger Direktorensohn die Bedingungen ausgehandelt haben, unter denen sie gemeinsam arbeiten und leben wollen. Brechts bürgerliche Herkunft, verbunden mit Wohlstand und Bildung, hatte ihm Kontakte zu anderen Kreisen und einen vertrauteren Umgang mit ihnen ermöglicht. Das höhere kulturelle Niveau hatte andere Ansprüche, Gewohnheiten und Verhaltensweisen ausgeprägt, die nicht die ihren sind. Aber sie hat in Brecht jemanden gefunden, der ihren Wunsch nach Theaterarbeit, ihr Literaturinteresse und ihren seit langem bestehenden Drang, öffentlich tätig zu sein, für sich längst verwirklicht hatte.

Sie arbeitet seit Jahren daran, Schauspielerin zu werden, ein Vorhaben, das sie nun mit ihm realisieren kann. Wie jedem anderen Eleven kann ihr gar nichts Besseres geschehen, als bei einem Meister zu lernen. Daß der mittlerweile berühmte Dichter eine offene, andere Menschen integrierende Arbeitsweise bevorzugt und nun auch sie in seine Arbeit einbezieht, empfindet sie als ein merkwürdiges Glück, ein wenig märchenhaft und unwahrscheinlich. Grete Steffin begegnet Brecht mit großer Zurückhaltung und einiger Skepsis, sie kann die vielen Unterschiede zwischen ihnen nicht übersehen.

Beide gehen davon aus, daß Steffin Schauspielerin werden soll. Gleichzeitig ist er an ihrer Meinung über seine Texte interessiert, denn Theaterarbeit kennt keine starren Grenzen zwischen den beteiligten Berufsgruppen. Eine erste, winzige Spur ihrer Mitarbeit stammt aus dieser frühen Zeit, dem ersten Halbjahr 1932. Es ist eine Korrektur von ihrer Hand auf einem Typoskript der »Maßnahme«, das für eine russische Übersetzung zu überarbeiten ist.[18]

Die Zusammenarbeit, die sich da allmählich anbahnt, wird jäh unterbrochen. Grete Steffins Lungentuberkulose verschlimmert sich im März 1932, sie leidet unter Fieberschüben. Brecht veranlaßt, daß ihre Behandlung nicht länger in den großen Krankensälen der Kassenheilstätten erfolgt, sondern in der Hermannsdorferschen Spezialklinik der Charité. Hier wird sie untersucht, und die Ärzte stellen fest, daß eine Operation sinnvoll wäre. Brecht will ihr die gründlichste Behandlung mit der bestmöglichen Aussicht auf Heilung zukommen lassen. So engagiert er zunächst den erfahrensten Chirurgen, den es damals in Berlin gibt, den berühmten Professor Ferdinand Sauerbruch. Nachdem Virologen und Pulmologen bisher kein wirksames Therapeutikum gefunden haben, versucht Sauerbruch nun eine Heilung mit chirurgischen Mitteln.

Hilde Lützenhoff: *Es war eine schwere Operation. Ein Lungenflügel sollte stillgelegt werden, und der gesunde Teil sollte die Arbeit übernehmen, damit der kranke in der Zwischenzeit ausheilen kann.*

Sauerbruch will verhindern, daß sich die Krankheit weiter ausbreitet. Er füllt den rechten, befallenen Lungenflügel wegen der besseren Heilungsaussichten zusätzlich mit Stickstoff. Diese Füllungen müssen in der kommenden Zeit regelmäßig ambulant erneuert werden.

Die Operation verläuft gut. Grete Steffin liegt für zwei Monate in der Charité und wird dort von ihren Eltern, den Freunden und der Schwester besucht.

Auch Brecht besucht sie, dem sie unendlich dankbar sein muß, denn er stellt sich dem größten Problem ihres Lebens, der Krankheit, anders als sie selbst. Grete Steffin war mit ihrer Tuberkulose zuletzt verzagt und hilflos umgegangen, nachdem ihr klar geworden war, daß auch die Ärzte keinen Rat wußten. So verständlich ihr Schweigen und Verdrängen angesichts der unheilbaren Krankheit auch war, sie wird geahnt haben, daß dies nicht der richtige Umgang sein konnte. Mit ihrem Schweigen ist sie bisher allein geblieben. Jetzt hat sie jemanden an ihrer Seite, der beginnt, die Krankheit aktiv zu bekämpfen und auch über die finanziellen Mittel verfügt, ihr zu helfen. Ob Sauerbruch sein Ziel erreichen wird, bleibt abzuwarten. Immerhin kann sie sicher sein, daß alles für diesen Versuch spricht und der berühmte Chirurg verantwortungsvoll handelt.

Unterdessen hatte Brechts Angebot, Grete Steffin bei sich aufzunehmen, Helene Weigels Mißtrauen erregt. Zu ungewöhnlich ist diese Einladung. Brecht hatte niemals zuvor einer seiner Geliebten angeboten, in seine als Arbeitsstätte eingerichtete Wohnung zu ziehen, die nicht der Ort für ein wie auch immer geartetes Privatleben sein konnte. Einen derart manifesten Treuebruch will Helene Weigel nicht hinnehmen, sie ist »entschlossen, Brecht zu verlassen.«[19]

Wie schon oft zuvor kollidieren Brechts Gewohnheit, in Simultanverbindungen zu leben und sein Verständnis von Treue und Liebe mit den Auffassungen seiner Frauen. Treue bedeutet ihm gegenseitige Verläßlichkeit und Hilfsbereitschaft im Alltag und in der gemeinsamen Arbeit, nicht aber sexuelle Treue. Von dieser hält er gar nichts: »Was die Treue betrifft, z. B., so glaube gerade ich nicht, daß der Betreute dabei eine andere Funktion haben könnte, als Platz für Treue zu gewähren, so wie die Hündin dem Hund Gelegenheit zur Liebe gewährt.«[20] Er unterstellt dem, der da treu ist – in seiner Diktion: einen anderen *betreut* –, ein rein selbstbezogenes Verhalten: Der treue

Mensch ist einzig darum treu, weil er nur so den Peinigungen eines schlechten Gewissens entgehen kann; nur indem er treu ist, kann er sich in den Sicherheiten des guten Gewissens wiegen. Ein gutes Gewissen nach diesem Muster aber wäre von nichts anderem als den jeweils aktuellen Normen der Moral bestimmt, von gesellschaftlichen Konstruktionen also, die von den eigentlichen Impulsen sexueller Begegnungen weit entfernt sind.

Brecht sieht in der Sexualität eine naive Form der Begegnung von Menschen. Nach seiner Auffassung sollten solche Umarmungen möglichst unbelastet bleiben von Ansprüchen und Erwartungen, die über ihre ursprünglichen Impulse hinausgehen. Er will das Tier mit den zwei Rücken in seiner Kreatürlichkeit belassen und es nicht in ein Gehege zwingen. Es soll seiner eigenen Wege gehen, die ihm nicht mit moralisierenden Ge- und Verboten zu verstellen sind. Schon in einer frühen Äußerung wundert er sich über die Ungenauigkeit der allgemeinen Auffassung, Sexualität und Liebe in eins zu setzen: »Es ist in gewissem Sinne merkwürdig, was alle Welt veranlaßt, gewisse physiologische Hitzen in ihren Gedärmen mit einem weiten und schwammigen Begriff ›Liebe‹ zu vermengen, der z. B. ohne eine gewisse Vortrefflichkeit der weiblichen oder männlichen Partner nicht existieren könnte.«[21] Nach seinem Verständnis stehen Liebe und Treue immer im Verhältnis zu anderen, komplexeren Erscheinungen des Lebens, weshalb sie ohne die »Vortrefflichkeiten« der Beteiligten gar nicht denkbar sind. All das sind Alltagsbeobachtungen, allgemeine Beschreibungen menschlicher Konditionen. Für sich selbst hat er inzwischen sehr genau bestimmt, wie die Vortrefflichkeiten seiner Geliebten beschaffen sein sollten. Es sind vor allem diejenigen ihrer Fähigkeiten, Talente und Pläne, die mit den seinen verbunden werden können und die sie in seine Unternehmungen einbringen sollten, in die literarische Produktion und die Entwicklung einer neuen Theaterästhetik.

Indessen konnte keine der Frauen seine polygame Lebensweise vorbehaltlos akzeptieren und in der gemeinsamen Arbeit jenen Fixpunkt ihrer Liebe erkennen, in dem all ihre Gefühle, Wünsche, Ansprüche und Sehnsüchte aufgingen. Auch ließen sich die mit der Treue verbundenen Bedürfnisse der Frauen nach mentaler Sicherheit nicht unterdrücken. In aller Regel empfanden die Frauen seine promiskuitive Lebensweise als

Aufhebung ihres Anspruchs auf Exklusivität, denn im allgemeinen Verständnis ist Treue die Voraussetzung für das, was Liebe ermöglichen soll, das Entstehen einer neuen, gemeinsamen Identität. Eben diese neu zu erschaffende Identität macht eine Liebe zu etwas Besonderem, weil sie die engen Grenzen des eigenen Ichs überschreitet. Brecht will diese Grenzen nicht nur im privaten Zirkel geschlossener Zweierverbindungen überschreiten, sein Verständnis von Liebe ist deutlich nach außen gerichtet, in die Welt. Er überträgt es auf gemeinsame Interessen, die Arbeit, die Vorhaben und Pläne, das politische Theater, auf das, was er die »dritte Sache« nennt.

Helene Weigel hatte in den vergangenen acht Jahren ihrer Zeit mit Brecht über manche seiner Affären hinwegsehen können. Weigels Biografin Sabine Kebir führt dies auf deren libertäre Grundeinstellung zurück und darauf, »daß die Weigel von vornherein das notorisch polygame Wesen Brechts als wahrscheinlich unabänderlich verstanden und angenommen hatte.«[22] Kebir resümiert: »Die offene Beziehung, die Brecht von der Weigel forderte, war weder einfach, noch schmerzfrei. Mehrere Male wollte sie das Experiment abbrechen.«[23]

Im Frühjahr 1932 ist es zum ersten Mal soweit. Vermutlich hatte Helene Weigel bislang davon ausgehen können, daß das, was Brecht mit ihr verband, stärker und auf Dauer haltbarer war als alle anderen Affären. Denn die »souveräne Kraft«, von der ihre Biografin spricht, resultiert zum guten Teil aus einer absoluten Gewißheit, die sie mit Brecht teilt: Es ist das tiefe Verständnis einer künstlerischen Übereinstimmung, verbunden mit der Sicherheit, diese Übereinstimmung im entscheidenden Moment, auf der Bühne, auch realisieren zu können. Diese Gewißheit wird zusätzlich noch von einer verschwörerischen Kraft stabilisiert, dem Eigensinn der Außenseiter, denn das Theater, das sie entwickeln, steht ebenso quer zum herkömmlichen Theater wie zum kulturellen Konsens und dem politischen System.

Bisher stehen Brecht und Weigel auf einer haltbaren, gemeinsamen Basis, jetzt aber will sie ihn verlassen. Vielleicht ahnt sie, daß Grete Steffin etwas in ihm anrührt, das sie ihm nicht geben kann.

Brecht antwortet mit einem Brief auf ihr Trennungsverlangen: »Liebe Helli, wir sollten nicht ohne jeden Sinn eine nicht nötige Kluft unnötig verbreitern. Wie ich Dir sagte und wie ich es auch meinte, war die Unterbringung der Grete Steffin eine rein praktische Frage. Es handelte sich keinen Augenblick darum, sie in der Nähe zu haben, sondern sie unterzubringen. Viel lieber wäre es mir gewesen und viel praktischer wäre es gewesen, wenn Du sie wo untergebracht hättest – zunächst war ja ihre Krankheit nicht ansteckend. Aber auch jetzt noch würde ich Dir vorschlagen, mir ihre Unterbringung in der Hardenbergstraße nicht vorzuwerfen, sondern dabei zu helfen, wenn es nötig werden sollte, sie wieder wo unterzubringen. Sie liegt in der Charité und soll dann nach Rußland, in die Krim. In die Hardenbergstraße kann sie nicht zurück, weil es ungesund für sie und gefährlich für mich wäre, aber wie Du weißt, möchte ich ihr gern helfen (es dürfte nur eben nicht zu viel kosten). Und vielleicht muß sie zwischen Charité und Krim noch einmal wo wohnen. Wo?«[24]

Brecht will Helene Weigel zurückgewinnen, ohne Grete Steffin aufzugeben. Sein Brief endet mit der Versicherung, »... ich habe Dich gern und nicht weniger als je.«[25] Brecht versucht nun, die Verbindung mit seiner Frau zumindest auf der Arbeitsebene nicht abreißen zu lassen. Er schickt ihr neue Gedichte für ihre Rezitationen. Vergebens, er kann Helene Weigel nicht umstimmen.

Seiner Aufforderung, Grete Steffin mit einer Unterkunft zu helfen, kommt sie allerdings nach, derlei ist ihr selbstverständlich. Nachdem Steffin aus der Charité entlassen ist, übergibt sie ihr ihre eigene Wohnung in der Babelsberger Straße 52 und zieht am 1. April 1932 in eine andere Wohnung, nach Zehlendorf, Am Hegewinkel 118.[26] Kurz darauf findet sie in unmittelbarer Nähe ihrer neuen Unterkunft auch für Grete Steffin eine bessere Wohnung, und so zieht Steffin nun ebenfalls nach Zehlendorf, Am Hegewinkel 115. Jetzt wohnen die beiden Frauen Tür an Tür und halten engen Kontakt. Hin und wieder kocht Helene Weigel für Grete Steffin, die nach der Operation auf kräftigende Speisen angewiesen ist. Sie kann ihre Konkurrentin nun täglich aus nächster Nähe betrachten.

Richard Müller, der Grete Steffin in Zehlendorf besucht, erinnert sich an bestes Einvernehmen zwischen den beiden: *Es war in Onkel Toms Hütte, in einer Künstlerkolonie am Grunewald. Wir saßen abends zusammen, und da erzählte die Weigel, daß sie Ärger gekriegt hätte im Theater, ich weiß jetzt nicht mehr mit welchem Theater. Sie hatte die gewerkschaftlichen Forderungen der*

Schauspieler vertreten und war da wohl gefeuert worden von einem Intendanten. Sie erzählte auch, daß sie mit einer Gruppe von Schauspielern bei Hofagitationen mitwirkte. Wie weit Gretl daran beteiligt war, kann ich nicht sagen. Jedenfalls ist mir in Erinnerung geblieben, daß zwischen Gretl und der Weigel und auch der Bediensteten, die sie da hatte, ein sehr nettes, intimes Verhältnis bestand.[27]

Wie hoch der Anteil schauspielerischer Camouflage an diesem harmonischen Verhältnis ist, wird nicht mehr herauszufinden sein. Fest steht allerdings, daß Grete Steffin und Helene Weigel einige gemeinsame Interessen haben, die über Brecht hinausgehen. Im Frühjahr 1932, als absehbar ist, daß große politische Veränderungen bevorstehen, zieht Helene Weigel, wie Grete Steffin in den vergangenen Jahren, mit einer Agitprop-Gruppe durch Berlin, um Propaganda gegen die Nazis zu machen. Wie Grete Steffin tritt sie als Rezitatorin in Matineen und auf Versammlungen der KPD und der ihr nahestehenden Organisationen auf. Einmal wird sie nach einer solchen Veranstaltung verhaftet und inhaftiert, eine Erfahrung, die Grete Steffin noch bevorsteht.

Zunächst fährt Steffin am 13. Mai 1932 zur Erholung in ein Sanatorium auf die Halbinsel Krim.[28] Die Reise geht über Moskau und ist offenbar von einem Parteibüro der KPD organisiert worden.

Ihre Schwester Herta und einige Freunde bringen sie zum Zug: *Wir verabschiedeten sie am Schlesischen Bahnhof, glaub ich, und Helli kam auch noch zum Zug und brachte ihr ein Körbchen mit einem gebratenen Hühnchen. Ja – an so etwas erinnert man sich eben.*

Margarete Steffin 1932.

Uraufführung von Brechts »Die Mutter« im Berliner Komödienhaus am Schiffbauerdamm, Regie Emil Burri, 1932. Margarete Steffin (1. v. r.) in der Rolle des Dienstmädchens.

Margarete Steffin (4. v. l.)

Tanz der Konjunktive

In Moskau verbringt Grete Steffin eine Woche mit Brecht und Slatan Dudow, die da ihren Film »Kuhle Wampe« vorstellen. Sie lernt Brechts Freunde kennen, den russischen Schriftsteller Sergej Tretjakow, die lettische Regisseurin Asja Lacis und deren Mann, den Dramaturgen Bernhard Reich, mit denen Brecht schon in Deutschland zusammengearbeitet hatte. Dann fährt sie weiter auf die Krim, ins Sanatorium »Krassnaja snamja« am Schwarzen Meer. Mit dieser Reise erfüllt sich für sie ein Traum, den viele deutsche Kommunisten träumen. Jetzt lernt sie das Land, in dem eine andere Gesellschaft aufgebaut wird, mit eigenen Augen kennen. Aus deutschen Zeitungen kennt sie Berichte über Zwangsmaßnahmen gegenüber einem Teil der Bauern bei der Kollektivierung der Landwirtschaft. Berichte über erste fragwürdige Justizprozesse, sieht sie als Teil einer ausgedehnten Propagandaschlacht gegen die Sowjetunion und will sich lieber ein eigenes Bild aus nächster Nähe machen. Schon bald bedauert sie, daß der halbe Tag im Sanatorium mit Behandlungen und einer langen Mittagsruhe verloren geht.[1] So muß sie die andere Hälfte des Tages nutzen. um sich umzusehen. Brecht bekommt lange Zeit keine Post von ihr, denn: »Am Abend hat man kein Licht. Wir haben nur in jedem Zimmer so ein *ewiges Lämpchen*, zwar elektrisch, aber doch ewig, und darum so dunkel, so schwächlich, daß man gerade knappe Umrisse im Zimmer erkennen kann.«[2]

Bei vielen russischen Patienten trifft sie auf den anhaltenden Enthusiasmus der ersten Aufbaujahre: »Ich habe öfter mit einem Genossen gesprochen, der aus dem entferntesten Rußland ist. Er ist 14 Tage bis hierher gefahren (im Personenzug) und sagte mir gestern, er ginge schon in wenigen Tagen fort. Warum? Er könnte zwar noch 14 Tage länger bleiben, aber er muß wieder an die Arbeit, weil die Genossen in seinem Kolchos jeden Mann brauchen, um mitzuhelfen, daß der Fünfjahresplan durchkommt. Dies ist ein Mann, der erst mit 18 Jahren lesen und schreiben lernte, der auch heute noch sagt, daß er kaum theoretische Schulung hat, der aber so fest an Rußlands Zukunft glaubt, daß er wirklich ungeheure Opfer bringt. Dies Beispiel ist nicht vereinzelt. Ich glaube auch nicht, daß die Genossen anders sprechen als sie denken, denn oft hört man, wenn sie sich untereinander über die Schwierigkeiten in den verschiedenen Gegenden des Landes aussprechen.«[3]

Sie kann nun das Russisch anwenden, das ihr der Emigrant Sascha Röder vor Jahren in Berlin beigebracht hat, läuft mit Wörterbüchern unterm Arm herum und besucht Betriebe in der Umgebung: Wie steht es nun um den Entwurf vom neuen Menschen, der seine wirtschaftlichen Privatinteressen zugunsten der Gemeinwirtschaft aufgibt? Wo bleiben seine uralten Reflexe der persönlichen Vorteilsnahme? Wie ist die neue Gesellschaft organisiert? Danach forscht sie mit geradezu soziologischer Neugier. Ihre Briefe an Brecht enthalten keine Reiseimpressionen im herkömmlichen Sinne: »Gestern vormittag bin ich zum zweiten Male mit zwei anderen Genossen, einem Russen und einem Deutschen, in das Tabakkollektiv gegangen. Wir wollten nochmals mit einem Genossen sprechen, der über die Lage sehr geklagt hatte. Er war der Führer einer Stoßbrigade (dieser Kolchos ist in 3 Stoßbrigaden eingeteilt). Wir fanden ihn in einer heftigen Diskussion mit dem Dorfsowjet. Jeder Brigade wurden durch den Dorfsowjet 2 Kühe gekauft (neben anderen Dingen, Traktor usw.), und diese Brigade hatte die eine Kuh geschlachtet, die andere weiterverkauft, wollte nun mehr unterstützt werden als die anderen Brigaden, weil sie ›wirtschaftlich schlechter stünde‹. Es kann Zufall sein, daß gerade die Brigade, die ihren Plan nicht erfüllt hat [...], klagt. Es kann Zufall sein, daß gerade sie behauptet, die Aufgaben seien unerfüllbar.«[4]

Beurteilen will Grete Steffin diesen Vorfall nicht, solange sich ihr nicht alle Zusammenhänge erschließen. Von anderen Besichtigungen will sie Brecht lieber später erzählen, denn es sei »schwer, davon zu schreiben. Wenn man vernünftig schreiben will, sind Bände nötig, die schon besser geschrieben wurden.«[5]

Manches aber interessiert sie ganz besonders. Dazu gehören jene Themen, die sie später literarisch bearbeiten wird: Vor allem wolle sie die Ansichten der Russen »über Frauenarbeit, über die Kirche und über Kinderarbeit«[6] erfahren. Einige der radikalen Neuerungen, die Anfang der zwanziger Jahre durchgesetzt worden waren, trifft sie noch an, etwa den legalisierten Schwangerschaftsabbruch und das liberalisierte Eherecht. Beides wird schon wenige Jahre später wieder abgeschafft, ebenso die Strafverfolgung bei sexueller Gewalt gegen Frauen, die statt dessen erneut in das alte Gewohnheitsrecht zurückfallen wird. Noch aber ist es nicht so weit, und Grete Steffin findet bemerkenswert, was ihr ein Patient aus Leningrad erzählt: »Er ist Mitglied der Kontrollkommission und hat als solcher in den letzten 6 Monaten ca. 500 Fälle zu entscheiden gehabt. So erzählte er, daß zu ihm eine Frau kam. Sie hatte einen Abort und war zwei Tage später nach Hause gekommen. Ihr Mann hatte sie dann gegen ihren Willen genommen und später geschlagen. Der Fall wurde vor ein Betriebsgericht gebracht. Ich weiß nicht, ob dies das Gericht ist, von dem Sie auch eine Probe gesehen haben. Vor begeisterter Zuhörerschaft wurde der Mann zu fünf Jahren strenger Isolierung verurteilt, nachdem man ihn schon zwei Tage vorher aus der Partei ausgeschlossen hatte. Die ganze Verhandlung mit Ausschlußverfahren etc. war 5 Tage nach dem Vorkommnis abgeschlossen. Besonders wichtig wurde die Sache dadurch, daß der Verhandlungstag gerade ein freier Tag war, so daß über 1000 Zuhörer anwesend waren, davon 90% (!) Frauen.

Der Genosse meinte, daß diese Gerichtsverhandlungen außerordentlich wichtig und gut wären. Ich will sehen, ob ich auch so etwas anschauen kann.«[7]

Vieles hätte sie gern genauer erfahren, manches kann sie sich nicht erklären. Etwa, was sich wohl hinter dem auffälligen Stimmungsumschwung verbirgt, der in dem Moment eintritt, als im Sanatorium eine neue Gruppe von Fabrikarbeitern ankommt und in ein Gebäude zieht, das bis dahin vorwiegend von Parteifunktionären und Geheimdienstbeamten bewohnt war. »Eigenartig«, nennt sie die plötzliche Verwandlung »der ganzen Stimmung im Hause«[8], die sie sich nicht erklären kann.

Immer wieder bedauert sie, nicht länger im Land bleiben zu können, um die neue Gesellschaft wirklich kennenzulernen. Die Zeit, die ihr nach den Behandlungen und den offiziellen Festlichkeiten übrig bleibe, reiche noch nicht einmal aus, alle Einladungen anzunehmen.

Grete Steffin hat das, was Brecht fehlt: ein offenes Wesen, das es ihr ermöglicht, schnell und unkompliziert mit fremden Leuten in Kontakt zu kommen. Ihre Berichte sind für ihn vor allem deshalb von erheblichem Wert, weil sie so nah an den wirklichen Vorgängen und vollkommen unbearbeitet sind.

Ihr Sinn für das Konkrete trifft sich mit Brechts tiefer Abneigung gegen Meinungen und kann für die Arbeit nutzbar gemacht werden. Ihre Berichte liefern ihm Rohmaterial, das er in kaum einer Zeitung findet, gleichgültig welcher Richtung. Deren Artikel sind in der Regel ideologisch in der einen oder anderen Richtung eingefärbt. Ihn freut, daß Steffin Vorgänge beschreibt, die üblicherweise nicht beschrieben werden, da sie als zu klein und nicht kunstwürdig angesehen werden. Für Brecht hingegen können sie gar nicht klein genug sein.

Brecht ist inzwischen nach Deutschland zurückgekehrt und bemüht sich von hier aus, ihrem Wunsch nach einem längeren Aufenthalt im Lande nachzukommen. Er veranlaßt, daß der Internationale Arbeitertheaterbund Grete Steffin für einen »Bericht über die deutschen Arbeiter in der Union« anfordert und bietet ihr an, bei Geldmangel über seine Rubel, die bei Asja Lacis deponiert sind, und über seine Moskauer Tantiemen an der »Dreigroschenoper« zu verfügen. Nachdem die Visa-Angelegenheiten geklärt sind, teilt er ihr schließlich mit: »Sie können bleiben«[9].

Am 24. Juni 1932 reist Grete Steffin aus dem Sanatorium ab. Ihre Sprachkenntnisse hatten ihr erlaubt, neue Freundschaften mit Russen zu schließen, mit denen sie fortan in brieflicher Verbindung bleibt. Sie hat sich gut erholt, worüber sie ebenso zufrieden ist wie ihre Ärzte, so gut, daß sie Brecht mitteilt, die ständige Erneuerung der Stickstoffüllungen des rechten Lungenflügels könne voraussichtlich beendet werden: »Vor 2 Stunden habe ich die letzte Füllung bekommen. Die Ärzte glauben, daß sie nun nicht mehr nötig sein wird. Aber die letzte Entscheidung wird in Moskau getroffen werden. Ich muß da noch mal zur Untersuchung zu einem Professor, der außerordentlich tüchtig sein soll«[10].

Über ihren weiteren Aufenthalt im Land ist nichts bekannt. Brecht hat diese erste längere Zeit einer Trennung in einem seiner Sonette an Steffin aufgehoben. Es beginnt mit dem Vers »Als wir zerfielen einst in DU und ICH«[11] und kreist um das geheime Wort, das sie erfanden, um sich auch während des Getrenntseins ihrer Liebe zu versichern. Das Codewort verwenden künftig beide in Briefen, es ist ein Kürzel: »gg«, »Grüß Gott«.[12] Brecht versteht es als Medizin gegen den Trennungsschmerz. Er beschreibt es als eine dünne, wässrige Medizin und adelt die Trennungsformel gleichwohl durch ein Sonett.

Als Grete Steffin im Juli 1932 nach Berlin zurückkehrt, kann sie mit den Ergebnissen der Kur zufrieden sein. Sie hat zugenommen, kein Fieber mehr und ihre Appetitlosigkeit ist überwunden.

Noch im selben Monat fährt sie zu Brecht, der sie eingeladen hatte, den Sommer in seinem Landhaus in Utting am Ammersee zu verbringen. Dort hatten sich zuvor schon Helene Weigel und die Kinder aufgehalten.

Für Brecht und Steffin wird dieser Sommer in Utting zu einer erfüllten Zeit. Sie machen Ausflüge in die Umgebung, fahren hin und wieder an den Tegernsee und nach München, wo sie eine Vorstellung von Karl Valentin und Liesl Karlstadt besuchen.

Brecht sitzt an einer Bearbeitung von Shakespeares »Maß für Maß«, aus der später »Die Rundköpfe und die Spitzköpfe« werden. Es geht nicht recht voran mit diesem Stück, er braucht Kritik von möglichst vielen Seiten, Austausch und Diskussionen, und so nutzt er Steffins Anwesenheit, um einen weiteren Mitarbeiter in sein Landhaus zu locken.

Hatte er sich zuvor schon vergebens darum bemüht, Bernard von Brentano an den Ammersee zu holen, so versucht er es nun bei Hanns Eisler, von dem weiß er, daß er sich großartig mit Grete Steffin versteht: »Wie wäre es mit einer kleinen Reise hierher? Ein Zimmerchen wäre da. Wollen Sie nicht einen Blick in Gretes blaue Augen tun?«[13] Aber auch Eisler wird nicht nach Utting kommen.

Ende Juli erwähnt Grete Steffin auf einer Postkarte an ihre Schwester einen Ausflug mit Brecht an den Tegernsee und kündigt kurz und knapp eine »Sensation!« an.[14] Nachdem die Operation bei Sauerbruch gut verlaufen war und sie sich anschließend so gut erholt hat, hofft sie auf ihre endgültige Genesung und auch darauf, sich ihren Herzenswunsch nach einem Kind bald erfüllen zu können. Brecht ist einverstanden, kennt aber auch die problematische Seite dieses Wunsches:

Das zweite Sonett

Uns beiden gleichend, würd er keinem gleichen
Nicht dir noch mir, so daß ihn keiner kennt.
Er finge an und wäre niemands End
Er hätte nichts und könnte viel erreichen.

Sein Vater wär es freilich nicht gewesen –
Doch seine Mutter wäre ein Soldat.
So einer wüßte seinen Freunden Rat
Und seine Feinde hätten große Spesen!

Und wenn er käme: an dem guten Tage
Würd er versteckt. Und würde er gefunden
Er sagte »knif«, das heißt, »kommt nicht in Frage«.

So stritten über ihn sich die Gelehrten
Solang er wäre, bliebe er verschwunden –
Solang er noch nicht ist, muß er noch werden.[15]

Es ist kein Zufall, daß dieser flirrende Tanz der Konjunktive in populären Ausgaben von Brechts Liebeslyrik fehlt.[16] Das Sonett ist sperrig, rätselhaft und erschließt sich auch in Kenntnis der biografischen Zusammenhänge nicht vollständig. Der imaginierte Sohn scheint sowohl ein lebendiges Wesen als auch eine Verheißung der übergeordneten Art zu sein. Daß ein Versteckter seinen Feinden »große Spesen« bereitete, ist vorstellbar – wie aber wäre er »niemands End«?

Brecht verbindet in seinen Erwartungen an Grete Steffin ganz private Vorgänge mit politischen, aber auch mit persönlichen Interessen. Hier ist es die mögliche Geburt eines Sohnes, die er mit der Revolution verbindet. Dafür steht das Bild des Soldaten, das er der Mutter zuordnet, ein Bild, das er auch in späteren Gedichten auf Grete Steffin verwenden wird. Er selbst setzt sich ausdrücklich von diesem Bild ab, sieht sich nicht als Soldat, sondern in einer ganz anderen Position: »Sein Vater freilich wär es nicht gewesen«. Brecht empfindet Grete Steffin als eine Art Garant für die Revolution und projiziert deren Potential, ebenso wie Steffins persönliche Möglichkeiten, auf das gemeinsame Kind. Dieser vorgestellte Sohn vollbringt Erstaunliches: »seine Feinde hätten große Spesen«, aber sie kriegten ihn nicht zu fassen, selbst dann nicht, wenn sie ihn fänden. Weder dem Vater noch der Mutter gleichend, verkörpert er ein Drittes. In ihm drückt sich vor allem eine Verheißung aus: Brecht erwartet von seiner Gemeinschaft mit Grete Steffin eine Vervielfältigung aller Kräfte.

In einem Brief aus dieser Zeit wählt er eine Metapher, die diese Erwartung noch einmal erheblich steigert. Nachdem Grete

160

die nächste schwere Operation überstanden hat, schreibt er ihr, ihre Gesundung sei »die Grundlage von allem weiteren, die Ergreifung der Macht!«[17]

Eine andere Ebene des Sonetts geht auf Steffins persönliche Befindlichkeit ein, die gar nicht treffender zu fassen ist als im Schweben der Konjunktive. Sie halten das Gedicht in Bewegung, denn tatsächlich kann noch niemand sagen, ob das Kind überhaupt geboren wird.

Es kann erst zur Welt kommen, wenn Steffin ganz gesund ist: Säuglinge tuberkulosekranker Frauen werden ihren Müttern unmittelbar nach der Geburt weggenommen und in Heimen großgezogen. Mit solchen Vorschriften behelfen sich Gesundheitspolitiker und Ärzte, um jede Infektionsgefahr auszuschließen, solange noch kein Mittel gegen Tuberkulose gefunden ist. Grete Steffin aber will ihr Kind natürlich bei sich behalten. Solange ungeklärt ist, ob ihre Tuberkulose endgültig ausheilen wird, ist alles möglich und nichts sicher: Der Konjunktiv muß das Gedicht beherrschen. Erst der letzte Vers kann sich von ihm lösen, denn er gibt allein Brechts Hoffnung wieder: »Solang er noch nicht ist, muß er noch werden.«

Nach ihrer Rückkehr aus Bayern stellt Brecht Grete Steffin als seine Sekretärin an, zahlt ihr ein festes Gehalt und mietet ihr ein Zimmer in der Berliner Pension Dittmann, Hardenbergstraße 37, das sie Ende September bezieht.[18] Diese Adresse unweit seiner eigenen Wohnung verdeutlicht die Balance zwischen Nähe und Distanz, die er, wie schon zuvor in seinen Verbindungen mit anderen Frauen, auch bei Grete Steffin erhalten will: Nah und gleichzeitig fern, jederzeit erreichbar, aber nicht immer anwesend.

Grete Steffin kündigt die Stellung in der Gehag und beginnt ihre Arbeit bei Brecht. Zunächst erledigt sie vorwiegend die Arbeiten einer Sekretärin. Ihre Zweifel, ob Brecht bei der Änderung der Welt nicht ausfalle, sind inzwischen beseitigt. Die klare Trennung die sie anfangs zwischen *er* und *wir* gemacht hatte, ist aufgehoben.

Gertrud Glondajewski: *Gretl war immer sehr beeindruckt. Sie sagte: Der größte Dramatiker, den wir haben, ist Brecht. Der beste Marxist und der größte Dramatiker, so sagte sie immer. Na ja, stimmte ja auch. Das sagte sie, wie sie dann schon bei ihm arbeitete.*

Grete Steffin bleibt nach wie vor eng mit ihren alten Freunden verbunden. In diesem Herbst des Jahres 1932 stürzen sie sich mit allem Elan in die Politik: bei den Reichstagswahlen im Juli war die NSDAP mit großem Abstand zur stärksten Partei geworden. Reichskanzler Franz von Papen hatte der Nazipartei eine Regierungsbeteiligung in seinem »Kabinett der Barone« angeboten. Hitler hatte abgelehnt, er wollte die ganze Macht.

Grete Steffin und ihre Freunde beginnen damit, eine kleine antifaschistische Zeitung herzustellten und sie in ihren Wohnvierteln zu verteilen, in Lichtenberg, Treptow, Kreuzberg und Friedrichshain. Auf legale Art läßt sich das schon nicht mehr machen.

Friedel Thulke: *Ab 1931 mußte man sich vorsehen, es liefen ja schon viel zu viele Nazis rum. Wir waren immer vorsichtig genug, uns nicht nur bei einem zu treffen, sondern immer bei jemand anderem. Und wenn wir nachts die Zeitungen gedruckt haben, mit 'ner Hektografiermaschine, das war doch irgendwie zu hören, da mußten wir sehr vorsichtig sein.*

Was ihnen im Schutz der Dunkelheit gerade noch gelingt, ist am Tage nicht mehr möglich. Im Oktober 1932 wird Grete Steffin bei einer ihrer Rezitationen verhaftet.

Gretes Freund Richard Müller bittet sie, in einer öffentlichen Veranstaltung in Kreuzberg aufzutreten, die er vorbereitet hatte: *In meiner Eigenschaft als Org[anisations]-Leiter einer Straßenzelle habe ich mit meinem Schulfreund Paul Hirsch eine Veranstaltung im Kino in der Schlesischen Straße organisiert, gut besucht. Und da hatten wir Grete gewonnen zum Rezitieren. Der Revierleiter, ein Leutnant, der sich später als Faschist entpuppte, überwachte diese Versammlung, und mittendrin in der Rezitation, die Stelle war ungefähr so:»... kein Hitler und kein Papengeselle kann uns daran hindern ...« – Papen war damals schon Reichskanzler – sprang der Offizier auf und sagte: »Halt, was ist hier los? Verächtlichmachung des Reichskanzlers!« Und: »Ich nehme Sie fest!« Und dann schrummte er ab mit unsrer Grete. Ich selbst war nicht im Kino, wir hatten das draußen abzudecken, weil gleich daneben eine SA-Kneipe war, wir mußten dafür sorgen, daß da nichts passierte. Ich sah dann nur, wie alles rauskam, der Offizier die Versammlung geschlossen hatte und mit Grete aufs Revier ging.*

Grete Steffin hatte gegen eine der Notverordnungen verstoßen. Franz von Papen ist kein »Geselle«, er ist Offizier, Junker, Herrenreiter, Monarchist, Zentrumspolitiker. Einen Monat später, nach den Wahlen vom November 1932, wird er als Reichskanzler zurücktreten. Danach konferiert er mehrmals mit konservativen Politikern, mit Hugenberg, Hitler und dem

Bankier Schröder. Er will Hindenburg dazu bewegen, Hitler die Macht zu übertragen. Am 30. Januar 1933 hat er sein Ziel erreicht. Papen bleibt bis 1934 Vizekanzler unter Hitler.

Grete Steffin wird von dem Revier in Kreuzberg in das Polizeigefängnis am Alexanderplatz überführt. Hier hilft sie dem Beamten, der ein Protokoll aufzunehmen hat.

Hilde Lützenhoff: *Der hatte sich so dumm benommen beim Protokollieren, Ein-Finger-Suchsystem, hat sich vertippt, und da hat sie gesagt: Ich kann Maschineschreiben, darf ich es Ihnen schreiben? Und hat es dann gemacht.*

Nachdem sie ihr eigenes Verhörprotokoll geschrieben hat, sperrt man sie in eine Zelle.

Hilde Lützenhoff: *Das war bloß für ein paar Tage. Oder waren es sogar nur ein oder zwei Nächte? Sie hat mir später gesagt, sie habe immer gedacht, sie würde ganz ruhig sein bei einer Verhaftung, aber sie hat in der Nacht getobt wie eine Irre.*

Unterdessen ist es Richard Müller gelungen, Brecht zu benachrichtigen: *Wir haben dann, ich glaube, noch am selben Abend, Verbindung mit Brecht aufgenommen, weil wir ja wußten, daß sie schon bei ihm arbeitete. Er war sehr ungehalten, erwirkte dann aber die Freilassung.*

Bald darauf ist es endgültig vorbei mit ihren Auftritten als Rezitatorin in Berlin. Starke Schmerzen in der Lunge zeigen an, daß die Pneumotherapie nicht den gewünschten Erfolg gebracht hat. Erneut wird sie von Professor Sauerbruch behandelt.

Ihr Zustand hatte sich derart verschlechtert, daß Sauerbruch ihr einen Lungenflügel entfernen wollte, dann aber eine andere Operation bevorzugte. Grete hatte in der Charité zwei Patienten mit der gleichen Operation erlebt: Einer war gestorben, einer war durchgekommen. Und bei ihr bestand ja nun genau das gleiche Risiko. (Herta Hanisch)

Grete Steffins offene Tuberkulose räumt ihr nach dem Stand der nicht-operativen Heilmethoden nur geringe Überlebenschancen ein: »Auf Grund von Fürsorge- und Heilstättenstatistiken der Jahre 1920 bis 1930 wurde die Lebenserwartung, insbesondere der offenen Lungentuberkulose, sehr pessimistisch beurteilt. Nach 10 Beobachtungsjahren fand man eine Mortalität von 80 bis 90%.«[19]

Man kann davon ausgehen, daß Sauerbruch seiner Patientin die Ergebnisse dieser Langzeituntersuchung mitteilt. Er arbeitet mit den Verfassern dieser Studie zusammen und forscht selbst über die beiderseitige Ergänzung von operativen und nicht-operativen Behandlungsmethoden bei Tuberkulosepatienten.[20] Vermutlich beeinflussen Sauerbruchs Erkenntnisse Grete Steffins Entscheidung, das außerordentlich hohe Risiko dieser zweiten Operation auf sich zu nehmen. Sie stimmt dem Eingriff zu. Sauerbruch entfernt ein Rippenstück, um an die Lunge heranzukommen. Seine Operation ist deshalb so riskant, weil Teile des erkrankten Lungengewebes mit der Brustwand verwachsen sind. Aber der Eingriff gelingt, auch Grete Steffin »kommt durch«.

Brecht, der bei seinen Krankenbesuchen in der Charité häufig auf Steffins Freunde trifft, ist ungeheuer erleichtert und schreibt ihr, was er von einem Assistenzarzt erfahren hat: »Er erzählt, Sauerbruch habe eine Paradeoperation ausgeführt, den Schnitt wunderbar gelegt. Ganz klein gehalten usw. und immer betont, es handle sich um eine Schauspielerin.«[21]

Ein wesentlicher Teil der Behandlung von Schwindsucht besteht aus langen Ruhepausen und Liegekuren. Sie sollen physische Anstrengungen und psychische Erregungen verhindern, um der drohenden Auszehrung des Körpers zu begegnen. Grete Steffin hält sich streng an die Vorgaben der Ärzte, doch ihren unruhigen Geist kann sie nicht besänftigen. Zu stark ist sie innerlich am Zeitgeschehen beteiligt, die gespannte politische Lage zur Jahreswende 1932/33 versetzt sie immer wieder in Aufregung. Überdies fürchtet sie, ihre schwere Tuberkulose werde sie dauerhaft ans Krankenbett fesseln, so daß es ihr unmöglich werde, ihre Pläne mit Brecht zu verwirklichen. Solche Verlustängste übermittelt eines ihrer Gedichte, mit dem sie sich auf die schwierige Form des Sonetts einläßt, die sie von Brecht gelernt hat und jetzt anwendet. Das Gedicht ist datiert: Sauerbruch-Klinik, 2. Neujahrstag 1933:

Heute träumt ich, daß ich bei dir läge
und du sagtest zu mir: Hol mich doch.
Aber meine Brust, die schmerzte noch
Und mein rechter Arm war dumm und träge.

Ach so, der Arzt hat ihn ja festgebunden.
Er wußte schon, daß ich nicht ruhig bin.
Binden hilft nichts, ich muß zu dir hin.
Doch mit einem Mal warst du verschwunden.

Jetzt ist es zu spät, hört ich dich sagen.
Dann hört ich, du stiegst in deinen Wagen.
Ich sprang auf: Ich will! Ich will!

Schreien konnt ich nicht, weil ich so rannte.
Doch da fuhrst du schon, das Schlußlicht brannte.
Jetzt kommt nichts mehr, dacht ich. Und war still.[22]

Sie nimmt Brecht als spielerisch, wendig und schnell wahr. Damit trifft sie genau den Teil seines Wesens, auf den sie jetzt nicht eingehen kann, da sie gefesselt ist, »festgebunden« ans Krankenbett. Sie entwickelt Ängste, die zumindest in Bezug auf ihre Krankheit unbegründet sind: Brecht unternimmt alles, um ihre Fesseln zu lösen. Während sie in der Charité liegt, bespricht er mit Sauerbruch, wie ihre Genesung nach der Operation befördert werden könnte.

Vermutlich aber sieht sie noch eine andere Fessel, von der sie nicht loszukommen glaubt, nämlich ihre wachsende Liebe zu einem Mann, der seine Zuneigung zu ihr mit einem ganzen Regelwerk von Distanzierungsgeboten verbindet, um seine besondere Art von Autonomie zu bewahren.

Bei einem Besuch in der Charité hatte er ihr »drei kleine Ringlein zur Auswahl«[23] mitgebracht. Einen davon wird sie von jetzt an tragen, obwohl sie inzwischen ahnt, daß Brecht die Zweisamkeit, die dieser Ring symbolisiert, ganz anders lebt als es ihren eigenen Vorstellungen entspricht. Auch aus dieser Aporie können Bilder entstehen wie das eines sich entfernenden Geliebten, dessen Auto nur noch das Rücklicht sehen läßt.

Nach ihrer Entlassung aus der Charité bereitet sich Grete Steffin auf eine weitere Kur vor. Sauerbruch arbeitet mit einem Sanatorium im Schweizer Tessin zusammen, mit dem er alle weiteren Behandlungen zur Rekonvaleszenz seiner Tuberkulosepatienten abstimmt. In diesem luxuriös ausgestatteten Sanatorium in Agra bei Lugano soll sie sich nun erholen. Hier herrschen beste Bedingungen. Mit entsprechenden Summen muß die Kur bezahlt werden. Brecht und Hanns Eisler übernehmen die Kosten.

Für Grete Steffin und ihre Freundin Hilde Lützenhoff gehört ein Sanatorium dieser Kategorie zu einer Welt, die außerhalb ihrer Erfahrung, aber auch ihrer Erwartungen liegt: *Ich staunte, daß sich so großzügige Leute finden, die das bezahlen. Und da sagte*

Gretl, ja, sie selber staune auch, und sie hätte auch gefragt. Und da hätte ihr Brecht oder Eisler, ich weiß nicht mehr, wer es war, gesagt: Wir halten dich für ein kommendes großes schauspielerisches Talent. Und so, wie man auf Pferde setzt, bei 'ner Wette, so setzen wir hier auch und versuchen, eine gute Schauspielerin aus dir zu machen. Und dazu ist wichtig, daß du gesund wirst.

Mit dieser Hoffnung steigt Grete Steffin am 16. Februar 1933 in den Zug nach Lugano[24]. Sie kann nicht wissen, daß sie ihre Heimatstadt Berlin nie wiedersehen wird.

Sie verläßt ihre Familie und ihre Freunde, die sich schon elf Tage später einer offenen Diktatur zu stellen haben. Die Nazis zerschlagen alle Organisationen der Arbeiterbewegung, auch den Arbeitersportverein Fichte.

Ein Jahr später wird für Grete die Verbindung zu ihren engsten Freunden abreißen, denn sie beteiligen sich am Widerstand. Alfred Hanf wird 1934 verhaftet und zu zwei Jahren Gefängnis verurteilt.

Herbert Dymke tritt dem von den Nazis gleichgeschalteten Schwerathletik-Verein DSV Neukölln bei und gründet dort gemeinsam mit anderen eine neue Gymnastiksparte, deren Räume zu einem Treffpunkt für illegale Aktivitäten werden. Hier werden Wirtschaftsinformationen aus den Betrieben ausgetauscht, später Informationen von der Wehrmacht und über den Kriegsverlauf. Die 150 Mitglieder zählende Sparte arbeitet konspirativ. Herbert Dymke wird erst nach dem Krieg erfahren, daß seine Gruppe mit den Berliner Widerstandsorganisationen Harnack-Schulze-Boysen und Bernhard Bästlein verbunden war.

Richard Müller wird nach einer Widerstandsaktion vor Gericht gestellt. Er hat einen Prozeß und wird für wehruntüchtig erklärt. Während des Krieges arbeitet er als Werkzeugmacher in den Henschel-Werken, wo Flugzeugteile hergestellt werden. Er hält Kontakt zu den hier beschäftigten holländischen Zwangsarbeitern und gibt Informationen über die Rüstungsproduktion an die Widerstandsgruppe Anton Saefkow weiter. Zugleich steht er mit einer großen Gruppe illegal arbeitender Sozialdemokraten im Südosten Berlins in Verbindung. Im Herbst 1944 wird er in Eichwalde erneut verhaftet. Als er aus dem Polizeigewahrsam zur Gestapo überführt werden soll, kann er fliehen und sich über die grüne Grenze in die Schweiz absetzen, wo er sofort wieder verhaftet wird. Die Zeit bis zum Ende des Krieges verbringt er in mehreren Schweizer Internierungslagern.

Grete Steffins Eltern und ihre Schwester Herta beschränken ihre Kontakte auf einige wenige Vertraute und bleiben mit Grete in Verbindung.

Auch Hilde Lützenhoff und Gertrud Glondajewski, deren Männer beide im Widerstand arbeiten, verhalten sich unauffällig, lassen die Verbindung zu Grete Steffin nicht abreißen und werden sie mehrfach an ihrem künftigen Exilort in Dänemark besuchen.

Margarete Steffin 1933.

Fremd in Agra

Das Sanatorium Agra liegt sieben Kilometer von Lugano entfernt in den Tessiner Bergen. Von den Liegebalkonen der Heilstätte aus sieht man auf den Luganer See, auf der Südseite blickt man über Blumenterrassen in einen Wald. Das Gebäude ist im Palazzo-Stil erbaut, mit langen Säulengängen, Loggien und Wintergärten. Mehrere Salons, eine Bibliothek und ein großer Vortragssaal bieten den Patienten den gediegenen Rahmen für gehobene wie für leichte Unterhaltung. Hier hören sie Konzerte und Vorträge, treffen sich zu Leseabenden und Arbeitsgemeinschaften, schauen sich Ufa-Filme wie, »Zwei Herzen im Dreivierteltakt« oder »Mädchen in Uniform«.

Das Sanatorium bietet nach Lage, Ausstattung, klimatischer Indikation und medizinischer Betreuung die besten Voraussetzungen für Grete Steffins Gesundung. Und dennoch fühlt sie sich hier unwohl. Sie befindet sich in ganz und gar unvertrauter Umgebung und macht Erfahrungen, mit denen sie nur schwer zurechtkommt. Einerseits entwickeln sich ganz unvermittelt Vertraulichkeiten unter den Patienten, denn alle leiden gleichermaßen an Tuberkulose und wissen um ihre gemeinsame Nähe zum Tod. Andererseits registrieren die gutbetuchten Patienten des Sanatoriums Steffins Unsicherheit in Fragen der Etikette, spüren den großen sozialen Abstand und lassen sie mit einem schiefen Lächeln fühlen, daß sie eigentlich nicht hierher gehört. Im Sanatorium von Agra gelten andere Spielregeln als in den Gemeinschaften, die Grete Steffin vertraut sind. Sie kommt mit dieser Gesellschaft gutsituierter Bürger nicht zurecht. Irgendwann muß es zu einem Zusammenstoß gekommen sein, der sich im einzelnen nicht mehr rekonstruieren läßt. Steffins Briefe an Brecht sind nicht überliefert, aber seinen wütenden Antworten ist zu entnehmen, daß es einen oder mehrere unangenehme Vorfälle gegeben haben muß.

Tatsächlich haben sie und die anderen Patienten außer der Krankheit kaum Gemeinsames. Das zeigt sich schon wenige Tage nach ihrer Ankunft, als am Abend des 27. Februar in Berlin der Reichstag brennt und in derselben Nacht in Deutschland rund zehntausend Nazigegner verhaftet werden. Während sich Grete Steffin um ihre Angehörigen und Freunde sorgt, erlebt sie in den Agreser Salons, daß viele der Sanatoriumsgäste den staatlichen Terror jubelnd begrüßen oder ihm unbekümmert und gleichgültig begegnen. Täglich schreibt sie Briefe an ihre Eltern und Freunde, um etwas über deren Schicksal und die Situation in Berlin zu erfahren.

Unterdessen nimmt das Leben im Sanatorium seinen gewohnten Lauf. Fünf Mahlzeiten am Tag bieten Gelegenheit, wechselnde Garderoben vorzuführen, die Abendgesellschaften nicht minder. Grete Steffin, der diese Art von Dasein ohnehin ganz fremd ist, empfindet es jetzt, angesichts der politischen Entwicklung in Deutschland, als obszön. Sie schildert Brecht in ihren Briefen, wie ihre Mitpatienten auf das reagieren, was da in Deutschland erwacht.

Brecht und Helene Weigel fliehen am Morgen des 28. Februar aus Berlin, die Kinder werden wenig später über die Grenze gebracht. Nach kurzen Aufenthalten in Prag und Wien, wo Helene Weigel für einige Wochen bleibt, kommt Brecht im März nach Zürich. Daß ihn die Nazis nicht gefaßt haben, erfüllt ihn mit Genugtuung, und daß sie ihn nicht kriegen würden, werde »ihnen noch zu schaffen machen«, schreibt er – ganz unter dem Eindruck der Flucht – an Grete Steffin. Es sei gut, daß sie so ruhig und tapfer um ihre Gesundheit kämpfe, »die wir brauchen«. Und es sei gut, daß sie in dieser scheußlichen Umgebung von Nichtstuern und Pensionären bleibe, was sie ist: »Du gehörst nicht dazu, in nichts und niemals. Was eben dieses nette und sympathische und sorglose Gesindel jetzt in Deutschland an Metzeleien, Feigheit und Sorglosigkeit treibt, ist ungeheuerlich.«[1] Sie gehört nicht dazu, aber nun ist sie mittendrin. Wie also kann sie sich in dieser Umgebung verhalten? Brecht nimmt die Tatsache, daß sich die Mehrheit des Bürgertums zustimmend zu Hitler verhält, zum Anlaß, Grete Steffin eine soziologisch historisierende Sicht auch auf die Kurgäste von Agra zu empfehlen. Die objektivierende Betrachtung soll ihr einen distanzierteren Umgang mit ihnen ermöglichen und ihr helfen, sich aus persönlichen Verstrickungen zu lösen. Damit geht er offenbar auf ihre Berichte aus dem Sanatorium ein. Möglicherweise hatte sie sich auf die mentalen Eigenarten ihrer Mitpatienten eingelassen, denn im allgemeinen geht sie

170

nicht von Vorurteilen, sondern von einer Eröffnung aus, wenn sie neue Menschen kennenlernt. Brecht hingegen betont die Differenz und empfiehlt ihr, die anderen Sanatoriumsgäste als soziale Typen zu nehmen, »immer zehn zusammen«, und an ihnen nicht zu beachten, »was nicht die zehn alle gemeinsam hätten!«[2] Vor allem aber solle sie sich aus der Leidensgemeinschaft der Schwindsüchtigen lösen:

»[...] 2. Suche in der Krankheit keine Gemeinschaft! Du bist erzogen dazu, gemeinschaftlich zu fühlen, nach Gemeinschaft zu drängen, das ist jetzt gerade ungünstig. Sei gegen die Krankheit auch, indem du gegen die anderen Kranken bist! Die Gemeinschaft der Kranken erzeugt nicht die gleichen Interessen, aber die gleichen Laster.

3. Erblicke also in denen, die dich umgeben, nicht das euch Gemeinsame, sondern das euch Trennende! Bedenke, wie der dir als Kranker Gegenübersitzende dich behandelte, wenn er noch oder wieder Arzt wäre. Jener hat vor, sich auszukurieren, um Wohnungen bauen zu können, wie die, welche dich im vorigen Sommer krank gemacht hat. Der wird dir die Lunge zementieren, wenn du kein Geld für Kur hast, und mit jenem andern zusammen ist er in einer Partei, die dafür sorgen will, daß du kein Geld hast. Dieser Blonde tritt deinen Genossen mit dem Stiefel ins Gesicht, der Schwarze hilft ihm. Nimm zur Kenntnis, daß sie beide nett aussehen. Jenes Mädchen ist höflich und deine Feindin. Ihr spielt nicht immer Whist zusammen.«[3]

Brechts überstürzte Flucht aus Berlin hat ihn von seinen Einkommensquellen abgeschnitten, während Steffins Kur weiter bezahlt werden muß. Dies läßt ihn über das Gesundheitssystem nachdenken. Er beauftragt seinen Vater in Augsburg, ihr das Geld ins Sanatorium zu überweisen.[4] Das private Arrangement ändert allerdings nichts an der Zwei-Klassen-Medizin und veranlaßt ihn, der Frage »Wollen Ärzte heilen?« in weiteren Texten nachzugehen.[5]

An erster Stelle seiner Empfehlungen an Grete Steffin steht indessen die Frage, wie sie selbst mit ihrem Leiden umgehen müsse:

»1. Kämpfe gegen die Krankheit! Manche sagen: heute bin ich krank, ich habe das Wesen eines Kranken. Werde ich gesund oder werde ich es wieder, dann hätte ich das Wesen eines Gesunden oder dann werde ich es wieder haben. Sage nicht so, sondern sage: ich bin ein Gesunder, jetzt krank; teilweise und vorübergehend ist ein Organ nicht in Ordnung. Kämpfe gegen die Krankheit nicht als Kranker, sondern als Gesunder. Kampf gegen Krankheit ist etwas Gesundes.«[6]

Dieser aufbauende Ratschlag über den Umgang mit ihrer Krankheit entspricht zugleich seinem eigenen Umgang mit Steffin. Er macht sich über medizinische Zusammenhänge kundig und bietet ihr jede finanzielle Unterstützung, die sie braucht. Ansonsten aber behandelt er sie nicht etwa wie eine Kranke, sondern wie eine Gesunde, einschließlich aller Belastungen, die ein gesunder Mensch ertragen kann. Seine apodiktischen Empfehlungen sollen nicht nur ihren Absturz in Mutlosigkeit oder Depression angesichts der politischen Lage in Deutschland und der schwer erträglichen Begegnung mit der Agreser Kurgesellschaft verhindern. Sie entsprechen auch seiner Auffassung, ihre Heilung zu unterstützen, indem er sie grundsätzlich wie eine Gesunde behandelt. Für ihre Psyche ist dies genau das Richtige, physiologisch dagegen ist es mitunter riskant.

Grete Steffin hat Brechts anteilnehmende Hilfe tatsächlich nötig. Ob sie gesund werden wird, ist nicht sicher, und die neue politische Lage in Deutschland fügt all den offenen Fragen nun noch ein weiteres Bündel hinzu: Werden sie nach Berlin zurückkehren können? Wenn nicht, wo können sie bleiben? Womit den Lebensunterhalt bestreiten? Was wird aus ihren Eltern und den Freunden in Berlin?

Am 23. März kommt Brecht für zwei Wochen nach Lugano, steigt in einem Hotel ab und kann sie im nahegelegenen Agra nun häufig besuchen. Er ist auf der Suche nach einem geeigneten Wohnort für die Familie und erwägt unter anderem auch die Gegend um Lugano. Solche Fragen im Zusammenhang mit der politischen Lage in Deutschland dürften auch besprochen worden sein als er gemeinsam mit Grete Steffin, Kurt Kläber und Bernard von Brentano am 30. März einen Besuch bei Hermann Hesse macht, der seit Jahren in Montagnola wohnt, dem Nachbardorf von Agra.

Zu seinen Bemühungen, Steffin wieder aufzurichten, die offenbar schon bei ihrer Ankunft in der Schweiz ängstlich oder leidend oder deprimiert gewesen sein muß[7], gehört es, sie an ihre Talente zu erinnern und sie aufzufordern, diese auch unter den Nazis im Sanatorium zu entfalten. Grete Steffin nimmt die Herausforderung an. Zum ersten Mal tritt sie nun mit ihren Gedichtvorträgen nicht unter ihresgleichen auf, sondern in »einer feindlichen Stadt«[8], wie Brecht das große Sanatorium von Agra nennt, also unter grundsätzlich anderen Bedingungen. Am 25. April gibt sie gemeinsam mit einer anderen Patientin einen »äußerst wohlgelungenen« Lyrikabend, wie ein Kritiker in der hauseigenen Zeitschrift »Die Terrasse« überliefert. Sie trägt Gedichte von Morgenstern, Kästner, Klabund, Wilhelm Busch, Ringelnatz, Brecht und Dehmel vor. »Für Dehmels Fitzebutze erntete sie einen Sonderapplaus, aber auch sonst zog sie sich so gut aus der Affäre, daß sie zum Schlusse ihres Repertoires noch eine Dreingabe zum Besten geben mußte.«[9]

Im zweiten Teil des Abends hält dann die andere Patientin, ein Fräulein Lutze, mit einem Kontrastprogramm dagegen. Sie spricht Gedichte von Goethe, Mörike, Keller und Erwin Guido Kolbenheyer, einem Dichter, der das nationalsozialistische Regime repräsentiert. Der Kritiker ist angetan von ihrer »reifen Vorlesekunst« und von »beherrschter Sprachtechnik«.

Einige Tage später stellt Fräulein Lutze ihre Sprechkultur in den Dienst des neuen Reichskanzlers. Gemeinsam mit anderen Kurgästen aus Agra gestaltet sie eine Feier zum 1. Mai, zu der die NSDAP-Ortsgruppe der Auslandsdeutschen ins Hotel Continental von Lugano eingeladen hat. Hier trägt sie Gedichte und Auszüge aus einer Hitler-Rede vor, ein anderer Patient liest eine Szene aus Hanns Johsts Drama »Schlageter«. Dann wird ein Film über den 21. März gezeigt, den Tag von Potsdam, an dem Hindenburg in der Potsdamer Garnisonkirche Hitler über dem Grab Friedrichs II. die Hand gereicht hatte, um der Genealogie des neuen Staates ein Symbol zu geben. Die Feiernden in Lugano begrüßen Hindenburg und den »inmitten seiner Sturmabteilungen und Schutzstaffeln« auf der Leinwand erscheinenden Führer »mit großem Jubel«.[10] Über die Rede eines Patienten heißt es: »Um den Auslandsdeutschen ein Bild von dem zähen und erbitterten Ringen und Kämpfen zu geben, das der gewaltigen Umwälzung voranging, erzählte Herr Hultzsch dann einiges aus dem Leben des S.A.-Mannes und nationalsozialistischen Redners, der in den vierzehn Jahren oft mit der Faust für die Idee einstehen mußte, die heute die deutsche Gestalt prägt. Erfreulicherweise erfuhren wir dann noch von Herrn Pfarrer Gsell, daß der deutsche Kegelklub in Lugano schon seit Jahren seinen Kegel ebenso hoch gehalten habe wie andere im Reich ihre Fahnen!«[11] – Auch die Themen der von Patienten gestalteten Vortragsabende im Sanatorium ändern sich jetzt. So spricht Freiherr von Richthofen gleich an zwei Abenden über *Luftkrieg und Luftschutz*.[12] Ob es sich um Wolfram von Richthofen handelt, der vier Jahre später als Bomberpilot der Legion Condor an der Vernichtung der spanischen Stadt Guernica beteiligt ist, geht aus der Veranstaltungschronik nicht hervor.

Bedenkt man, daß solche Damen und Herren Grete Steffins Tischnachbarn im Sanatorium sind, daß sie ihnen täglich bei den Behandlungen, auf den Terrassen und in den Salons begegnet, dann wird ihr Unbehagen verständlich.

Ihre Angehörigen in Berlin erleben den Einbruch der Naziherrschaft wiederum auf andere Weise, wie sie aus den Briefen ihrer Eltern und Freunde erfährt.[13]

Zu den Nachrichten, die sie aus Berlin erreichen, gehört auch diese: *Es gab eine Haussuchung bei Hannchen, ihrer Mutter. Da wollte man wissen, wo die Tochter ist, mit wem sie weg ist, man wollte alle ihre Angaben haben und auch wissen, ob sie organisiert war. Und da hat Hannchen ganz großartig reagiert, indem sie sagte: »Wissen Se, ich komm jetzt nicht drauf, die war in irgend so 'nem Weiberverein. Die hatten so ein Abzeichen mit Korb und Blumen – ach, die Blümchenpflücker!«. Das war der Spitzname, den wir den Naturfreunden gegeben hatten. Das hat sie alles gespielt. Da hat sich Hannchen prima benommen. Sie hat es mir gleich am nächsten Tag erzählt.* (Hilde Lützenhoff)

Nicht alle Haussuchungen verlaufen so glimpflich, die Beamten werden noch öfter erscheinen. Die Familie braucht einen verbindlichen Beleg über den Auslandsaufenthalt von Grete Steffin. Darum erkundigt sich August Steffin bei Professor Alexander, dem ärztlichen Direktor des Sanatoriums, nach dem Gesundheitszustand seiner Tochter. Er erhält einen Brief mit Kopfbogen des Sanatoriums Agra/Schweiz, der künftig bei allen weiteren Haussuchungen vorgelegt wird.[14]

Grete Steffin denkt in Agra oft an ihre Angehörigen in Berlin und sie stellt sich Frage, wie sich ihresgleichen unter den radikal veränderten Verhältnissen verhält. So entstehen mehrere Prosatexte, in denen sie dem Anpassungsdruck nachgeht, den das neue Regime ausübt. In der fragmentarischen Geschichte »Familienkrach ums Hakenkreuz« treffen die Forderungen der neuen Zeit auf die Abhängigkeiten innerhalb eines familiären Beziehungsgeflechts. Die Mutter dieser Familie Müller in der Erzählung ist Hausfrau, der Vater arbeitslos, Tochter Hilde arbeitet als Kassiererin und Sohn Paul als Lehrling: »Hilde verlangte, daß die rote Fahne mit dem Hakenkreuz rausgehängt wurde. Sie war es, die die Miete zahlte. Also sollte aus ihrer Wohnung ihre Fahne hängen. Nicht, daß sie allzu viel politisches Interesse gehabt hätte. Aber im Geschäft wurde den Angestellten gesagt, die Firma würde es nicht ungern sehen, wenn die Angestellten eben diese Hakenkreuzfahne raushängen würden. Also raus damit, denn sonst könnte es einem passieren, daß man sich unbeliebt machte und selber rausflog. Paul sollte sofort die Fahne kaufen. Paule wehrte sich. Sein Polier und der Baumeister ließen die Hakenkreuzfahne an ihren Fenstern hängen, also konnte er nicht dieselbe Fahne hissen. Kam ja nie in Frage. Der Vater griff vermittelnd ein. Er mußte sich die Tochter warm halten, denn seine Frau wollte nie einsehen, daß man ab und zu das Glück haben kann, Arbeit zu bekommen, wenn man gerade irgendwo ein Glas hebt. [...] Frau Müller sagte nichts. Sie hatte Wäsche gehabt und mußte jetzt das Abendbrot richten, da sollten die machen, was sie wollten.«[15]

In einer anderen Erzählung treibt das massive Eindringen der Naziorganisationen in die Schulen den kommunistisch erzogenen Schüler Heinz äußerlich zu Mimikry und absoluter Anpassung. Er verhärtet sich derart, daß ihn seine Angehörigen nicht wiedererkennen, bis er eines Tages in so große Gewissensnöte gerät, daß er sich quasi in Luft auflöst. Heinz kommt nicht mehr nach Hause und bleibt spurlos verschwunden. Es gibt ihn nicht mehr, er ist nicht mehr vorhanden.[16]

Mit diesem Ende ist die existentielle Dimension umrissen, der sich jetzt diejenigen zu stellen haben, denen sich Grete Steffin zugehörig fühlt. Ihre Texte über das Verhalten der Menschen zu Beginn der Naziherrschaft, die offensichtlich von den Briefen ihrer Angehörigen aus Berlin angeregt sind, entstehen im April und Mai.[17] Wie sehr sie mit dem Thema beschäftigt ist, werden andere Arbeiten aus dem Jahr 1933 zeigen, die sie kurze Zeit später in Paris schreibt. In ihnen wird sie über das ihr vertraute proletarische Milieu hinausgehen. Sie plant eine Sammlung von Geschichten unter dem vorläufigen Titel »wie das dritte reich wurde«[18]. Von diesem Vorhaben ist nur der Prolog überliefert, aus dem ersichtlich ist, daß sie die historische Zäsur gestalten will, die das Jahr 1933 für ganz Deutschland bedeutet.[19]

Mit den Erfahrungen, die sie im Sanatorium von Agra macht, erscheint ihr die Alternative Sowjetunion nun noch attraktiver. Im Mai-Heft der Zeitschrift »Die Terrasse« veröffentlicht sie eine Reportage über ihre Kur auf der Krim. Anders als in ihren Briefen an Brecht, in denen sie ihre Erlebnisse weitaus differenzierter schilderte, verlegt sie sich hier auf Reiseeindrücke und folkloristische Impressionen. Sie erzählt, wie gut es ihr auf der Krim gefallen hat, wirbt um Sympathien und trägt all das, was die russischen Sanatorien von den deutschen unterscheidet, in einem munteren Plauderton vor: »Kennen Sie ›Liwadia‹? Ehemals das Schloß des Zaren in der Krim, ist es jetzt ein Erholungshaus für Bauern geworden und faßt ca. 1200 Betten. Hier können Sie die allerbesten Studien machen und viel für das Fotoalbum profitieren.«[20]

Die Schriftleitung der Zeitschrift merkt an, es handele sich um rein persönliche Eindrücke, zu denen sie »keinerlei Stellung zu nehmen beabsichtigt«.[21]

In Agra entstehen auch Gedichte und die meisten der autobiografischen Erzählungen und Geschichten über ihre Kindheit und Jugend. Rückblickend erscheinen die gut drei Monate, die sie hier verbringt, als eine äußerst produktive Zeit. Grete Steffin setzt Brechts forderndem Hinweis »Du hast eine Geschichte, die keinen Bruch haben darf, keine Zwischenzeit!«[22] in künstlerische Arbeit um.

Auch einen anderen Teil ihrer eigenen Geschichte, die Theaterarbeit, nimmt sie im Sanatorium wieder auf. Gemeinsam mit einer zweiten Patientin inszeniert sie Anton Tschechows Groteske »Der Bär« und spielt auch gleich die Hauptrolle der Gutsbesitzerin Popowa. Im zweiten Teil der Vorstellung, die am 30. Mai Premiere hat, spielt sie in dem Schwank »Kleptomanie« von Gustav Hartung die Rolle des Dienstmädchens. Wahrscheinlich hat ihr Brecht das Stück besorgt, denn Hartung ist ein guter Bekannter vom Darmstädter Theater, der nun ebenfalls in die Schweiz emigriert ist. Hartungs Schwank und Tschechows Groteske liefern die Vorlage für einen amüsanten Abend im Sanatorium, eine »höchst unterhaltsame Angelegenheit, die die Lachmuskeln der Agreser für 1½ Stunden nicht zur Ruhe kommen ließ.«[23]

Seltsamerweise geht dieser Theaterabend nicht über die Bühne, ohne daß zu Beginn ein Militärmarsch intoniert wird, wie der Kritiker mitteilt. Solche Zeichen einer bizarren Kulturauffassung ihrer Mitpatienten erleichtern es Grete Steffin vermutlich, den Schock der ersten Wochen zu überwinden und die

Kurgesellschaft hin und wieder auch aus einem heiteren Abstand zu betrachten. Diesen Eindruck vermittelt jedenfalls ihre Geschichte »Veronal«, deren ironischer Erzählton auf große Distanz schließen läßt. In »Veronal« ist die Kurgesellschaft in einem fiktiven Hotel angesiedelt, wo sie sich an einem vermeintlichen Eheskandal delektiert – unter Wahrung der Etikette, versteht sich. Die scheinbare Anteilnahme an fremdem Liebesleid stellt sich als pure Klatschsucht heraus, die Steffin schließlich ins Leere laufen läßt. Vergleicht man diese Geschichte mit den Prosastücken, in denen sie sich mit den deutschen Zuständen auseinandersetzt, dann meint man, eine andere Autorin vor sich zu haben. »Veronal« kreist leichtfüßig und amüsant um die Tücken und Bosheiten der Menschen – eine Badewannenlektüre, die in jeder Unterhaltungszeitschrift erscheinen könnte.[24]

Brecht war am 7. April nach Paris gefahren, um mit Kurt Weill an dem Ballett »Die sieben Todsünden« zu arbeiten, das im Juni aufgeführt werden soll. Ende April war er ins Tessin zurückgekehrt und hatte Grete Steffin am 5. und 6. Mai im Sanatorium besucht. Er wohnt nun bei dem Schriftstellerehepaar Lisa Tetzner und Kurt Kläber in Carona, wohin auch Helene Weigel mit den Kindern gekommen ist. Sie suchen in dieser Gegend nach einem geeigneten Haus, denn Brecht erwägt, hier eine kleine Kolonie zu gründen. Wie immer ist er bemüht, möglichst viele Gesprächspartner in der Nähe zu haben und sondiert, ob sich nicht auch Lion Feuchtwanger, Anna Seghers, Bernard von Brentano und andere im Tessin niederlassen wollen. Aber seine Vorstellungen erfüllen sich nicht. Helene Weigel, die am 12. Mai nach Agra kommt, um Grete Steffin zu besuchen, hatte schon in Wien mit ihrer Freundin Maria Lazar überlegt, ob sie nicht den Sommer auf der dänischen Insel Thurö bei ihrer gemeinsamen Freundin Karin Michaelis verbringen könnten.

Brecht reist am 30. Mai erneut nach Paris, um an den Endproben des Balletts teilzunehmen. Grete Steffin beendet ihre Kur in Agra und folgt ihm am 1. Juni nach Paris. Ein paar Tage später bricht auch Helene Weigel ihr Zelte in Carona ab und fährt mit den Kindern nach Dänemark.

Das Lungensanatorium Agra bei Lugano.

Margarete Steffin (hinten l.), mit Patienten des Sanatoriums Agra in der Pause einer Theaterprobe. Bildunterschrift von Steffin: »Das Kleptomanie-Ensemble«, 1933.

Lyrische Dialoge

Im Sommer 1933 gibt es in Paris zahlreiche deutsche Emigranten. Grete Steffin trifft Berliner Bekannte auch im Théâtre des Champs-Elysées, wo am 7. Juni das Ballett »Die sieben Todsünden« von Brecht und Weill uraufgeführt wird. Sie wohnt zusammen mit Brecht in der Pension de Famille, 269 Rue des Saint Jacques.

Nach dem Ende ihrer Kur hat sie nun endgültige Gewißheit über das Ergebnis der letzten Behandlungsperiode, die mit der Operation zur Jahreswende 1932/33 begonnen hatte. Was sie Brecht mitzuteilen hat, macht ihre früheren Pläne zunichte. Der ärztliche Direktor des Sanatoriums Agra, Professor Alexander, kann zwar eine deutliche Besserung ihres Befindens, aber keine Heilung des rechten Lungenflügels diagnostizieren. Die kavernöse Tbc ist zwar »durch die operative Behandlung günstig beeinflußt, konnte aber doch noch nicht zu einem völligen Verschluß gebracht werden«. Er schlägt eine weitere Operation vor, die man »möglichst nicht auf die lange Bank schieben sollte, um einer weiteren Ausbreitung der Tuberkulose von der Höhle aus nach Möglichkeit rechtzeitig entgegenzuarbeiten«.[1]

Vor einer dritten schweren Operation aber schreckt Grete Steffin zurück. Sie weiß jetzt, daß auch diese nicht mehr als ein Versuch mit zweifelhaftem Ausgang sein würde und bevorzugt nicht-operative Behandlungsmethoden, die sie brieflich mit ihrem Professor in Agra abstimmt.

Am härtesten aber trifft sie, daß nun feststeht: Sie wird keine Kinder haben können. Die Nähe zwischen Mutter und Kind würde unabdingbar zu einer Ansteckung des Neugeborenen führen. Damit ist jetzt endgültig entschieden, daß sie ihren Lebensentwurf, der eine Familie mit mehreren Kindern vorsah, nicht verwirklichen kann. Das macht sie tieftraurig. Während der folgenden Monate in Paris und auch noch viele Jahre später wird sie von schmerzhaften Gedanken an ein gemeinsames Kind mit Brecht umgetrieben, das sie nicht bekommen kann.[2]

Ihre Schwester Herta, die sie im Februar 1934 wiedersehen wird, erzählt: *Sie konnte ja nun kein Kind an die Brust legen, das war klar. Vorher hatte sie immer gesagt, wenn sie gesund würde, hätte sie alles daran gesetzt, daß er sich von Helli trennt. Aber jetzt sah sie, daß er zwei Kinder hatte, während es zwischen ihnen gar keine richtige Ehe mehr werden konnte, und sagte: Scheidung, kommt ja gar nicht in Frage! Denn an eigene Kinder durfte sie gar nicht mehr denken. Überhaupt, auch bei Brechts Kindern bestand ja immer die Ansteckungsgefahr.*

Sie wußte, daß sie zu krank ist, daß es nicht geht. Und das hat ihr zu schaffen gemacht. Sie hat sehr darunter gelitten, denn es war ja wirklich 'ne innige Liebe.

Grete Steffin empfindet die endgültige Gewißheit, mit einer unheilbaren Krankheit leben zu müssen, als ebenso niederschmetternd wie die nun ausgeschlossene Familiengründung. Wieviel Kraft sie aufbringen muß, um sich mit dem Unabänderlichen zu arrangieren, läßt eine ihrer knappen Kalendernotizen über die ersten Pariser Wochen mit Brecht ahnen: »Es war schön, aber ich habe gräßlich viel geheult«.[3]

Von Brecht ist nicht überliefert, wie er das Ergebnis der Kur aufnimmt. In welcher Form, aber auch in welchem Land fortan zu leben wäre, weiß er zu dieser Zeit selbst noch nicht. In den folgenden Wochen und Monaten gehen seine Gedanken über die Zukunft in die verschiedensten Richtungen. Manche der Vorhaben werden bald wieder verworfen, denn sie sind nicht nur von Fragen der privaten Lebensweise beeinflußt, sondern auch von der Wahl eines geeigneten Wohnorts außerhalb Deutschlands, von den Arbeits- und Verdienstmöglichkeiten im Exil und von den Plänen der aus Deutschland vertriebenen Freunde, die sich ebenfalls neu orientieren müssen.

Grete Steffin hat nun zu entscheiden, ob sie jetzt noch ein Leben nach Brechts Maßgaben führen will, nachdem sie keine Familie mit Kindern gründen kann. Seine Lebensweise, sein Umgang mit Frauen widerspricht ihrer eigenen Vorstellung von einem monogamen Zusammenleben und all den Erwartungen, die sie an eine Liebesverbindung knüpft. Sie zweifelt, ob sie sich überhaupt darauf einlassen soll, ihn mit anderen Frauen zu teilen, da sie nun einmal grundsätzlich andere Vorstellungen hat.

Am 20. Juni fährt Brecht für ein Vierteljahr auf die dänische Insel Thurö, wo Helene Weigel und die Kinder den Sommer verbringen. Zu dieser Zeit denkt er noch an Paris als festen

Wohnort und so beauftragt er Grete Steffin, während seiner Abwesenheit nach einem Haus für die Familie Brecht/Weigel und nach einer Wohnung für sich in Paris zu suchen. Das tut sie auch, aber sie ist unsicher, ob sie sich überhaupt auf diese Art von Leben einlassen soll: »Wäre es doch besser, wenn ich einfach ginge. Es wird sonst immer schwerer«[4], notiert sie zwei Tage vor Brechts Abreise nach Dänemark.

Auch die Gedichte und Briefe, die sie aus Paris an Brecht schickt, zeugen von ihrer Zerrissenheit und von der Spannung, die all die offenen Fragen auslösen. Seit ihrem Aufenthalt in Agra hatte sie ihren Briefen an Brecht immer wieder Sonette beigelegt. Es sind Sehnsuchts- und Liebesgedichte, die von seiner Zärtlichkeit künden und dem Klischee vom wüsten Liebhaber widersprechen, das manche Interpreten von jenem Bild abgezogen haben, das er in einigen seiner Gedichte als Pose ausstellte.[5]

Brecht hatte den lyrischen Dialog mit Steffin begonnen, der die Korrespondenz auf einer anderen Ebene fortschreibt. Beider Gedichte reflektieren aktuelle Konflikte und Vergangenes, sie polemisieren, spielen mit Erinnerungen und loten die gegenseitigen Erwartungen aus. Diesen Dialog nimmt Grete Steffin nun wieder auf. Am 8. Juli schickt sie ihm das folgende Sonett nach Thurö:

Stell dir vor: es kommen alle Frauen
Die du einmal hattest, an dein Bett.
Ach, die wenigsten sind jetzt noch nett.
Keine, denkst du, ist mehr anzuschauen.

Aber alle stehen streng und schweigend.
Eine jede will von dir heut nacht
Ihren Spaß. Und wenn du ihr's gemacht
Tritt sie seitwärts, auf die nächste zeigend.

Gierig langen sie dich an. Verloren
Bist du. Die du einst zum Spaß erkoren
Treiben mit dir einen bösen Spaß.

Selbst seh ich mich in der Reihe stehen
Sehe mich ganz schamlos zu dir gehen.
Und du liegst armselig, krank und blaß.[6]

Ihr Unbehagen über seine Promiskuität vergällt ihr den Blick in eine gemeinsame Zukunft. Das Sonett ist allein für ihn bestimmt, es soll ihm ein Menetekel sein. Und dennoch irritiert die Rolle, die sie sich selbst zuweist. Wie alle anderen Frauen steht auch sie in diesem Reigen und tritt »seitwärts, auf die nächste zeigend«, anstatt die Reihe zu verlassen, da sie doch ganz grundsätzlich mit ihrem Schicksal hadert. Was also ist aus dem Gedanken an eine Trennung geworden, den sie noch drei Wochen zuvor erwogen hatte? Er ist nicht aufgegeben, aber beiseite gerückt und zunächst einmal von einem anderen ersetzt.

Sie spielt noch eine weitere Rolle durch, von der sie hofft, sie könnte das Blatt wenden. Es ist die Rolle der koketten jungen Frau, die ihren Liebhaber eifersüchtig macht in der Hoffnung, er möge sich ausschließlich ihr zuwenden. Offensichtlich hatte sie ihm in den vergangenen Wochen vorführen können, daß sich auch andere Männer für sie interessieren, oder sie hatte ihn brieflich daran erinnert. Brechts heftige Reaktionen lassen nicht lange auf sich warten.

Er antwortet ihr aus Thurö mit Gedichten, in denen auch er die Rolle wechselt. Während seine früheren Sonette an Grete Steffin die verständige Behutsamkeit einer verschwörerischen Liebe übermitteln, geht der Ton jetzt in Donnergrollen über. Ein anderer Brecht tritt auf. Im fünften und im siebenten seiner Sonette an Grete Steffin wählt er nicht zufällig das Bild des Marktes, das für den Handel steht, denn mit den Gedichten, die im Sommer 1933 zwischen Paris und Thurö hin- und hergehen, will Grete Steffin die Grundlage für ein künftiges Zusammenleben neu verhandeln, nachdem der alte Plan seine Gültigkeit verloren hat. Im fünften Sonett vergleicht er ihr demonstratives Verhalten, das ihm zeigen soll, »wie man sich um sie reißt« mit der Preistreiberei auf dem Markt und gibt zu bedenken, es verführe ihn mehr, wenn er gebraucht würde, nicht etwa wenn sie entweiche. Sie solle besser zeigen, daß sie gewählt ist: »Wenn nicht mit ihm, dann mit dem Nichts vermählt ist./ Als gäb's für sie, wenn er nicht spräch, nur Schweigen.«[7]

Er teilt ihr seine Bedingungen mit. Bezogen auf Steffins Zweifel an einem künftigen Zusammenleben bedeutet dies, daß er auf seiner Unabhängigkeit beharrt, ihr aber ein gleiches Recht nicht zubilligt. Zugleich besänftigt er mit seinem Ordnungsruf den eigenen Widerwillen, denn er muß zur Kenntnis nehmen, daß sie »immer noch auf dem Markte« ist, lauert und belauert wird, wie es in einer anderen Fassung des fünften Sonetts heißt. Seine Abneigung gegen ihr Verhalten ist so groß, daß sie ihm Verse wie diese eingibt: »Während die Flamme noch dauert / Wünsche ich, daß sie erlischt«.[8]

Grete Steffin antwortet in einem Brief: »das fünfte, sechste und siebente lese ich oft durch, weil ich ja das nicht so ohne weiteres hinnehmen kann? Du mußt nur geduld haben.«[9] Womit sie nicht einverstanden ist, teilt sie nicht mit, und so bleibt unklar, ob es etwa der selbstherrliche Ton des fünften Sonetts ist, der sie stört, oder sein Beharren auf Unabhängigkeit.

Brechts sechstes Sonett an Steffin stellt den Eifersuchtskonflikt in einen größeren Zusammenhang:

Als ich vor Jahr und Tag mich an dich hing
War ich darauf nicht allzu sehr erpicht:
Wenn man nicht wünscht, vermißt man vielleicht nicht
Gab's wenig Lust, ist auch der Gram gering.

Und besser ist: kein Gram als: viele Lust
Und besser als verlieren: sich bescheiden
Der Männer Wollust ist es: nicht zu leiden.
Gekonnt ist gut, doch allzu schlimm: gemußt.

Natürlich ist das eine schäbige Lehre
Der war nie reich, der niemals was verlor!
Ich sag auch nicht, daß ich verdrießlich wäre ...

Ich meine nur: wenn einer an nichts hinge
Dem stünd auch keine schlimme Zeit bevor.
Indessen sind wir nicht die Herrn der Dinge.[10]

Das Spiel mit den kleinmütigen und verzagten Krämergedanken, die Liebeslust und Liebesleid ängstlich gegeneinander aufrechnen, ist eine rhetorische Figur, denn er weiß ja, daß Liebe und Kleinmut nicht zusammengehen. Und doch ist es mehr als ein Spiel. Grete Steffins Manöver veranlassen ihn zu einem klaren Hinweis darauf, daß Leidenschaften weder einklagbar noch erpreßbar sind – und dies ist nun kein Spielmaterial: »Gekonnt ist gut, doch allzu schlimm: gemußt«. Auch seine Furcht vor einer möglichen »schlimme[n] Zeit« ist sehr real, denn er weiß um seine Angst vor den massiven seelischen Bedrängungen privater Konflikte.

Die Tändelei mit den Gedanken an ein Leben ohne den »Gram« eigener und fremder Eifersuchtskonflikte, die Überlegung, daß es doch ein angenehmeres Leben wäre, »wenn einer an nichts hinge«, beendet er abrupt. Der letzte Vers gibt die Summe: »Indessen sind wir nicht die Herrn der Dinge.« Das klingt nach Schicksal, Fatum, Gottesurteil, das man bei Brecht eigentlich nicht erwartet. Wer aber sollte das Schicksal dieser Liebe bestimmen, wenn nicht das Paar selbst? Denkt er an die unsichtbaren Beteiligten aus den prägenden Vorgeschichten, die immer mit am Tisch sitzen und ihre Fäden ziehen wollen? An anderes Verborgenes? Eher spielt er wohl auf Dante an, dessen Vers- und Prosawerk »Vita nova« ihm auch in anderen Sonetten an Grete Steffin als dichterischer Bezugspunkt dient.[11] Bei Dante sind die Liebesgeister die »Herrn der Dinge«, die von einem bestimmten Moment an das Fühlen, Denken und Leben des Dichters mit überwältigender Macht besetzen und lenken, so daß er nichts anderes tun kann als ihnen zu folgen, und zwar schreibend. So endet Brechts sechstes Sonett mit einer Liebeserklärung, die mitteilt, daß da ein Gefühl gewachsen war, das sich gegen alle Befürchtungen einer »schlimme[n] Zeit« durchgesetzt hat, aber auch mit einem Verweis auf den Kollegen Dante, also mit einer Referenz an das Dichten. Solche Konnotationen wählt er nicht nur, weil er wie Dante in Zeiten der Trennung von seiner geliebten Beatrice zum Dichten veranlasst ist. Trennungen sind besonders für Brecht, der eine ganze Ästhetik der Distanz entwickelt, keine schlechte Voraussetzung zum Dichten. Allerdings weist der historische Fall Dante und Beatrice in seiner Grundkonstellation gar keine Parallelen zu ihm und Steffin auf, denn Dante durfte die Frau, die er liebte, infolge von Standesschranken nie berühren. Und dennoch gibt er Grete Steffin in manchen seiner Sonette den Namen Beatrice. Offensichtlich geht es ihm auch noch um andere Bezüge.

Der Titel von Dantes Buch »Vita nova – Das erneuerte Leben« spielt sowohl auf die Erneuerung des Lebens durch die Liebe an, als auch auf Dantes Bemühungen um eine Erneuerung der Sprache. Brecht stimmt mit Dantes Lehre einer künstlerischen Gestaltung der Volkssprache überein, deren Schönheiten sich beispielsweise unter den strengen Regeln des Sonetts entfalten könnten. Solche poetologischen Übereinstimmungen mit Dante, einem Exilanten des 13. und 14. Jahrhunderts, sind vom Alltag der Exilanten des Jahres 1933 nur scheinbar abgehoben, sie sind vielmehr eng mit ihm verbunden. Brechts Interesse an den sinnlichen Prägungen der Alltagssprache und an der Haltung von Grete Steffin bestätigen ihm ihre Antwort-Gedichte. Das Spiel mit ihnen wird mehr und mehr zu einem lustvollen Teil der Verbindung: »Dein letztes Gedicht habe ich für die Gitarre gesetzt«[12], schreibt er ihr aus Thurö. Unterdessen trifft sich Steffin in Paris mit Hanns Eisler: »Er hat mir nachm.[ittags] ›Wien, wie es weint und lacht‹ vorgeführt, außerdem haben wir alle alten Lieder gesungen, auch die Mutter-Lieder, die mir doch wieder besser gefielen als seine ›musikalischen Witze‹«.[13]

Steffin trifft Eisler nicht allzu oft, auf das Singen aber mag sie nicht verzichten, und so wünscht sie sich ein Musikinstrument, auf dem sie sich selbst begleiten könnte. Sie bittet Brecht, ihr in Dänemark eine Ziehharmonika zu besorgen. Kurze Zeit später schickt er sie ihr und bedankt sich bei ihr, denn ihr Wunsch hat ihn veranlaßt, neue Lieder zu schreiben: »Hierbei zwei Sachen für Dich und Eisler. [...] Mit Deiner Ziehharmonika hast Du mir nur einen Dienst erwiesen, wie Du siehst.«[14] Die Suche nach dem Instrument hat ihm Grundsätzliches bewußt gemacht: »Verstehst Du: diese kleinen Sachen für kleinsten Kreis sind jetzt vielleicht wichtig, wo Chorgesänge und Agitprop zu Ende sind. Eisler sollte [...] so komponieren, daß die Adamsorgel ausreicht.«[15]

Die neu entstehenden Gedichte, von denen viele im Volksliedton geschrieben sind, gelangen in den Band »Lieder Gedichte Chöre«, für den Grete Steffin einige Wochen später eine erste Fassung zusammenstellt. Das politische Liederbuch erscheint im Frühjahr 1934 zusammen mit Eislers Noten. . In einer Rezension des Buches bezeichnet Arnold Zweig »die Sprache des Alltags als ›Sprachstoff‹ der Gedichte, die aber durch den neuen Zusammenhang und die poetische Fügung ›wie neu geboren‹ erscheine«.[16] Es zeigt sich, daß Dantes »Vita nova«, also die Anregungen, die Brecht via Beatrice/Steffin in seinen neuen Gedichten verarbeitet hat, immerhin von einem verständigen Rezensenten bemerkt werden.

Brecht macht in seinen Gedichten einen größeren Bezugsrahmen auf als Grete Steffin, er sucht nach Zuordnungen und poetologischen Korrespondenzen mit der Literaturgeschichte, um sich als Dichter zu verorten.

185

Brechts Zugriff auf das poetische Thema ist ein grundsätzlich anderer als der von Steffin, die in ihren Liebesgedichten bei den individuellen Erfahrungen bleibt. Und sie verfügt über weit weniger formale Mittel als Brecht, was ihr besonders deutlich wird, als er ihr sein »Achtes Sonett« schickt. Beide hatten unabhängig voneinander und zur selben Zeit eine erste erinnernde Bilanz gezogen. Im achten Sonett listet Brecht nun so viele ihrer bisherigen Liebesorte auf, wie eben in die vierzehn Zeilen eines Sonetts hineinpassen. Die trockene, fast buchhalterische Aufzählung ist schnell vergessen, denn tatsächlich ist das Gedicht voll von drängender erotischer Leidenschaft, ausgelebt in »gut vier Ländern ... allen Jahreszeiten ...«[17] Grete Steffin antwortet ihm, daß sie genau denselben Einfall hatte: »einen Tag, bevor Du mir das achte sonett (ab-) geschickt hast, habe ich zufällig genau das versucht. Aber ich habe es weggeworfen und mich geschämt, als ich das Deine sah. eines aber hast Du vergessen: den wagen.«[18]

Solche Momente eines vergleichenden Innehaltens auf Grund ihrer beider ungleicher poetischer Voraussetzungen wird sie fortan immer wieder erleben. Sie bezeichnen das Spannungsfeld, in dem sie sich künftig bewegen wird: Die literarische Qualität des Genies liegt für Grete Steffin in unerreichbarer Höhe. Sie ist zu klug und zu selbstbewußt, um sich einschüchtern zu lassen, aber sie hat auch ein sicheres literarisches Urteil und ist talentiert genug, all die Unterschiede zwischen ihnen beiden, etwa Brechts souveräneres Formbewußtsein, zu erkennen. Im Moment übt sie sich in der von Brecht vorgegebenen Form des Sonetts und ist in diesem einen Fall gescheitert. Es ist ein heilsames Scheitern, denn sie wird ihren Anspruch, selbst zu schreiben, nicht durchsetzen können, bevor sie sich von seinem Einfluß gelöst hat. Das fällt ihr schwer, zumal sein dichterisches Können einen großen Teil der Anziehung und der Verführung ausmacht, die von ihm ausgeht.

Vorerst hat sie so viel zu entdecken und zu lernen, daß sie sich auf Brechts Vorgaben einläßt. Dabei wird sie nicht stehenbleiben, aber sie wird einen langen Weg einschließlich mancher Sackgassen und Umwege gehen müssen gehen, bis sie die ihr gemässe Form für ihre eigenen Stoffe gefunden hat. Zunächst umkreist Grete Steffin in ihren Gedichten immer wieder den erotischen Teil der Liebe, den sie auf dieselbe Weise wie Brecht aufgreifen will. Brechts unsentimentale, gegen die romantische Liebe gerichteten Auffassungen und seine auch in sexueller Hinsicht reicheren Erfahrungen haben eine tiefe Wirkung auf Grete Steffin. Sein Liebesunterricht schließt ein, sie »Die Wörter, welche meinten, was wir machten« zu lehren, und zwar »die allgemeinsten, ganz vulgären.«[19] Damit will er, oberflächlich besehen, die Scheu und die Hemmungen seiner Geliebten aufheben.

Grete Steffin gibt in ihren Gedichten zu erkennen, daß er da an die vom Erbe ihrer protestantischen Erziehung genährte Furcht rührte, sich körperlicher Liebe mit Freude hinzugeben. Wahrscheinlich hatte sie eine verinnerlichte Angst vor Strafen und dem Verdikt der Schande zu überwinden. Brecht lehrt sie einen freieren Umgang mit ihrem Körper und sie erweist sich als dankbare Schülerin: »Ich begann mit ihm auch mich zu lieben«[20], heißt es in einem ihrer Gedichte.

Was diese wesentliche Wandlung tatsächlich bedeutet, wird erkennbar, wenn sie über ihre früheren Erlebnisse spricht: Sie hatte vorher nie erfahren, was ein Liebesakt sein kann. Aus einem ihrer Gedichte geht hervor, daß sie in den Jahren der Verbindung mit ihrem früheren Geliebten nur ein einziges Mal »selber die Begierde« gespürt hatte, und sogar diese kümmerliche Bilanz muß sie noch einmal einschränken, denn es geschah nur im Traum. So kommt Brechts Liebesunterricht einer sexuellen Erweckung gleich. Das Gedicht endet:

Und nun bist du da. Ob ich dich liebe
Weiß ich nicht. Doch daß ich bei dir bliebe
Wünsch ich jede Nacht.

Rührst du mich nur an muß ich mich legen.
Weder Scham noch Reue stehn dagegen
Und was sonst da wacht.[21]

Zu dem, »was sonst da wacht«, gehört sicher auch die lustfeindliche Sündenideologie der Kirche, auf die sie in einem anderen Sonett sarkastisch und ein wenig lärmend anspielt. Sie ruft das Personal der biblischen Legenden auf und vergleicht den Heiligen Geist und Joseph mit ihrem jetzigen Liebhaber Brecht. Es endet triumphierend: »Herrgott, Bidi lehrte mich, was Lieben heißt.«[22] Bidi ist der Kosename für Brecht, den sie auch in ihren Briefen verwendet. In einem anderen Gedicht heißt es: »Endlich lernte ich das *Jetzt* auskosten / Ohne Furcht, daß es sich ändern kann.«[23]

Während der langen Zeit, da sie in Paris auf Brechts Rückkehr wartet, ist sie indes vor allem von ihren Überlegungen über die Zukunft umgetrieben. Und während sie in ihren Briefen zwischen Sehnsucht und Zweifeln schwankt, zwischen Zuneigung, Trotz und Selbstmitleid, hält sie in einem ihrer Gedichte einen Moment von Ergebenheit fest. In diesem Gedicht scheint sie einverständig und zufrieden, sie entfaltet eine Hingabe, die so großzügig ist, daß sie auch die anderen Frauen ihres Geliebten akzeptieren kann:

Wenn ich zu dir komme, laß mich bitte
So, als käme ich täglich, herein.
Laß mich bei dir die wenigen Stunden
Ganz ohne eigene Wünsche sein.

Wenn ich bei dir bin, dann mußt du erzählen
Was geschehen wird, was geschah.
Aber sprich nicht von den anderen Frauen.
Und mich selber laß nur sagen: Ja.[24]

Wüßte man nichts von ihrer Persönlichkeit, dann käme man gar nicht auf den Gedanken, daß ihr Einverständnis mit der zeitlich begrenzten Zweisamkeit im Sinne Brechts auch auf die gemeinsamen künstlerischen Interessen, die übereinstimmende politische Haltung und ihren zwangskorrigierten Lebensentwurf infolge der noch immer bedrohlichen Krankheit zurückgeht. Die Frage, ob sie sich nicht lieber von ihm trennen sollte, die sie sich bei seiner Abreise gestellt hatte, bekommt jetzt, mit der Aussicht auf eine unbestimmt lange Exildauer, ein ganz anderes Gewicht. Daß die gemeinsame Arbeit ein wesentlicher Teil der Verbindung ist, hatte sich schon in Berlin gezeigt. In Paris aber, wie an jedem anderen Ort im Exil, ist sie in der Fremde. Hier gibt es keine vertrauten Freunde und kein vertrautes Umfeld, keine Gruppe, keine Familie, in die sie sich gegebenenfalls zurückziehen könnte. Hinzu kommt, dass sie als seine Angestellte materiell von ihm abhängig sein wird. Ihr Wunsch, mit eigenen Veröffentlichungen oder auf andere Weise Geld zu verdienen, ist dagegen kaum zu realisieren. Das erfährt sie nicht zuletzt von den deutschen Emigranten in Paris.

Wenn sie sich für Brecht entscheidet, dann zeugt das nicht zum erstenmal von ihrer hohen Risikobereitschaft, denn intuitiv hat sie bereits erfasst, auf wen sie sich einläßt:

Ich wohne fast so hoch wie er.
Nachts in mein Zimmer einzudringen
Und mich um meinen Schlaf zu bringen
Das fällt ihm darum überhaupt nicht schwer.

Er kommt ganz still, setzt an das Bett sich breit.
Bevor ich meine Blöße noch versteckt
Hat er sie hämisch grinsend schon entdeckt
Beginnt frech seinen sündgen Zeitvertreib.

Mit spitzen Fingern spielt auf Bein und Knie
Auf Schenkel, Hüfte er, streichelt das Haar
Liebkost die Brust und küßt den Hals sehr zart.

Er kennt sich aus auf jede Melodie.
Lautlos verfließt er, wenn er mich genarrt
Und ich weiß nicht, ob er es wirklich war.[25]

Margarete Steffin 1933/34.

1933/34. Versuche

Nach Brechts Abreise aus Paris hatte sich Grete Steffin ein Zimmer vor den Toren der Stadt genommen, in Beauchamp, avenue morére 36. Gemeinsam mit einem Nachbarn, dem tschechischen Zeichner und Filmregisseur Bartosch und seiner Frau, Freunden von Brecht, geht sie in Beauchamp und in Meudon auf die Suche nach einem Haus für die Familie Brecht. In ihren Briefen schildert sie ihm die Vor- und Nachteile der Häuser, aber auch die Pariser Sommerhitze: »Es wird hier immer heißer, wie Fliegen am Fliegenfänger (die Dinger, die in Bauernstuben hängen) kleben die Leute hier rum. Paris hat eben den großen Nachteil (besonders gegen Berlin), daß kein Wasser in der Nähe ist. Denn die Seine konkurriert mit der Spree, was Dreck betrifft.«[1]

Ihre Tage gliedert sie nach einem festen Stundenplan. Neben dem Schreiben und langem Liege- und Ruhepausen, die ihr Professor Alexander empfohlen hat, lernt sie täglich zwei Stunden Französisch und eine Stunde Russisch. Ihre außerordentliche Sprachbegabung mag man daran ermessen, daß sie schon wenige Wochen nach Beginn ihrer Studien einen ganzen Absatz eines Briefes an Brecht in fehlerfreiem Französisch schreibt und andererseits seine Fehler im Französischen korrigiert.[2] Dies erreicht sie, indem sie neben ihrem Selbststudium französische Zeitungen liest und sich mit ihren Wirtsleuten und Nachbarn unterhält.

Es gelingt ihr nicht immer, die strengen Vorgaben des Stundenplans einzuhalten. Ihre Grübeleien über die ungewisse Zukunft machen sie zeitweilig konfus. Manchmal beginnt sie auf der Straße plötzlich laut mit Brecht zu reden, ebenso in Gesellschaft anderer Leute. Das ungewohnte Alleinsein macht sie fahrig: »Ich sehe immer Deine Bilder an, u. lese Deine Briefe immer wieder, u. die Gedichte. Jede Stunde bist Du da. Es ist so schlimm, daß ich so ›treu‹ bin. Werden wir im Herbst und Winter zusammen sein? Was ich hier mache, ist jede Minute so, daß Du hinzukommen könntest. Alles mache ich wirklich so, als ob Deine gestrengen Augen darauf ruhen. Ich habe auch jedes ›Flirten‹ in Paris abgelehnt.«[3] Sie schläft schlecht, träumt wirr und ist häufigen Stimmungsumschwüngen ausgesetzt: »Ich bin jetzt böse und traurig: (nicht böse mit irgend jemand, sondern von Natur aus)«.[4]

Zu ihren trüben Stimmungen trägt vor allem ein Kleinkind in der Familie ihrer Wirtsleute bei. Sie ist dem Kind sehr zugetan, beschäftigt sich oft mit ihm und wird immer wieder an ihren eigenen, lange gehegten Kinderwunsch erinnert. Das häufige Zusammensein mit dem Kind ruft Gedanken an ihre erste Abtreibung in Berlin hervor. Sie schreibt ein langes Gedicht über den Abort, das in schwarzer Bitternis endet:

Da schwammen meine Zwillinge
Stille im dunklen Blut.
Und wer sie so schwimmen sah, wußte
Wie die Liebe tut.[5]

Sie zögert lange, bevor sie das Gedicht an Brecht schickt: »... mindestens 3 Briefe habe ich schon umgeschrieben, weil ich erst es immer beilegen wollte, und mich dann nicht traute, jetzt gebe ich es Dir doch. Wenn es dir nicht gefällt, zerreiße es gleich. Mir gefiel bloß die letzte Strophe, wenn sie auch etwas unappetitlich ist, darum habe ich acht andere davor gesetzt.«[6]

Grete Steffin braucht lange Zeit, um zu verarbeiten, daß sie sich den Wunsch nach eigenen Kindern versagen muß. Indessen hat sie sich als Emigrantin auf nahezu allen Gebieten des Lebens an neue Verhältnisse zu gewöhnen. Die Etablierung des Naziregimes in Deutschland bringt für die Flüchtlinge gravierende Veränderungen, die von den kleinsten Dingen des Alltags bis in die Konzepte und Verhaltensweisen ihrer politischen Gruppierungen reichen.

Grete Steffin setzt ihre in Agra begonnenen Prosa-Arbeiten über die neuen Verhältnisse in Deutschland fort. Sie plant einen ganzen Zyklus von Geschichten zum Thema »wie das Dritte Reich wurde« und muß feststellen, daß ihr dazu einiges Material fehlt. So fragt sie bei Brecht an, ob seine frühere Mitarbeiterin Elisabeth Hauptmann, die sich in Berlin darum bemüht, Manuskripte und Arbeitsmaterialien aus seiner alten Wohnung zu holen, noch in Berlin oder schon in Dänemark sei: »wenn sie noch in bln. ist, schreibe ihr doch bitte, sie möchte mir meinen hitler (›mein kampf‹), der bei Dir oben liegt, schik-ken, ich will sehen, ob ich noch ein exemplar der ersten auflage bekomme, dann kann man vielleicht etwas anfangen mit den stellen, die bei der zweiten auflage wegblieben.«[7] Von den aktuellen Verhältnisse in Deutschland kann sie sich allerdings kein rechtes Bild machen. Aus Berlin erhält sie widersprüchliche Nachrichten, so daß sie nicht entscheiden kann, ob sie das fehlende Material nicht vielleicht selber holen könnte.

Einerseits bekommt sie einen verschlüsselten Brief von ihrer Mutter, in dem ihr Johanna Steffin empfiehlt, doch besser in Paris zu bleiben[8] und andererseits erfährt sie: »aus deutschland höre ich, daß ich jetzt vielleicht doch rüberkommen könnte, viele sachen seien nun niedergeschlagen und den einzelnen terrorgruppen bei strengster strafe verboten, privatgerichtsakte auszuüben. ein genosse, der seit anfang märz spurlos verschwunden war, kam wieder zu meiner schwester. er war im konzentrationslager, sieht am ganzen körper entsetzlich aus, außerdem ist er fast erblindet, soviel schläge an den schädel hat man ihm gegeben.«[9] Bald darauf erfährt sie, daß der Terror in Deutschland nicht verboten, sondern schlicht in staatliche Hoheit überführt wurde. Die Folgeerscheinungen, etwa der Ausbau des Spitzelsystems, Verrat, Gesetzesänderungen, Briefzensur etc., auf die sich allmählich auch die umliegenden Staaten einstellen, führen dazu, daß jetzt auch Steffin, wie zuvor schon Brecht, in ihren Briefen Verschlüsselungen, Codes und Tarnnamen verwendet.

Grete Steffin wird nicht mehr nach Berlin fahren. Elisabeth Hauptmann kann einen Teil der Manuskripte Brechts retten und wird sie nach Paris bringen.[10]

Einmal in der Woche fährt Steffin mit dem Zug von Beauchamp nach Paris, wo sie an Versammlungen des Schutzverbandes deutscher Schriftsteller und an Parteiversammlungen teilnimmt. Brecht hatte sie vor seiner Abreise einigen seiner Kollegen vorgestellt, andere kannte sie schon aus Berlin. Manche der Emigranten sind verunsichert. Wer in Deutschland einen Namen hatte, ist nunmehr entwurzelt und hat mit wirtschaftlichen Schwierigkeiten zu kämpfen. Grete Steffin gibt Brecht ein paar Stimmungsbilder: »Kisch scheint vollkommen durchgedreht. So wie Chaplin in besonders tragischen Situationen hilflos und gequält gelacht hat, macht er mal einen Witz, dann stiert er wieder wie ein halb Verdrehter.«[11]

Auch ihrem Freund Hanns Eisler hat die Vertreibung aus Deutschland die Stimmung verdorben. Er sitzt oft mit seiner Schwester Ruth Fischer und mit Arkadi Maslow, den beiden 1926 aus der KPD ausgeschlossenen ehemaligen Parteivorsitzenden, in Pariser Cafés zusammen. Grete Steffin verbringt einen Tag mit Eisler und erlebt ihn »ziemlich verstimmt, weil die Tschechen ihm noch immer nicht geschrieben haben und er deshalb hier unnütz in Paris herumsitzt. Außerdem hat er wieder mal kein Geld, ist ganz pleite, hat wohl ausgeliehen und etwas zu erwarten.« Am Nachmittag dieses Tages musiziert sie mit ihm. Danach schlägt seine Stimmung wieder um: »Abends waren wir mit Ruth und Maslow in einem schlechten Film, da ist er wieder schlechter Laune geworden.«[12] Die ersten Monate nach der Vertreibung aus Deutschland sind für viele Emigranten schwierig. Sie befinden sich in einem kulturell fremden Milieu, sind desorientiert und haben sich zunächst um die einfachsten Fragen des Überlebens zu kümmern. Alte Arbeitsverbindungen sind zerrissen, neue müssen erst geknüpft werden.

In dieser Situation versucht Grete Steffin in Paris eine Agentur zum Vertrieb antifaschistischer Publizistik aufzubauen. Mit der Agentur, die Deutscher Autorendienst (DAD) heißen soll, könnte sie eigenes Geld verdienen. Die Idee stammt offensichtlich von Brecht und stellt einen der vielen Versuche dar, mit der veränderten Situation im Exil umzugehen. Über Beiträge für die geplante Agentur spricht Steffin unter anderem mit Walter Mehring, Gustav Regler, Egon Erwin Kisch, Albert Ehrenstein, Friedrich Wolf und Erich Weinert. Schriftliche Anfragen richtet sie an Heinrich Mann, Alfred Döblin, Hermann Hesse und Oskar Maria Graf. Erste Texte erhält sie von Bernard von Brentano, Anna Seghers und Kurt Kläber.

Beim Aufbau der Agentur stößt sie auf Schwierigkeiten, denn die Korrespondenz gerät bald zwischen die Mühlsteine politischer Grundsatzkonflikte. Viele Schriftsteller sagen ihr Beiträge zu, liefern aber nicht, teils, weil sie mit anderem beschäftigt sind oder keine rechte Vorstellung von dem eben entstehenden, noch konturlosen Unternehmen haben, teils weil sie sich an die Parteidisziplin der KPD gebunden fühlen. Grete Steffin, die sich mit dem Aufbau einer Feuilleton-Korrespondenz auf ganz und gar unvertrautem Feld bewegt, fragt immer wieder bei Brecht an, wie sie sich verhalten solle und hält ihn auf dem laufenden über ähnliche Unternehmungen in Amsterdam und Prag.

Noch in Paris hatte Brecht mit Anna Seghers, Theodor Balk, Kurt Kläber und Bernard von Brentano über die Gründung des DAD gesprochen.[13] Außer ihm selbst sind alle Beteiligten dieses Gesprächs KPD-Mitglieder, auch Grete Steffin. Das scheint einige Parteifunktionäre im Schriftstellerverband auf den Gedanken gebracht zu haben, die Agentur in den Dienst der Partei zu stellen und ideologisch zu reglementieren. Nach ihren Vorstellungen sollen bürgerliche Schriftsteller von der Teilnahme an der Korrespondenz ausgeschlossen bleiben.

Die KPD versteht sich immer noch als revolutionäre Partei, die sich gegen die Infiltration von Spitzeln abzuschotten bemüht, ihre Niederlage noch nicht verarbeitet und bisher keine neue Politik entwickelt hat. Brecht hingegen sieht die dringende Notwendigkeit, sowohl die Exilpresse zu unterstützen, als auch französische Zeitungen mit Artikeln und Aufsätzen zu beliefern, um das Ausland über Nazideutschland aufzuklären. Bürgerlichen Schriftstellern die Teilnahme an der Korrespondenz zu verwehren, hält er für unproduktiv und nicht opportun, politische Meinungsverschiedenheiten unter den Emigrantengruppen für nachgeordnet gegenüber dem eigentlichen Ziel einer möglichst breiten Front gegen Hitler. Der DAD sei keine Parteisache und erlaube keine Beaufsichtigung, schreibt er an Grete Steffin. Sie solle sich nicht allzusehr über diese »Dummköpfe« ärgern und habe von ihm aus freie Hand: »Ich bin nicht für ein ›Gegen‹, darum nicht für ein ›Ohne‹«. Er will alle Interessierten auffordern, Aufsätze und Artikel einzureichen, »gleichzeitig weisen wir aber Ansprüche einzelner auf Kontrolle der andern zurück.«[14]

Als Brecht das Projekt plante, war er davon ausgegangen, sich in Paris niederzulassen. Der DAD sollte als Privatunternehmen zum Geldverdienen gegründet werden und schon deshalb duldet er jetzt keinerlei Einmischung: »Selbstverständlich hat niemand das Recht, mir meine Sekretärin herum zu befehligen. Sollte es einer versuchen, ohne mich zu fragen, dann laß mich machen. – «[15]

Die Agentur kommt nicht zustande. Woran das Projekt letztlich scheitert, ist nicht nachweisbar. Ob es die politischen Vorbehalte der KPD-Funktionäre sind, vorgetragen in einer »verdammten Atmosphäre von Mißtrauen und Ungründlichkeit, die immer wieder sich plötzlich breitmacht«[16], wie Brecht sich bei Johannes R. Becher beklagt, oder ob es Brechts bald darauf gefaßter Entschluß ist, sich in Dänemark niederzulassen, läßt sich im einzelnen nicht mehr klären. Mit der Entscheidung, nicht in Paris zu leben, hat sich der Plan ohnehin erübrigt und so bleibt er einer von vielen nicht realisierten Versuchen des Neuanfangs unmittelbar nach der geschichtlichen Zäsur des Jahres 1933.

In Dänemark verhandelt Brecht unter anderem mit dem Amsterdamer Verlag Allert de Lange über den Druck des nun entstehenden »Dreigroschenromans« und erkundigt sich bei Sergej Tretjakow und Erwin Piscator nach Arbeitsmöglichkeiten in der Sowjetunion, da er erwägt, mit Hanns Eisler und Grete Steffin nach Moskau zu fahren.

Steffin hatte sich seit ihrer Kur auf der Krim vorgenommen, einmal für längere Zeit ins Land zu fahren und seither mit ihren russischen Freunden korrespondiert. Darüber schreibt sie an Brecht: »Aus Moskau bekam ich Post, warum ich nicht endlich käme. Wirst Du im Herbst hinfahren? Ich wäre sehr froh, mit Dir und Eisler hinfahren zu können. Alle fragen, warum ich nicht schreibe. Anscheinend sind meine Briefe nicht durchgelassen worden. (Ich fragte an, ob wirklich die Hungersnot so groß sei, ob die Kollektivverwaltung der Betriebe aufgehoben sei, schrieb wegen der Verweigerung der Aufnahme von Emigranten.)«[17].

Ihr Brief ist deshalb bemerkenswert, weil er der letzte ist, in dem sie politische Vorgänge in der Sowjetunion unverstellt und direkt anspricht. Legt man all ihre überlieferten Briefe zugrunde, so wird sie von jetzt an nie wieder direkt auf politische Themen des Landes eingehen, obwohl sie außerordentlich an seiner Entwicklung interessiert ist. Wahrscheinlich sind die Briefe tatsächlich von der Zensurbehörde beschlagnahmt worden, jedenfalls muß sie davon ausgehen und stellt sich darauf ein.

Fortan ist es mit ihrer Unbefangenheit vorbei, die Zeit der arglosen Aufrichtigkeit ist zu Ende. In ihren Briefen scheut sie die offene Rede, spricht politische Themen nur noch vage oder indirekt an, umschreibend und vieles auslassend. Meist erkundigt sie sich nach Neuigkeiten, dann aber in der Regel so, daß ihre eigenen Gedanken möglichst nicht durchscheinen. Ihre undeutliche Rede, zu der auch die Briefzensur aller anderen Staaten beiträgt, läßt im Nachhinein nur noch Vermutungen darüber zu, wie und mit welchen Folgerungen sie sich mit den Reaktionen der Sowjetunion auf die internationale Politik oder mit der gesellschaftlichen Entwicklung und den Repressionen im Inneren des Landes auseinandersetzt.

Brecht fährt 1933 nicht nach Moskau, und Grete Steffin bleibt nichts anderes übrig, als in Paris auf ihn zu warten: »Es geht mir ganz gut hier, weil Du mich den Leuten vorgestellt hast. Etwas Glanz fällt auf jeden.«[18] Sie weiß diesen Glanz, der von seinem Ruhm ausgeht, durchaus zu schätzen, er erfüllt sie mit Genugtuung und macht sie stolz: »Glaube mir, ich schätze jeden Brief von Dir sehr, aber was er mir ist, kann man vielleicht doch messen an dem, was ein *Brief von Brecht* bedeutet.«[19]

Allerdings stört es sie, wenn andere den Glanz, der von Brechts Namen ausgeht, umstandslos auch auf sie übertragen: »Langsam komme ich mir wie ein Hochstapler vor, wenn die Leute mich immer nach Dir ausfragen, wie lange ich mit Dir gearbeitet habe, was usw., und wenn sie mir sagen, daß sie mich deswegen alle einladen, weil ich mit Dir gearbeitet habe. Als ich gestern einen Genossen traf, der *Mich* (nicht ›Deine Sekretärin‹) einlud, war ich so froh, wie seit langem nicht.«[20] Sie will ihre Bedeutung nicht allein aus dem Umgang mit ihm beziehen und legt Wert darauf, selbst als Person wahrgenommen zu werden.

Brecht arbeitet in Dänemark am »Dreigroschenroman«, schickt die ersten Kapitel zur Kritik an Steffin, verhandelt weiter mit dem Verlag Albert de Lange über einen vorteilhaften Vertragsabschluß, versucht aktuelle Rechtsfragen mit seinen deutschen Verlagen zu klären und kauft auf der Insel Fünen für die Familie ein Fischerhaus. Bei all dem geht es ihm um eine Basis für die nähere Zukunft, auch wenn er offenbar noch keine allzu genauen Vorstellungen von der künftigen Lebensweise hat. An Grete Steffin, die sich oft darüber beklagt, so lange Zeit in Paris allein zu sein, schreibt er, sie müsse nicht denken, daß er immerfort herumschwanke: »... ich rechne beständig mit Dir, und Deine Gesundheit ist das schwächste Glied in der Kette meiner Rechnungen, liebe alte Grete.«[21]

Er hat die klimatischen Bedingungen der Orte zu berücksichtigen, an denen sich Grete Steffin aufhalten könnte. Ihr Vorhaben, ein paar Wochen bei Anna Seghers an der holländischen Nordseeküste zu verbringen, hatte sie, nach einer dringenden Warnung Professor Alexanders, wieder aufgegeben. Brecht teilt sie mit: »wenn mir nicht alex auch schriftlich wieder die nordsee streng verboten hätte, wäre ich zur seghers.«[22]

Da Brecht neben anderen Orten nun auch Dänemark in Betracht zieht, fordert er sie mehrfach auf, Alexanders Urteil über

Fünen einzuholen.[23] Der Professor hat keine Einwände dagegen, die Insel läge nicht am offenen Meer, und die unmittelbare Nähe des Golfstroms garantiere ein günstiges Klima, mild und nicht zu kalt.[24] Brecht hatte vor allem deshalb um Alexanders Urteil gebeten, weil Steffin ihn für die vorgesehene Reise nach Moskau in Dänemark abholen sollte. Da nun auch dieser Plan geändert ist, fährt er bald darauf nach Paris.

Für Grete Steffin, der die Zeit inzwischen derart lang geworden ist, daß sie daran zu zweifeln beginnt, ob er jemals wiederkommen würde, sind mit seiner Ankunft am 10. September 82 gezählte Tage des Wartens vorbei.

Brecht reist eine Woche später mit Steffin weiter nach Sanary-sur-Mer, einem Seebad an der französischen Mittelmeerküste, das sich seit den zwanziger Jahren zu einer kleinen Künstlerkolonie entwickelt hat. Inzwischen leben hier auch einige emigrierte deutsche Schriftsteller. Neben den Gesprächen mit befreundeten Autoren nimmt Brecht die Arbeit am »Dreigroschenroman« wieder auf. Einen großen Teil des Romans hatte er schon im August an Grete Steffin geschickt und kann nun ihre Kritiken und Korrekturvorschläge, die sie ihm brieflich mitgeteilt hatte, mit ihr durchgehen.

Steffin wird die fünf Wochen in Sanary später als die schönste Zeit ihres Lebens bezeichnen. Sie lernt Lion Feuchtwanger kennen, freundet sich mit Arnold Zweig an, spielt auf dem neuen Hohner-Bandoneon, das Brecht ihr aus Dänemark mitgebracht hat, und begleitet das gemeinsame Singen. Der Filmregisseur Jean Renoir, den sie hin und wieder in Meudon besuchen, nachdem sie am 19. Oktober wieder in Paris sind, erinnerte sich, daß Brecht beim Singen keineswegs an schönen Stimmen interessiert war: »Brecht wurde begleitet von seiner Sekretärin. Diese junge Berlinerin hatte keine Schreibmaschine bei sich, sondern eine von diesen kleinen achteckigen Ziehharmonikas, die man, glaube ich ›Concertina‹ nennt. Hanns Eisler, Kurt Weill und Lotte Lenya kamen ebenfalls. Brecht bat mich, alte französische Lieder zu singen. Ich singe schlecht und habe keine Stimme. Brecht störte das überhaupt nicht. Die Sekretärin begleitete den Gesang auf ihrer Concertina.«[25]

Brecht und Steffin arbeiten während der folgenden Pariser Monate an der Redaktion des Bandes »Lieder Gedichte Chöre«, für den Grete Steffin schon im August eine erste Zusammenstellung vorgenommen hatte. Dieser Entwurf wird jetzt von

Brecht, Eisler, Steffin und Elisabeth Hauptmann, die inzwischen auch nach Paris gekommen ist, mehrfach überarbeitet, ergänzt und zum Druck für Willi Münzenbergs Verlag Edition du Carrefour vorbereitet.

Daneben geht die Arbeit am »Dreigroschenroman« weiter, über deren Fortgang Lou Eisler berichtet: *Die Arbeit war so, daß Brecht ihr diktierte, und wenn sie irgendwie nicht einverstanden war oder gemeint hat, jetzt ist eine Diskussion nötig über dieses Thema, dann hat sie aufgehört zu tippen und dann sprachen sie miteinander. Es waren auch oft andere Leute dabei, Brecht hatte ja bei der Arbeit gern viele Leute, aber vor allem die Grete hat dann aufgehört. Und irgendeinmal hatte jemand, ich weiß jetzt nicht, wer das war, keine Sekretärin. Und sie hat kurz für den getippt. Und der erzählte dann ganz entsetzt: »Der Brecht hat so eine komische Sekretärin. Die hört plötzlich auf zu tippen und schaut in die Luft!« Weil er das gar nicht verstanden hat.*

Dieser Jemand ist Walter Benjamin, der in Paris an seinem kommentierten Briefband »Deutsche Menschen« arbeitet. Drei Jahre später schickt er das Buch, »das nun endlich gedruckt ist«, mit einer Widmung an Grete Steffin und schreibt ihr: »Sie erinnern sich gewiß noch, wie Sie vor zwei [sic] Jahren im Palace-Hotel an dem Manuskript gearbeitet haben.«[26] Seinen Schrecken hat er überwinden können. Der bald darauf einsetzende Briefwechsel mit Steffin zeugt von gegenseitigem Verständnis und einem freundschaftlichen Verhältnis, das in Paris unter anderem mit gemeinsamen Kinobesuchen begründet wird. Nachdem Brecht und Steffin am 19. Dezember nach Dänemark abgereist sind, kümmern sich Benjamin und Elisabeth Hauptmann in Paris um letzte Fragen der Herstellung und Redaktion des Bandes »Lieder Gedichte Chöre«.

Während Brecht den Weihnachtsabend bei seiner Familie in Skovsbostrand auf der Insel Fünen verbringt, ist Grete Steffin in Kopenhagen. In einem Brief aus dem Hotel Nordland teilt sie Walter Benjamin am 20. Dezember ihre Ankunft mit, zieht aber noch am selben Abend zu Ruth Berlau und deren Ehemann, dem Arzt Dr. Robert Lund, in die Kronprinsessegade.

Brecht hatte Ruth Berlau im Sommer auf der Insel Thurö kennengelernt, im Haus der Schriftstellerin Karin Michaelis, die Helene Weigel und die Kinder bei deren Ankunft zunächst bei sich untergebracht hatte. Ruth Berlau ist Schauspielerin am Königlichen Theater in Kopenhagen und leitet daneben ein Arbeitertheater, in dem auch ihr Freund Mogens Voltelen spielt, ein Architekt, der im Herbst 1933 für Helene Weigel den Umbau des Hauses am Skovbostrand organisiert hatte.

Ruth Berlau erinnerte sich Jahre später, Steffin habe sich drei Monate lang in ihrer Wohnung aufgehalten. Aber sie schätzt diese Zeitspanne als zu lang ein.[27] Grete Steffin wohnt rund vier Wochen bei ihr und beginnt schon bald damit, Berlaus Roman »Videre« zu übersetzen, um sich mit der dänischen Sprache vertraut zu machen. Sie informiert Walter Benjamin, der einen längeren Aufenthalt bei Brecht plant, über das Klima und die Sprache, die Preise und die Caféhäuser in Dänemark. Und sie schreibt ihm über ihre erneut erwogene Reise nach Berlin: »Ich habe mit Brecht vereinbart, daß ich vorläufig noch hier bleibe und erst nach Berlin fahre, wenn er hier gewesen ist. Ich werde aber zurückkommen und dann, falls Sie auch bald kommen, *vielleicht* mit Ihnen zusammen nach Skovsbostrand ziehen.«[28] Am 13. Januar 1934 erhält sie dann einen Brief von Brecht, in dem er ihr vorschlägt, »etwa gleichzeitig«[29] mit Hanns Eisler, der sich ebenfalls angekündigt hat, nach Skovsbostrand auf der Insel Fünen zu kommen.

Am 15. Januar verläßt Grete Steffin Ruth Berlaus Wohnung und zieht in die Pension Westergard.[30] Drei Tage später kommt Brecht aus Fünen zu ihr nach Kopenhagen und bleibt für zehn Tage. Die Arbeit am »Dreigroschenroman« wird fortgesetzt, die Redaktion des Bandes »Lieder Gedichte Chöre«, in den er noch einige neue Gedichte aufnimmt, wird abgeschlossen. »Wir haben sehr viel gearbeitet«[31], schreibt Steffin an Walter Benjamin, nachdem Brecht am 28. Januar wieder abgereist ist. Die vorgesehene Reise nach Berlin, bei der es auch um die Spedition von Benjamins Berliner Bibliothek nach Fünen gehen sollte, wolle sie nicht antreten, kündigt ihm aber an: »Eine Freundin besucht mich im Februar irgendwann. Kann sie Ihnen etwas besorgen? Schreiben Sie bitte gleich.«[32] Die Freundin ist Hilde Lützenhoff, und am 20. Februar kommen auch Johanna Steffin und Herta Hanisch zu Besuch nach Kopenhagen.

Zuvor aber, am 10. Februar, ist Brecht noch einmal bei ihr. Er mietet sich für zwei Tage im Grand Hotel ein, feiert seinen 36. Geburtstag mit Steffin und ist vor allem mit Absprachen über künftige Inszenierungen in Kopenhagen beschäftigt. Er verhandelt mit dem Regisseur Per Knudson und spricht mit dem Dichter Otto Gelsted, der »Die Rundköpfe und die Spitzköpfe« übersetzen soll, eine Verbindung, die offenbar durch Ruth Berlau vermittelt worden war. Das geht aus einem Brief hervor, in dem Grete Steffin nach Brechts Abreise auf Ruth Berlaus besonderes Interesse an diesen Verhandlungen eingeht. Berlau hatte für eine Aufführung der »Heiligen Johanna der Schlachthöfe« in Kopenhagen plädiert, da sie die Hauptrolle spielen will. Steffin wiederum schreibt ihren Brief an Brecht in äußerster Erregung, denn sie sieht das private Interesse, mit dem sich Berlau in diese Verhandlungen einbringt. Sie hat erfahren, daß Berlau nicht nur an der Arbeit, sondern ebenso an den Äußerlichkeiten des Kulturbetriebs und am Umgang mit berühmten Persönlichkeiten interessiert ist. Das hat zur Folge, daß es der Übersetzer Otto Gelsted, der Berlau sehr gern hat und ihr helfen will, ablehnt, geschäftliche Dinge künftig mit ihr zu besprechen: »Er nimmt an, daß sie alles unbewußt macht, aber jedenfalls sei ein Hintertreiben u. Verfälschen u. Herumerzählen unausbleiblich, wenn sie etwas in die Finger nimmt, sie habe zu wenig ›juristisches‹ u. zu viel falsch verstandenes diplomatisches Talent.«[33] Ruth Berlau liebt gesellschaftliche Auftritte, eine Eigenschaft, die Grete Steffin fremd ist. Überdies spürt Steffin in Berlau eine Konkurrentin, obwohl deren Liebesgeschichte mit Brecht noch gar nicht begonnen hat.

Brecht hingegen ist vor allem daran interessiert, ein bislang ungespieltes Stück auf die Bühne zu bringen und sich in Dänemark bekannt zu machen. Er begegnet den Konkurrenz- und Eifersuchtsregungen der Frauen gewöhnlich damit, daß er sie abwehrt oder die Bedeutung der einen gegenüber der anderen herunterspielt. Steffin indessen durchschaut solche Taktiken, Halbwahrheiten und Lügen, sie kann ihn da korrigieren und gibt den Vorgängen ihren Realitätsgehalt zurück: »Einmal sagtest Du, Ruth könne wohl als Schauspielerin nicht sehr viel. Auch da glaubte ich nicht, daß Du das so meinst. Na, jedenfalls wird sie Ende des Monats einen Vortragsabend machen. Du wirst ja dann sehen. Ich glaube sie kann außer gut aussehen noch mehr. Außerdem ist sie vor allem ehrgeizig. Sie will etwas singen an dem Abend. Weißt Du etwas, das ich mit ihr dafür üben kann?«[34] Dieses typische Muster gegenseitiger Hilfe wird sich in den kommenden Jahren bei vielen Gelegenheiten wiederholen. Wenn es um die eigenen Vorhaben der jeweils anderen oder um die gemeinsame Arbeit geht, die in aller Regel um Brechts Produktion gruppiert ist, sind die Frauen untereinander solidarisch, unterstützen sich und stellen Konkurrenz und Eifersucht hintan. Vollkommen unterdrücken lassen sich solche Regungen freilich nicht, ihr Verhältnis zum Interesse an all den Eröffnungen, die ihnen Brechts Arbeit bietet, muß ständig austariert werden. In Grete Steffins Abwägungen mischt sich dabei oft ein skeptischer Zug. So auch in dem Brief, der die beiden Tage mit Brecht resümiert, in denen über die künftigen Projekte verhandelt wurde: »Außer nachhaltigen unangenehmen Zwischenfällen habe ich eine gute Erinnerung an eine Zeit (diese Tage in Kopenhagen) in der Du ungeheuer nett und rücksichtsvoll gegen mich warst. Daß Du es sein konntest, könnte mich zur Schuldnerin machen, aber ich bin *eh* schon versklavt.« Im selben Brief spricht sie auch von ihrer ständigen Scheu und ihren Hemmungen, sich ihm ganz zu zeigen, denn: »Ich habe einen ungeheuren Respekt vor Dir bei einer Liebe, die so groß ist, geliebter, lieber bidi, daß es nicht gut sein kann.«[35]

Als kurz darauf ihre Mutter und ihre Schwester nach Kopenhagen kommen, erfährt sie, daß ihre Entscheidung, nicht nach Berlin zu fahren, richtig gewesen war. Es hatte eine weitere Haussuchung bei ihren Eltern stattgefunden, die ihr galt. Dabei war den Polizisten lediglich Kurt Tucholskys Buch »Deutschland, Deutschland, über alles!« in die Hände gefallen. Der Titel des Werkes, dessen Inhalt die Beamten nicht kannten, erschien ihnen aber unverdächtig, ganz im Sinne des Naziregimes, und so waren sie wieder abgezogen.

Ihre Schwester Herta hat inzwischen geheiratet. Sie wird künftig fast jeden Sommer mit ihrem Mann in Dänemark verbringen: *Im Februar '34 fuhr ich zum ersten Mal nach Kopenhagen, mit Mutter. In meinem Paß steht: 20. bis 27. Februar. Mit Skovsbostrand war da noch nichts, das wurde erst ausgeknobelt. Wir wohnten mit Grete in einem Hotel, waren aber nur ein paar Tage mit ihr zusammen, denn dann kriegte sie ein Schreiben und verschwand. Sie hatte alles für uns hinterlegt, das Geld für Essen und Pension. Wir waren dann ein paar Tage allein, Mutter und ich.*

Grete Steffin verläßt ihre Angehörigen und fährt am 25. Februar nach Svendborg.[36] Brecht hat diesen Zeitpunkt gewählt, weil er für die Kopenhagener Aufführung mit Eisler und Steffin eine neue Fassung der »Rundköpfe« erarbeiten will und Helene Weigel auf diese Art übermitteln kann, daß sich Steffin als eine unter anderen Freunden und Mitarbeitern in seiner Nähe aufhält. Vermutlich hatte er Helene Weigel in den zwei

Monaten seit seiner Rückkehr aus Paris den Gedanken einer ménage à trois nahebringen können. Dies scheint ihm offenbar eine Möglichkeit, den Ansprüchen aller Beteiligten gerecht zu werden. Es ist ein Versuch, der von Anfang an unter den Einschränkungen leidet, die Steffin durch ihre Krankheit auferlegt sind.

Herta Hanisch kommt im Sommer 1934 wieder zu Besuch: *Die erste Zeit in Skovsbostrand wohnte Grete mit in Brechts Haus. Dann aber, kann man ja verstehen, nicht, zwei Kinder im Haus, daß die Helli dann sagte: Sie muß ein extra Zimmer kriegen. Grete hatte ja auch ihr eigenes Geschirr, das wusch sie immer ganz für sich ab, um niemanden anzustecken. Sie hatte auch ihren eigenen Tisch beim Essen. Aber es war nicht nur die Angst vor der Ansteckung der Kinder, es war auch Eifersucht. Na ja, unsereins würde nun sagen, sie hatte ja recht, irgendwann hätte er sich mal entscheiden müssen. Also, ich kann die Helli auch verstehen. Grete wohnte nur ein paar Wochen lang in Brechts Haus, dann zog sie aus, in ein strohbedecktes Haus, schräg gegenüber von Brecht. Dort hatte sie zwei Stuben, das Haus gehörte einer alten Dame, und Brecht ging dann immer zu ihr zum Arbeiten.*

Dem Versuch einer offenen Dreierbeziehung scheint von Anfang an die entscheidende Voraussetzung gefehlt zu haben, das vorbehaltlose Einverständnis aller Beteiligten. Helene Weigels Forderung nach Schutz für ihre Kinder ist vollkommen gerechtfertigt, wird allerdings nie konsequent eingehalten, denn Steffin hat gelegentlich Kontakt mit den Kindern, kümmert sich hin und wieder um sie, wenn die Eltern abwesend sind.

Walter Benjamin, der im Sommer 1934 zu Besuch kommt, kommentiert in einem Briefentwurf an eine Freundin: »Daß die Nähe der Steffin die Atmosphäre im Hause von B[recht] manchmal drückend macht, können Sie ohnehin sich leicht denken.«[37] Und während sich Benjamin kaum überrascht von den Folgen dieser Konflikte zeigt, wundert sich Brecht über den Aufruhr der Gefühle. In einer Notiz, die sich wahrscheinlich auf die Zeit der Anwesenheit Grete Steffins in seinem Haus bezieht, schreibt er, aus der Liebe werde oft soviel Wesens gemacht, »daß vernünftige Leute ungeduldig werden können. Sie wird aus dem gewöhnlichen Leben ganz herausgenommen, für sich allein gestellt, als stehe sie über oder doch wenigstens außer dem Leben und müsse ganz für sich betrachtet werden.«[38]

Brecht will nicht zulassen, daß Liebe nur wenig mit Vernunft zu tun hat. Die »unvernünftigen« Anteile der Liebe hält er für rein privat und individuell, beinahe belanglos, in jedem Fall für nachgeordnet gegenüber dem sozialen Verhalten, das er als Kooperation versteht. Sein gewöhnliches Leben ist seit einem Jahr von ständigen Länderwechseln nach der Flucht aus Deutschland bestimmt. Jetzt hat er den »Dreigroschenroman« zu beenden. Für die Neufassung der »Rundköpfe« für Kopenhagen braucht er die Mitarbeit Grete Steffins und Hanns Eislers. Steffins ständige Anwesenheit in seinem Haus wäre zweifellos günstig für die gemeinsame Arbeit und vernünftig in dem Sinne, daß die Liebe nicht von den Anforderungen des gewöhnlichen Lebens abgetrennt ist. Für ihn erweist sie sich in der gemeinsamen Arbeit, die nicht anders als nach seinen Bedingungen organisiert werden kann. In einer Notiz Ruth Berlaus heißt es, Helene Weigel habe sich zunächst darum bemüht, den schreibtechnischen Teil der Arbeiten Grete Steffins zu übernehmen und versucht, Maschineschreiben zu lernen. »Eines Tages sah ich sie mit einem Gipsverband ums Handgelenk, sie hatte eine Sehnenscheidenentzündung beim Tippen bekommen. Sie konnte viel, aber das konnte sie nicht.«[39]

Grete Steffin reagiert auf den Auszug aus Brechts Haus mit resignativer Einsicht. Sie kennt das Ansteckungsrisiko ihrer Krankheit besser als alle anderen und weiß, daß sie auf Helene Weigels Argumente nichts entgegnen kann. Sie arrangiert sich mit der Situation, weil sie ihre Arbeit mit Brecht nicht aufgeben will. Während der kommenden Jahre wird sie in wechselnden Wohnungen und Pensionen leben, immer in seiner Nähe.

Lou Eisler charakterisierte Grete Steffin nicht nur in diesem Konflikt, als *ungeheuer vernünftig*. Es ist eine Vernunft, die Steffin Überwindung und Kraft kostet. Ihre Briefe überliefern Momente reinen Glücks, aber auch schwankende oder dunkle Gemütszustände, wobei nicht auszumachen ist, ob ihre schlechte Verfassung eher auf die Krankheit, unter der sie sich mal besser, mal schlechter fühlt, oder darauf zurückzuführen ist, daß sie ihre Verbindung mit Brecht nicht nach ihren Vorstellungen leben kann.

Psychosomatische Wechselwirkungen, die sich geradezu aufdrängen, lassen sich bis heute nicht exakt nachweisen, wenn man den Stand der aktuellen Forschung zugrunde legt. Nachweisbar ist indessen, daß Grete Steffin Mitte Juli 1934 wegen Blinddarmreizungen ins Svendborger Krankenhaus eingeliefert wird, wo sich kurz zuvor schon Brecht befand, der sich einer Nierenbehandlung zu unterziehen hatte.[40]

Margarete Steffin in Sanary-sur-Mer, September/Oktober 1933.

Herta Hanisch und Margarete Steffin (oben l.), Johanna Steffin (oben r.),
Margarete Steffin (Mitte) in Kopenhagen, Februar 1934.
Margarete Steffin mit Barbara Brecht in Skovsbostrand/Fünen, Sommer
1934.

206

Die Mitarbeiterin

Als Gretes Schwester Herta am 30. Juni 1934 zum zweitenmal nach Dänemark kommt, diesmal mit ihrem Mann, wird sie im Hafen von Svendborg erwartet: *Wir wußten gar nicht, daß an diesem Tag der Röhm-Putsch war, weil wir ja früh losgefahren waren von Berlin, wir hatten das nicht geahnt. Und als das Schiff anlegte, standen da Brecht und Grete und freuten sich. Brecht war ganz erschüttert, daß wir nun mit dem Dampfer angekommen waren, der dachte, na, uns lassen sie nicht raus aus Berlin. Er war auch sehr besorgt. Sie hatten von dem Putsch über Radio gehört und staunten nun. Aber man hatte uns nicht besonders kontrolliert oder geprüft.*

Wenn Besuch aus Deutschland da war, wollten sie ja nun alles wissen. Wir haben immer viel erzählen müssen über die Verhältnisse. Sie wollten wissen, ob wir genug zu essen hätten, ob wir Schwierigkeiten hätten, aber wir hatten keine. Wir hatten zwar damit gerechnet, unsere syndikalistischen Bücher hatten wir alle versteckt, aber sie kamen nicht. Sie wollten Politisches wissen, und wie es uns persönlich unter den neuen Verhältnissen geht. Und Helli sagte immer: »Ja, ihr müßt kämpfen!« Ja, wie sollten wir nun kämpfen? Ich weiß nicht, wie sie sich das vorgestellt hat.

Herta Hanisch enthält sich zu dieser Zeit jeder politischen Arbeit. Wie schwierig es für den Brecht-Kreis ist, präzise Vorstellungen über die Situation in Deutschland zu entwickeln, zeigt sich auch, als Grete Steffins Freundinnen Hilde Lützenhoff und Gertrud Glondajewski im Sommer 1934 zu Besuch kommen.

Hilde Lützenhoff: *Brecht war sehr interessiert, was in Deutschland los war. Es gab ja doch in einigen Betrieben, na ja, Zellen ist vielleicht zuviel gesagt, aber doch eben Menschen, die sich gegen Hitler äußerten, die zusammenkamen, miteinander sprachen und auch mal 'ne Lohnerhöhung durchsetzten oder einen kleinen Streik. Und das wollten sie wissen. Die Adressen wollten sie von uns wissen, sie wollten sich mit denen in Verbindung setzen.*

Gertrud Glondajewski: *Es war für Leute, die nicht in Deutschland lebten, so unvorstellbar, daß die Arbeiterklasse sich nicht gegen*

Hitler erhebt. Das war die Frage, die immer im Raum stand. Es ging immer: »Na, was tut ihr denn? Wann macht ihr denn was?«. Es waren immer solche Fragen. Und es war furchtbar schwer, ihnen klarzumachen, daß wir was tun, aber daß das den Hitler gar nicht kratzt. Im Lande war das ein kleines Kratzen, das hat dem gar nicht weh getan, im Gegenteil, er hat all die Leute eingesperrt oder hingerichtet. Jede kleine Widerstandsaktion war für sie von großer Bedeutung und wurde, von außen gesehen, natürlich überbewertet.

Die Dagebliebenen haben sich vor den Weggegangenen zu rechtfertigen und werden mitunter auch mißtrauisch beargwöhnt, wie Hilde Lützenhoff beklagt: *Was Gretl auch nicht verstehen konnte, sie sagte sogar einmal im Beisein von Helli: »Ja, weißt du, du sagst mir ein bißchen zu oft, es ist Post nicht angekommen. Mal kann man's ja glauben ...«. Ich sagte: »Ihr könnt euch in unsere Verhältnisse ja doch nicht rein versetzen, auf ein paar Wörtchen kommt's an.« Das ist unterschiedlich, sich in unsere Verhältnisse rein zu versetzen ... Es ist nicht möglich. Man muß diese Zeit, diese bittere Zeit miterlebt haben. Wie vorsichtig man sein mußte, auch Genossen gegenüber – haben sie noch dieselbe Ansicht oder denunzieren sie dich beim nächsten Polizisten?*

Es ist eine Kluft entstanden zwischen denen, die nach wie vor in der Heimat leben, und den Entwurzelten, die sie vermissen und doch nicht ohne Haß auf die neuen Verhältnisse an sie denken können. Während die Emigranten an einer gesamtpolitischen Perspektive interessiert sind, haben sich die Berlinerinnen in einem Alltag zu bewegen, den die Flüchtlinge schon nicht mehr kennen. Es ist ein Alltag, der sich bei jeder von ihnen anders darstellt, mit dem sie aber auch ganz unterschiedlich umgehen.

Hilde Lützenhoff, deren Mann im Gefängnis sitzt, hat Verbindung zu wenigen Widerständlern, will aber selbst nicht aktiv werden, da sie ihr kleines Kind zu versorgen hat. Gertrud Glondajewski hat lockere Kontakte zu einer jüdischen Widerstandsgruppe, hält Verbindungen zu Max Hodann und Traute Neumann, die nach Kopenhagen emigriert sind, und zu ihrem Verlobten Rudi Arndt, der im Zuchthaus Brandenburg interniert ist. Rudi Arndt war als Mitglied des illegal arbeitenden Zentralkomitees des Kommunistischen Jugendverbands im Oktober 1933 verhaftet worden.[1] Herta Hanisch, die als Wäscherin in einem kleinen Geschäft in Berlin arbeitet, hat seit der Verhaftung Erich Mühsams alle Kontakte zu ihren anarchistischen Freunden in Neukölln abgebrochen, lebt in ihrer Kleinfamilie und verhält sich unauffällig.

Aus den Fragen des Brecht-Kreises spricht eine Ungeduld, die noch auf die weitverbreitete Revolutionserwartung am Ende der Weimarer Republik zurückgeht und sich nun als Illusion herausstellt. Gleichzeitig ist Brecht an nichts dringlicher interessiert als an genauen Kenntnissen über das aktuelle Zusammenspiel von Wirtschaft, Diktatur, Mentalität, Anpassungs- und Widerstandsbereitschaft der Bevölkerung in Deutschland, und seine Ungeduld ist immer mit aktiver Anteilnahme verbunden. In den Jahren zwischen 1934 und 1939 übergibt Grete Steffin Hilde Lützenhoff regelmäßig neue antifaschistische Gedichte von Brecht, die ihre Freundin dann über die Grenze schmuggelt und in Berlin weitergibt. Herta Hanisch erfährt erst nach dem Krieg davon und wundert sich, daß Grete diese Gedichte nicht ihr übergeben habe. Aber Grete Steffin hält ihre Schwester für unpolitisch und daher ungeeignet. Herta Hanisch befördert statt dessen private Briefe zwischen Theo Lingen, Brechts früherer Frau Marianne Zoff und Brecht von Berlin nach Skovsbostrand und zurück.

Grete Steffins Ungeduld ist zusätzlich von der Ahnung ganz anderer Art geprägt. Sie ahnt, daß sie nicht mehr lange leben wird.

Hilde Lützenhoff: *Gretl hat sehr darunter gelitten, daß sie wußte: sie kann nicht nach Berlin zurück. Sie sagte: Du kannst dir nicht vorstellen, wie einem Emigranten zumute ist. Vielleicht ebenso wenig wie wir uns hundertprozentig vorstellen können, wie es euch in Deutschland geht. Und wenn sie könnte, wäre sie lieber heute als morgen nach Deutschland zurückgekommen. Obwohl sie sehr am Leben hing, mußte sie immer mit ihrer Tbc rechnen. Sie wußte, daß sie Berlin nie mehr wiedersehen wird.*

Die Gespräche des Sommers 1934 werden in den folgenden Jahren fortgesetzt. Herta Hanisch und Hilde Lützenhoff kommen bis 1939 jedes Jahr zu Besuch, Gertrud Glondajewski kommt noch einige Male, und 1935 wird Grete Steffin noch einmal von ihrer Mutter, 1938 von beiden Eltern besucht. So erhält der Brecht-Kreis regelmäßig Informationen über Deutschland aus erster Hand, kann Illusionen aufgeben, Wahrnehmungen korrigieren, Informationslücken auffüllen und Nachrichten relativieren, die allein über Radio und Zeitungen vermittelt werden.

Hilde Lützenhoff: *Wir hatten ja immer 'ne Menge zu berichten, und wir waren froh, daß wir endlich mal sprechen konnten und nicht flüstern mußten. Na ja, das hat Brecht dann verarbeitet.*

Die geduckte Haltung beim Flüstern, »die Gesten des Verstummens, Sich-Umblickens, Erschreckens usw. Die Gesten unter der Diktatur«[2] stellt Brecht in der Szenenfolge »Furcht und Elend des Dritten Reiches« aus. Diese Montage von einzelnen Szenen geht nicht nur auf die von Brecht und Steffin gesammelten Augenzeugenberichte der Berliner Besucher zurück, sie speist sich aus vielerlei Quellen[3]. Aber die gemeinsame Stoffsammlung ist nicht das Entscheidende an der Zusammenarbeit von Steffin und Brecht. Grete Steffin hatte zum Beispiel den Vorgang des Verstummens schon in ihrer Agreser Geschichte »Die rote Fahne«[4] als vollständiges Verschwinden eines Menschen gestaltet, als Nicht-mehr-vorhanden-Sein infolge der Zwänge des Naziregimes. In ihren Pariser Prosaarbeiten hat sie das ihr vertraute proletarische Milieu verlassen und einen Zyklus mit dem umfassenderen Arbeitstitel »wie das dritte reich wurde« begonnen. Von diesem Vorhaben sind nur der Prolog und wenige briefliche Mitteilungen erhalten, ein besonderer Verlust, denn mit dem Prolog versucht sie zum ersten Mal eine andere literarische Auflösung des Stoffes als in ihren bisherigen Arbeiten.

Der Prolog für den geplanten Zyklus erscheint als parabelhafte Erzählung mit Sagenmotiven, surrealen Vorgängen und deutlichen Anspielungen auf zeitgeschichtliche Vorgänge. Und er ist stellenweise von feinem Humor durchzogen: Deutschland ist verzaubert und steht unter einem Bann, der jeden grausam bestraft, der den Namen des Landes ausspricht. Allein der Gedanke an Deutschland ist strafbar, darum werden die Menschen von Gedankenlesern überwacht. Fortwährend geschehen wunderliche Dinge, wodurch immer rätselhafter wird, was es nun eigentlich auf sich hat mit diesem Land, was das für Menschen sind, wie sie sich verhalten und was sie da treiben. Die Rätsel könnten gelöst werden, wenn alle Menschen den Namen des Landes laut riefen, doch sie werden von den Herrschenden vorsorglich aufgefordert, »sich die Augen ausstechen, die Zunge ausreißen, und das Gehör vernichten zu lassen.«[5]

Anders als in der Szenenfolge »Furcht und Elend des Dritten Reiches« wollte Steffin mit ihrem Zyklus das Werden und Entstehen des nationalsozialistischen Deutschlands in den Blick nehmen. Dafür braucht sie den erwähnten Vergleich einer früheren und einer späteren Auflage von Hitlers »Mein Kampf«, will aber auch auf die Politik ihrer eigenen Partei eingehen: »ich hätte dabei auch mich und uns, uns = die partei, nicht geschont«[6], schreibt sie im Juli 1933 an Brecht. Ihre Formulierung läßt offen, wie weit sie mit dem Vorhaben vorankommt, von dem dann später nicht wieder die Rede ist. Vielleicht ist ihr von ihren Genossen in Paris bedeutet worden, daß die KPD, ihrer Politik entsprechend, keine »Fehlerdiskussion« wünsche. Vielleicht ist ihr aber auch aufgefallen, daß sie ihre Agitprop-Perspektive zu diesem Zeitpunkt noch nicht überwunden hat. Der Prolog übermittelt formale Unsicherheiten, er verläßt gegen Ende hin die surreale Ebene und steuert einen agitatorischen Verweis auf die Alternative Sowjetunion an, womit die eben errichtete Kunstwelt plötzlich zerstört ist. Sein Untertitel, »eine Kriminalgeschichte aus Deutschland«, weist wiederum auf ein anderes Genre als dasjenige, das sie in ihrem Brief an Brecht erwogen hatte, nämlich eine Anlehnung an Ödön von Horváths Volksstück »Geschichten aus dem Wiener Wald«.

Unklar ist auch, ob sie die Erzählungen in ihrem Zyklus in der parabelhaften Welt des Prologs belassen oder ob sie in der alltagsrealistischen Art ihrer Agreser und Pariser Geschichten schreiben wollte. Eine ihrer Pariser Erzählungen thematisiert eine Frage, die sie sich gerade selber stellte, als sie erwog, nach Berlin zu fahren: Wie groß ist die Gefahr tatsächlich, in Deutschland zu leben? Es ist die Erzählung »Vertrag mit Gott«: In den ersten Monaten der Nazi-Diktatur erfährt ein jüdischer Studienrat in Berlin, seine Unterrichtsführung erscheine den Behörden als verdächtig und werde gerade untersucht. Er vermutet, sein Beamtenstatus werde ihn nicht mehr schützen, und flieht nach Paris. Hier kann er halbwegs normal leben, da sein Gehalt nach wie vor aus Berlin überwiesen wird. Als seine Familie einige Wochen später nachkommt, stellt sich heraus, daß in Berlin gar keine Untersuchung gegen ihn geführt wurde, er also (noch) hätte bleiben können.[7] Die Unsicherheit dieses Lehrers erhellt die vom Terror geschaffene Atmosphäre der Furcht, die Deutschland von nun an prägt.

Ob diese oder andere Erzählungen zum Zyklus gehören sollten, oder ob ihr Plan über den Prolog nicht hinausgelangte, ist nicht bekannt. In jedem Fall gehen ihr Vorhaben, wie auch die in Agra entstandene Prosa und die klärenden Diskussionen mit den Berliner Besuchern in die Materialsammlung ein, die sie und Brecht anlegen, um sie 1937 in die Szenenfolge »Furcht und Elend des Dritten Reiches« einfließen zu lassen. In Steffins Erzählungen von 1933 ist bereits das Hauptmotiv angelegt, das sich in allen Szenen des Stückes wiederfindet, nämlich das von Angst und Opportunismus beherrschte oder zumindest beeinflußte Verhalten der Menschen in Deutschland. So lautete denn auch der erste Arbeitstitel des Stückes »Die Angst«. Gleichzeitig ist die Bereitschaft zum Widerstand in Steffins Prosa immer präsent, Aktionen sind möglich, werden aber nicht ausgeführt[8], vermutlich, weil der Autorin keine authentischen Berichte vorliegen. Ähnlich in Brechts Stück. Ebenso auffällig wie die Gemeinsamkeiten sind aber auch die Differenzen zwischen dem Stück und Steffins Prosa. Der geschichtliche Vorgang »wie das Dritte Reich wurde« klingt in Brechts Stück nur noch in kurzen Reminiszenzen an, statt dessen ist das Verhalten der Menschen *im* Dritten Reich dargestellt. Auch die von Steffin geplante Selbstkritik ist entfallen, ebenso die Kritik an der Politik der KPD, statt dessen ist das soziale Spektrum der handelnden Figuren wesentlich erweitert. Schließlich ist die gesamte Szenenfolge von Brechts epischer Theaterästhetik strukturiert.

Während sich Steffins Prosa von 1933 auf das Alltagsverhalten gewöhnlicher Leute konzentriert, ist Brechts Prosa aus dieser Zeit satirisch oder anekdotisch geprägt.

Brechts politische Notate wiederum kreisen um die Politik der KPD-Führung, denn anders als deren Funktionäre will er die Niederlage der Partei als solche kenntlich machen und analysieren, um aus der Analyse eine exakte Strategie des Widerstands zu entwickeln.[9] Wie in seinen Stücken gestaltet er auch in der Prosa lieber fiktive Wirklichkeiten, um sie artifiziell zu bearbeiten. Seine 1933/34 entstandene Prosa, etwa der »Dreigroschenroman« oder »Leben und Taten des Giacomo Ui aus Padua«, spiegeln die Gegenwart in historisierender Verfremdung. Brecht hat nicht nur das Leben gewöhnlicher Leute im Blick, sondern auch die Königsebene, die Mechanismen wirtschaftlicher und politischer Macht, und insbesondere die Figur Hitler,[10] während Grete Steffin versucht, den alltäglichen Verhaltensweisen der kleinen Leute unter der Naziherrschaft nachzuspüren.

Das Fundament, auf dem Steffins Mitarbeit an »Furcht und Elend des Dritten Reiches« basiert, ist das gemeinsame Interesse an der literarischen Bearbeitung der Vorgänge in Deutschland, die Suche nach authentischen Belegen über das Verhalten der Menschen und nach dem Widerstand. Steffin hatte diese Themen bereits unmittelbar nach ihrem Weggang aus Deutschland bearbeitet, und so hat Brecht in ihr eine verläßliche Partnerin, als er im Herbst 1937 die ersten Szenen des Stückes zu schreiben beginnt. Auslöser ist ein Angebot Slatan Dudows, der in Paris ein kleines Theaterensemble gefunden hat, mit dem er die Szenen aufführen kann.

Inzwischen haben Steffin und Brecht weitere Informationen aus Deutschland erhalten: Von neuen Emigranten, die in Dänemark ankommen, von Steffins unregelmäßiger Teilnahme an Versammlungen einer KPD-Parteigruppe in Kopenhagen, die Verbindungen nach Deutschland unterhält und Verfolgte über die Grüne Grenze nach Dänemark schleust,[11] aus Zeitungen, deutschen Radiosendungen und nicht zuletzt von den Berliner Besuchern. Werner Mittenzwei vermutet eine weitere Quelle in den »Deutschland-Berichten« der SPD, in denen über Vorgänge informiert wird, die sich auch im Stück wiederfinden.[12]

Möglicherweise ist Brecht, als er den Plan eines Szenenzyklus entwickelt, von dem Geschichtenzyklus angeregt, den Steffin begonnen hatte, aber das ist ebenso belanglos wie die Tatsache, daß einige ihrer Geschichten fragmentarisch sind und manche formale Unsicherheiten einer Anfängerin aufweisen. Wesentlich ist, daß er in ihr eine Mitarbeiterin hat, die in gleicher Weise wie er an der Entwicklung in Deutschland Anteil nimmt und sich darum bemüht, das Verhalten der Menschen angesichts der ungeheuerlichen Vorgänge zu verstehen. Steffins alltagsrealistischer Zugriff auf den Stoff – beobachten und beschreiben – ist ihm zunächst vollkommen fremd. Jetzt verwendet er ihn in »Furcht und Elend« zum erstenmal. Dennoch geht Hanns Eisler in seiner Erinnerung lediglich auf *einen* Aspekt der Zusammenarbeit zwischen Steffin und Brecht ein: »Steffin vermittelte gewissermaßen durch ihre Mitarbeit dem Brecht die Kenntnisse von der Berliner Arbeiterschaft in der Wohnküche. Das brauchte Brecht dringend. [...] Ich muß sagen, daß ›Furcht und Elend des Dritten Reiches‹ – diese Arbeitermilieus – ohne Steffin nicht hätten geschrieben werden können.«[13] Grete Steffin bringt ihre Milieukenntnisse, nämlich die unter Arbeitern üblichen Haltungen zu Alltag und Politik, sozusagen von Haus aus ein. Aber das Stück spielt nicht nur in

Arbeitermilieus, auf die Hanns Eisler verweist, es vermittelt einen repräsentativen Querschnitt durch die Gesellschaft. Gerade das Panoramabild macht »Furcht und Elend des Dritten Reiches« zum einzigen Text der dramatischen Literatur, der einen realistischen Eindruck vom Verhalten der Menschen in Nazideutschland vor dem Zweiten Weltkrieg gibt.

Wie sich die Zusammenarbeit beim Schreiben der 27 Szenen entwickelt, ist aus Steffins Briefen nur andeutungsweise zu entnehmen. Brechts Entwürfe werden vor dem Schreiben besprochen oder auch nicht, manchmal gemeinsam entwickelt, nach der ersten Niederschrift von ihr kritisiert oder korrigiert, indem sie neue Vorschläge macht, die dann von Brecht übernommen, verworfen oder variiert werden.

Die Zusammenarbeit von Brecht und Steffin hat unendlich viele Facetten. Steffins Mitarbeit gestaltet sich bei jedem der acht Stücke, in denen sie von Brecht ausgewiesen ist, auf andere Weise und unterschiedlich intensiv. Die Folgen ihrer Einsprüche, Kritiken, Interventionen und Zuarbeiten, sind nur noch partiell nachvollziehbar, denn sie sind lediglich in Restbeständen überliefert und in die vielen Fassungen eingegangen, die Brechts Werke gewöhnlich nach immer neuen Korrekturen durchlaufen. Wesentliche Züge dieser Zusammenarbeit aber sind durchaus noch erkennbar.

Die meisten Überlieferungen finden sich ausgerechnet beim »Dreigroschenroman«, einem in vielerlei Hinsicht untypischen Werk Brechts, auf das er in späteren Jahren nur ungern angesprochen werden will. Der Roman ist keiner inneren Notwendigkeit entsprungen, sondern eher dem Wunsch, nach der Vertreibung aus Deutschland nicht in Passivität und Larmoyanz zu verfallen, sondern statt dessen für den Lebensunterhalt zu sorgen und sich auf dem neuen Kunstmarkt zu etablieren. Auch hatte er noch nie einen Roman geschrieben und schätzt diese Gattung nicht sonderlich. Er will die Arbeit so schnell wie möglich hinter sich bringen und ist daher mehr als gewöhnlich auf kritische Anteilnahme angewiesen.

Ursprünglich plant er einen kurzen Roman von 150 Seiten, am Ende sind es knapp 500 Druckseiten. Im August 1933 schickt er die ersten Kapitel an Grete Steffin nach Paris. Er will, daß sie die Abschriften, also die gewöhnlichen Arbeiten einer Sekretärin, mit der Kritik seiner Vorgaben verbindet. Als dann ihre ersten Kritiken, die sehr spärlich ausgefallen sein müssen, bei ihm eintreffen, ist er unzufrieden. In einem Brief beklagt er, die Kritiken seien zu kurz, zu wenig ausführlich und ebenso unsolide wie die ersten Kapitel des Romans. Er mahnt, sie solle nichts abschreiben, was ihr nicht gefalle, und auf seine Schwächen achten: nachlässig gearbeitete Partien, »Kraftausdrücke oder absichtliche Witzigkeiten« soll sie an den entsprechenden Stellen anstreichen und, mit Kommentaren versehen, wieder an ihn zurücksenden: »Ich schicke sie dann gleich wieder an Dich, geändert oder – verstockt beibehalten.«[14] Und er drängt sie, auf alle seine Fragen zu antworten.

Mit ihren nächsten Einwänden ist er dann zufrieden: »Die Bemerkung über die etwas unglückliche Gewichtsverteilung am Anfang der Geschichte (fewkoombeys Erfahrungen im Bettlertrust) ist schon richtig. Vielleicht können wir das dann zusammen in Ordnung bringen.«[15] Einwände dieser Art wünsche er fortlaufend.

Neben solchen Kritiken zur Gesamtkomposition, greift Grete Steffin von jetzt an gleich stilistisch ein, indem sie einzelne Sätze ändert, um sie anschaulicher zu machen. Schon in der ersten Fassung des Romans finden sich Dutzende von Korrekturen ganzer Sätze, die sie aus Paris nach Dänemark schickt.[16]

Als Brecht im September 1933 mit den ersten 137 Seiten des Romans nach Paris kommt, kann die Arbeit gemeinsam fortgesetzt werden. Viele der Vorschläge Grete Steffins gehen nun in das anwachsende Manuskript ein, so daß sie nicht mehr belegbar sind. Statt dessen sind einige ihrer Einwände auf verstreuten Notizzetteln erhalten. So moniert sie auf der Rückseite eines Briefbogens vom Trianon Palace Hotel in Paris, wo sie nach der Rückkehr aus Sanary mit Brecht wohnt, daß die Polly-Smiles-Geschichte zu kurz geraten sei.[17] Es ist ein weiteres Beispiel für ihre Kritik an den Gewichtungen des Romans, von denen es mehrere gibt.

Auch die zweite Fassung des Romans, entstanden im Dezember 1933 und Januar 1934, enthält zahlreiche Interventionen Grete Steffins. Im allgemeinen zielen sie darauf, konkreter, sinnlicher, präziser, ausführlicher und anspielungsreicher in Bezug auf die vorangegangene Handlung zu erzählen, oft auch ironischer. Ihre Änderungen treffen meist Sätze, die Brecht zu lakonisch geraten sind, die er zunächst nahezu skizzenhaft formuliert, eben »nachlässig gearbeitet«, wie er angekündigt hatte. Grete Steffin schreibt all jene Sätze um, die ihr zu flüchtig scheinen. Zum Beispiel ändert sie den Satz: »... so wurden auch mehrere Raubmorde im Winter 95 dem ›Messer‹ zugeschrieben, die bestimmt nicht von dem Mann ausgeführt wurden, der sie zeichnete, d. h. auf sich nahm«, in: »... so wurden auch mehrere Raubmorde im Winter 95 dem ›Messer‹ zugeschrieben, die bestimmt nicht von dem toten Mann auf dem Friedhof von Dartmoor ausgeführt wurden, und kaum von dem Mann, der sich seinen Spitznamen angeeignet hatte und so diese Morde zeichnete.«[18]

Brecht sieht diese zweite Fassung des Romans zunächst als die endgültige an. Aber als er sie Anfang 1934 bei einem Besuch in Kopenhagen gemeinsam mit Grete Steffin überarbeitet, verlangt sie ihm einige schwerwiegende Änderungen ab. Unmittelbar nachdem sie Brecht, der zurück nach Svendborg fährt, zum Bahnhof gebracht hatte, schreibt sie an Walter Benjamin: »b Roman wird großartig. Er war fertig, der Arme, jetzt habe ich ihm wieder Flöhe ins Ohr gesetzt, so daß er still die letzten Kapitel, die ich noch abschreiben sollte, wieder einpackte.«[19]

Ihre Vorschläge veranlassen Brecht zu tiefgreifenden Umarbeitungen und Weiterungen, die mit großer Wahrscheinlichkeit den Unterschied zwischen der zweiten und der dritten Fassung des Romans ausmachen.[20] Er arbeitet den gesamten Schlußteil der zweiten Fassung um, erweitert den Roman um die Kapitel XIV und XV und führt alle Handlungsstränge noch einmal in dem ebenfalls neu entstehenden Schlußteil »Das Pfund der Armen« zu einem gleichermaßen makaberen wie realistischen Finale zusammen. Derlei grundsätzliche Eingriffe und Weiterungen zeigen, wie sehr er auf die Gespräche mit Steffin angewiesen ist und welche weitreichenden Folgen sie haben. Wie so oft während der Arbeit und besonders beim »Dreigroschenroman«, braucht er ein Echo, Anteilnahme, Kritik und Forderungen von außen. Während Steffins Interventionen auf Belletristisches zielen, auf Textarbeit und Struktur des Romans, leistet ein zweiter Mitarbeiter, Karl Korsch, von London aus stoffliche Zuarbeit: Informationen und Analysen zur englischen Justiz und Wirtschaft, zu Abtreibungspraktiken und einige Bibelinterpretationen.[21]

Bei ihren Textkorrekturen lernt Grete Steffin viel über die Arbeitsweise eines Schriftstellers und geht bald ebenso pragmatisch vor wie Brecht. So, wie er Anregungen von überall her nimmt, aber auch Selbstzitate in seinen Text montiert, übernimmt sie Details ihrer eigenen Prosa für den »Dreigroschenroman«.

In einem ihrer Prosafragmente beschreibt sie die Eigenarten eines Berliner Kinos am Schlesischen Tor in Kreuzberg: »im schlesischen kietz stehen wenig gute häuser, es gibt keine großen cafés und kinos. einen richtigen rummelplatz gibt es aber. und ein ›schmales handtuch‹, das ist ein kino, wo man vom film wenig sehen kann, weil es immer regnet.«[22]

In einer Episode des »Dreigroschenromans«, als Polly und Mrs. Peachum den Film »Mutter, dein Kind ruft!« sehen, heißt es über das Kino und die schlechte Bildqualität zur Zeit des Stummfilms: »Es war eines jener kleinen, ärmlichen Etablissements, die ununterbrochen liefen. Es hatte die Form eines langen Handtuchs. Die Projektionsfläche war winzig. Ein unaufhörlicher Regen ging über die Bilder und die Menschen bewegten sich darauf wie im Veitstanz.«[23]

An anderer Stelle übernimmt sie ihre Erfahrungen als Schülerin aus der Zeit des Ersten Weltkriegs, als sie und ihre Klassenkameraden aufgefordert wurden, die Soldaten an der Front zu unterstützen. In ihrer Geschichte »Von der Liebe und dem Krieg« heißt es: »In der Schule lernten wir, daß die Soldaten alle Helden sind, die vor allem für uns Kinder kämpften, und wir Kinder mußten für sie tun, was wir nur konnten. Wir zupften Charpie, wir sammelten Laub und Eicheln, strickten Strümpfe und alles mögliche.«[24]

Im »Dreigroschenroman«, schickt Macheath seine Frau Polly zur Zeit des Burenkrieges in Hilfskomitees, die ihm zuvor seine Textilstoffe abgekauft haben. Hier werden die Stoffe, nicht ohne patriotische Wallungen, für die Soldaten verarbeitet: »In vornehmen Häusern und in Schulen wurden für die Verwundeten von schönen Händen Leinwandfetzen zu Charpie zerzupft. Auch wurden Hemden für die tapferen Krieger genäht und Strümpfe gestrickt.«[25]

Wenn Grete Steffin zuarbeitet, kann sich die übliche Arbeitsteilung umkehren, dann korrigiert Brecht ihre Vorschläge. Oft genug aber übernimmt er sie wie sie sind, was bei seinen differenzierten Ansprüchen immerhin erstaunlich ist und offensichtlich darauf zurückgeht, daß ihn vor allem Formales interessiert, nämlich die Strukturfragen eines nicht-aristotelischen Romans, um einen Gegenentwurf zu herkömmlichen Romanen zu schaffen. Grete Steffin bemüht sich, ihre Korrekturen und Einschübe der Diktion Brechts anzugleichen, was ihr natürlich nie vollständig gelingen kann. Bei genauerem Lesen ist ihre eigene Diktion durchaus noch erkennbar. Dies läßt sich im einzelnen an zehn Passagen überprüfen, die Steffin noch hinzufügt, als der Amsterdamer Verlag im Juli 1934 die ersten Korrekturbögen des Romans an Brecht schickt, die nun ein weiteres Mal überarbeitet werden, so daß eine vierte Fassung entsteht. In dieser Korrekturfassung kann es nun nicht mehr um strukturelle Neuerungen gehen. Grete Steffins Ergänzungen, bestehend aus Erzählerpassagen, Repliken, inneren Monologen und Dialogen, bereichern das Vorhandene um weitere Facetten. Die zehn Passagen belegen, daß sie vollkommen in das Romangeschehen eingetaucht ist und es mit Verständnis vorantreibt.[26]

Insgesamt beinhaltet Grete Steffins Mitarbeit am Dreigroschenroman: neue Texte und stilistische Interventionen (Korrekturen und/oder Erweiterungen einzelner Sätze oder Abschnitte, Selbstzitate, neue Passagen, Striche), begleitende Kritik der Romankonstruktion (Vorschläge zur Handlungsführung und zum Romanschluß, Gewichtung einzelner Erzählstränge, Grundmotive der Figuren, Figurenbeziehungen, Motivationen einzelner Handlungen, Anlage von Episoden, Neugliederungen von Unterkapiteln und Absätzen, Kapitelüberschriften), zahlreiche Detailkritiken (Übersetzung englischer Begriffe ins Deutsche, Vereinheitlichung von Figurennamen, Neuordnung von Ortsangaben, Berechnungen der Schiffsgeschäfte und anderes), Abschreibearbeiten (Übertragung der durchgehenden Kleinschreibung Brechts in die genormte Rechtschreibung, Korrekturen orthographischer Fehler in allen Fassungen) und zahllose Korrekturen des von holländischen Setzern angefertigten, stark fehlerhaften Drucksatzes. Schließlich übernimmt sie noch einen geringen Teil der Korrespondenz mit dem Verlag Allert de Lange in Amsterdam, wo der Roman im November 1934 herauskommt.

Nachdem die ersten Rezensionen zustimmend oder auch »glänzend« ausgefallen sind, wie Brecht an Steffin schreibt, resümiert er: »Im allgemeinen scheinst Du eben doch ein Meisterwerk verfaßt zu haben, alter Muck. Besonders gerühmt wird Deine reine Sprache. Ohne Spaß: es ist gut, wenn man den anspruchsvollsten Leser im Hause hat!«[27]

Eine launige Bemerkung, denn sie hatte den Roman ebensowenig »verfaßt« wie sie nur »Leser« war. Da der »Dreigroschenroman« von einem Briefwechsel zwischen Steffin und Brecht begleitet ist und einzelne Arbeitsphasen überliefert sind, ist seine Entstehung relativ gut rekonstruierbar: Brecht hatte die Idee, den Handlungsrahmen und die ersten 137 Seiten vorgegeben und anschließend Steffins Kritiken verarbeitet, indem er seine Kapitel mit ihrer Hilfe umschrieb und die Struktur des Romans veränderte. Es ging immer um seine Vorgaben, an deren Ausführung und kritischer Veränderung sie allerdings erheblich beteiligt war, auch schreibend. Daher wäre es durchaus gerechtfertigt gewesen, wenn er sie im »Dreigroschenroman« in gleicher Weise als Mitarbeiterin ausgewiesen hätte wie bei den folgenden, in der kommenden Zeit entstehenden Stücken. Es sind dies: »Die Rundköpfe und die Spitzköpfe«, »Die Horatier und die Kuriatier«, »Furcht und Elend des Dritten Reiches«, »Die Gewehre der Frau Carrar«, »Leben des Galilei«, »Das Verhör des Lukullus«, »Der gute Mensch von Sezuan«, »Der aufhaltsame Aufstieg des Arturo Ui«.

Trotz des Termindrucks, der die Abgabe des »Dreigroschenroman«-Manuskripts für Juni 1934 vorschreibt, beginnt Brecht im März/April das Stück »Die Rundköpfe und die Spitzköpfe« zu überarbeiten, um eine Aufführungschance in Kopenhagen wahrzunehmen.

»Wir haben sehr viel Arbeit« schreibt Steffin an Walter Benjamin, »haben die ganze Zeit an den Spitzköpfen gesessen, um zu vereinfachen und zu kürzen. Dabei scheinen wir glücklich um 20 Seiten verlängert zu haben (die Vereinfachung) und die Kürzung soll mehr als ein gutes Drittel ausmachen, damit 3 (drei) Stunden genügen. Es macht aber Spaß. Nur fehlt jetzt jemand, der nicht so in dem Stoff drinnen sitzt und daher nüchterner den ›Lauf der Dinge‹ beurteilt. Sie wollen wohl nicht dieser jemand sein? Meine Nachbarn fragen mich, was Sie dort hält und wie lange noch.«[28]

Wie so oft in ihren Briefen an Benjamin versucht sie auch diesmal, ihn nach Skovsbostrand zu locken, denn Brecht kann nie genügend Kritiker um sich haben. Da Benjamin erst im Juni kommen wird, schickt sie ein Manuskript und bittet ihn, sich schriftlich zu äußern. Wenig später teilt sie ihm mit: »Wir sind etwas erschöpft. Eben habe ich nochmals eine Szene der Rundköpfe umgeschrieben, nun aber bezeichnen wir das Ganze als fertig (seit ca. sechs Wochen tun wir das schon) u. heute gehen die Abschriften wirklich zum Buchbinder.«[29]

Die Erwähnung der von ihr umgeschriebenen Szene deutet darauf, daß die mit dem »Dreigroschenroman« gefundene Arbeitsweise bei den »Rundköpfen« fortgesetzt wird. Brecht bezeichnet diese Fassung vom März/April 1934, an der auch Hanns Eisler beteiligt ist, als »völlige Neuformung«[30]. Dennoch ist die Arbeit an dem Stück noch lange nicht abgeschlossen. Bis zur Uraufführung kommen noch viele weitere Bearbeitungsstufen hinzu.

Ein Jahr später, als Brecht und Steffin in Moskau sind, stellt er das Stück einem größeren Kreis von Freunden vor, zu dem auch die lettische Regisseurin Asja Lacis gehört: *Brecht hat lange an seinen Stücken gearbeitet, und er hat sie nicht versteckt, wie andere das machen. Er hat sie allen vorgelesen. Wir waren eine kleine Gruppe, er hat uns die »Rundköpfe« vorgelesen, und wir haben kritisiert. Darauf sagte er: »Asja, du denkst doch nicht, daß ich es so mache wie du sagst. Ich höre nur zu, aber deine Kritik ist mir wichtig. Ich denke darüber nach und mache es umgekehrt. Aber deine Kritik hat mir geholfen.«*

Einen so großen Abstand zu ihrer Arbeit kann Grete Steffin schon nicht mehr entwickeln, obwohl sie nicht minder kritisch mit Brechts Vorgaben umgeht. Sie identifiziert sich mit ihrer Arbeit und geht in ihr auf. Das belegt auch dieser Brief an Walter Benjamin, der sich noch einmal auf die »Rundköpfe« bezieht: »So wie die Motte um das Licht (um mit deutschen Dichterworten zu sprechen) gehen meine Gedanken bloß immer um die Pferde des Callas (kennen Sie die Spitzköpfe?) und um die Pacht. Ich kann nichts lernen, schlafe bereits 10 Uhr abends beim Lesen ein, wache erst gegen 8 auf und der Tag ist erfüllt mit Pacht und Pferden.«[31]

Lou Eisler beschreibt die Eigenart der Zusammenarbeit zwischen Brecht und Steffin so: *Sie besprachen die Exposés und die Szenen, Brecht hatte ja immer diese Überschriften. Und dann, nach Brechts erster Niederschrift, die Details. Die Grete hatte sehr viele Einwände – immer, die auch immer diskutiert wurden. Und Brecht hat absolut auf sie gehört, ihr Urteil war ihm ungeheuer maßgebend. Sie war enorm begabt. Brecht schätzte ihre natürliche Naivität, ihre klare Art zu denken, sie war immer sehr konkret. Er schätzte ihre Fähigkeit, die Dinge auf den Punkt zu bringen, und liebte ihre Sprache, den Berliner Dialekt, die Redewendungen der Arbeiter. Das war natürlich großartig für ihn, das hat er von ihr gelernt, er war der Schüler in dieser Beziehung. Es war ein gegenseitiges Lehrer-Schüler-*

Verhältnis, ganz typisch. So war es. Gerade Brecht oder Eisler, beide waren Leute, die immer gesagt haben, man kann nur von Schülern lernen, man lernt gegenseitig, und man lernt immer wieder, natürlich. Das ist doch selbstverständlich. Die Grete war nur leider sehr krank, immer wieder, sie war sehr blaß. Es gab zwar eine Periode, wo man sagte, daß es nicht akut war, die Tuberkulose eingedämmt war, aber sie hatte natürlich immer zu tun mit Husten und all diesen Sachen. Sie war ein sehr liebenswerter Mensch.

Ähnlich Hanns Eisler: »...ungeheuer begabt – ganz erstaunliche Begabung, von einem glänzenden Geschmack in verfeinertsten literarischen Fragen, obwohl sie Autodidaktin war.«[32]

Eislers Verweis auf die Autodidaktin nähert sich der Spezifik von Brechts Interesse – allerdings auf die umgekehrte Weise. Das Talent vorausgesetzt, schätzt Brecht Steffins Mitarbeit nicht, *obwohl* sie Autodidaktin ist, sondern, *weil* sie Autodidaktin ist. Gerade weil ihr die überlieferte abendländische Kultur nicht aus der Perspektive traditioneller bürgerlicher Bildungsstätten vermittelt worden war, kann sie sich deren tradierten Vereinbarungen, Codes und Axiomen mit einem unverbrauchten, gegenwartsnahen, mitunter auch sarkastischen Blick von unten nähern. Solche Kritik schätzt Brecht besonders, an ihr ist ihm sehr gelegen, und kein anderer seiner Mitarbeiter verfügt über sie. Alle anderen haben, wie er selbst, die übliche bürgerliche Gymnasial- und Universitätsbildung erfahren. Daher weiß er gewöhnlich, welche Gesichtspunkte und Denkmuster sie in Diskussionen einbringen. Dagegen weiß er nie[33], was Steffin auf die eine oder andere Frage, die im Moment zu klären ist, antworten wird. Eben das macht ihre einzigartige Position unter Brechts Mitarbeitern aus.

Grete Steffin äußert sich impulsiv und konfrontativ, was Brecht nur recht sein kann. Ihm kommt es auf neue Sichtweisen an. Gerade im »Dreigroschenroman« – wie in anderen Werken auch – findet sich eine Fülle von Anspielungen, satirischen Brechungen und Umdeutungen von Motiven und Themen der bürgerlichen Moral und Ethik, ihrer Heldenmythen, der Bibel, der klassischen Belletristik und der griechischen Mythologie.

Brecht findet den Fixpunkt seiner Ästhetik, die Kritik der bestehenden Verhältnisse, auch in den Bildern und Wendungen von Steffins Sprache aufgehoben, in den Idiomen der Volkssprache. Darüber hinaus achtet sie darauf, daß er allgemein verständlich schreibt, auch wenn es um komplizierte Vorgänge geht. Sie selbst bringt es auf eine Formel, in der sich ihre immer wiederkehrenden Erfahrungen spiegeln: Seine Texte, so meint sie, sollten auch einem einfachen Krankenhäusler einleuchten. Da sie so oft und kritisch interveniert, gibt er ihr einen Kosenamen. ·

Herta Hanisch: *Wie sagte Brecht immer zu ihr, Muck, nicht? Na ja, weil sie immer aufmuckte, weil sie sich nicht alles sagen ließ, sie hatte ja ihre eigenen Gedanken.*

Es ist diese eingreifende, mitunter ungeduldige, sich nicht mit dem Vorgefundenen zufriedengebende Haltung, die der seinen entspricht. Grete Steffins kontrollierende Stellungnahmen, verbunden mit ihrer aufbegehrenden Wesensart scheinen während der Arbeit geradezu erotisierend auf Brecht gewirkt zu haben. Im zehnten seiner Sonette an Steffin hebt er eine Episode auf, in der sich sein Gefallen an ihrem *Aufmucken* unversehens in Begehren verwandelt.[34]

Bei einer derart innigen Verschränkung von Arbeit und Liebe kann es nicht ausbleiben, daß Störungen auf der einen Seite ungute Folgen für die andere haben. Als Brecht sich einige Jahre später Ruth Berlau zuwendet und Grete Steffin dies als Zurücksetzung empfindet, entzieht sie sich hin und wieder. Sie verweigert ihre Mitarbeit. Dann kann Brechts Arbeit stocken. Inzwischen hat sie allerdings ein Gespür für ihren komplizierten Liebhaber entwickelt und nicht nur erfahren, daß da eine gegenseitige Abhängigkeit besteht, sondern auch, daß Brecht auf beharrliche Anteilnahme an seiner Arbeit angewiesen ist. Nach Steffins Tod wird deren Freundin Maria Osten in einem Brief an Brecht berichten, was ihr Steffin über die Auflösung solcher Blockaden erzählt hatte: »Sagt, daß sie ein paar mal nicht mehr weiter mit Ihnen arbeiten wollte – aber dann tat es mir leid, denn er hat dann wirklich nicht gearbeitet. Und ich habe wieder mit ihm gearbeitet.«[35]

Was sie veranlaßt, ihre Blockaden aufzugeben, ist nicht nur ihr Verständnis für den literarischen Verlust, der einträte, wenn Brecht etwa ein angefangenes Stück wie »Der gute Mensch von Sezuan« einfach liegenließe, und nicht nur die Tatsache, daß es für sie keine sinnvollere Arbeit gäbe als bei Brecht mitzuarbeiten. Vielmehr hat sie inzwischen oft genug erlebt, worauf zurückzuführen ist, daß er auf ihr *Aufmucken* angewiesen ist: Er braucht ihren Widerspruch, um seine Gedanken, Bilder und Einfälle zu ordnen. Wie es ihm ansonsten erginge, beschreibt er selbst in einer Notiz über die eigene Arbeit: »Meine Liebe zur Klarheit kommt von meiner so unklaren Denkart. Ich wurde ein wenig doktrinär, weil ich dringend Belehrung brauchte. Meine Gedanken verwirren sich leicht, das auszusprechen beunruhigt mich gar nicht, die Verwirrung beunruhigt mich. Wenn ich etwas gefunden habe, widerspreche ich sogleich heftig und stelle unter Kummer gleich wieder alles in Frage [...].«[36] Diese allgemeine Beschreibung steht noch nicht im Zusammenhang mit Grete Steffin. Erst nach ihrem Tode wird er deutlicher formulieren, was es mit seinem Angewiesensein auf ihre beharrliche Lauterkeit auf sich hat.

Brecht nennt Grete Steffin hin und wieder, halb scherzhaft, halb im Ernst, *mein proletarisches Gewissen*, wie Herta Hanisch sich erinnert. Das muß man wohl als handlungsleitende Instanz einer Perspektive von unten verstehen, die in die Bearbeitung seiner Stoffe eingeht. Brechts Universum aber geht weit über das hinaus, was man proletarisch nennt.

Schon beim nächsten Stück, »Die Horatier und die Kuriatier«, ist Grete Steffin mit einem Stoff konfrontiert, der ihr nicht vertraut ist. Er geht auf eine altrömische Überlieferung zurück, verarbeitet Anregungen des chinesischen Theaters und geht parallel zur Niederschrift in die Anfänge des »Buchs der Wendungen« über, das um die Tugendideale einer neuen Sozialethik kreist. Bei der Arbeit an den »Horatiern« kommt es zu einem Streit zwischen Karl Korsch, Brecht und Steffin. Als es um die Gestaltung eines Fabeldetails geht, schlägt jeder von ihnen eine andere Variante vor. Daraufhin wird Walter Benjamin um Rat gefragt. Am Ende entscheiden sich Brecht ebenso wie Benjamin für Grete Steffins Vorschlag.[37]

Selbst wenn man berücksichtigt, daß der Hauptteil von Steffins Zuarbeiten in die zahlreichen Fassungen der immer wieder überarbeiteten und veränderten Manuskripte eingegangen und daher nicht mehr belegbar ist, erforderte die Darstellung der noch erhaltenen Spuren ihrer Mitarbeit eine philologische Studie, die den Umfang dieser Biografie weit überschreiten würde. Denn außer den acht Stücken, in denen Brecht sie als Mitarbeiterin ausweist, sind Nachweise über ihre Mitarbeit an Gedichten, Aufsätzen, den Fragmenten zum Konfutse-Stück und zum Cäsar-Roman vorhanden, ebenso über Zuarbeiten zu dem Stück »Herr Puntila und sein Knecht Matti« und dem Stück-Fragment »Das wirkliche Leben des Jakob Geherda«.

Überliefert sind Korrekturen, Notate, Hinweise, Vorschläge, Textvarianten, Kalendernotizen, Zuarbeiten aller Art, und nicht zuletzt ihre Briefe. Aus ihnen geht hervor, daß sich ihre Mitarbeit bei jedem der nun folgenden Stücke Brechts anders darstellt, mal mehr, mal weniger intensiv, abhängig von den jeweiligen Lebensumständen, und wohl auch davon, wie entschlossen, sicher und konzentriert Brecht selbst an seine Stoffe heranging. Eine numerische Auflistung der Anteile von Steffins Mitarbeit, etwa in Prozentzahlen, wäre nicht uninteressant, würde aber lediglich die Buchhaltung vervollständigen, denn sie verfehlte das Wesen künstlerischer Arbeit. Aufschlußreicher wäre es, Steffins Interventionen innerhalb der einzelnen Texte nachzugehen, deren Verästelungen aufzuzeigen und die Resultate zu bestimmen, um zu erhellen, welche Folgen ihr Einfluß auf die endgültige Gestalt einzelner Werke hatte.

Ein weiteres Feld für Philologen ergibt sich aus der Zuordnung für Werk-Editionen. Nachweise über Texte von Grete Steffin, die fälschlich in Brecht-Ausgaben erschienen, wurden bislang eher zufällig entdeckt, eine systematische Forschung wäre angebracht.[38]

Margarete Steffin und Bertolt Brecht, etwa 1936.

Schreiben neben Brecht

Am 9. September 1934 bricht Grete Steffin zu einem erneuten Sanatoriumsaufenthalt in den Kaukasus auf. Wie schon im Tessin war die Kur auch diesmal von Brecht organisiert worden. Er hatte seine Arbeitskontakte zu Belá Illés, Willi Münzenberg, Otto Katz und Johannes R. Becher genutzt und sie aufgefordert, sich in Moskau für Steffin zu verwenden.[1]

Grete Steffin fährt mit dem Schiff von Kopenhagen nach Leningrad. Hier trifft sie auf einige Hindernisse, denn das Geld, das ihr Sergej Tretjakow auf Brechts Bitten nach Leningrad geschickt hat, erreicht sie nicht.[2]

Als sie in Moskau ankommt, hat sie Schwierigkeiten, ein Zimmer zur Untermiete zu finden. Brecht, der ihr nach dem Abschied noch geschrieben hatte, »Liebe Grete, Du kommst mir vor wie eine Tochter, die ins Feld zog«[3], gibt ihr jetzt einen äußerst skurrilen Beweis seiner Eifersucht: »Bei einem Mann solltest Du aber nicht wohnen, wenn das wäre, müßtest Du es mir schreiben. Wenn es auch nur ein Tag ist oder aus Zufall! Du solltest nicht, Muck!«[4]

Erst als sie das Geld erhalten hat und Asja Lacis, die auf Reisen war, zurück nach Moskau gekommen ist, entspannt sich die Situation. Vor ihrer Weiterfahrt in den Kaukasus kann Steffin nun für zwei Wochen bei Asja Lacis wohnen. Sie schreibt an Walter Benjamin, der während der zwanziger Jahre in einer schwierigen Liebe mit der Regisseurin verbunden war: »seit asja in moskau ist, geht es mir gut. ich weiß, wo ich jemanden anrufen kann, sie hilft mir wo sie kann, und ich werde wieder fröhlich. (die ersten tage war es scheußlich, ich saß hier ganz allein mit meinem husten, ohne geld)«[5].

Asja Lacis erinnert sich an die Moskauer Wochen mit Steffin: *Grete Steffin war eine kleine, so miniature, so feine Frau, unerhört humane Frau. Diese kleine, zarte Frau hatte einen unerhörten Willen. Als sie sah, wie arm wir leben, war sie verzweifelt. Sie war sehr warmherzig und hat mir verschiedene Kleider und Stoffe gebracht. Sie hatte das verstanden.*

Die beiden Frauen sprechen über Walter Benjamin, von dem sie meinen, die Sowjetunion hätte seine außerordentlichen Fähigkeiten dringend nötig. Benjamin hatte schon 1926/27 ein halbes Jahr lang mit Asja Lacis und ihrem Mann Bernhard Reich in Moskau gelebt und überlegt, ob er sich nicht da niederlassen sollte, den Gedanken aber wieder verworfen. Trotz seines großen Interesses hatte er das Moskauer Leben als zu beschwerlich empfunden. Außerdem konnte er sich nicht entschließen, der Kommunistischen Partei beizutreten. Jetzt fordern ihn Lacis und Steffin erneut auf, für eine Zeit in Moskau zu arbeiten. Steffin denkt an seine ständigen Schwierigkeiten, von seiner Arbeit auch leben zu können und meint, Moskau wäre das Beste für ihn, »nachdem man Sie doch sonst nirgendwo ausnutzt! wenn ich Ihre kenntnisse hätte, würde ich mich freuen, den leuten hier helfen zu können (Sie glauben gar nicht, wie schlecht die leute hier teilweise sind, und woher sollen sie das auch alles haben?). wir haben an alle schwierigkeiten gedacht und das ›Für‹ ist so groß, daß Ihnen auch asja einen langen brief schreiben will, in dem genaueres stehen wird.«[6]

Ein anderes Gesprächsthema ist das Kindertheater, das Asja Lacis unmittelbar nach der russischen Revolution in der Stadt Orel gegründet hatte. Dorthin war sie im Dezember 1918 gekommen, um am Theater als Regisseurin zu arbeiten. Wie im ganzen Lande gab es auch in Orel Scharen obdachloser und verwahrloster Kinder und Jugendlicher, Opfer des Bürgerkriegs, die sich in Banden zusammengeschlossen hatten und sich auf kriminelle Weise durchschlugen. Lacis hatte auf ihre Theaterkarriere verzichtet und bei der Stadtverwaltung durchgesetzt, daß ihr ein Haus zur Verfügung gestellt wurde. Hier tat sie sich mit anderen Künstlern zusammen, um mit den Kindern zu arbeiten, und zwar in den Sektionen Naturbeobachtung, Zeichnen, Sprechen, Darstellen, Requisitenbau, Tanz und Musik.

Asja Lacis: *Grete Steffin hat mich ausgefragt. Wie war das mit dem Kindertheater? Und ob es wirklich wahr ist, daß wir mit den obdachlosen Kindern gearbeitet haben. Unerhört!, hat sie gesagt. Kann das wahr sein? Neunzehnhundertachtzehn? Ich habe gesagt: Na, ich werde doch nicht lügen!*

Ich mußte ihr erzählen, wie das war. Zum Beispiel: Der Pianist spielte und die Kinder sollten auf den Rhythmus dieser Musikimprovisation einen Text oder eine Geste erfinden oder rhythmisch gehen, eine Bewegung machen. Sie sollten die Musik besser und genauer hö-

ren lernen, musikalisches Empfinden entwickeln. Oder sie konnten auch nur Texte improvisieren.

Dann hatten wir einen sehr guten Maler, der mit ihnen gezeichnet hat. Wir haben nichts vorgemacht. Unser erster Grundsatz war, die Kinder nicht fühlen zu lassen, daß sie angeleitet wurden. Sie sollten das Gefühl haben, alles selbständig zu tun. Wir waren wie Schatten. Sie haben gezeichnet, gemalt, gespielt, auch verschiedene Instrumente gespielt. Aber das Wichtigste war die Improvisation. Das habe ich selbst geleitet, sie sollten immer improvisieren. Diese Improvisationen haben wir später weiterentwickelt und zu einem Stück montiert. Es ging darum, daß die Kinder ihr Sehen vertiefen, daß sie zeichnen, daß sie malen, daß sie alles sehen lernen, beobachten, was sie umgibt, daß sie einen Rhythmus hören, daß sie Musik hören, daß sie manche Instrumente mit ihren eigenen Händen bauen, daß sie ganz selbstständig werden, daß ihnen niemand befiehlt. Sie sollten fühlen, daß sie selbständige Menschen sind und selbständig arbeiten können, dann würden sie aktiv und progressiv. Und sie sollten einander helfen. Das ist doch kommunistische Erziehung – oder? Ich hab' ja kein Theater gehabt und keine Regie gemacht, wie es üblich ist. Das, was ich gemacht habe, war die allgemeine Entwicklung eines Menschen zum Kommunisten. Dafür hat sich Grete Steffin sehr interessiert, sie hat mich ausgefragt. Wir haben uns auch später oft getroffen, sie kam immer zu mir.

Die Arbeit von Asja Lacis war eine Art Resozialisierungsprogramm mit Theatermitteln, angetrieben von einer Utopie, die alle künstlerischen Energien auf die Veränderbarkeit der Gesellschaft richtete und damit in fundamentalem Gegensatz zur konventionellen Pädagogik stand. Während diese die Kinder als Objekte betrachtet, die für die Gesellschaft in ihrer jeweiligen Verfaßtheit zu konditionieren sind, ermöglichten Lacis und ihre Kollegen den Kindern zunächst, bei ihrem Eintritt in die Welt ihre Sinne zu entdecken und zu schärfen, um die eigenen Begabungen in ein Selbst-Bewußtsein zu überführen, das der Gesellschaft zugute kommen sollte. Asja Lacis hatte die Ergebnisse ihrer Arbeit mit den Kindern schließlich in einer Theateraufführung zusammengefaßt, die im Stadttheater von Orel gezeigt und zum Fest für die ganze Stadt geworden war.[7] Ähnlich wie in Brechts Lehrstücken war die Aufführung nur ein Nebenprodukt und wurde nicht wiederholt.

Grete Steffin kann sich auf diese Utopie einlassen, denn deren Grundhaltung, Kinder als Menschen anzusehen und nicht als Erziehungsobjekte, entspricht ihrer eigenen. Was sie von Lacis erfährt, rührt an ihre lange gehegten Vorstellungen, für Kinder zu schreiben. Der Austausch mit Asja Lacis wirkt wie ein Katalysator, der heraufholt, was sie aus Deutschland in die Emigration mitgebracht hat. Er regt sie so stark an, daß sie unmittelbar nach ihrer Ankunft im Sanatorium mit der Niederschrift eines Theaterstücks beginnen wird.

Um den 5. Oktober 1934 herum verläßt sie Moskau und kommt nach einer langen Bahnfahrt in Arasindo im Kaukasus an, einem schwer erreichbaren Kurort im Gebirge, »7 1/2 Bahnstunden u. 4 scheußliche Autostunden«[8] von Tbilissi entfernt. Wenige Wochen später schickt sie Brecht aus dem Sanatorium einen Entwurf zu ihrem Theaterstück »Wenn er einen Engel hätte«. Brecht ist inzwischen auf Arbeitssuche in London und versucht dort einen Film herzustellen, der dann aber nicht realisiert wird. Er ist von Steffins Entwurf sehr angetan: »Schick doch bald mehr von der ›Schutzengel‹-Geschichte! Sie kam mir sehr amüsant vor, ich lachte sogar laut.«[9] Er rät ihr, die Szenen zuerst einmal in Prosa zu schreiben, einfach und realistisch.

Grete Steffin arbeitet in einer Umgebung, die sie nicht auf Ruhe und Konzentration einstimmt, aber das scheint sie nicht zu stören: »Besinnen Sie sich noch auf den kleinen Plan des ›Schutzengels‹, von dem ich Ihnen mal erzählte?«, schreibt sie an Walter Benjamin. »Ich habe jetzt im Klub inmitten spielender, erzählender, klavierender Leute einen Rohentwurf fertig gemacht und bin sehr befriedigt davon, obwohl er ganz auf Agitprop-Ton abgestimmt ist, was nicht bleiben darf.«[10]

Während des Schreibens stellt sich heraus, daß sie nicht nur den Agitprop-Ton zu überwinden hat, der ebenso wie Thema und Stoff der Fabel auf ihre Kindheits- und Jugenderfahrungen zurückgeht. Den eigentlichen Teil der Arbeit macht die Transformation vom Agitprop in die Gestalt eines Dramas aus – für Grete Steffin ein entscheidender Sprung in ihrer Entwicklung als Autorin. Er ist naturgemäß mit einigen Schwierigkeiten verbunden, die für Steffin zusätzlich dadurch vergrößert ist, daß sie sich ein gewaltiges Thema vorgenommen hat: wieder einmal legt sie sich mit der Religion an. So zieht sich die Arbeit an dem Stück – mit vielen Unterbrechungen – über zwei Jahre hin.

Mit »Wenn er einen Engel hätte« kommt sie noch einmal auf ihre Nähe und Differenz zu den ethischen Ansprüchen der christlichen Religion zurück. Sie greift ein klassisches Motiv der Arbeiterliteratur auf: die strukturelle Gleichgültigkeit des kapitalistischen Systems gegenüber Besitzlosen, deren Tod durchaus in Kauf genommen wird. Dieses Motiv findet sich auch in einem bekannteren Text aus dieser Zeit, in Ludwig Tureks zwei Jahre zuvor erschienener autobiografischer Erzählung »Leben und Tod meines Bruders Rudolf«[11], in der das Leben gar nicht erst beginnen kann. Den Stoff ihres Stückes entnimmt sie der Wirklichkeit. Es sind die katastrophalen Lebensbedingungen der Seeleute und die nicht unübliche Praxis der Reeder, altersschwache Schiffe samt Besatzung untergehen zu lassen, um eine Versicherungsprämie zu kassieren. B. Traven hatte diesen Stoff schon 1926 in seinem Roman »Das Totenschiff« gestaltet. Travens Seeleute sind am Schluß des Romans mit ihrem Tod einverstanden, bedeutet er doch das Ende aller Qualen eines schrecklichen Lebens. Auch in Steffins Stück kommt ein Schiffsjunge ums Leben, nur rebelliert er am Ende, als seine Duldsamkeit aufgebraucht ist. Allerdings ist es zu diesem Zeitpunkt für ihn schon zu spät.

Grete Steffin gestaltet dieses ernste Motiv ihrer Fabel auf eine Weise, die ihre ganz eigene, originäre Begabung zum ersten Mal deutlich werden läßt: ihre Fähigkeit, im Grauenhaften das Komische zu erfassen.

Das gelingt ihr mit einer Verlagerung der Perspektive von der Erde in den Himmel: Erzengel Michael erhört das Gebet einer Hamburger Arbeiterfrau, die ihn um eine Lehrstelle für ihren Sohn bittet. Michael verspricht ihr, zu helfen und verschafft ihrem Sohn Karl eine Stelle als Schiffsjunge. Außerdem bekommt Karl den tüchtigsten aller Schutzengel, Georg, der ihn vor den Gefahren des Lebens behüten soll. Das gelingt dem Schutzengel Georg nicht, denn all jene, die Karls Schicksal beeinflussen, handeln nicht nach christlichen Geboten, sondern nach denen des Marktes. Und da kann es schon mal passieren, daß ein junger Seemann auf ein altersschwaches Schiff gerät und untergeht, weil sein Reeder die Versicherungsprämie einstreichen will. Nach seinem Tod kommt Karl, der immer nach den christlichen Geboten gehandelt hat, wie Georg von ihm verlangte, in den Himmel und stellt fest: da ist gar kein Gott.

Komische Situationen entstehen, wenn das Himmelspersonal – Erzengel, Schutzengel und Gottesgeißeln – auf das wirkliche Leben trifft. Die Handlung spielt in Deutschland, wo Schutzengel nicht mehr gebraucht werden, denn die unteren

Schichten sind vom Glauben abgefallen, und die Besitzenden können sich selber helfen. »Und wozu soll Hitler einen Schutzengel anfordern? Der Mann hat seine Leibgarde.«[12] Unter diesen Umständen haben es alle Gottesgeißeln schwer, die Klienten der Schutzengel in Angst und Schrecken zu versetzen, um sie zum Glauben zu bringen oder ihren Glauben zu festigen. Cholera, Feuer, Pest, Aussatz und Seekrankheit sind machtlos oder in ihren Möglichkeiten zu stark eingeschränkt: medizinische Forschungen haben die Krankheiten eingedämmt, die neue Technik bringt Schiffe hervor, die auf hoher See einem Orkan widerstehen und sich vor Feuer schützen können. Moderne Funkverbindungen erleichtern die Kommunikation, um gegebenenfalls Hilfe herbeizuholen. Und schließlich geht es an der Börse auch nicht nach christlichen Maßstäben zu. Was kann der Orkan ausrichten, der einen Getreidemakler zum Beten bringen soll, wenn der Makler auf einem modernen und seetüchtigen Schiff unterwegs ist? Wie kann er den Makler zur Herausgabe eines Schecks für einen Kirchenneubau bringen, wenn der an der Börse auf Dürre spekuliert hat, der Orkan aber zwangsläufig Wolken bewegt, die den Farmern Regen bringen, so daß der Makler am Ende Selbstmord begeht, da er nun ruiniert ist? Und wie kann Karls Schutzengel Georg den Chef einer Bergungsfirma an Nächstenliebe und Menschlichkeit erinnern, wenn er den Einsatz des Rettungsschiffs gar nicht bezahlen kann, da er nun einmal nicht von dieser Welt ist? Zumal er sich nun auch noch mit dem Schutzengel des Chefs herumschlagen muß, der seinerseits darauf zu achten hat, daß die Bergungsfirma keine Verluste macht und nicht untergeht?

So scheitern alle Vorhaben der Erzengel, mit denen sie den Glauben auf der Erde wieder aufrichten wollen. Es gelingt ihnen nicht mehr, ihre Klienten zu schützen, um sie an den Glauben zu binden. Folglich herrscht im Himmel große Unruhe. Nicht nur, daß das Mobiliar morsch und die Heizung ausgefallen ist, nun streikt auch noch das Küchenpersonal. Die Unzufriedenheit hat untere wie obere Chargen der Engel erfaßt, und auch die Erzengel sind aufgebracht. Ein Gericht tritt zusammen, um herauszufinden, wer Schuld hat. Es stellt fest, daß das himmlische Personal hoffnungslos überaltert ist und ohne Kenntnis der modernen ökonomischen Gesetze handelt.

Als der vierzehnjährige Karl ertrunken im Himmel ankommt, wo ihm augenblicklich Flügel wachsen, wird er wütend, denn nun ist sein Leben zu Ende. Er schlägt Krach und zieht mit seinem Protest einen Teil der Schutzengel auf seine Seite. Karl weigert sich, die hierarchische Ordnung des Himmelsbetriebs anzuerkennen. Er hat es satt, immer nur brav zu sein und verlangt, Gott persönlich zu sprechen. Da stellt sich heraus: das Büro des lieben Gottes ist leer. Niemand ist da. Und Petrus gesteht: »Er ist überhaupt nicht. Er ist nie gewesen. Ich mußte euch nur sagen, daß es ihn gibt, um euch beisammen zu halten.«[13]

In einfachen Worten resümiert Steffin die Funktion von Religion als vielseitig verwendbares Bindemittel in der Gesellschaft. Das Stück führt vor, daß Religion als metaphysischer Trost für die Endlichkeit des Lebens, für die Gebrechen der Menschen und der Verhältnisse verwendet wird, aber auch als Herrschaftsinstrument mit dem dazugehörigen Drohpotential. Grete Steffin arbeitet sich ein letztes Mal an den ethischen Ansprüchen des Christentums und deren Tauglichkeit für den Alltag ab. Wahrscheinlich treibt sie die Nähe von christlichen und kommunistischen Prinzipien um, ein großes Thema, das schon viele Künstler bewegt hat und weiter bewegen wird. 1964 gestaltet es zum Beispiel Pier Paolo Pasolini auf seine Weise in dem Film »Das Erste Evangelium Matthäus«.

Mitte der dreißiger Jahre aber will Steffin die beiden Weltanschauungen streng getrennt sehen. Als die Engel am Ende des Stückes erschrocken fragen: »Aber wer hilft denn da den Menschen, wenn wir nicht da sind?« unterläuft ihr doch noch einmal der Agitprop-Ton, den zu tilgen sie sich vorgenommen hatte. Die Engel erhalten die Antwort: »Ja, habt ihr denn nicht gehört, daß die Menschen, zumindest in Rußland, beschlossen haben, sich selbst zu helfen?«[14]

Grete Steffin verabschiedet sich vom Christentum nicht ohne noch einmal auf die große metaphysische Bedürftigkeit der Menschen einzugehen. Sie tröstet alle, die ohne ihren Glauben an Gott nicht mehr weiter wissen und sich fragen, was denn überhaupt noch bleibt, wenn es Ihn nicht gibt. Petrus gibt eine schlichte Antwort, die ohne den Pomp und Bombast christlicher Verheißungen auskommt: »Nun, der Regen bleibt und das Feuer. Der Wind kann auch bleiben. [...] Und die Welt ist ja auch noch da! Das ist ja eine ganze Menge. Das Gras wächst auch ohne uns und ihn, es ist immer gewachsen.«[15] Es ist ein humaner Trost und vielleicht ein Hinweis darauf, daß man auch über die Natur in Kontakt mit der Ewigkeit kommen kann.

Das Stück enthält eine Fülle komischer Situationen, gut gebauter Szenen und viele Elemente des Brechtschen Stückebaus. Brecht ermutigt Steffin immer wieder weiterzuschreiben: »Du mußt das fertigmachen. Es ist so leicht und angenehm geschrieben und sehr zum Lachen. Gut für Kinder, aber nicht nur. Ich habe es ja immer gesagt.«[16] Zur Unterstützung schickt er ihr zwei »Thesen für proletarische Literatur«, die in demselben fordernd-teilnehmenden Ton gehalten sind wie die Ratschläge, die er ihr nach Agra geschickt hatte: »Die Realität ist auf deiner Seite, sei du auf ihrer! Laß das Leben sprechen! Vergewaltige es nicht! Wisse, daß es die Bürgerlichen nicht sprechen lassen! Du aber darfst es. Du mußt es. Such dir die Punkte, wo die Realität weggelogen, weggeschoben, weggeschminkt wird. Kratze die Schminke an! Widersprich, statt zu monologisieren!«[17]

Im Februar 1935 kündigt er an, einen ihrer Szenenentwürfe mündlich mit ihr besprechen zu wollen,[18] da er drei Wochen später nach Moskau fahren werde. Anschließend kommen beide zusammen nach Dänemark zurück, wo sie weiter an dem Stück arbeiten.

Von dieser Arbeitsphase gibt es außer Gedichtentwürfen Brechts, die er für die Lieder des Stückes machte, keine Belege. Und auch der Briefwechsel, der die Entstehung des Stückes begleitet, ist nur lückenhaft überliefert. Legt man die wenigen erhaltenen Briefe zugrunde, dann zeichnen sich zwei wesentliche Schwierigkeiten ab, mit denen sich Steffin beim Schreiben auseinanderzusetzen hat. Zum einen ist sie unsicher, auf welches der vielen Motive des von ihr angepackten gewaltigen Stoffes sie sich konzentrieren soll. Zum anderen kollidiert ihre vom Agitprop herkommende Intention zu Aufruf und vordergründigem Bekenntnis immer wieder mit der vom Theater verlangten spielerischen Auflösung in szenische Handlung.

Im Oktober 1935, zu einer Zeit, da Brecht in New York arbeitet und Steffin in Kopenhagen wohnt, muß eine erste Fassung vorgelegen haben, mit deren Schlußbild Steffin allerdings »äußerst unzufrieden«[19] ist. Sie kann sich noch nicht zwischen drei Varianten entscheiden, mit denen das Stück enden könnte: einem Aufruf gegen den kommenden Krieg, einem Verweis auf die gesellschaftliche Alternative Sowjetunion oder einer naturwissenschaftlichen Polemik gegen die Religion. All dies gäbe ihre Fabel her, jedes für sich ein großes Thema. Als erstes streicht sie eine Szene, die im Hafen von Odessa spielen sollte, also den Verweis auf die Sowjetunion, da sie ihr als »wirklich einfachstes Agitprop«[20] erscheint. Aber für die Auflösung des Ganzen findet sie noch keine befriedigende Lösung, und so bittet sie Brecht um seine Meinung. Der antwortet ihr mit einer Kritik des vorliegenden Schlusses: »Die letzte Szene des ›Engels‹ ist für meinen Geschmack ein wenig zu politisch im Weltmaßstab. Es erinnert an ›Faust‹, zweiter Teil, wenn es auch amüsanter ist.«[21] Brechts Hinweis auf Goethes Ideendrama, das wegen seiner undramatischen Handlungsführung so selten gespielt wird, deutet darauf, daß sie die szenische Auflösung ihrer großen Themen aus dem Auge verloren und sich zu sehr auf Reflexionen des Ideellen. Dies wäre der Fehler einer Autodidaktin, die sich zum ersten Mal als Dramatikerin versucht. Sein Kommentar »politisch im Weltmaßstab« deutet wiederum auf politische Verallgemeinerungen im Text, die sie gern dazu gibt, zusätzlich zu dem, was Spiel und Handlung ohnehin vorführen. So beispielsweise auch in ihrer Kindererzählung »Geschichte von Mary Miller und ihrem Hund Yo-Yo«[22], in der belehrende Sätze stehen, die wiederholen, was die Handlung längst erzählt hat. Solche Sätze finden sich im »Engel«-Stück nicht, was sicher auf Brechts Einfluß zurückzuführen ist.

In seinem Brief erkundigt Brecht sich außerdem, ob sie das Stück schon Per Knudson gezeigt habe, dem Regisseur und Leiter des Riddersalen Theaters in Kopenhagen. Scheinbar ist die vorliegende Fassung soweit gediehen, daß man die Zusammenarbeit mit einem Theater beginnen kann.

Grete Steffin wird ihre Überarbeitungen im Frühjahr 1936 abgeschlossen haben, denn sie schickt das Stück Anfang April an Ruth Berlau.[23] Offenbar bietet sie es Berlau für ihr Kopenhagener Arbeitertheater an, und Ende April geht es auch an Johannes R. Becher, der in Moskau die deutsche Ausgabe der Zeitschrift »Internationale Literatur« leitet.[24] Gleichzeitig schickt sie es an die Moskauer Literaturzeitschrift »Das Wort«, wo im Dezember 1936 eines der Lieder des Stückes gedruckt wird.[25]

Zwischen Frühjahr 1936 und März 1937 gibt es eine weitere, wahrscheinlich grundlegende Überarbeitung, an der auch Brecht beteiligt ist. Ende Februar 1937 fragt Brecht bei Johannes R. Becher nach, wann er das Stück abdrucken wolle und kündigt die neue Fassung an, die Steffin einen Monat später abschickt.[26] Das ist die endgültige, uns heute vorliegende Fassung, bestehend aus einem Vorspiel, sieben Bildern und einem

Nachspiel. Ein weiteres Vierteljahr später steht dann fest, daß kein Theater das Stück aufführen wird, wie sie an Walter Benjamin schreibt, und zwar »wegen zensur, gotteslästerungsparagraphen«.[27] Möglicherweise ist das der Grund dafür, daß sich Becher nicht entschließen kann, das ganze Stück abzudrucken, sondern nur das zweite Bild.[28] Grete Steffin ist enttäuscht. Im September 1937 schreibt sie an Walter Benjamin:

»was mein stück angeht: ein kleiner teil, und zwar das bild ›herr fischer, wie tief ist das wasser‹, ist in Il [›Internationale Literatur‹] abgedruckt worden. leider ohne versprochene inhaltsangabe des ganzen und ohne bemerkung, daß es aus einem kinderstück ist. es scheint mir so eher unbrauchbar. außerdem höre ich jetzt immerfort von den lieben freunden, die es vor 3 monaten noch *sehr* gut fanden, daß es ganz verfehlt sei, wir könnten nicht wie hitler jetzt in antireligiosität machen, wir hätten wichtigeres zu tun. na schön. es tut mir trotzdem leid, ich mag die arbeit ja und traue mich eigentlich nur schwer an etwas neues. ich bin sozusagen enttäuscht. aber, wie mir Eisler, ((der die lieder erst gern vertonte (aus freien stücken) und der jetzt fragt, wer mir den floh ins ohr gesetzt habe, so was zu schreiben)) sagt: der weg ist halt dornig.«[29]

Was da im einzelnen geschehen ist, teilen Steffins Briefe nicht mit, aber im September 1937 sind Steffin und der gesamte Brecht-Kreis in der Tat von ganz anderen Fragen bewegt. Denkbar sind alle möglichen Einwände gegen das Stück, beginnend mit der Frage, ob ein solches Drama rund zweihundert Jahre nach der Epoche der Aufklärung eigentlich noch nötig sei. Das Stück führt das Zusammenspiel von Wirtschaft, Gesellschaft und Religion vor, wobei unendlich viele Aspekte anklingen, von denen natürlich immer einige anfechtbar sind, wenn man sie ausschließlich aus der Perspektive aktueller Tagespolitik betrachtet.

Vielleicht aber hatte auch jemand bemerkt, daß Steffin die wundersame Welt der Engel und ihre himmlische Parallelaktion so zeigt, daß sie an die Arbeitsweise eines Wirtschaftsunternehmens erinnert. Die Komik im Stück besteht ja gerade auch darin, daß die Figuren der Himmelswelt ganz irdisch handeln und deren Sprache von vielen zeitbezogenen Anspielungen durchsetzt ist. Die doppelte Verfremdung bietet hinreichend Gelegenheit, das Grundsätzliche am Treiben der Himmelsfiguren zu erkennen, denn Steffin rückt vor allem die ideologischen Anteile der Religion in den Vordergrund. Das Stück führt in allen Einzelheiten vor, wie Ideologie produziert wird und welcher Requisiten und Strategien es bedarf, sie unters Volk zu bringen. Daher ist dieser prototypische Vorgang auf alle Parteien, Religionen, Sekten, Kirchen, und Medien übertragbar, denen die nachdrückliche Botschaft des Stückes – prüfen, statt glauben! – keineswegs recht sein kann, sind sie doch allesamt der Versuchung ausgesetzt, ihre Macht immer wieder zu mißbrauchen. »Wenn er einen Engel hätte« zeigt im kleinen, wie man das erzeugt, was der akademische Diskurs Jahre später »falsches Bewußtsein« nennen wird. Diese Linie macht den größten Teil der Handlung aus und ist schon darum nicht zu übersehen, weil die anderen Motive der Fabel stark vereinfacht dargestellt sind. Steffin will übermitteln, daß die Unteren all das, was ihnen Chefs, Glaubensinstitutionen oder der allgemeine Verhaltenskodex abverlangen, daraufhin überprüfen sollten, ob es ihnen ein humanes Leben ermöglicht. Dabei zielt Steffin insbesondere auf die materiellen Voraussetzungen. Ihr Protagonist, der Schiffsjunge Karl Werner, der zum Leben lediglich ein Minimum einfordert, verliert sein Leben gerade dadurch, daß er sein Verhalten an ein falsches Bewußtsein anpaßt.

Wahrscheinlich liegt der Grund für Hanns Eislers Ablehnung und die aller anderer, die das Stück nun kritisieren, in der aktuellen Politik der KPD. Die ist seit der Brüsseler Konferenz von 1935, anders als zuvor, auf breite Bündnisse ausgerichtet und will Menschen aller Weltanschauungen für eine Einheitsfront gegen den Faschismus gewinnen.

Als Grete Steffin ihren Brief an Walter Benjamin schreibt, hat die Legion Condor die spanische Stadt Guernica schon in Schutt und Asche gebombt, Hitler probt seinen Weltkrieg in Spanien, und Brecht hat mit dem Stück »Die Gewehre der Frau Carrar« soeben darauf reagiert. Wenn sie an Benjamin von den »lieben Freunden« schreibt, die das »Engel«-Stück jetzt ablehnen, sind damit außer Eisler vielleicht auch alle anderen gemeint, denen sie es angeboten hatte: Die Kopenhagener Theaterleute Per Knudson, Lulu Ziegler und Ruth Berlau, Willi Bredel in der Moskauer Redaktion der Zeitschrift »Das Wort« und Johannes R. Becher, der die »Internationale Literatur« leitet.

Zu Brechts Haltung in dieser Frage gibt es keine Informationen. Immerhin hat er an dem Stück mitgearbeitet, er steht zu ihm, und folglich wird er sein Einverständnis mit dieser Arbeit einige Jahre später, dann allerdings unter völlig veränderten Bedingungen, erneut bekunden: Als er im Dezember 1948, nach Ende des Krieges, in den Trümmern von Berlin gemeinsam mit Wolfgang Langhoff den Spielplan für ein neues, »sofort vorstellendes Kindertheater« entwirft, will er dort auch »Steffins hoffentlich nicht verlorene Kinderstücke«[30] aufführen.

Das sind die äußeren Wirkungen, die Grete Steffin mit ihrem Stück auslöst. Neben all den politischen Zusammenhängen und zusätzlich zu den Pressionen der Zensur läuft aber noch ein anderer Prozeß. grete Steffin arbeitet daran, als Autorin ihre eigene Sprache zu finden, und das ist in der Nähe von Brecht besonders schwer. Dessen geniale Fähigkeiten schüchtern sie manchmal ein: »Sonst? Ich mache Ansätze etwas zu arbeiten, bin aber vollkommen verdorben, denn alles Angefangene werfe ich wieder hin. Scheußlich.«[31] So im Mai 1934 während ihrer Mitarbeit an Brechts »Rundköpfen«. Ihr eigenes Stück nennt sie in Briefen an Walter Benjamin meist »mein kleines Stück«, eines der Lieder »mein kleines Gedicht«, will ihm ihr nächstes Stück gar nicht zu lesen geben, weil es »doch zu sehr kinderstück«[32] sei. Sie macht sich klein, obwohl Benjamin » sehr gerne die beiden Stücke von Ihnen lesen« möchte.[33]

Sicher ist der Unterschied zwischen ihren und Brechts Arbeiten unübersehbar, seine Literatur gehört einer anderen Kategorie an. Aber ihre Unsicherheiten beim Schreiben sind für die Arbeit einer Anfängerin ganz selbstverständlich. Besonders deshalb, weil sie mit ihrem ersten Drama einen so vielschichtigen Stoff anpackt. Wenn sie Brecht um Rat fragt, kann er einerseits die von ihr vorgegebene Konstruktion nicht einfach ignorieren, andererseits aber auch nicht seine langjährigen Erfahrungen als Dramatiker leugnen.

Schon sein erster Hinweis vom November 1934, die Szenen zunächst in Prosa zu schreiben, entspricht seiner eigenen Arbeitsmethode, und so findet sich denn auch vieles von seiner Handschrift in Steffins erstem Stück wieder: Poetische Brechungen der Handlung durch Lieder, ein Schauspielerkommentar außerhalb der Rolle, nicht psychologisch gezeichnete Charaktere, mit einem Wort: die Distanzierungsmethodik des epischen Theaters, die das gesellschaftliche Umfeld der Figurenkonflikte auf der Bühne sichtbar machen will. Auch die situativ-gestische Schreibweise mit ihren kurzen, pointierten

Sätzen, die eine zwingende Handlungsführung befördern, verweist überdeutlich auf Brechts Mitarbeit. Das vierte Bild des Stückes wirkt wie von ihm geschrieben. Die Erklärung von Vorgängen an der Börse, mit denen sich Steffin jedenfalls nicht so detailliert auseinandergesetzt hat wie er, und deren Abstraktheit für das kindliche Rezeptionsvermögen auch nicht gerade geeignet ist, erinnert an Stücke von ihm, die ein verwandtes Sujet behandelten, »Die heilige Johanna der Schlachthöfe« und das »Brotladen«-Fragment. All diese Einflüsse, die sich in Steffins Stück wiederfinden, gehen auf die Periode zwischen Frühjahr 1936 und März 1937 zurück, in der die Endfassung entsteht, und deuten auf eine intensive Mitarbeit Brechts.

Grete Steffin muß sich beim Schreiben mit seiner Theaterästhetik auseinandersetzen, eine gute Übung – aber eben nicht mehr. Solche Übungen decken lediglich eine von vielen Facetten des Schreibvorgangs ab. Brechts Theater- und Schreibauffassung ist an seine Person und seine Erfahrungen gebunden, die keineswegs identisch mit ihren eigenen sind. Grete Steffin hat einen ausgeprägten Eigensinn und kann ihre Erfüllung schon deshalb nicht darin sehen, als Brecht-Epigonin aufzutreten. Im Gegenteil, die Konzentration, die der Schreibvorgang erzwingt, ermöglicht ihr, sich zu sammeln und ihre eigenen Ansprüche präziser zu fassen und zu formulieren, womit sie einen Abstand zu Brecht herstellen kann, der ihr in ihrer Liebesverbindung kaum gelingt. Sie will, wie ihre Briefe wiederholt ankündigen, ihre eigenen Stoffe bearbeiten, und die verlangen natürlich nach einer eigenen Form. Mit den Voraussetzungen und den Wirkungen der Brechtschen Ästhetik ist sie vollkommen einverstanden, aber sie kann sie nicht eins zu eins übernehmen – wenn überhaupt, dann nur in eigenen Anverwandlungen. Dies ist die Problematik beim Schreiben in der Nähe von Brecht, und es spricht für ihre Begabung, daß sie in der Lage ist, sich allmählich von seinem übermächtige Einfluß zu lösen.

Von ihrem nächsten Kinderstück, »Die Geisteranna«, ist zur Entstehung nichts überliefert. Steffin hat es vermutlich bei einem Krankenhausaufenthalt Ende 1936 in Kopenhagen geschrieben. Brechts Abwesenheit ist unübersehbar, und das neue Stück unterscheidet sich erheblich von dem vorangegangenen. Handlung und Sujet der »Geisteranna« verbleiben ausschließlich in der Welt der Kinder, die Weltpolitik ist ausgespart.

Das Stück handelt davon, wie sich aus dem Seeräuberspiel einer Schulklasse der wirkliche Kampf um ein stillgelegtes Schiff entwickelt, das verkauft werden soll. Die Kinder wollen es als Ort zum Spielen behalten und erfahren im Verlauf der Handlung, was es mit dem Glauben an Geister auf sich hat, wie er gebraucht wird, wer ihn benutzt und wie sie sich erfolgreich gegen angstmachende Gespenster wehren können. Steffin verwendet die Sprache der Kinder, der stilisiert-demonstrative Duktus der Brechtschen Theatersprache fehlt ebenso wie jeder Nachklang des Agitprop-Tons. Ihr aufklärerischer Anspruch aber ist derselbe wie im »Engel«-Stück, denn auch in der »Geisteranna« geht es darum, die Verblendungen des Bewußtseins zu erhellen. Der entscheidende Unterschied besteht darin, daß sie ihr Thema hier in spielerischen Vorgängen abhandelt, die der kindlichen Vorstellungswelt auf der Ebene des Alltags entsprechen. Dieser Horizont wird nicht überschritten. Anders als im »Engel«-Stück verzichtet die Fabel auf ausgiebige Ausflüge in die Welt der Erwachsenen und ist nicht ins Modellhafte transformiert.

Brechts antiillusionistische Theatertechnik scheint nur ein einziges Mal direkt auf, als ein Darsteller kurz aus dem Spiel aussteigt, um, wie ein Regisseur, einen entscheidenden Drehpunkt der Fabel noch einmal wiederholen zu lassen.[34] Zusätzlich gibt Steffin einige Anspielungen auf das schwere und rechtlose Leben von Emigranten, also auf das, was ihren Alltag ausmacht, insbesondere am Beispiel der Einwanderungsbestimmungen für Amerika. Ein weiteres durchgängiges Motiv ist ihr ironisierendes Spiel mit einem damals weitverbreiteten dummen Vorurteil, wonach Mädchen über weniger Gehirnmasse verfügen als Jungen und ihre Intelligenz deshalb hinter ihnen zurückbleibt. Steffins Jungenfiguren sind zwar entschlossener und schneller bereit zu handeln, die Mädchenfiguren aber gehen einfühlsamer und mit alltagspraktischem Verstand vor und können, wenn es gilt, die Angst zu überwinden, viel klüger und mutiger handeln als die Jungen.

Die Stückfiguren haben dänische Namen, offenbar denkt sie wieder an eine Inszenierung in Dänemark. Ende März 1937 heißt es dann in ihrem Kalender: »Nach Wien Geisteranna«.[35] Aber auch dieser Versuch, der vermutlich einem Theater gilt, führt zu keiner Aufführung des Stückes. Ein Test in der Praxis wäre auch für dieses Stück ebenso wichtig gewesen wie für das

»Engel«-Stück, um dessen Aufführung sie sich gleichfalls weiter bemüht. Zur Jahreswende 1937/38 teilt sie Walter Benjamin mit: »lou eisler schrieb mir einen optimistischen brief, daß es so aussieht, als ob der schutzengel an einem prager kindertheater angenommen werden würde, aber ich werde mich nicht zu früh freuen.«[36] Über die Bedingungen einer solchen Aufführung findet sich im Nachlaß ein einzelnes Blatt aus dem Mittelteil eines Briefes an Steffin, so daß der Absender fehlt. Darin heißt es: »der schutzengel müßte, um hier aufgeführt werden zu können (wofür chance ist,) umgearbeitet werden. der liebe gott muß ganz wegfallen und als thema vielleicht genommen werden völker und rassen?«[37] Auf solche Änderungen, die den Kern des Stückes zerstörten, kann sie sich natürlich nicht einlassen.

»Wenn er einen Engel hätte« wird erst Jahrzehnte später in den beiden Hälften ihrer inzwischen geteilten Heimatstadt Berlin aufgeführt. 1978 erfolgt die Uraufführung im Theater der Freundschaft in Berlin/DDR, 1986 eine weitere Inszenierung der Theatermanufaktur in der Schaubühne am Halleschen Ufer in Berlin/West.

Grete Steffins Texte entstehen in der Regel, wenn sie bei Kuroder Krankenhausaufenthalten nicht mehr mit Brechts Angelegenheiten beschäftigt ist. Ihre Schreibarbeiten für Brecht, aber auch die Verantwortung, die sie in technischen Herstellungs- und Organisationsfragen übernimmt, die Korrespondenzen mit Freunden, Theatern und Verlagen, lassen ihr wenig Zeit für die eigenen Arbeiten. Wiederholt finden sich in ihren Briefen Bemerkungen, die in einem melancholischen Ton an ihre eigenen Vorhaben erinnern: »meine werke sind noch unveröffentlicht, zum größten teil auch noch nicht geschrieben, mein rechtes ohr ist taub, außerdem singen die telegrafendrähte drinnen tag und nacht ununterbrochen weiter. ja, das leben.«[38]

Wir müssen uns an die geschriebenen Texte halten. Ihre beiden Stücke übermitteln eine Haltung, die ein kritisches Bewußtsein und ein Aufbegehren gegen die Festlegungen der Unmündigkeit, ein Anrennen gegen die ewige unreflektierte Duldsamkeit vorführt.

Die Stoffe dieser beiden großen Arbeiten stammen noch aus der Berliner Zeit vor 1933 und gehen auf ihre prägenden Erfahrungen von damals zurück. Wenn sie sie nun veröffentlichen will, treffen sie nicht nur auf die stark eingeschränkten Pu-

blikationsmöglichkeiten im Exil, sondern auch auf völlig veränderte Verhältnisse, denn die geschichtliche Spirale hat sich
inzwischen mehrfach gedreht. Es gehört zu den schlimmen
Folgen ihres Emigrantenlebens, daß die Vorräte, auf die sie
zurückgreifen will und muß, unter den neuen Verhältnissen
kaum gefragt sind. Noch im Jahr 1939 wird sie an Walter Benjamin über einen begonnenen Roman schreiben: »der kleine
roman ist doch wieder eingeschlafen. er sollte von einem kleinen jungen handeln und in bln. [Berlin] spielen, 1932/1933«.[39]
Warum sie die Arbeit aufgegeben hat, teilt sie nicht mit, allerdings ist aus demselben Brief ersichtlich, daß sie zu dieser Zeit
existentielle Probleme ganz anderer Art belasten.

Für ihre schriftstellerische Arbeit bleibt entscheidend, daß
sie, trotz aller Enttäuschungen im Zusammenhang mit den
Publikationsversuchen ihrer Stücke, nicht aufgibt und weiter
schreibt, bis in den neuen Texten ihre neueren Erfahrungen
sichtbar werden.

Uraufführung von Margarete Steffins »Wenn er einen Engel hätte« am Theater der Freundschaft Berlin/DDR, 1978, Regie: Wolfgang Engel. V. l.: Rainer Büttner (Petrus), Rüdiger Sander (Georg 15), Joachim Siebenschuh (Erzengel Michael).

V. l.: Rüdiger Sander (Georg 15), Holm Gärtner (Schiffsjunge), Walter Plathe (Karl Werner).
Fotos: Egon Radloff.

242

3/4 – »Wenn er einen Engel hätte«, Inszenierung der Theatermanufaktur in der Schaubühne am Halleschen Ufer Berlin/West, Regie: Ilse Scheer, 1986, Laiendarsteller.

Leben aus dem Koffer

Nachdem Grete Steffin im Oktober 1934 die lange Reise von Moskau in den wilden Kaukasus hinter sich gebracht hat und im Sanatorium in Arasindo angekommen ist, arbeitet sie dort nicht nur an ihrem »Engel«-Stück. Sie lernt auch Russisch und verbindet ihr Interesse an fremden Sprachen noch mit einer anderen Leidenschaft, dem eigenen Theaterspiel. Gemeinsam mit ihren Mitspielern übersetzt sie eine Valentiniade ins Russische, »Die G'spusi der Zensi«, um sie im Sanatorium aufzuführen.

Georgisch will sie allerdings nicht lernen: »Dieses Georgien ist teilweise sehr interessant, aber auch schwierig. Zum ersten sind mir die Georgier viel zu große Lokalpatrioten – geben den Bayern in nichts nach – u. selten gute Kommunisten, zum anderen sprechen sie noch nicht oder doch nur sehr schlecht russisch, daß man sich wenig unterhalten kann. Georgisch zu sprechen oder zu lesen, versuche ich erst gar nicht, da ich mit russisch hinreichend beschäftigt bin.«[1] Die winterliche Gebirgsluft – »Schnee gibt es bis zum Knie, Frost bis zu blauen Nasen und Sonne!«[2] – scheint ihr gut zu bekommen, ebenso das üppige Essen, auf das sie immer zu achten hat: »Kaviar gibt es hier gerade nicht – er kostet in Tiflis nur 8 Mark das Kilo – aber ich kaufe mir viel guten Honig, Butter, Eier, Obst, ab u. zu ein *ganzes* Huhn. [...] Schokolade fehlt mir. In Tiflis werde ich viel kaufen.«[3]

Am Ende ihrer viermonatigen Kur hat sie sich großartig erholt, wie sie Walter Benjamin mitteilt. Anfang Februar 1935 fährt sie nach einem kurzen Aufenthalt in Tbilissi zurück nach Moskau und wohnt dort im Hotel Nowo Moskowskaja.

Schon bei ihrem Aufenthalt im September 1934 hatte Steffin im Moskauer Verlag VEGAAR die Verhandlungen über eine weitere deutschsprachige Ausgabe des »Dreigroschenromans« begonnen. Ausgestattet mit mehreren Vollmachten Brechts, die ihr unter anderem »ganz freie Hand«[4] für Verhandlungen mit dem Staatsverlag einräumen, wird sie von nun an seine Angelegenheiten bei russischen Verlagen, Redaktionen, Theatern und Filmstudios voranbringen. Der »Dreigroschenroman« wird noch im selben Jahr in einer deutschen und zwei Jahre später in einer russischen Ausgabe erscheinen.

Indessen klagt sie schon bald über Zahnschmerzen und hat eine Kieferoperation zu überstehen. Am 6. März schreibt sie an Benjamin: »Außerdem liege ich wieder mal. Fieber. Der Arzt weiß noch nicht warum. Schade u. scheußlich. Hoffentlich wird's besser, bis der Br. kommt, der sich gestern auf sehr bald angemeldet hat. Leider sieht er mich nur schon abgekämpft, ich sah nämlich nach dem Sanatorium sehr gut aus.«[5]

Brecht kommt eine Woche später in Leningrad an, von dort holt sie ihn ab. Als sie wieder in Moskau eintreffen, wird Brecht »für 4 Wochen krank, Grippe mit besonders unangenehmen Kopfschmerzen. Danach fing er mit ›Theaterstudium‹ hier an. Wir haben sehr viel gesehen. Eine komische Sache mit dem Theater.«[6]

Die russische Theaterauffassung mag ihr komisch erscheinen, sie unterscheidet sich erheblich von der deutschen und besonders von der Brechtschen. Grete Steffin übersetzt während der Aufführungen für Brecht, aber den nachhaltigsten Eindruck hinterläßt nicht das Moskauer Theater, sondern ein Gastspiel des chinesischen Schauspielers Mei Lan-fang. Brecht ist besonders von der Eleganz der epischen Elemente seines Spiels beeindruckt, die der Schauspieler vor dem Publikum geradezu zelebriert.

Steffin begleitet Brecht zu Gesprächen mit den Freunden Sergej Tretjakow, Asja Lacis, Bernhard Reich, Erwin Piscator, Alexander Granach und Carola Neher, und vermutlich auch zu den Treffen mit den Politikern Béla Kun und Wilis Knorin. Damit lernt sie die Moskauer Bedingungen genauer kennen, auf die Brechts Vorhaben treffen würden, sollten sie realisiert werden. Brecht sucht hier vor allem nach Arbeitsmöglichkeiten im Theater. Bernhard Reich hatte ihn über die Pläne zur Gründung eines deutschen Exiltheaters in Moskau auf dem laufenden gehalten und ihm im November 1934 mitgeteilt: »Die Geschichte mit dem deutschen Theater hat eine absurde Wendung genommen. Vorschlag: Gründung eines deutschen Theaters mit zwei künstlerischen Leitern: Wangenheim und Piscator. (P. denkt nicht daran – was haltet Ihr davon?)«[7] Reich hält den Vorschlag für absurd, weil beide Namen für zwei Theaterauffassungen stehen, die nicht miteinander vereinbar sind.

Brecht hat seit nunmehr zwei Jahren keines seiner Werke mehr auf der Bühne gesehen, aus den Londoner Filmversuchen ist nichts geworden, und auch für das neue Stück, »Die Rundköpfe und die Spitzköpfe« findet er keine Bühne. Nur der von ihm nicht sonderlich geschätzte »Dreigroschenroman« erfüllt seinen Zweck und bringt Geld zum Leben ein. Über die Theaterarbeit der deutschen Emigranten in Moskau schreibt er an Helene Weigel: »Mit dem deutschen Theater steht es faul. Wenige Schauspieler, nur schlechte, außer der Neher, die aber nicht besonders geschätzt wird.«[8]

Dennoch bemüht er sich um Arbeitsmöglichkeiten für Helene Weigel, die ihren Beruf in Dänemark nicht mehr ausüben kann und sehr unter ihrer erzwungenen Untätigkeit leidet. Brecht und Steffin sprechen mit Gustav von Wangenheim, der den antifaschistischen Spielfilm »Kämpfer« vorbereitet, die weibliche Hauptrolle indes schon mit Lotte Loebinger besetzt hat. Brecht hingegen will, daß Helene Weigel die Rolle angeboten wird, während Wangenheim offenbar Vorbehalte gegen Weigels angebliches »jüdisches Aussehen«[9] hat. Es kommt zu einer harten Auseinandersetzung, die Wangenheim anderthalb Jahre später, auf einer Parteiversammlung 1936, so darstellt: »Aus dieser Geschichte ist eine teuflische Geschichte von Brecht gemacht worden, indem er erklärte, ich verfechte den Standpunkt, Juden dürfen in Moskau nicht spielen. Steffin hat vor Parteigenossen und Parteilosen erklärt, das muß in die ausländische Presse, der Wangenheim muß aus der Partei ausgeschlossen werden. Das ist eine Sache, die ich zu Papier gebracht und dann in der Komintern abgegeben habe.«[10]

Wenn Wangenheim bereits im April 1935 glaubt, einen Dissens um die Besetzung einer Filmrolle bei der Komintern anzeigen zu müssen, dann zeugt das von einer Paranoia, die sich nach dem ersten großen Moskauer Schauprozeß vom August 1936 noch weiter steigern wird. Die Parteiversammlung, auf der er dies vorträgt, wird unmittelbar im Anschluß an den Prozeß einberufen. Die deutschen Schriftsteller in Moskau sind aufgefordert mitzuteilen, ob sie sich im Umgang mit Kollegen und Bekannten wachsam genug gegen abweichende Meinungen verhalten hätten und sollen die Äußerungen ihrer Kollegen einschätzen. Die hier vorgetragenen Beobachtungen und Beurteilungen werden an Parteigremien und den Geheimdienst NKWD weitergegeben und verwandeln sich in diesem Moment in potentielle Denunziationen, denn Parteikommissionen und NKWD arbeiten zusammen, um »Abweichler,« »Versöhnler«, »Doppelzüngler«, »Saboteure«, »Trotzkisten«, »Spione« usw. zu verfolgen. Von den ab September 1936 ausgelösten Massenverhaftungen sind dann beispielsweise auch zwei Drittel aller Mitarbeiter des Films »Kämpfer« betroffen. Sie werden unter falschen Anschuldigungen zu Arbeitslager verurteilt oder nach Deutschland ausgeliefert, vier von ihnen werden erschossen, Wangenheim und andere überleben den staatlichen Terror.[11]

Im April 1935 resümiert Brecht seinen Streit mit Wangenheim in einem Brief an Helene Weigel: »Er benimmt sich saumäßig und unvergeßlich. – «[12] Hätten Brecht, Weigel oder Steffin an dem Film mitgearbeitet, wäre es bald zu größeren Auseinandersetzungen gekommen, die wahrscheinlich den eigentlichen Kern des Konflikts ausmachen.

Wangenheims Film will den Widerstand gegen Hitler stärken und führt die Handlung so, daß der Eindruck entsteht, das deutsche Volk werde demnächst das Naziregime stürzen. Diese Aussage verhindert jede Erkenntnis über die tatsächlichen Vorgänge in Deutschland. Sie scheint entweder propagandistischen Vorgaben oder einem Wunschdenken entsprungen zu sein und basiert auf einer naiven, auf die Empörung gegen Hitler setzenden Kunstauffassung, die jedoch mit breiter Zustimmung rechnen kann. Als der Film fertiggestellt ist und gezeigt wird, erhält Wangenheim zum Beispiel auch von Max Ophüls aus den USA einen freudigen Glückwunsch, was nichts anderes bedeutet, als daß es ein verbreitetes Bedürfnis gibt, eindeutige Zeichen gegen die Nazis zu setzen.

In Brechts Streit mit Wangenheim treffen wieder die unüberbrückbaren Differenzen in Kunstfragen aufeinander wie sie sich schon Ende der zwanziger Jahre in Berlin gezeigt hatten. Dazu gehört auch Brechts Überzeugung, daß es zu billig, weil folgenlos sei, antifaschistische Bekenntnisse auszustellen, ohne auf die reale Funktionsweise der Gesellschaft einzugehen und dafür eine adäquate Ästhetik zu entwickeln.

Von Grete Steffin gibt es keine Äußerung zu dem Konflikt mit Wangenheim. Ihre Haltung ist nur in seiner Darstellung überliefert, wo sie als klare Ablehnung rassistischer Ressentiments erscheint. Das ist aber nur die eine Seite des Vorgangs. Für Wangenheim, den Autor und Regisseur des Films, der sein Werk in Moskau mit deutschen Emigranten und der Filmgesellschaft Meschrabpom realisiert, erscheinen Brecht und Steffin wie zwei Touristen, die mit dem Koffer in der Hand aus

Dänemark angereist sind und plötzlich in seinen Film eingreifen wollen. Wenn er solche Einmischungen von außen ablehnt, dann ist immerhin das Recht des Regisseurs auf seiner Seite. Er muß seine Vorstellungen über Besetzungen und Rollenanlagen innerhalb seiner eigenen Konzeption umsetzen, denn er und niemand anders hat den Film zu verantworten.

Grete Steffin und Brecht werden demnächst ebenfalls solche von außen, nämlich aus Moskau kommende Eingriffe in ihre Arbeit erleben und sie werden sie sich deutlich verbitten. Auch Grete Steffin wird darauf bestehen, daß Fremde nicht in ihre oder in Brechts Texte hineinzuschreiben haben. Und sie wird ihre Flüche über derlei Anmaßungen ausgesprochen wuchtig formulieren. Dasselbe Recht muß auch für Wangenheim gelten. Sein persönliches Verhalten allerdings ist eindeutig. Er wird auch in den Überlieferungen anderer Emigranten als selbstgefälliger, unter »Verfolgungswahnsinn«[13] leidender Künstler mit Funktionärsattitüden geschildert, der allen Anlaß zu Kritik und Ablehnung gibt, ganz zu schweigen von seinen eilfertigen Denunziationen beim NKWD.

Trotz der unangenehmen Begegnung mit Wangenheim bleiben Brecht und Steffin weiter an Arbeitsmöglichkeiten in der Sowjetunion interessiert. Grete Steffin übersetzt Prosa von Michail Sostschenko ins Deutsche und erfährt erst hinterher, daß sie bereits in deutsch veröffentlicht sind, was Sostschenko selbst gar nicht gewußt hatte.

Bevor Brecht und Steffin nach Dänemark zurückkehren, findet am 17. Mai 1935 ein Brecht-Abend in Leningrad statt. Theodor Plievier und Konstantin Fedin halten Reden, Brecht liest aus seinen Werken und Grete Steffin trägt seine Gedichte vor. Ihre Rezitationen begeistern wieder einmal, wie ein Kritiker notiert: »Am besten aber und eindrucksvollsten wirkten die von Genossin Steffin vorgetragenen ›Kinderlieder für proletarische Mütter«, deren dichterische Stärke die Zuhörer mächtig mit sich riß und einen nicht enden wollenden Beifallssturm auslöste.«[14]

Zurück in Dänemark, schreibt Grete Steffin an Arnold Zweig, sie plane eine weitere Reise in die Sowjetunion: »im oktober ungefähr will ich wieder hinüberfahren. zwar habe ich nicht mehr viel sanatorium nötig, sagte mein kopenhagener arzt (höchstens zwei monate im jahr urlaub!) aber ich will doch gern das russisch weiter betreiben. und da man jetzt alles drüben gegen rubel (nicht mehr wie früher nur bei torgsin gegen valuta, da allerdings auch sehr billig) kaufen kann, ist es praktisch, drüben eine zeit zu wohnen. zudem erscheint der roman auf russisch, evtl. wird aus theater etwas, aber es ist immer besser, wenn man selbst drüben ein wenig dampf dahinter macht.«[15]

All ihre Eindrücke sprechen von anhaltender großer Sympathie für das Land, was sie freilich nicht daran hindert, über die großen Probleme und Schwierigkeiten zu berichten. Etwa wenn sie Walter Benjamin über den gegenwärtigen Lebensstandard in Moskau auf dem laufenden hält: »wir schrieben Ihnen, die asja und ich, wegen der evtl. arbeit drüben. arbeiten ist ja gut dort. aber diese wohnungsschwierigkeiten! Sie machen sich keinen begriff, wie das immer noch ist! Piscator wohnt seit drei jahren in hotels. und die sind teuer. wenn das erst besser wird, so ist alles in ordnung. kaufen kann man alles.«[16]

Grete Steffin wohnt teils in Kopenhagen, wohin ihre Mutter für eine Woche zu Besuch kommt, teils in Torelore, einem der Häuser von Karin Michaelis auf der Insel Thurö vor Svendborg. Offenbar besteht Helene Weigel auf diesem Abstand, den Brecht wiederum überbrückt, indem er mit dem Auto und der Fähre zwischen Svendborg und Thurö hin und her pendelt.

Vom 20. Juli bis 17. August 1935 kommt Grete Steffins Schwester Herta mit ihrem Mann zu Besuch und verbringt ihren Urlaub auf Thurö: *Karin Michaelis hat uns oft zu Abendunterhaltungen eingeladen, dann kamen auch Brecht und Helli, da waren viele Leute, meist Emigranten. Und Brecht war immer freundlich, höflich, also lustig, amüsant. Er war wirklich sehr nett, so wie wir ihn die paar Wochen immer kennengelernt haben, humorvoll. Manchmal habe ich bei Grete etwas gekocht, dann wollte er mitessen. Und Grete war so besorgt, wie es uns geht, sie hat uns nur Gutes getan. Wir waren ja immer im Sommer da, zu meinem Geburtstag, und einmal, da wache ich auf, der Tisch war gedeckt – ach, der hat sich gebogen vor lauter Geschenken, sie hatte da gekauft ... Also, sie hat wirklich ihr Letztes gegeben. Als wir abfuhren hatte sie bestimmt keinen Öre mehr. Und Grete hing auch sehr an unserer Mutter. Die hat sie immer wieder nach Dänemark kommen lassen, das kostete auch viel Geld, bestimmt.*

Ich weiß noch, wie wir im Sommer '35 mal in Svendborg auf den Markt zum Einkaufen gingen, da sagte Grete zu mir: Du, da ist die Helli – die war zufällig auch auf dem Markt – geh mal hin zu ihr und sag ihr Guten Tag, ich geh nicht hin. Ich glaube, sie haben sich zu

dieser Zeit nicht mal mehr gegrüßt. Nur Brecht kam immer zu Grete.
Später wurde das Verhältnis wieder besser, da haben sie wieder zuein-
ander gefunden, das hat mir Helli selbst mal erzählt, nach dem Krieg.

Wenn sie Helene Weigel beim Einkauf lieber aus dem Weg
geht, so hindert sie das trotzdem nicht, sich bald darauf über
einen gelungenen Liederabend zu freuen, den die Weigel veranstaltet.

Die Arbeit geht weiter. Im August und September ist es das
Stück »Die Horatier und die Kuriatier«, an dem auch Karl Korsch
und Hanns Eisler mitarbeiten. Als Eisler wieder abgereist ist,
teilt ihm Steffin in einem Brief mit, wie die Weigel eine seiner
Kompositionen umgesetzt hat: »Bei den ›Osseger Witwen‹ hat sie
sich mit dem Einproben schwerer getan, aber jetzt ist es herrlich
geworden.«[17] Der Anlaß ihres Briefes aber ist ein anderer. Die
New Yorker Theatre Union, die das Stück »Die Mutter« aufüh-
ren will, hatte Brecht eine eigene, naturalistische Adaption des
Stückes vorgelegt, die er ablehnt und nicht akzeptieren kann.
Damit steht die ganze Inszenierung in Frage, und so versucht
Steffin eine Brücke über den Atlantik zu schlagen und Eisler,
der schon in New York ist, für ihren Vermittlungsvorschlag zu
gewinnen: »Brecht hat ein Telegramm bekommen, von dem
ich Dir eine Abschrift beilege. Einem anderen Telegramm, in
dem unsere Newyorker Leute Dich anflehen, ihn umzustim-
men (Lou hat es Dir geschickt), entnimmt er, daß es Dir einige Mühe machen wird, die Leute von einer falschen Aufführ-
rung abzubringen. Wie wäre es nun mit folgendem Ausweg:

Brecht verlangt 1) Aufführung der Originalfassung (das kann
ihm niemand verübeln, auch unsere Freunde nicht). 2) Die Übertragung der Regie, während das Theater ihm einen Advicer
stellt. 3) Das Theater bevorschußt die Tantiemen in der Höhe
der Kosten der Hinfahrt. 4) Du versuchst, unsere Freunde zu
veranlassen, daß sie die Rückfahrt aufbringen, wobei man anbieten kann, die Summe zurückzuzahlen, falls die Tantiemen
die Kosten der Hinfahrt übersteigen. Auf diese Weise würde
Brecht also für die Reise seine Tantiemen einsetzen (sie sind
höher, wenn nicht eine Adaption, sondern eine Übersetzung
in Frage kommt).

Was meinst Du zu diesem Vorschlag? Brecht scheint skeptisch dazu zu stehen. Vielleicht bist es auch Du, aber ich meine,
man sollte es jedenfalls versuchen, weil es für alle Teile schade
wäre, wenn die ganze Sache ins Wasser fällt.«[18]

Was äußerlich so aussieht, als wolle Steffin zwischen den kulturellen Differenzen, der Kassenlage und dem eigenen Anliegen vermitteln, geht auf einen Konflikt zurück, den die Brecht-Gruppe bei jedem ihrer Vorhaben lösen muß, wenn sie mit Kulturinstitutionen zusammenarbeitet. Es geht um Brechts Bemühungen, ein politisches Theater zu etablieren, das die Milieumalerei überwinden will, um das Selbstbewußtsein und die Eigenverantwortung des Individuums gegen deterministische Festlegungen zu verteidigen. Brecht hatte dem Bearbeiter seines Stückes geduldig erklärt, warum die epische Struktur der »Mutter« nicht getilgt werden dürfe: »Ich fürchte immer, das Milieu zu übermächtig werden zu lassen, weil dann die Art, wie die Personen handeln, vom Zuschauer immer aus dem Milieu heraus erklärt wird und das subjektive Moment, richtiges oder falsches politisches Verhalten, unter den Tisch fällt.«[19] Auf diese Auseinandersetzung, die den Kern der Brechtschen Theaterreform berührt und schließlich noch zu einem handfesten Krach mit dem New Yorker Theater führen wird, spielt Grete Steffin auch in einem Sonett an, das sie Brecht zum Abschied schickt, als er am 7. Oktober 1935 nach New York aufbricht:

> geliebter! hast du es denn nicht gelesen?
> rund tausend jahre hielt es sich versteckt.
> um fünfzehnhundert wurd's jedoch entdeckt.
> es *ist* entdeckt! kolumbus ist's gewesen!

> sieh seinen ruhm wie einen staub verwehen!
> schon lang ist's nur das ei, von dem man spricht.
> gern steht das allerneuste dort im licht
> ob sie jedoch das lehrstück schon verstehen?

> traust du denn denen, daß sie dich erkennen?
> trotz deiner größe einen großen nennen?
> bald fährt das schiff. heißt Aquitania.

> ich werde sehr allein sein und dich lieben.
> du mußt mir schreiben: es ist so geblieben
> ich bin der alte, und bald bin ich da.[20]

Steffins Sonett enthält das von Herta Ramthun entdeckte Akrostichon »Grüß Gott Bidi«, (man liest die ersten Buchstaben jeder Zeile von oben nach unten). Es ist die Formel aus Brechts erstem Sonett an Steffin, die in seinen wie in ihren Briefen regelmäßig abgekürzt als »gg« erscheint. Brecht hatte sie eingeführt, um die Wehmut der Abschiede zu überwinden und die Erinnerung an gemeinsame Freuden wachzuhalten. Wenn Steffin einmal vergessen hatte, die Formel unter ihre Briefe zu setzen, registrierte er das augenblicklich, war irritiert und klagte die Formel besorgt, ungeduldig oder fordernd ein: ob sich etwas an ihrer Zuneigung für ihn geändert habe. Dieselbe Frage stellt sich umgekehrt auch Steffin, nur ist sie ihr viel stärker ausgesetzt als Brecht. Obwohl sie seine New Yorker Reise nach Kräften unterstützt hat, durch sie wird immerhin endlich wieder eine Theaterarbeit möglich, erweist sich die nun folgende erneute Trennung als zu lang. Die symbolische Kraft der Formel erschöpft sich und Steffin verwendet sie nur noch selten in ihren Briefen. »ich kann das wort jetzt nicht schreiben, *lieber* bidi, ich muß erst mit Dir sprechen und wieder bei Dir sein. Ich muß soviel erst vorher sagen.«[21]

Nach seiner Abreise nach New York ist sie gereizt, nervös und offenbar von Verlustängsten geplagt. Vermutlich beunruhigt sie, daß Brecht in den Monaten zuvor oft mit Ruth Berlau gearbeitet hatte, als diese eine Aufführung der »Mutter« an ihrem Kopenhagener Arbeitertheater vorbereitete. Steffin ahnt, daß sich da ein neues Liebesverhältnis anbahnt. Brecht hatte Ruth Berlau bis zu seiner Abreise auch bei ihren Proben unterstützt, die jetzt von Helene Weigel weiter begleitet werden. Indessen beklagt sich Steffin, daß er ihr aus New York zu selten schreibe und nicht mitteile, wann er zurückkommen werde.

Während sie in Kopenhagen auf Brecht und auf das russische Einreisevisum wartet, wird sie zweimal von der dänischen Staatspolizei verhört. Die Beamten interessieren sich dafür, ob sie die Asylgesetze einhält, das heißt, weder in Dänemark arbeitet, noch hier Geld verdient oder sich politisch betätigt. Ihre Antworten fallen entsprechend aus, sie erfindet allerlei Geschichten, um nicht mit dem Gesetz in Konflikt zu geraten. Nur wenige ihrer Antworten entsprechen der Wahrheit, wie den Verhörprotokollen zu entnehmen ist. Hans Christian Nørregaard, der die Akten eingesehen hat, konnte feststellen, daß die Fremdenpolizei Brecht deutlich anders behandelt als Steffin. Brecht gilt in Dänemark als Hausbesitzer und Steuerzahler, so daß die Asylgesetze in seinem Fall sehr großzügig angewendet werden, während sich Steffin regelmäßig insistierenden Verhören zu stellen hat.[22] Im Ergebnis der Verhöre vom Dezember 1935 wird ihre Aufenthaltsgenehmigung nicht mehr verlängert. Sie muß Dänemark verlassen, und zwar früher als eigentlich geplant, denn sie hatte mit Brecht vereinbart, in Kopenhagen auf seine Rückkehr zu warten, um dann mit ihm in die Sowjetunion zu fahren.

Am 21. Dezember 1935 wird sie von zwei Kriminalbeamten zum Kopenhagener Freihafen gebracht, und die Polizisten bezeugen schriftlich, daß sie mit dem Schiff »Ilmatar« nach Leningrad abgereist ist.

In Leningrad angekommen, wohnt sie bei dem von ihr sehr geschätzten Valentin Stenitsch, dem russischen Übersetzer des »Dreigroschenromans«, feiert den Jahreswechsel im Leningrader Schriftstellerklub und fährt am 3. Januar 1936 weiter nach Moskau.

Das Sanatorium Sokolniki am Rand von Moskau, in das sie am 26. Januar einzieht, erweist sich als schlechte Wahl. Grete Steffin friert in der Kälte des russischen Winters, es herrschen 20 bis 30 Grad Frost, sie erkrankt im Sanatorium an Grippe, zu der noch eine Mittelohrentzündung kommt. Eine Erkältung schließt sich an. Wehmütig erinnert sie sich an den Kaukasus: »es war da so großartig, auch besonders für die gesundheit, daß ich mich sehr hinsehne.«[23] Zudem wird sie immer nervöser, da sie so selten Briefe aus New York oder dann aus Dänemark bekommt, wohin Brecht Anfang Februar zurückgekehrt ist.

Steffin und Brecht klagen häufig über ausbleibende Post und versichern sich gegenseitig, oft geschrieben zu haben, bis sie schließlich feststellen, daß einige ihrer Briefe verlorengegangen sind. Möglicherweise wurden sie von einem der Geheimdienste in den verschiedenen Ländern abgefangen, denn auch Walter Benjamin wird ihr später aus Paris mitteilen: »Es scheint, daß kaum eine einzige der zahlreichen Nachrichten, die ich Ihnen in die Union geschickt habe, Sie erreicht hat.«[24] – Später finden sich Erwähnungen von Benjamins Briefen an Asja Lacis ebenso wie diejenigen Brechts in deren NKWD-Akte.[25]

Grete Steffin zieht solche Möglichkeiten gar nicht in Betracht. Sie glaubt nicht an verlorene Briefe, ist mißtrauisch gegen Brecht und geht davon aus, daß er ihr nicht schreibe. Vermutlich glaubt sie, er sei mit anderen Frauen beschäftigt.Wenn sie über längere Zeit ohne Post von ihm bleibt und nichts über seine Vorhaben erfährt, kann sie nicht planen, was sie sich selber vornehmen könnte. Denn bevor sie darüber nachdenkt, fragt sie ihn, ob er sie für eine seiner größeren Arbeiten brauche. Erst wenn das ausgeschlossen ist, greift sie ihre eigenen Vorhaben auf. Bleiben seine Briefe aus, dann geht es ihr gesundheitlich besonders schlecht. Dagegen lebt sie sofort auf, wenn Post von ihm kommt oder sie mit ihm telefonieren kann: »... ich sah Dich geradezu während der paar Minuten ein wenig zunehmen«[26], schreibt ihr Brecht, nachdem er sie im Sanatorium angerufen hatte.

Aber Steffins Unzufriedenheit hat ihre Ursache nicht nur in der augenblicklichen Trennung, die vom Oktober 1935 bis zum Mai 1936 andauert, sondern auch in der Grundkonstellation der Verbindung zwischen den beiden. Einerseits müssen sie sich trennen, weil Steffin häufig in Sanatorien und Krankenhäusern behandelt werden muß, andererseits hat sie ständig abzuwarten, ob ihr Brechts Produktions- und Reisepläne eine Möglichkeit eröffnen, bei ihm zu sein. Brecht hingegen hat darauf zu achten, daß er genug Geld zur Verfügung hat, um Steffin auf seine Reisen mitzunehmen. Über seine in Moskau angefallenen Honorare teilt sie ihm mit: »Du bist nicht so sehr reich hier«[27], nachdem sie bei ihrer letzten Kur im Kaukasus »sämtliche Rubel, die für B. da waren, aufgebraucht«[28] hatte.

Die Zeiten der Trennung dauern zu lange, so daß Steffin zu dem Schluß kommt, diese Art von Leben sei zu schwer für sie: »... es ist sehr schlimm für mich, allein zu sein so furchtbar lange. und wenn ich denke, Du bist nicht allein, bin ich wütend, und will nicht allein sein. ich schlafe auch schlecht. und meine haut wird schlecht. und meine stimmung auch. [...] ich brauche wirklich dringend Liebe. Deine Liebe.«[29] Es fehlen die alltäglichen Gemeinsamkeiten in dieser Verbindung, physische wie sexuelle Nähe. Das temporäre Beisammensein, das Brecht ihr bietet, reicht ihr nicht mehr aus. Hinzu kommt, daß sie fortwährend zu improvisieren hat und ein Leben aus dem Koffer führt. Immer wieder muß sie nach einer Bleibe suchen.

Im März 1936, als sich beim Lenfilm-Studio in Leningrad eine Arbeit für Brecht abzeichnet, macht sie ihm den Vorschlag, ihre Lebensweise zu verändern. Sie ist aus dem Krankenhaus entlassen und wohnt in Moskau bei Maria Osten und Michail Kolzow: »und wenn ich auch verstehe, daß Du ›zu hause‹ sein willst einige zeit, so stößt mir natürlich mächtig auf, daß ich kein ›zu hause‹ habe. nirgends. ich muß immer für mich und meine koffer um einen platz bitten. und kann mir nicht mal bücher kaufen, weil, wo soll ich sie hinstellen? dann natürlich sehe ich immer ganz klar, es geht doch nicht. wenn Du dann noch so selten schreibst, was auch die gründe sind, so wird es in einem maße schlimm, wie ich es nicht sagen kann. ich kann ja im grunde doch nicht jederzeit kommen. damals wußtest Du nicht, ob Du geld verdienst usw. usw. aber was ist das wiederum für eine mitarbeit, wenn ich die größte zeit weg bin?

und dazu ist die zeit ohne Dich zu schlecht, als daß man von ›aushalten‹ sprechen kann. auch was wohnen usw. betrifft. aber was ist es denn?

vielleicht sollte ich, wenn Du den vertrag mit lenfilm machst und besser verdienst, hier ein zimmer für mich mieten, das wäre ein kleines ›zu hause‹, und für Dich praktisch, Du wüßtest, wo Du wohnst, wenn Du mal kommst. so nett maria und kolzow auch sind, ich bin doch quasi nur – na, geduldet ist zuviel gesagt, aber such ein anderes wort.«[30]

Mit dem Vorschlag, einen eigenen festen Wohnort zu etablieren, hätte sie ihr Leben, das sie bisher immer nach ihm ausgerichtet hatte, in die eigene Zuständigkeit überführen können. Brecht richtet sein Leben nach seiner Arbeit aus, an der sie auf unterschiedlichste Weise beteiligt ist und die ihren Lebensunterhalt ermöglicht, einschließlich aller Kuren und Reisen. Ein selbständiges Leben hätte vorausgesetzt, daß sie eigenes Geld verdient. Allerdings in anderer Weise als bisher, zumal sie sich angewöhnt hatte, die teuersten Sanatorien zu belegen, weil Brecht darauf bestand. Offenbar geht er davon aus, daß die teuersten Sanatorien auch die besten sind.

In Moskau gelingt es Grete Steffin, über Michail Kolzow eine ihrer Geschichten an die Zeitschrift Ogonjok zu verkaufen, die in einer Millionenauflage erscheint. Der Text wird veröffentlicht, und sie erhält 250 Rubel.

Für ein selbständiges Leben müßten auf Dauer jedoch noch andere Geldquellen hinzukommen. Indessen bleibt unklar, ob sie Überlegungen, auf eigenen Beinen zu stehen, überhaupt anstellt. Noch im selben Brief nimmt sie ihren Vorschlag schon wieder zurück und endet: »Du bist mir viel Zeit schuldig. Ja? Ja! Bitte, hole mich zu Dir. Bleib wieder bei mir, dann ist alles wieder gut. Ich bin ganz verrückt.«[31] Sie kann und will sich nicht von ihm lösen.

Brechts Antwortbriefe auf ihre Gedanken über ein eigenes Zuhause müssen als verloren gelten. Erhalten sind dagegen vier Zeilen eines seiner Gedichte, die deutlich machen, auf welcher Ebene er ihren Vorschlag wahrnimmt. Sie übermitteln zunächst Staunen: »Ich dacht, dein Heim sei unter meiner Decke.« Dann Verwunderung:

Und als ich las, du möchtest Heimweh haben
Doch fehle dir da noch das Heim dazu
Da dacht ich: hielt ein Berg sich da für einen Graben?
Und meinte da ein Sturm, er sei die Ruh?[32]

Brecht scheint enttäuscht über ihr Verlangen nach einem eigenen Heim. Da nur die zweite und dritte Strophe des Fragments vorliegen, ist unklar, worauf er hinaus will. Was bleibt, sind die Metaphern, die er für Steffin findet. Die Metapher vom Berg zielt ebenso wie die des Sturms auf Größe, auch auf Höhe im Unterschied zum niederen Graben.

Das Bild von Größe, das er mit Steffin verbindet, taucht in seinen Gedichten immer wieder auf. Es findet sich in »Das zweite Sonett«, erscheint jetzt in den Metaphern von Berg und Sturm, er wird es in den Liedern vom Soldaten der Revolution als Phantasie von der Allmacht neu gestalten, und es taucht auch später noch in anderen Gedichten auf. Brecht sieht Steffin als jemanden, der Mächtiges bewirkt. Die Häufung von Größenmetaphern und -projektionen in den Gedichten an Steffin ist auffällig, sie macht einen Teil seines Interesses an ihr und seiner Verbundenheit mit ihr aus, so daß man sich in Anspielung auf sein Bild fragen kann, wer da eigentlich bei wem unter die Decke schlüpfen will.

Dichtern, auch Brecht, verwandelt sich die Wirklichkeit in mindestens gleichberechtigte neben ihr existierende Bilder, Metaphern, Fiktionen und Projektionen. Nur sind durch sie die Anforderungen der Wirklichkeit, in diesem Fall also Steffins Verlangen nach einem eigenen Zuhause, nicht zu bewältigen.

Die Frage nach einem eigenen Wohnort für Grete Steffin wird schließlich anders beantwortet. Zwei Monate später wird sie in London Lou Eislers Freundin Gerda Singer wiedersehen, eine österreichische Emigrantin. Gerda Singer hatte schon bei einem Besuch in Svendborg angeboten, Steffin ihre Möbel zu überlassen. Aber es wird noch ein knappes Jahr vergehen, bis

Steffin ihr Kofferleben beenden und Möbel in einem eigenen Zimmer aufstellen kann.

Vorerst hat sie in Moskau einen festen Wohnort, von dem aus sie ihre Reise in den Kaukasus vorbereitet: »Hier haben mich Maria u. Kolzow wirklich sehr nett aufgenommen. Ich war dauernd nur mit Maria zusammen, habe sonst kaum Leute gesehen, auch Asja u. Reich wenig.«[33] Maria Osten, mit der sich Grete Steffin eng befreundet, ist die Geliebte des verheirateten Michail Kolzow. Sie lebt mit ihm in einer eigenen komfortablen Vier-Zimmer-Wohnung, die wahrscheinlich er besorgt hat. Kolzow, ein im ganzen Land überaus populärer Journalist und Leiter des Jourgoz-Verlages, in dem eine breite Palette an Büchern, Zeitungen und Zeitschriften erscheinen, ist zu dieser Zeit ein einflußreicher Mann mit weitreichenden Verbindungen.

Maria Osten ist gleich alt wie Steffin. Als Tochter eines Gutsverwalters aus Westfalen ist sie auf einem Gut in Pommern aufgewachsen und hat in Berlin bei Wieland Herzfelde im Malik-Verlag gearbeitet. Dann heiratete sie einen russischen Filmregisseur, mit dem sie nach Moskau ging. Dort trennte sie sich von ihm und arbeitet nun als Journalistin. Eigentlich heißt sie Maria Greßhöner, hat aber aus Sympathie für die Sowjetunion den Namen Osten angenommen. In Moskau hatte sie ein Kinderbuch verfaßt, »Hubert im Wunderland«, eine Art Propagandawerk, das den Kindern die Vorzüge der neuen Gesellschaft nahebringen soll. 1929 debütierte sie mit der Erzählung »Mehlgast« in Hermann Kestens Anthologie »24 neue deutsche Erzähler« und veröffentlichte 1932 eine weitere Erzählung in Wieland Herzfeldes Anthologie »Dreißig Erzähler des neuen Deutschland«. Beide Erzählungen gehören stofflich zu einem Roman, den sie Ende der dreißiger Jahre abschließen wird. Maria Osten kennt die Moskauer Verhältnisse sehr gut und kann Grete Steffin nützliche Winke geben, die ihre Arbeit für Brecht erleichtern.

Steffin verhandelt nebeneinander her mit Redaktionen, Verlagen, dem Lenfilmstudio und mit Theatern. Sie geht mit außerordentlichem Elan vor, verhandelt kompetent und zäh, so daß die russischen Partner ihr in Anspielung auf ihre geringe Körpergröße den Beinamen »das Hechtlein« geben, wie Olga Tretjakowa überliefert. Tatsächlich erreicht Steffin einige verbindliche Entscheidungen über die Veröffentlichung von

Brechts Werken. Stand und Ergebnisse ihrer Verhandlungen teilt sie ihm laufend mit, im Februar 1936 zum Beispiel, daß der Erstdruck des Stückes »Die Horatier und die Kuriatier« in der Zeitschrift »Internationale Literatur« erfolgt ist. Zwei Tage später: »Stenitsch hat die Rundköpfe fertig übersetzt, wir warten auf Antwort von Ochlopkow«[34] einem Regisseur, der das Stück in Moskau herausbringen will. Sie berichtet Brecht von den Vorbereitungen zur Gründung der Literaturzeitschrift »Das Wort« an denen Maria Osten beteiligt ist. Anfang März teilt sie ihm das Erscheinen des »Dreigroschenromans« in einer russischen und einer deutschen Ausgabe mit. Auch die »Rundköpfe und Spitzköpfe« sind nun in russischer Übersetzung gedruckt.

Brechts Vertrag mit dem Lenfilm-Studio, der das Drehbuch für einen Schwejk-Film vorsieht, kommt nicht zustande. Während Grete Steffin noch Ende März 1936 mit dem Studio verhandelt, das am liebsten eine ganze Reihe von Filmen mit Brecht machen will, sind die ersten Kommentare der Freunde eingetroffen. Piscator ahnt, daß ein Schwejk-Film jetzt unmöglich sein wird, während Tretjakow sich noch nicht vorstellen kann, warum er eigentlich unmöglich sein soll. Zur gleichen Zeit hat die sowjetische Kulturbürokratie eine Kampagne gegen Formalismus in der Kunst begonnen, und da Brechts Werke unter Formalismus-Verdacht stehen, zerschlagen sich nun auch die Pläne von zwei Inszenierungen der »Rundköpfe«. Steffin teilt Brecht mit: »In Leningrad wollte die ›Musik-Hall‹ und in Moskau Ochlopkow sie aufführen. Nach dem Beginn der großen Diskussion über Formalismus hat Musik-Hall abgesagt. Ochlopkow hat zwar mal im Scherz gesagt: ›Stellen Sie sich vor: Brecht-Ochlopkow und dazu noch Eisler! Untragbar.‹ Aber sich noch nicht fest geäußert. Überhaupt soll, wie Stenitsch – auch andere – behaupten, zur Zeit die Erwähnung ›Musik von Eisler‹ Schrecken hervorrufen.«[35]

Mit diesen Zeichen einer härteren Reglementierung der Kunst kündigt sich freilich erst der wahre Schrecken an: der im August 1936 beginnende Schauprozeß gegen das »antisowjetische vereinigte trotzkistisch-sinowjewsche Zentrum«, ein Konstrukt, das den folgenden rasenden Terror legitimieren soll. Die Verdikte der Kampagne gegen Formalismus werden auch Brecht treffen, so daß viele der von Steffin vorbesprochenen Pläne nicht realisiert werden können. Dazu zählen nicht nur die beiden Inszenierungen der »Rundköpfe«. Darüber hinaus hat sie auch über eine Aufführung des Balletts »Die sieben Tod-sünden der Kleinbürger« in Leningrad verhandelt, vorbespro-chen war eine Anfrage Piscators, der gemeinsam mit Brecht ein Drehbuch schreiben wollte. Auch eine geplante Lizenz-ausgabe der von Wieland Herzfelde im Prager Malik-Verlag begonnenen Herausgabe der Gesammelten Werke Brechts bei der Moskauer VEGAAR, über deren Konditionen Steffin lan-ge verhandelt hatte, kommt nicht zustande, desgleichen nicht eine Einzelausgabe des Bandes »Lieder Gedichte Chöre«. Grete Steffin resümiert: »Im übrigen sagte ›mir privat‹ Stenitsch, daß er meint, es habe nicht viel Zweck, wenn Du jetzt kommst.«[36]

Grete Steffin verfolgt die Kampagne gegen den Formalis-mus sehr aufmerksam, kann aber im März 1936 noch nicht absehen, was daraus entstehen wird und bemüht sich weiter darum, Brechts Arbeiten unterzubringen und Verbindungen für künftige Projekte herzustellen. Von Leningrad aus, wo sie noch einmal mit dem Filmstudio über ein Drehbuch verhan-delt hat, fährt sie Ende März über Moskau erneut zur Erholung in den Kaukasus.

Keto, eine der russischen Freundinnen Steffins, über die nichts Näheres zu erfahren war, hatte für Grete einen kombi-nierten Datschen- und Sanatoriumsaufenthalt organisiert, zu dem sich zeitweilig auch Maria Osten gesellt. Keto hatte der dankbaren Steffin all die mühseligen Formalitäten abgenom-men, die eine solche Reise erfordern. Grete Steffin will »stu-dienhalber in deutsche Dörfer im Kaukasus und in der Krim fahren«[37], und reist zunächst nach Tbilissi und Atastumen, anschließend in ein Erholungsheim, wo sie sich mit dem geor-gischen Dichter Mikel Pataridse und seiner Frau anfreundet.

1956 traf der Majakowski-Nachdichter Hugo Huppert, den Steffin erst in den letzten Wochen ihres Lebens, im Mai 1941, in Moskau kennenlernen wird, mit Pataridse und seiner Frau zusammen. Beide erinnern sich noch zwanzig Jahre später leb-haft an die Begegnung mit Grete Steffin: *Ich war im Geburtsort von Majakowski, der hieß früher Bagdadi und lag in den Bergen von Georgien, im Kaukasus. Und das Haus, wo Majakowski geboren ist, wo sein Vater mit seiner Familie als Forstverwalter lebte, war der Landsitz eines Beamten für die Betreuung eines Jagdgebietes im Kau-kasus. Er trug eine Uniform, der Vater, ich hab ihn natürlich nur auf Fotografien gesehen. Das Haus war nun Museum und der Direktor des Majakowski-Museums hieß Mikel Pataridse, natürlich nannte*

er sich nicht Michail, russisch, sondern es gefiel ihm, es zu italia-
nisieren. Mikel Pataridse lebte dort mit seiner sehr liebenswürdigen
Ehefrau. Das Dorf Bagdadi ist heute nach Majakowski benannt, ein
Dorf von Weinbauern hauptsächlich, von Jägern und Bergbauern,
die hauptsächlich Ziegen und Schafe hatten. Wie kam diese Familie
zu Grete Steffin? Reiner Zufall. Irgendeinmal war die Frau Pataridse
in einem dieser berühmten nordkaukasischen Kurorte, ich weiß wirk-
lich nicht mehr, ob es Kislowodsk oder Schelesnowodsk oder ein an-
derer war. Es gibt eine Reihe von Kurorten, die keine Seekontakte
haben, die sind im Binnenland. Das sind also Trinkkuren, Badekuren
und Kuren jeder Art, weil es ein wirkliches Zentrum geworden ist
von Heilanstalten, Krankenhäusern und Genesungsheimen. Grete
Steffin war im selben Heim und machte sofort die Bekanntschaft von
Frau Pataridse. Dann kam Mikel Pataridse seine Frau besuchen und
verliebte sich förmlich in diese wunderbare deutsche Literatin. Und
Pataridses waren verrückt vor Freundschaft und Liebe zu Margarete
Steffin. Nie werde ich vergessen, mit welcher inneren Bewegung und
Freude sie sagten: Wir haben Fotos, wir haben gemeinsame Fotos von
zu Hause und in den Straßen dieses Kurortes. Für mich war es nur
ein Beweis, daß diese Frau von einer solchen seelischen Fülle, von
einem solchen inneren, herzlichen, psychischen Reichtum war und
von einer solchen menschlichen Klugheit, daß sie alle Menschen ge-
wissermaßen gefangennahm, durch ihre Fähigkeit, mit ihnen zu kom-
munizieren. Sie wußte sich auch anzupassen an die Nationalität und
an die Intelligenz eines anderen Menschen. Pataridses erzählten mir
viel über den gemeinsamen Aufenthalt.

Später dann entstand auch ein Briefwechsel in russischer Sprache,
anders konnte es ja nicht sein, denn georgisch verstand Margarete
nicht. Aber es müssen einige Briefe gewechselt worden sein. Mikel
Pataridse war auch Schriftsteller, Dichter, er schrieb georgische Ge-
dichte, von ihm existieren bestimmt ein paar Bücher. Mikel Pataridse
ist kein vergessener Name in der georgischen Nationalliteratur.

Der bislang bekannte Briefwechsel von Steffin enthält keine
Briefe der Familie Pataridse. Sicher aber sind Mikel Pataridse
und seine Frau gemeint, wenn Brecht in seinem »Journal 1939«
all die abreißenden Verbindungen mit der Sowjetunion auf-
listet und in diesem Zusammenhang erwähnt, Grete erhalte
keine Antworten mehr von ihren Bekannten in Leningrad und
im Kaukasus.[38]

Nach ihrem Heimaufenthalt unternimmt Grete Steffin jene
Schiffsreise, die sie sich schon bei ihrer letzten Kur im Kaukasus

vorgenommen hatte. Sie fährt entlang der Schwarzmeerküste von Batumi über Suchumi, Sotschi, Noworossisk und Jalta nach Simferopol. Auf dem Schiff lernt sie eine Amerikanerin kennen, eine Hollywood-Autorin, die sich als Verehrerin von Brecht-Eisler-Songs zu erkennen gibt.

Anschließend verbringt Steffin noch eine knappe Woche in einem deutschen Kolchos auf der Krim. Darüber schreibt sie an Walter Benjamin, nachdem sie wieder nach Moskau zurückgekehrt ist: »Die wenigen Tage, die ich dort verbrachte, haben mir sehr viel gegeben, und ich bin so begeistert, daß ich am liebsten auf lange hinfahren würde. Vielleicht ergibt sich das noch einmal. [...] Gesundheitlich geht es so lila, also nicht ganz blau, wenn Ihnen dieser tiefsinnige Berliner Ausdruck bekannt ist. Aber ich bin sozusagen innerlich gewachsen und bolschewistisch gehärtet, was ich Ihnen alles erst in direktem Gespräch erklären könnte.«[39]

Am 21. Mai 1936 reist sie zu Brecht nach London, der dort wieder an einem Filmmanuskript arbeitet, das dann nicht realisiert wird. In London halten sich auch die Familie Eisler, Ruth Berlau und Lou Eislers Freundin Gerda Singer auf, die unter dem Namen Gerda Goedhart zahlreiche der bekannten Brecht-Fotos veröffentlichen wird. Später kommen auch Maria Osten und Ernst Busch hinzu. Maria Osten bespricht mit Brecht das Konzept der ab Juli 1936 in Moskau erscheinenden Literaturzeitschrift »Das Wort« und reist anschließend nach Sanary zu Lion Feuchtwanger, der neben Willi Bredel und Brecht einer der drei Herausgeber der Zeitschrift sein wird.

Nachdem Grete Steffin von Gerda Singer das Mobiliar aus deren Wohnung übernehmen kann,[40] geht sie nun daran, auch das Problem ihrer dänischen+ Aufenthaltsgenehmigung zu lösen. Sie bespricht mit Ruth Berlau den Plan einer Strohheirat in Dänemark, um Meldepflichten, Polizeiverhöre und die Sorge um die Verlängerungen ihrer Aufenthaltsgenehmigung loszuwerden und zugleich eine Arbeitserlaubnis zu bekommen.

Ende Juli 1936 kehren Brecht und Steffin wieder nach Dänemark zurück. Vier Wochen später erhält Grete Steffin die dänische Staatsbürgerschaft.

Helene Weigel und Margarete Steffin, um 1936.

Verlorenheit und Liebe

Grete Steffin heiratet am 29. August 1936 in Frederiksberg, einer zu Kopenhagen gehörenden Gemeinde am Stadtrand. Wie so oft hat Ruth Berlau ihre vielfältigen Kontakte genutzt, um die Anliegen der Brecht-Gruppe voranzubringen und ihr zu helfen, die Einschränkungen des Emigrantendaseins gering zu halten. Rechtsanwalt Carl Madsen beriet das Paar vor der Trauung juristisch.

Grete Steffins gleichaltriger Ehemann ist der Seemann Sven Jensen Juul. Er hatte sich drei Jahre lang in New York mit Gelegenheitsjobs durchgeschlagen und arbeitet nun als Korrektor bei der kommunistischen Zeitung »Arbejderbladet«.

Für Juul ist die Heirat mit Steffin eine selbstverständliche Hilfeleistung: *Ruth Berlau sprach mich an, ich glaube, es war im Emigrantenheim in Kopenhagen. Sie fragte mich, ob ich bereit wäre, eine Deutsche zu heiraten. Die deutschen Emigranten waren ja in einer schwierigen Lage, sie erhielten eine Aufenthaltsgenehmigung nur, wenn sie nachweisen konnten, wovon sie lebten. Aber sie bekamen keine Arbeit in Dänemark. Also, es sollte eine pro-forma-Ehe sein. Ich hatte nichts dagegen.*

Grete Steffin war sehr bescheiden, zurückhaltend und sehr klug. Die Trauung fand auf dem Rathaus von Frederiksberg statt, ich glaube, wir waren gezwungen, einige Beamte als Zeugen herbeizuholen. Das war ein nüchterner Akt, wir waren eine kleine Gesellschaft, Brecht war auch dabei. Danach sind wir noch ein Bier trinken gegangen. Dann haben wir eine Heiratsannonce an eine Zeitung gegeben, denn es mußte ja einen offiziellen Charakter haben, und sonst habe ich Grete Steffin nicht sehr oft gesehen. Als sie im Herbst 1936 im Krankenhaus lag, habe ich sie besucht, schön angezogen, mit Blumen und Konfekt, ich habe den Ehemann gespielt. Aber Brecht besuchte sie jeden Abend, also rätselte man in dem Krankenhaus: Wer ist denn nun der richtige Mann?

Steffins Gedanken im Kopenhagener Öresund-Hospital, in das sie am 10. Oktober einziehen muß, kreisen zunächst um die Uraufführung der »Rundköpfe und Spitzköpfe«.

Am 1. September 1936, drei Tage nach der Eheschließung begannen die Proben im Kopenhagener Riddersalen-Theater. Regie führt Per Knudson. Brecht berät ihn, beteiligt sich an der Regie und ändert das Stück erneut, wobei er sich mit Steffin austauscht, die zugleich ins Dänische übersetzt. So geht es knapp fünf Wochen lang, bis Steffin plötzlich aus den Proben gerissen wird. Ihr Ohrenarzt, Ruth Berlaus Mann Robert Lund, muß sie ins Krankenhaus einweisen, aber sie will die Probenarbeit unbedingt zu Ende bringen, da sie sich wohlfühlt, weder Schmerzen noch Temperatur hat und auch sonst keine neuen Krankheitssymptome bemerkt.

Ruth Berlau: »Brecht sagte zu Robert Lund: ›Ja, das nützt nichts, jetzt kann sie nicht im Krankenhaus liegen, denn ich brauche sie.‹ Daraufhin sagte Robert Lund scharf: ›Sie geht heute abend ins Krankenhaus!‹ Und das geschah dann auch.«[1] Berlau fügte hinzu, Brecht habe sich jeden Tag nach der Probe in die Straßenbahn gesetzt und sei mit Blumen und Obst zum Krankenhaus gefahren. Seine Anhänglichkeit ist nicht verwunderlich, er will sie gewissermaßen doppelt trösten. Zum einen wegen der ärztlichen Anweisung einer Untersuchung, von der noch niemand weiß, was sie ergeben wird. Zum anderen hat er in ihr eine kompetente Mitstreiterin, sie kennt die problematischen Seiten der »Rundköpfe«, die es während der Proben möglichst zu überwinden gilt.

Steffin hatte die Entstehung des Stückes seit dem Sommer 1932 begleitet, von den vielen Neufassungen und Überarbeitungen bis hin zu all ihren Verhandlungen mit Theatern und Regisseuren in der Sowjetunion. Jetzt bietet die Aufführung im Riddersalen-Theater eine der seltenen Möglichkeiten, unter den stark eingeschränkten Bedingungen des Exils normaler Theaterarbeit nachzugehen, und so empfindet sie die Unterbrechung und ihren Einzug ins Öresund-Hospital denn auch als »Gemeinheit. Ich bin wirklich sehr traurig.«[2] Brecht geht zunächst davon aus, daß sie nur kurzfristig ausfällt und will den Premierentermin verschieben.

Indessen bringen die Untersuchungen noch keine endgültige Diagnose und müssen fortgeführt werden. Steffin darf das Hospital hin und wieder stundenweise verlassen und macht mit Brecht einen Tagesausflug. Dann teilt man ihr mit, daß sie auf längere Zeit nicht aus dem Krankenhaus heraus darf. »Stellen Sie sich vor, ich soll noch sechs Wochen hierbleiben!«

schreibt sie an Walter Benjamin. »Ich bin vollkommen verzweifelt gewesen, so k. o., daß der Arzt in einer ersten Mitleidsaufwallung mir halb versprach, daß ich zur Premiere darf. Und an diesen kleinen Finger klammere ich mich.«[3]

Tatsächlich wird sie am 4. November 1936 für einen Tag aus dem Hospital entlassen und kann bei der Uraufführung im Riddersalen-Theater dabei sein.[4] Ein Foto zeigt sie im Zuschauerraum neben Martin Andersen Nexö. Danach kehrt sie in ihr relativ komfortables Einzelzimmer im Krankenhaus zurück, wo sie Besuche empfangen kann und mit Büchern versorgt ist. Sie übersetzt aus dem Dänischen, erledigt einige Schreibarbeiten für Brecht und arbeitet an ihrem Stück »Die Geisteranna«. Dennoch ist sie außerordentlich beunruhigt. Wie sie ihre gegenwärtige Situation empfindet, läßt sich an einem Traum ablesen, den sie Walter Benjamin schildert. In diesem Traum wird sie verfolgt, rennt viele Treppen hinauf und hinunter, wird immer wieder gepackt und soll jedesmal um zehn Minuten vor elf hingerichtet werden: »u. immer wenn der henker das beil hob, kam Brecht – mit einem befehl auf verzögerung der hinrichtung um 24 stunden. Das spielte sich mehrere male ab, immer dasselbe. Ich war froh, als ich geweckt wurde.«[5] Ein Alptraum von der Wiederkehr des immer Gleichen. Und während sie mit dem Erwachen von ihm befreit ist, ändert sich doch nichts an seinen Voraussetzungen. Die unheilbare Krankheit bedroht sie mit dem Tod, und in ihrer Verlorenheit sieht sie einzig Brecht und nicht etwa einen Arzt als ihren Retter, denn er allein kann regelmäßig einen Aufschub ihres Todes erreichen. Ein Zusammenhang zwischen diesem Traum und den Untersuchungsergebnissen im Krankenhaus liegt nahe. Die Ärzte finden heraus, daß ihre Tuberkulose nun auch auf das rechte Ohr übergegriffen hat.

Zeitweilig muß sich Grete Steffin in der Halsklinik des Hospitals aufhalten, einer Isolierstation, denn die Untersuchungen gehen weiter. Offenbar will man herausfinden, ob auch der Hals betroffen ist, was ihre Todesphantasien nicht eben mindert, zumal ihr neues Zimmer unmittelbar neben einem Sterbezimmer gelegen ist. »dies ist schon eine etwas unheimliche abteilung«, schreibt sie an Brecht, sie komme ihr vor wie ein Todesbataillon. Binnen kurzer Zeit seien fünf Patienten gestorben, »sonst liegen noch mit mir 8 leute hier, bestimmt werden von ihnen sterben eine alte frau, ein junges Mädchen und ein

kleiner junge. bilde ich mir nicht ein. sagt die schwester. es ist
so aufmunternd.«[6]

Bei dieser Ironie bleibt es nicht, das Geschehen im Nebenzimmer geht ihr viel zu nahe. Sie muß ihm alles erzählen: »vor-
gestern nacht zu gestern früh hörte ich gerücke und geschiebe
und dachte, aha, da ist's schlimm mit jemandem, aber ich war
so spät eingeschlafen und zu müde, um zu ›horchen‹. Und eine
stunde später wurde die tote frau abgeholt.«[7]

Eigentlich müßte sie schlafen, kann aber nicht einschlafen.
Sie will das Geschehene vergessen, aber auch nichts versäu-
men. So schiebt sie eine Pappe, die ein Fenster zum Nebenzimmer verdeckt hatte, einen Spalt breit beiseite, um genauer hin-
zusehen: Als nächster wird ein alter Mann ins Sterbezimmer
geschoben. Verwandte und Krankenschwestern sind bei ihm.
Die Verwandten beginnen zu weinen, Steffin glaubt, der alte
Mann sei gestorben, dann wird das Licht im Nebenzimmer ge-
löscht und alle verlassen den Raum. Sie legt sich wieder in ihr
Bett. »ich lag lange wach. plötzlich sah ich einen lichtstreif an
dem fensterchen. was, lebte er noch? ich sah wieder durch den
spalt. nein, rechts und links stand je eine schwester und wisch-
te dem toten hastig die brust ab. warum? totenschweiß? warum
nur die brust? dann wurde es sofort wieder dunkel. und nun
wollte ich schlafen, aber ich konnte nicht. ich hörte geräusche,
als ob einer stöhnt, natürlich, das ist im hafen, ein nebelhorn
oder sowas. mein herz klopfte schrecklich. es war schon 11
uhr. jetzt lag der tote schon 2 stunden nebenan. und plötzlich
war wieder der lichtstreif da. ich stand rasch auf und nahm
meine brille, die hatte ich schon vorher aus der tasche genommen, und wie ich hineinsah, standen die schwestern wieder
rechts und links, diesmal in langen kitteln, weißen, mit langen
ärmeln, sie zogen den toten aus, wuschen ihn. warfen die kissen auf den boden. schlossen geschickt die augen. pappten, ja
sie pappten ihm feuchte wattestückchen auf die augen. legten
ein sehr weißes tuch zusammen. banden ihm den kiefer hoch.
und einen kleinen beinahe freundlichen klaps gab die jüngere
schwester dem toten an das bewickelte kinn, vielleicht weil der
kiefer so hübsch fest saß? aber da rutschte der kopf zur seite. er
lag ganz nackt da, der arme alte mann, mit schiefem kopf, einen verband wie bei zahnweh um. die arme legten sie ihm am
körper lang, aber dann entschlossen sie sich, sie auf der brust
zu kreuzen. [...] dann schlugen sie ein laken um ihn. aus.«[8]

Am Skovsbostrand, wohin Brecht zwei Wochen nach der Premiere der »Rundköpfe« zurückgekehrt ist, zieht Steffins Schreiben einige Kreise.

Ruth Berlau erinnert sich noch viele Jahre später: »Sie schrieb damals eine visionäre Geschichte für Brecht, in der sie erzählt, wie sie einem Tuberkulosekranken beim Sterben zuschaut – durch ein Loch in der Wand.«[9] Das erweckt den Eindruck, es handle sich um fiktionale Literatur, obwohl Steffin zunächst nichts anderes im Sinn hat als mit Brecht über das zu sprechen, was ihr so nahe geht. Sie schreibt ihren Brief einen Tag nach dem Geschehenen, rekonstruiert das Authentische aus dem Gedächtnis, nur ist es eben kein reines Gedächtnisprotokoll, kein durchgehender Bericht. Die Dokumentation des Geschehenen ist immer wieder unterbrochen von ihren eigenen Gedanken, Gefühlsäußerungen und Kommentaren, denn sie weiß, daß ihr jederzeit ein Gleiches passieren kann.

Ihr Brief belegt, wie genau sie hinsieht. Das aber ist das Schwerste, denn es bedeutet ein Sich-vertraut-machen mit dem Tod. Zunächst muß sie sich zwingen, dem beklemmenden Geschehen nicht auszuweichen, Heulen und Zähneklappern zu überwinden und nicht wegzuschauen, denn sie ist innerlich so stark beteiligt, daß sie ihre Aufregungen und Ängste bezähmen muß. Entsprechend ist in ihrer Beschreibung des Übergangs vom Leben zum Tod von furchtbarem oder schrecklichem Herzklopfen die Rede.

Beim Lesen des Briefes wird Brecht an seinen Umgang mit den eigenen Herzattacken und Panikzuständen erinnert worden sein. Bei all den nicht zu übersehenden Unterschieden der Krankheiten - einen vergleichbaren Vorgang findet er in Steffins Brief beschrieben, denn letztlich geht es auch hier um die große Frage: Wie kann man mit ständig präsenten Todesbedrohungen leben? Brechts Auseinandersetzung mit seiner Herzneurose ist von Carl Pietzcker in einer gründlichen Studie dargestellt worden und muß hier nicht wiederholt werden.[10]

Pietzckers Analyse wird ein weiteres Mal von Brecht selbst bestätigt, nämlich in einer Überlieferung Grete Steffins. In einer ihrer seltenen Notizen über Brecht heißt es: »b über sich selbst: eine art pulverfaß, dem man sich besser mit kälte als mit wärme nähert.(?)«[11] Es ist jenes Pulverfaß der Todesbedrohung, das Brecht mit einem kühl kalkulierten, facettenreichen System von Abwehr-, Distanzierungs- und Übertragungsstrategien bei gleichzeitiger existentieller Angewiesenheit auf Anteilnahme und Nähe zum Beispiel in Form von Mitarbeit auszubalancieren hat, um eine Explosion zu verhindern. Das kommentierende Fragezeichen, das Steffin dieser Brechtschen Introspektion hinterherschickt, signalisiert: ihr ist unklar, was er damit meint, denn sicher hat er mit ihr nie über seine *Herzstillstandsangst*[12], eine Todesangst als Folge der Herzneurose, gesprochen.

Grete Steffins Brief führt ihm vor Augen, daß sie mit den Todesbedrohungen, die von ihrer Krankheit ausgehen, anders umgeht als er mit seinen. Sie will in ein offenes Gespräch mit ihm kommen: »... es ist mir so schwer, etwas, was mich wirklich beschäftigt hat, nicht Dir zu sagen. Und wenn ich es nicht sagen kann, muß ich es schreiben.«[13] In ihrer Konfrontation mit dem Tod behält sie zugleich mit dem von ihr beschriebenen Sterbevorgang auch diejenigen im Blick, die ihn begleiten, die Krankenschwestern und die Angehörigen des Sterbenden: »... ich sah nur noch einen jungen, vielleicht 15 jahre alt, der ernst, aber sonst teilnahmslos von einem auf den andern sah, mal auch prüfend auf den großvater, ob der noch nicht tot ist. vielleicht irre ich mich, aber eigentlich sah es aus, als ob der junge fand, der alte brauche lange zum sterben. vielleicht wäre er gern ins kino gegangen? ich hätte ihn gern gefragt, was er denkt. – [...] dann gingen alle, auch die schwestern, die feierlich und wütend (sonst essen sie 10 minuten nach 8 abendbrot, und nun war alles kalt geworden) dabei gestanden hatten. sie knipsten das licht aus. sicher stürzten sie sich auf das abendbrot.«[14]

Steffin beschreibt, was ein todkranker Mensch seinen Nächsten bedeutet, wie weit er in deren Leben eingreift und wie sich daraufhin die Beziehungen untereinander verändern.

Sie beobachtet ohne zu werten und hat bei ihrer Beschreibung des Sterbens im Nachbarzimmer immer auch ihr eigenes Schicksal vor Augen, reflektiert ihre Situation innerhalb der Brecht-Gruppe, das Risiko ihrer Krankheit, das die Vorhaben der Gruppe immer wieder verändert und beeinflußt, wie gerade jetzt, anläßlich der »Rundköpfe«-Proben. Sie fragt sich, wie sich die beiden Seiten zueinander verhalten, denn inzwischen steht fest, daß Behandlungen und Krankenhausaufenthalte ihr Leben weiterhin begleiten und in ihre eigenen Pläne und die Vorhaben der Gruppe eingreifen werden. Das läßt sie über ihre eigene Position in der Gruppe nachdenken. Wenn Ruth Berlau aus dieser »visionären Geschichte« resümiert, Grete Steffin wäre sehr beschäftigt gewesen mit dem Tod, so erhellt Steffins Schreiben im Detail, *wie* sie sich mit dem Tod auseinandersetzt: Auch in ihrem größten Unglück ist sie nicht auf sich allein bedacht und fähig, von sich selber abzusehen, sich in Beziehung zu anderen zu setzen und das Ganze im Auge zu behalten.

Brecht scheint von dieser menschlichen Größe beeindruckt, denn er kennt die Not, aus der sie wuchs. Er gibt den Brief auch anderen zu lesen, obwohl er eigentlich an ihn adressiert ist. Wenige Tage später besucht er Steffin in Kopenhagen.[15] Wahrscheinlich fordert er sie auf, ihre Beschreibungen fortzusetzen, denn Ende 1936 kündigt sie Walter Benjamin an, ihm Auszüge aus Krankenhausberichten zu schicken, wenn er daran interessiert sei. Benjamins Antwort ist nicht erhalten, da seine Briefe an Steffin insgesamt nur zu einem geringen Teil überliefert sind.

Bei ihrer Beschäftigung mit dem Tod geht es Grete Steffin nicht nur um das Sterben, sondern vor allem um das Leben, denn sie hat keinerlei Todessehnsucht.

Gertrud Glondajewski, die sie 1939 ein letztes Mal in Dänemark sieht: *Im Februar 39 bin ich rübergefahren. Gretl lebte ja nicht in Kopenhagen, aber als sie hörte, daß ich ... Ich besuchte dort die Traute Neumann, die hatte sich inzwischen von Max Hodann getrennt und lebte in einem Vorort von Kopenhagen. Und die Traute teilte das der Gretl mit, und dann ist sie gekommen, schwer atmend: »Ja, ich bin eine ganz kranke Frau, ich geb dir auch nicht die Hand, ich stecke dich an.« Sie war ganz unglücklich, und geistig so mobil, so rege! Wir haben uns über alle wichtigen Fragen unterhalten, ich weiß nicht, zwei, drei Stunden war sie da. Ich glaube, sie ist dann am Abend wieder weggefahren. Und da sagte sie mir: »Ich kämpfe mit dem Tod. Und wenn ich eine halbe Stunde länger leben kann, um die kämpfe ich«. Das ist typisch für sie. Sie wußte, daß sie stirbt, daß sie sehr bald stirbt, wußte sie auch, und sagte, daß sie um jede halbe Stunde kämpft.*

Bei ihrem Aufenthalt im Öresund-Hospital Ende 1936 hat ihr die Auseinandersetzung mit dem Tod offenbar geholfen, eine Krise zu überwinden. Am 10. Dezember schreibt sie an Walter Benjamin: »ich habe herrlichen bescheid bekommen, die lunge sei vollkommen in ruhe, und das ohr geheilt!«[16] Ende Dezember teilt sie ihm mit, daß sich ihre Faulheit verzogen habe, sie übersetze den Roman »Die Tagelöhner« von Hans Kirk aus dem Dänischen: »mir geht es sehr gut. Ich habe immer glänzende laune, weil mir die arbeit *richtigen* Spaß machte. – In 2 wochen fahre ich aber ›nach hause‹, ja, jetzt ist es bald ein zuhause, denn in sv.[endborg] wartet ein zimmer in einem neubau auf mich, das nun mir gehören soll. Ich bin sehr froh darüber.«[17] Es ist ein »eigenes Zimmer«[18], wie sie ausdrücklich im Kalender vermerkt, das Brecht und Weigel besorgt haben, und in das sie am 14. Januar 1937 auch die ihr von Gerda Goedhart überlassenen Möbel stellen kann.

In ihrer neuen Wohnung, Valdemarsgade 9A, nimmt sie die Arbeit für Brecht wieder auf, liest Korrektur und koordiniert viele der Fragen, die Wieland Herzfelde im Zusammenhang mit der Ausgabe von Brechts Gesammelten Werken an sie richtet. Herzfelde möchte »unbedingt im Frühjahr damit fertig werden.«[19], aber wegen der Moskauer Lizenz gibt es immer wieder Kooperations- und Herstellungsprobleme. Im August 1937 ist dann endgültig klar, daß die Parallelausgabe nicht erscheinen wird. Wieland Herzfelde wird die ersten beiden Bände allein in seinem Malik-Verlag herausbringen.

Zwei Wochen nach ihrer Rückkehr aus dem Öresund-Hospital treffen auch Lou und Hanns Eisler in Svendborg ein und steigen im Turisthotel ab. Eisler will hier an seiner »Deutschen Symphonie« arbeiten und wird bis Oktober in Svendborg bleiben. Grete Steffin ist froh darüber, denn mit Hanns Eisler ist sie gut befreundet.

Ach, die haben sich ja verstanden! Der Eisler, das war ja ihr Hansi, die waren doch ein Paar die beiden, die kamen gut miteinander aus, erinnert sich Herta Hanisch.

Und Grete Steffin schreibt an Benjamin: »in einem idiotischen würfelspiel, das Eislers leidenschaftlich gern spielen, gewinne ich ihnen jeden abend ihr geld ab.«[20]

Lou Eisler: *Sie war oft bei uns. Oder zum Mittagessen, da mußte man in einen Gasthof gehen, da war sie immer mit uns. Wir gingen auch spazieren und so. Ich war sehr selten bei ihr, aber Brecht war oft bei ihr. Wir gingen zum Beispiel auch ins Kino, nach Svendborg, also das war ungefähr 20 Minuten in dem alten Wagen von Brecht. Alles war sehr nah in Svendborg. Auch Deutschland war nah, es kam ja auch vor, daß man irgendwo mit dem Boot hinausgefahren ist, und dann fuhren die Nazi-Schiffe heran. So nah war das.*

Was in Deutschland geschieht, beschäftigt sie in diesen Monaten ebenso sehr wie das, was die deutschen Genossen in Moskau tun. Brecht und Eisler geraten in Wut über eine dort entstandene Broschüre. In »Der Fluch von Nürnberg« antworten führende KPD-Funktionäre, unter ihnen Walter Ulbricht, Wilhelm Pieck, Paul Merker, auf den Nürnberger *Parteitag der Ehre*, den die Nazis im September 1936 veranstaltet hatten.[21]

Grete Steffin hält den Kern ihrer Aufregung fest: »7. III. 37 b und Eisler über ›der nürnberger fluch‹

der ›moskauer segen‹ ist dann die fortsetzung. das heißt man aus fehlern lernen. e: das ist wirklich verbrecherisch. b: das ist das gegenteil von verbrecherisch, das ist harmlos, das schlimmste, was es auf der welt gibt.«[22]

Harmlos oder verbrecherisch? Als harmlos bezeichnet Brecht eine Sprache, die ihm wie aus der Zeit gefallen vorkommt, eine Sprache die mit Begriffen wie Blut, Ehre, Fluch, Segen und so weiter arbeitet, eine entpolitisierte Sprache, die vor allem mitteilt, daß mit ihr die wirklichen Zusammenhänge in Gesellschaft und Wirtschaft zugedeckt werden. Eisler sieht sie als verbrecherisch an, denn angesichts der forcierten Aufrüstung, die die Nazis auf ihrem Nürnberger Parteitag beschlossen haben, hält er es für eine schwere Unterlassung, daß sich die eigenen Genossen nun in ihrer Stellungnahme derselben verschleiernden Sprache bedienen. Kaum zu entscheiden, ob in Erwartung des von den Nazis in Nürnberg angekündigten Krieges, der fünfzig Millionen Tote hinterlassen wird, die Sprache der Moskauer Antwort als unangemessen harmlos oder als verbrecherische Unterlassung zu werten ist.

Das Thema Sprache taucht dann noch einmal im Zusammenhang mit dem nach Moskau emigrierten Schriftsteller Julius Hay auf. Hay hatte Brechts episches Theater in einem Aufsatz als »Zerfallsform des bürgerlichen Theaters« angegriffen. Steffins Notiz vom 7. März endet:

»über einen schriftsteller:

›arschloch‹ ist gar kein ausdruck. ich sehe immer wieder, wie die Sprache verludert.«[23]

Eisler und Brecht ringen um Worte. Drei Tage später ist ihre Wut noch nicht verraucht. Jetzt richtet sie sich auf vergangene Zeiten:

»b über hauspostille:

höhepunkt des dadaismus. verhöhnung aller der dummköpfe, die das dann einsaugten.«[24] Eine unzutreffende Behauptung. Offensichtlich ist hier nicht nur die für Künstler unabdingbare Leidenschaftlichkeit am Zuge, sondern auch tiefe Enttäuschung.

Die Svendborger Beschaulichkeit zwischen Gasthof, Kino, »idiotischem Würfelspiel« und Bootsfahrten ist ein zu enger Rahmen für zwei so große Produzenten wie Brecht und Eisler, die in die Politik eingreifen wollen und jetzt erhebliche Differenzen mit den Moskauer Genossen feststellen, die sie als ihre Verbündeten ansehen.

Svendborg und Skovsbostrand bieten zwar die nötige Ruhe zur Arbeit, können aber weder die kümmerlichen Aussichten auf Öffentlichkeit für ihre Werk aufheben, noch die ausbleibenden authentischen Informationen über all die ungeheuerlichen Vorgänge dieser Zeit ersetzen: Deutschlands Kriegsvorbereitung, die Moskauer Prozesse mit den folgenden Massenverhaftungen, der faschistische Putsch in Spanien und der daraus entstehende Bürgerkrieg. Sie sitzen auf einer kleinen Insel in Sichtweite der deutschen Küstenwache – zwei Monate später arbeitet Brecht bereits »unter dem Donner der manövrierenden deutschen Schiffe«[25] – und sind dennoch weitab vom Geschehen, das sie brennend interessiert und interessieren muß.

Helene Weigel ist ebenso unzufrieden und spricht von »Winterschlaf«. Sie hat eine Einladung der Katalanischen Sozialistischen Partei erhalten und will mit Erwin Piscator, der inzwischen die Sowjetunion verlassen hat, in Barcelona arbeiten. Aber auch dieser Plan zerschlägt sich. Dennoch bittet sie Piscator, weiter nach Arbeitsmöglichkeiten zu suchen: »Meine idiotische Existenz hängt mir zum Hals raus. Ich war und bin auch noch immer eine brauchbare Person und der Winterschlaf dauert zu lange.«[26]

Brechts Antwort auf die Aufrüstung der Nazis und die Sprache der Moskauer Funktionäre sind die Kommentar-Gedichte der »Deutschen Kriegsfibel«, die im April/Mai in der Moskauer Zeitschrift »Das Wort« erscheinen und nicht nur eine andere Sprache, sondern auch eine andere Haltung vorführen. Überhaupt reagiert er auf die Zumutungen der Zeit mit gesteigerter Produktivität.

In Zusammenarbeit mit Grete Steffin entstehen die Stücke »Die Gewehre der Frau Carrar« und »Furcht und Elend des Dritten Reiches«, in denen nach langer Zeit der Untätigkeit auch Helene Weigel wieder auftreten kann. Daneben versucht Brecht eine internationale Diderot-Gesellschaft zu organisieren, in der er sich mit Künstlern in aller Welt über zeitgemäße Produktionstechniken austauschen will.

Der beherrschende Eindruck, der sich aus Grete Steffins Überlieferungen über diese Zeit mitteilt, ist der von Suchbewegungen: Suche nach authentischen Informationen, um sich ein Bild jenseits der Propagandaschlachten machen zu können. Sie liest mehrere internationale Zeitungen und hat es zum Beispiel bei der Auseinandersetzung um André Gides kritisches Reisebuch über die Sowjetunion »Retour de l' U.R.S.S.« nur mit veröffentlichten Meinungen zu tun, lange bevor sie das Buch überhaupt in die Hand bekommt. An Benjamin schreibt sie:

»Übrigens fällt mir jetzt wieder *gide* andré ein. Ich finde eigentlich, daß ›wir‹ ebenso kopfschüttelnd angesehen werden müssen wie er. Mußten wir ihn erst auf alle erdenklichen höhen heben? Wir haben ihm ja mit den endlosen lobtiraden doch die autorität gegeben, so eine *richtige kritik* anzulegen. Ich finde etwas wie den beigelegten auszug (den Sie aber sicher schon kennen) eigentlich unserer unwürdig. Daß herr gide seine meinung ändert u. es auf eine unfaire u. (vielleicht dumme, ich habe sein buch nicht gelesen) unerwartete art macht, ändert ja nichts an der SU. Leider gibt er damit den gegnern eine waffe in die hand, aber ob wir nicht seinen wert für uns überschätzen? Das halte ich für schlimmer.«[27] Sie kennt weder Gides Buch, noch ahnt sie, daß es längst von der Wirklichkeit überholt worden ist. Ende Dezember 1936, als sie den Brief schreibt, sind in Moskau bereits drei ihrer Bekannten verhaftet worden, die Schauspielerin Carola Neher, der Schriftsteller Ernst Ottwalt und seine Frau Waltraud Nicolas. Mit den Verhaftungen beginnt die hohe Zeit des Terrors. Von all dem weiß sie noch nichts. Sie will gemeinsam mit Brecht möglichst bald wieder nach Moskau fahren und anschließend in ein Sanatorium im Kaukasus. Nur der Termin steht noch nicht fest, mal denkt sie an Mai, mal an den Herbst 1937.

Walter Benjamin erkundigt sich bei ihr nach Maria Osten, in deren »Wort«-Redaktion er einige seiner Aufsätze unterbringen will. Steffin hatte ihn immer dazu aufgefordert und ihn unterstützt, indem sie die Verbindungen herstellte, doch im Februar 1937 weiß sie nicht einmal, ob Maria noch in Moskau ist: »sie hat mir nie geantwortet, nur kurze grüße und sonst auf keine anfrage eingegangen.«[28]

Maria Osten hat gar keine Zeit für Redaktionsarbeiten, sie fährt mit Lion Feuchtwanger durch die Sowjetunion. Es ist eine höchst offizielle Reise, denn Feuchtwanger wird mit einem Gegen-Buch auf André Gide antworten. Im Januar 1937 nimmt er am zweiten Moskauer Schauprozeß gegen die Angehörigen eines parallelen trotzkistischen Zentrums teil, der mit dreizehn Todesurteilen endet. Von Stalin wird er zu einem Gespräch empfangen und gibt anschließend Interviews, die in den Zeitungen breit ausgestellt werden. Steffin erkundigt sich bei Benjamin: »haben Sie die großen worte Feuchtwangers gelesen? wird er nie bereuen, daß man ihm quasi diese aus der nase gezogen hat, dem klugen Feuchtwanger?«[29] Sie vermutet, daß man Feuchtwanger als Propagandisten benutzen will und fährt fort: »jetzt sind hier langsam einige englische auszüge aus dem gide angekommen, die ja ganz anders aussehen als die auszüge, die in unseren zeitungen standen. auf letztere hin hatte Brecht eine sehr schöne entgegnung geschrieben und (beinahe!! abgeschickt) nun sieht er, daß sie nicht stimmt.«[30]

In ihrem Brief klingen Zweifel an, denn sie ist weder an Propaganda noch an Meinungen interessiert, sondern an den faktischen Vorgängen in der Sowjetunion. Inzwischen sind auch erste Nachrichten über die Verhaftungen eingetroffen, allerdings nichts über deren Gründe. Brecht klagt noch im Mai, er habe »von niemand auf eine Frage eine Antwort erhalten, was ich nicht schätze.«[31]

Grete Steffin stellt eigene Nachforschungen an und beginnt einen regen Briefwechsel mit ihren russischen Freundinnen Alexandra Karjagina in Leningrad und mit Keto.[32] Dieser Briefwechsel ist nicht erhalten, scheint aber keine substantiellen Informationen erbracht zu haben, denn Steffin hält unverdrossen an ihren Plänen für die nächste Reise in die Sowjetunion fest. Wie sehr sie in Gedanken mit den Vorgängen im Land beschäftigt ist, erkennt man daran, daß sie plötzlich auch ihre Notizen über Briefeingänge und -ausgänge an Freunde und Verwandte in Berlin in kyrillischen Buchstaben festhält.[33] Am 30. Juli schreibt sie einen Brief an den deutschen Schriftstellerverband in Moskau und meldet ihr Interesse an einem Sanatoriumsplatz ab Ende Oktober 1937 an.[34] Brecht unterstützt ihre Reisepläne und erinnert in einem Schreiben vom 4. September daran, daß ihm der Platz von Michail Kolzow versprochen worden sei.[35]

Steffin beginnt mit ihren Reisevorbereitungen, zu denen wie jedes Mal auch verschiedene Besorgungen für die Moskauer Freunde gehören. Asja Lacis etwa bestellt lila Lackhandschuhe bei ihr, wie sie Walter Benjamin am 7. September leicht verwundert mitteilt, denn solche Begehrlichkeiten eines avancierten Chichi sind ihr ganz fremd. Einen Tag später notiert sie in ihrem Kalender: »ich kann nicht in die SU!!!«[36]

Welche Nachricht am 8. September 1937 bei ihr einging, ist nicht bekannt. Brecht, Steffin und Familie Eisler hatten sich in den vergangenen Monaten um genauere Informationen aus dem Land bemüht – unter anderem hatte Steffin bei Benjamin angefragt, ob er das Buch »Stalins Verbrechen« besorgen könne – Leo Trotzkis Analyse der Moskauer Prozesse –, aber was im einzelnen zu ihrer Entscheidung führt, ist aus den überlieferten Quellen nicht ersichtlich. Fünf Wochen später entschuldigt sich Michail Apletin, stellvertretender Vorsitzender der Auslandskommission im sowjetischen Schriftstellerverband, bei Brecht, er sei im Urlaub gewesen. Einen Sanatoriumsplatz könne man jederzeit bekommen »und ich glaube, es ist deswegen viel bequemer, ein Sanatorium auszuwählen, wenn M. Steffin selbst hier sein wird.«[37] Grete Steffin nimmt diese Offerte nicht an. Möglicherweise ist ihre Entscheidung, nicht in die Sowjetunion zu fahren, der Vorsicht geschuldet. Und während sie ihre Koffer nun wieder ausräumt, packen Brecht und Weigel die ihren. Sie fahren am 11. September nach Paris, wo Slatan Dudow die Uraufführung der »Gewehre der Frau Carrar« inszenieren und Helene Weigel die Rolle der Carrar spielen wird.

Die Aufführung wird mit einer kleinen Gruppe emigrierter deutscher Schauspieler vorbereitet, zu der auch Weigels frühere Berliner Kollegin Steffie Spira gehört: *Wir waren ja froh, daß die Helli aus Dänemark kam und Dudow Regie führte. Wir probierten zuerst im Hinterzimmer eines Restaurants, dann in einem Saal. Wir hatten nur wenige Vorstellungen, denn es war nicht leicht in Paris, viele Vorstellungen zu verkaufen, wir spielten ja das Stück in deutscher Sprache. Helli wäre gerne in Paris geblieben, sie wollte nicht nach Dänemark zurück, wir haben lange, lange darüber gesprochen. Ihr gefiel dieses Leben nicht mehr, das heißt, Brechts Verhältnis mit Ruth Berlau. Sie hat auch überlegt, ob sie ganz weggeht. In der Grete sah sie mehr eine Arbeitsfreundin von Brecht, weniger eine Liebesfreundin. Sicher auch eine Liebesfreundin, aber das Arbeitsverhältnis war wohl entscheidender. Wenn eine Frau weiß, daß eine andere Frau krank ist, dann sagt sie sich: Warum soll sie nicht noch etwas von ihrem Leben haben, warum soll ich ihr das streitig machen? Das kann sie tolerieren. Zumal ja abzusehen war, daß die Grete nicht lange leben wird. Bei Ruth Berlau war das ganz*

anders. Sie war ja nicht nur eine junge, schöne Frau, sondern sie hat-
te auch Geld und sie konnte Brecht, wenn es sein mußte, unterstüt-
zen. Sie stellte ihm das Geld zur Verfügung, sie war sehr freigiebig.

Nun hatten wir ja in Paris sehr bescheidene Möglichkeiten, wir
haben uns mit einem winzigen kleinen Kabarett über die Runden ge-
bracht, von dem wir allerdings nicht leben konnten. Wir boten Helli
dann an, daß sie dort mitspielen könnte, aber das war etwas, was sie
nicht wollte. Sie sagte: Ich will Theater spielen. Sie suchte nach einer
Möglichkeit Theater zu spielen. Sie fuhr dann von Paris nach Wien
und blieb dort längere Zeit. Sie wohnte bei ihrem Vater, schrieb uns
noch von dort, aber leider fand sie in Wien auch keine Arbeit.

Helene Weigel fährt noch in die Emigrantenzentren Prag
und Zürich, um dort nach Arbeits- und Lebensmöglichkeiten
für sich und ihre Kinder zu suchen. Als auch das nicht gelingt,
kehrt sie Mitte November 1937 nach Skovsbostrand zurück.

Nach der Abreise von Brecht, Weigel und Familie Eisler war
Grete Steffin von Svendborg nach Skovsbostrand gezogen. Sie
wohnt nun in Brechts Haus, um in der Nähe der Kinder zu
sein, die bei einer Nachbarin untergebracht sind. Es geht ihr
schlecht, ihr Kalender vermerkt einen leichten Temperaturan-
stieg, den sie täglich kontrolliert. Ihre angegriffene Gesundheit
ist wahrscheinlich nicht nur auf die tiefe Enttäuschung über
die ausgefallene Reise in die Sowjetunion, mit der sie immer
weit mehr verbindet als ihre Kuren, zurückzuführen. Zusätzlich macht ihr auch der Aufenthalt in Brechts Haus zu schaffen. Plötzlich lebt sie in seinem Zimmer, ganz allein, und das
scheint ihr die Ambivalenz der Verbindung deutlicher bewußt
werden zu lassen. Schon seit Wochen notiert sie widerstrei-
tende Gedanken in ihren Kalender: »Ich trage den Ring nicht
mehr. Ich muß ihn tragen.«[38] »Diese Woche war die schlechte-
ste. Ich muß unbedingt weg von b.«[39] »Ich hasse diese Briefe,
manchmal glaube ich, es geht bestimmt nicht mehr.«[40] »Ich
hänge an ihm und ich hänge von ihm ab. Seine Briefe sind
sehr freundlich, aber (sind sie mir). Und wenn sie nicht kämen,
wäre ich unglücklich.«[41]

Brecht hatte sich bereits seit einiger Zeit Ruth Berlau zuge-
wandt. Im Juli war er mit ihr nach Paris gefahren, um an einem
Kongreß teilzunehmen, und bald darauf nach Skovsbostrand
zurückgekehrt, während Berlau weiter nach Spanien fuhr. Sie
wollte sich im Bürgerkrieg umsehen, auf Seiten der Internationalen Brigaden, die gegen Franco kämpfen. Berlau bleibt

weit länger in Spanien als mit Brecht vereinbart, was ihn stark beunruhigt, da er um ihr Leben fürchtet. Grete Steffin hat seine Unruhe natürlich bemerkt. Nun, während ihrer einsamen Wochen in seinem Haus, glaubt sie an ihrer Liebe zu Brecht sterben zu müssen. Das Gefühl der Selbstauflösung und der Auslöschung der eigenen Identität, das die tiefe Verzweiflung der Eifersucht ausmacht, drängt ihr Todesbilder auf: »Ich liebe ihn so sehr, daß ich daran sterbe.«[42]

Als Brecht wieder aus Paris zurückkommt, ist Steffin nicht mehr allein im Haus am Skovsbostrand. Brecht hatte in Paris an Helene Weigels Auftritt als Frau Carrar erkennen können, daß sich das epische Theater selbst unter den bescheidenen Bedingungen einer Emigrantenaufführung weiterentwickeln kann, was ihn mit Genugtuung erfüllt. Und er hatte in Frankreich mit Lion Feuchtwanger über dessen Moskauer Erfahrungen gesprochen.

Grete Steffin indessen empfängt ihn bei seiner Ankunft am Skovsbostrand mit einem Krach. Sie macht ihm Eifersuchtsszenen, die bei ihm für gewöhnlich Flucht- und Abwehrreflexe auslösen, und sie erfährt noch einmal, was sie längst schon weiß: Er läßt sich auf Auseinandersetzungen dieser Art nicht ein, er wird sie immer abweisen und zu objektivieren versuchen, um sich selbst zu schützen. Brecht verteidigt seine Verbindung mit Ruth Berlau, und so zwingt sich Grete Steffin zwei Wochen später in die Gegebenheiten: »Es ist besser geworden, ich will keinen Krach mehr machen. Wenn ich bleibe, muß ich gute Miene zum bösen Spiel machen.«[43] Als Ruth Berlau Mitte November aus Spanien zurückkommt, kommentiert sie das mit einer sarkastischen Verwünschung: »Ich wünschte sehr, daß sie krepieren würde. Ich werde ihr einen schönen Kranz kaufen.«[44]

Brecht empfängt Ruth Berlau mit Fragen über die politischen Konstellationen im spanischen Bürgerkrieg, die sie ihm nicht beantworten kann: »Ich habe zwar viel gesehen, aber Brecht war böse auf mich, weil ich nicht alles wußte, was er wissen wollte. Zum ersten Mal hat er mich angeschrien.«[45] Berlau wird diesen Empfang erst später zu ihrem eigenen Interesse an dem Dichter ins Verhältnis setzen, dessen Werke sie gerade darum anziehen, weil sie zu den politischen Vorgängen der Zeit Stellung nehmen. Das ist ohne exakte Kenntnis der realen Vorgänge unmöglich. Noch zwei Jahre später, als er die zurückgekehrten Spanienkämpfer in Schweden um sich versammelte, sucht Brecht nach Antworten auf seine Fragen. Berlau erinnert sich: »Er wollte wissen, warum es nicht zu einer Einheitsfront zwischen Anarchisten, Trotzkisten und Kommunisten gekommen war. Aber es gab keine befriedigende Antwort.«[46]

Die wichtigsten Fragen dieser Jahre, zu denen vor allem die deutsche Kriegsvorbereitung und die Auswüchse des Stalinismus gehören, beschäftigen ihn und die Frauen ebenso. Gleichzeitig greifen die gegenseitigen Liebeserwartungen in ihr Leben ein, und die sind nicht nur von politischen Fragen bestimmt.

Ruth Berlaus Freund, der Architekt Mogens Voltelen, der nun seinerseits darunter leidet, daß er Berlau an Brecht verliert, hebt die irrationalen Anteile dieser Liebesverwicklungen hervor: *Es ist schwierig, das zu verstehen, wenn man es nur logisch bearbeitet. Man muß versuchen, auch die alogische Seite der Persönlichkeit zu beobachten. Wenn man diese Seite auch betrachtet, dann kann man es vielleicht nicht verstehen, aber man kann erkennen: so ist es. Meine Beobachtungen damals waren die: So wie Steffin abhängig von Brecht war, so war auch Ruth abhängig. Ruth hatte eine snobistische Ader. Es war auch ein bißchen Snobismus in ihrer Beziehung zu Brecht. Sie fühlte sich solidarisch mit den Botschaften, die Brecht brachte, das waren auch ihre Botschaften. Und sie hatte diese spezifische Beziehung zu Brechts starker männlicher Ausstrahlung. Das Snobistische bei ihr war eben, daß Brecht ein großer Mann war, und sie war mit ihm verbunden, war ihm nahe, und das gefiel ihr. Leute, die ein gewisses Ansehen hatten, hatten ihr Interesse. Grete Steffin war ein ganz anderer Charakter. Sie war sehr zurückhaltend, dänisch sagen wir »selusleted«, also selbstauswischend, ich weiß nicht ob es ein deutsches Wort dafür gibt. Das heißt, sie beteiligte sich gar nicht an diesen Rollenspielen, die unter Menschen üblich sind, daß man möglichst auftrumpft und sich in den Vordergrund spielt, auf mehr oder weniger geschmackvolle Art. Auf so etwas verzichtete sie. Sie wollte gar keinen Eindruck auf andere machen. Natürlich war sie sich darüber bewußt, daß sie sich in ihrem Leben nicht viel vornehmen konnte, daß sie nicht so viel Kraft und so viele Jahre hatte. Und das kann natürlich auch so ein Verhalten auslösen, daß sie sich bescheiden in den Hintergrund zurückzieht. Nachdem sie wußte, daß sie Tuberkulose hatte, wird sie sich die Frage gestellt haben: Wie lange kann ich eigentlich leben? Ich kann kein langes Leben erwarten. Zumindest muß sie daran gezweifelt haben.*

Mein Eindruck damals war, daß Brecht ziemlich rücksichtslos und stark dominierend war. Er hatte seine eigenen Bedürfnisse und Ge-

sichtspunkte, und danach mußten sie sich alle richten. Und selbstverständlich, ein Mann, der »selbstauswischend« gewesen wäre, hätte niemals einen solchen Einsatz wagen können wie Brecht ihn wagte: Er wollte sich durchsetzen. Und das tat er auch in seinen Beziehungen zu den Frauen, die ihn umgaben. Er wollte bestimmen, und er wollte keine Schwierigkeiten von diesen Frauen haben. Es war für ihn ganz selbstverständlich, daß die Leute, die ihn umgaben, seine Bestrebungen unterstützen mußten und ihm folgten. Und über die Untreue hatte er die Meinung: Ein Mann kann natürlich untreu sein, aber die Frau nicht. Er hatte ein Bild dafür: Wenn ein Mann durch die Stadt geht, dann kann er in jedes Haus eintreten, es gibt nichts, was ihn daran hindern kann.

Aber eine Frau darf in ihre eigene Wohnung keine fremden Leute einlassen. Wenn man einmal nur dieses Bild, diesen Vergleich betrachtet, dann kann man verstehen: Wenn man in der Stadt herumgeht, dann zögert man nicht, in eine fremde Wohnung zu gehen, sofern man dort etwas zu tun hat. Aber wenn man in seiner eigenen Wohnung sitzt, überlegt man sich sehr viel genauer, wen man in die Wohnung einläßt. Das ist eine viel persönlichere Sache, einen Fremden in seine Wohnung einzulassen, als selber in der Stadt in irgendeine Wohnung hineinzugehen. Das war sein Argument für die unterschiedlichen Verpflichtungen, die Männer und Frauen haben, und das ist natürlich eine Scheinlogik.

Solche vormodernen Auffassungen, die daran erinnern, daß Brecht, ein Mann des Jahrgangs 1898, noch mit einem Fuß im neunzehnten Jahrhundert steht, kann er gegenüber Ruth Berlau und Grete Steffin schon nicht mehr durchsetzen.

Nachdem Helene Weigel nach Dänemark zurückgekehrt ist, verläßt Steffin das Haus am Skosbostrand und wohnt nun wieder in Svendborg. In der kommenden Zeit glaubt sie, es Brecht mit gleicher Münze heimzahlen zu müssen, indem sie sich auf andere Liebschaften einläßt, wie von einem der Zeitzeugen bestätigt und in ihrer autobiografischen Erzählung »Ein Mädchen, Ursula« dargestellt.

Die Erzählung endet mit einer fiktiven Konstruktion. Ursulas Geliebter erfährt, daß sie während seiner Abwesenheit Trost bei anderen Männern gesucht hat: »Auf dieselbe Art, wie man Ursula früher von den anderen Mädchen erzählt hatte, sagten ihm dann Freunde: Du warst sicher froh zu hören, daß Ursula die ganze Zeit nicht immer allein war. Das wäre ja auch nicht gut für sie gewesen. Aber es ist doch gut, daß du jetzt kamst, denn zuletzt war sie ja ein bißchen viel mit Walter und Georg und Herbert zusammen.

Der Mann machte natürlich sofort Schluß mit ihr. Denn man konnte nicht verlangen, daß er, wo er sie doch nur kurze Zeit im Jahr sah, sie dann auch noch mit anderen teilen sollte.«[47]

Grete Steffin delegiert ihre eigenen Überlegungen, die auch diesmal wieder um die Trennung kreisen, an den Mann in ihrer Erzählung, der eben das tut, was ihr selber nicht gelingt, nämlich eine Trennung herbeizuführen. Der reale Brecht dagegen, der Trennungen fürchtet, reagiert in der Wirklichkeit mit einem ähnlich untauglichen Mittel wie sie, die sich nun mit anderen Männern einläßt. Er ist nicht nur eifersüchtig, er fühlt sich von einer möglichen Trennung bedroht und sieht sich veranlaßt, sie beobachten zu lassen, wenn man einem seiner vielen Gedichte auf Grete Steffin glauben darf. Darin spiegelt er sie ein weiteres Mal im Bild der Sehnsuchtsfrau Beatrice aus Dantes »Vita nova«, doch nun ist ein Riß entstanden. Er verhunzt ihren Namen: »Beatrize war gestellet/ Spitzel wurde ihr Begleiter/ Tatbestand ward aufgehellet/ Statt der Schwüre floß der Eiter.«[48] – Ob er sie tatsächlich beobachten und sogar »stellen« läßt, ist nicht überliefert. Vielleicht aber erkennt Grete Steffin an solchen Aufregungen, oder auch nur an diesem Gedicht, daß er in seinem Verhalten ebenso wenig frei ist wie sie selbst. Wenn jemand durchschauen kann, was da vorgeht, dann sie. Ihr unbestechlicher Blick und ihr tiefes Verständnis für die Eröffnungen und die Nöte der menschlichen Existenz, wie sie in ihren oft gelobten Geschichten über Kinder nachzulesen sind, könnte ihr die Entscheidung, Brecht nicht zu verlassen, erleichtert haben, zumal sie sich so eng mit ihm verbunden fühlt. Vielleicht erkennt sie an seinen Reaktionen: nicht nur sie ist von ihm abhängig, es verhält sich umgekehrt ähnlich. Ihre Eifersucht auf Ruth Berlau verliert sich indessen keineswegs.

Herta Hanisch, mit der Grete während deren jährlicher Besuche auf Fünen nie über ihr Liebesleid gesprochen hat, erfährt von all dem erst viele Jahre nach dem Krieg, als sie die Texte Brechts und ihrer Schwester aus dieser Zeit liest: *Wie sie sich damals so hat behaupten können – ich kann es gar nicht begreifen. Keine Klage und nichts. Sie erwähnte wohl ihre Krankheit und ihr Ohr, aber sie hat nicht geklagt. Das war eben so. Wollte sie uns nicht beunruhigen? Ich weiß es nicht. Sie hat ja immer auch um uns Angst gehabt, in allem. Die paar Wochen, die wir jedes Jahr da waren, hat sie wohl auch viel zurückgesteckt, damit sie uns keine Sorgen machte. Jede Frau könnte das nicht, andere würden sich aussprechen und nicht alles mit sich allein abmachen. Sie freute sich, wenn wir da waren, aber sie hat nie gejammert oder über Heimweh gesprochen. Sie hat dann auch nicht mehr bedauert, daß sie nicht mehr in Deutschland ist, obwohl sie auch so an unserer Mutter hing.*

Sie hat bestimmt viel gelitten um Brecht, weil sie sich in alles so reingekniet hat, seelisch, darum hat es sie so mitgenommen. Wenn Grete liebte, dann hing sie sich so rein in einen Menschen, daß sie gar nicht mehr von ihm loskam. Eine andere kommt vielleicht eher darüber hinweg, aber wenn sie erst mal einen hatte, dann kam sie gar nicht mehr los von ihm, obwohl ja Brecht manchmal nicht sehr rücksichtsvoll war. Aber sie wollte nicht weg von ihm, weil sie ihn zu sehr liebte. Durch ihre Einsamkeit hat sie sich vielleicht auch noch enger an ihn angeschlossen, denn sie hatte ja weiter keinen dort. Nur wenn Eisler mal da war, an dem hing sie sehr, und an der Lou. Und bei Brecht hatte sie ihr Arbeitsverhältnis. Sie hat ja immer selbständig gehandelt, sie wußte schon, was sie tat. Vielleicht hat sie die Arbeit auch als Ablenkung genommen, um über ihren Kummer hinwegzukommen. Ich denke, sie hat ihr alles gegeben, und auch die Schmerzen, die sie dabei hatte, vielleicht aufgewogen. Ihre Arbeit mit Brecht, das war ihr Alles: das Schreiben.

Erstaunlicherweise bleibt das Schreiben unberührt von all den dramatischen Liebesverwicklungen. Die Zusammenarbeit zwischen Brecht und Steffin ist so gut eingespielt, daß sie selbst in Krisenzeiten reibungslos ineinander greift. Schreiben meint hier vor allem ihre eigene Prosa und die Übersetzungen, bei denen Brecht hin und wieder mitarbeitet. Inzwischen gelingt es sogar, Grete Steffins Übersetzungen unmittelbar nach Abschluß der Arbeit zu veröffentlichen.

Steffin hatte Nordahl Griegs Stück über das Scheitern der Pariser Kommune, »Die Niederlage«, aus dem Norwegischen übersetzt, eine Arbeit, die Brecht für so wichtig hält, daß er sie sofort gedruckt sehen möchte. Im September 1937 schreibt er Steffin aus Paris, sie solle einen Brief an die Zeitschrift »Das Wort« mit seinem Namen unterzeichnen und darauf dringen »daß das Griegstück sofort kommen muß und Benjamins Geld ebenfalls.«[49] So geschieht es dann auch, und ihre Übersetzung erscheint Anfang 1938 in Moskau.[50] Auf dieselbe Weise geht es mit der Übersetzung des Romans »Die Tagelöhner« von Hans Kirk, den sie aus dem Dänischen übertragen hat. Im Oktober schreibt sie einen Brief an Johannes R. Becher, den sie wieder mit Brechts Namen unterzeichnet, und empfiehlt Becher ein Kapitel ihrer Übersetzung für die »Internationale Literatur«.[51] Schon eine Woche später schreibt Becher an Brecht, er habe »an Grete Steffin geschrieben, um ein Stück aus dem Roman von Hans Kirk zu bekommen.«[52] Und so erscheint Steffins Romanübersetzung in Bechers Zeitschrift ebenfalls Anfang des Jahres 1938.[53]

Mit dieser pragmatischen Methode zieht Brecht offenbar die Konsequenzen aus den Erfahrungen, die Steffin mit der Veröffentlichung ihres »Engel«-Stücks in Moskau gemacht hatte. Allerdings hätte er diese Methode nicht gewählt, wenn er vom Wert dieser Werke und ihrer Übersetzungen nicht überzeugt gewesen wäre. Griegs »Niederlage« hält er für so bedeutend, daß er das Schauspiel noch in den fünfziger Jahren als Material für sein eigenes Stück »Die Tage der Commune« verwenden wird.

Grete Steffin ihrerseits ist so sehr mit Brechts Werk verbunden, daß sie regelrecht aus der Haut fährt, wenn ihre Moskauer Genossen Brecht belehren, wie man zu dichten habe. An Walter Benjamin schreibt sie über ein in Moskau erschienenes Liederbuch Hanns Eislers mit Texten von Brecht: »darunter befindet sich das SOLIDARITÄTSLIED, das für mich zu dem schönsten gehört, was Brecht an liedern geschrieben hat, und irgendein idiot und verbrecher hat gewagt, diesen herrlichen text umzudichten in etwas so banales, häßliches und politisch falsches, daß ich einen zorn habe.«[54]

Sie reagiert auf die Eingriffe der Moskauer Zensoren wie eine Dichterin und femme de lettres. Ebenso entschlossen verbittet sie sich Eingriffe in ihre Übersetzungen, etwa wenn die rigide Literaturauffassung des Moskauer Redakteurs Fritz Erpenbeck keinerlei Dialektsprache zulassen will. In einem Brief an Erpenbeck schlägt Steffin einen diplomatischeren Ton an als gegenüber Benjamin. Sie erläutert ihm sachlich: »Was Absätze und Interpunktion betrifft, so habe ich sie nicht automatisch aus dem Norwegischen genommen, aber immer da eingehalten, wo Grieg auch gegen norwegische Regeln ›verstieß‹. [...] Aber wir haben lange die beste Lösung besprochen, und ich wäre, wie gesagt, dankbar, wenn Sie das Stück mit Dialekt abdrucken.«[55]

Doch Erpenbeck hat kein Verständnis für die gestischen Angebote des Dialekts in szenischen Dialogen und entfernt ihn aus ihrer Übersetzung der »Niederlage«. Das Stück erscheint in drei Fortsetzungen in der Zeitschrift »Das Wort«. Als Steffin die erste Folge erhält, teilt sie Benjamin mit: »das WORT druckt nun doch (in heft 1) die nicht-dialekt-fassung und hat leider die folgenden akte, die ich nur in dialekt-fassung schickte, einfach geändert. Ich bin sehr unzufrieden damit, hoffe, das noch stoppen zu können.«[56]

Auf ihren Einspruch hin reagiert Erpenbeck mit einer Entscheidung, die auf seinen unseriösen Umgang mit Literatur schließen läßt. Steffin hält Benjamin auf dem laufenden: »die NIEDERLAGE wird erst in III und IV (Wort) weitergedruckt. nachdem man mir meinen dialekt, den künstlichen, den ich mit Brechts hilfe so sorgfältig arbeitete und auf den wir so stolz waren, in mieses hochdeutsch änderte und ich doch auf dialekt bestand, schreibt jetzt erpenbeck, er ›habe dem korrektor anweisung gegeben, dialekt hineinzubringen‹, was sagen Sie dazu, das kann doch grauenhaft aussehen.«[57]

Es ist gut möglich, daß die Moskauer Redakteure Fritz Erpenbeck und Alfred Kurella ihren Kampf gegen Brechts Literaturauffassung, der durchaus bösartige und gehässige Formen annehmen kann, auch auf Steffin übertragen, denn in Moskau weiß man, wie eng die beiden miteinander verbunden sind.[58]

Im September 1937 fehlen in Steffins Nachlaß die sonst üblichen Hinweise auf geplante Reisen in die Sowjetunion. Anders als bisher enthalten sie nur noch Mitteilungen über Arbeitskontakte mit Moskauer Redaktionen oder Verlagen. Das wird auch in der folgenden Zeit so bleiben.

Im Juli 1937 war Brechts Freund und Übersetzer Sergej Tretjakow in Moskau verhaftet worden. Er wird der Spionage beschuldigt. Wann Steffin davon erfährt, ist nicht bekannt. Die auf Fünen einlaufenden Informationen und die anschließenden Gespräche über die politische Lage in der Sowjetunion erörtert sie in Briefen nicht. Auch bisher hatte sie das Thema nur spärlich kommentiert, jetzt entfällt selbst dies, und es erscheinen lediglich Nachfragen nach ihren Freunden Maria Osten und Michail Kolzow. Ihre Zurückhaltung geht vielleicht auch auf die immer deutlicher wahrnehmbaren Interessen der Geheimdienste zurück, etwa auf die ins Kopenhagener Emigrantenheim eingeschleusten Gestapo-Spitzel, von denen sie gehört haben wird, da sie hin und wieder dort verkehrt, oder auf die unübersehbaren Stempel der dänischen Zensurbehörden auf den Umschlägen der Briefe, die Walter Benjamin an sie schreibt.

Die unglaubwürdigen Vorwürfe, die man Tretjakow in Moskau macht – er soll für den deutschen und den japanischen Geheimdienst gearbeitet haben – kommentiert sie skeptisch oder resignativ. Walter Benjamin überliefert von seinem Besuch auf Fünen im Sommer 1938: »Gestern meinte die Steffin, Tretjakow sei wohl nicht mehr am Leben.«[59]

Margarete Steffin und Martin Andersen Nexö bei der Uraufführung von Brechts »Die Rundköpfe und die Spitzköpfe« im Kopenhagener Ridder-salen Theater, 4. November 1936.

Margarete Steffin (r.) und ihre Schwester Herta Hanisch in Skovsbostrand, Sommer 1937.

Margarete Steffin mit ihrem Neffen Bernd Hanisch am Skovsbostrand, Sommer 1937.

Margarete Steffin an ihrem 30. Geburtstag, 21. März 1938.

Bertolt Brecht und Bernd Hanisch am Skovsbostrand, Sommer 1937.

»das frühjahr ist weit«

Walter Benjamin hatte seinen Besuch auf Fünen schon einige Male angekündigt, aber allzu oft war ihm etwas dazwischen gekommen. Geldknappheit, besondere Ansprüche, anderweitige Interessen, Terminarbeiten oder auch Schübe von Melancholie lassen ihn immer wieder zögern. Als er Ende 1937 sein Kommen für das nächste Frühjahr ankündigt, weiß Grete Steffin, daß sie dies nicht wörtlich nehmen darf. Sie kennt sein Zaudern, aber auch die Unvorhersehbarkeit der politischen Entwicklungen. Nichts ist sicher, Pläne können sich ändern, alles ist ungewiß: »ich habe die hoffnung aufgegeben, diesjahr aus danmark herauszukommen«, schreibt sie ihm. »hoffentlich kommen Sie wirklich herein! aber das frühjahr ist weit, und was mag alles geschehen bis dahin.«[1] Tatsächlich wird Benjamin auch nicht im Frühjahr, sondern erst im Sommer und Herbst 1938 von Paris nach Fünen kommen.

Im Frühjahr hingegen schreibt Hanns Eisler, der sich inzwischen in den USA niedergelassen hat, von guten Arbeitsmöglichkeiten in diesem Land, so daß jetzt auch Grete Steffin beginnt, einige Hoffnungen auf Amerika zu setzen. Sie erkundigt sich nach den Einreisebestimmungen.

Außerdem erreicht sie im Frühjahr ein großes Lob aus Palästina. Dort liest Arnold Zweig ganz begeistert ihre Übersetzung aus dem Norwegischen in der Zeitschrift »Das Wort«, die ihm aus Moskau geschickt wird. Er habe seine Augen kräftig über das politische Drama marschieren lassen, denn ihr sei eine »wirklich vortreffliche Formung von Nordahl Griegs ›Niederlage‹«[2] gelungen.

Steffin aber ist »verzweifelt über das, was ›Das Wort‹« aus ihrer Übersetzung gemacht hat und wertet das als »eine große »Schweinerei«.[3] Denn sie verbindet weit mehr mit ihren Übersetzungen als die Arbeit an der Sprache. Sie helfen ihr, der langen Zeit im Exil einen Sinn abzugewinnen: »ich lese dänische, deutsche, russische, englische zeitungen und mit viel mühe die ›humanité‹«, schreibt sie an Arnold Zweig. »oft bin ich froh,

288

daß ich diese jahre, in denen für mich emigration durch krankheit noch sehr erschwert wurde, wenigstens fremde sprachen etwas kennen lernte. ich würde Sie so gern einmal wiedersehen, um Ihnen zu erzählen, was ich aus dieser schweren zeit herausholen konnte.«[4]

Bei ihren Übersetzungen kann Grete Steffin auf ihre große Sprachbegabung bauen. Innerhalb kurzer Zeit hat sie sich fünf Fremdsprachen soweit angeeignet, daß sie englische und französische Artikel und Aufsätze für Brecht übersetzen kann, belletristische Werke aus dem Russischen, Dänischen und Norwegischen überträgt und hin und wieder Bücher, die Brecht für seine Arbeit braucht, aus diesen Sprachen exzerpiert.

Herta Hanisch: *Sie hatte eben diese Begabung, alles sofort aufzunehmen, so daß sie sich gleich in jedem Land reingefunden hat in die neue Sprache. Sie hat ja die dänische Sprache auch gleich erlernt – nein, mitgekriegt. Erlernen war das gar nicht, das flog ihr so zu. Und sie war interessiert an Sprachen.*

Ohne dieses Interesse hätte sie die Arbeit an der Sprache, die in jeder ihrer nun folgenden Übersetzungen steckt, nicht bewältigen können. Im Frühjahr 1938 beginnt sie, zwei Bände der »Erinnerungen« von Martin Andersen Nexö zu übersetzen. Andersen Nexö hätte gern gesehen, daß Brecht sich an der Übersetzung beteiligt. Aber Brecht ist kein Übersetzer, und er ist im Jahr 1938 vor allem mit seinem »Cäsar«-Roman, dem »Galilei« und mit einem neuen Lyrikband beschäftigt. Zusätzlich hat er sich mit den massiven Angriffen auseinanderzusetzen, die Georg Lukács und andere in Moskau anläßlich der Expressionismusdebatte gegen seine Literatur richten. Er wolle gern bei der Übersetzung der »Erinnerungen« helfen, schreibt er an Andersen Nexö, habe auch nichts dagegen, daß sein Name erwähnt werde, allerdings müsse Margarete Steffin an erster Stelle genannt sein, »da ich, wie jedermann weiß, ja nicht Dänisch verstehe und da, wie ich weiß, die Hauptarbeit tatsächlich von Grete gemacht wird.«[5] So gestaltet sich die Arbeit ähnlich wie bei Griegs »Niederlage«: Steffin übersetzt und überarbeitet ihre Übertragung anschließend noch einmal mit Brecht.

Grete Steffin hat bei ihren Übersetzungen einen verläßlichen dänischen Partner, mit dem sie sprachliche Details besprechen kann. Davon zeugt ihr umfangreicher Briefwechsel mit Knud Rasmussen, einem Journalisten der Zeitung »Fyens Socialdemokrat«, der nicht erst im Frühjahr 1938 beginnt, sondern schon 1935: »Ich lernte Brecht und Helene Weigel 1934 bei der sehr bekannten Schriftstellerin Karin Michaelis kennen und fing bald an, Brecht-Arbeiten ins Dänische zu übersetzen. Grete habe ich erst 1935 getroffen, und sie, die schon sehr gut Dänisch sprach, hat mir bei den Übersetzungen geholfen, während ich ihr bei ihren Übersetzungen aus dem Dänischen helfen konnte. Ich wohnte in der Stadt Odense, Brechts und Grete in Skovsbostrand bei Svendborg, und unsere Korrespondenz begann sofort, nachdem wir uns das erste Mal bei Brecht getroffen hatten.«[6]

Rasmussen hatte begonnen, Gedichte und kurze Prosa von Brecht zu übersetzen, um sie in Zeitungen unterzubringen, und macht später auch Rohübersetzungen von Stücken Brechts, die er an dänische Theater vermittelt. Wenn er Fragen zur Übersetzung hat, wendet er sich an Grete Steffin und kann dabei auf ihre unnachgiebige Korrektheit zählen. »langsam kennen sie meinen abscheulichen charakter«, schreibt sie ihm, »auch bei FURCHT UND ELEND möchte ich wieder mit meinem langen zeigefinger auf einzelne stellen zeigen, wo ich glaube, daß ›die deutsche sprrache ... schwerrre sprrache‹ [...] anlaß zu mißverständnissen gab.«[7] Sie trifft sich oft mit Rasmussen, den sie Crassus nennt, und geht mit ihm seine und ihre Übersetzungen durch. Zwischen ihren Treffen wird der Austausch in Briefen fortgesetzt, die Grete Steffin oft auch auf Dänisch schreibt. Mit derselben Genauigkeit, mit der sie Rasmussens Übersetzungen begleitet, verlangt sie ihm exakte Auskünfte über Sinn, Bedeutungen und sprachliche Nuancen dänischer Worte ab, die sie für ihre Andersen Nexö-Übersetzung braucht.

Rasmussen ist häufiger Gast am Skovsbostrand und wird auf diese Weise allmählich auch in die Sorgen und Nöte der Emigrantengruppe hineingezogen. Er hilft bei organisatorischen Dingen des Alltags, betreut Stefan Brecht in den Schulferien und kümmert sich um einen Duplikator, als es darum geht, ausreichend Exemplare des »Galilei« herzustellen, die in alle Welt verschickt werden sollen. Grete Steffin bittet ihn, sich um ihre Schwester zu kümmern, wenn sie zu viel für Brecht zu tun hat und wendet sich mit immer neuen Bitten an ihn, so daß der Eindruck entsteht, sie beschäftige nun ihrerseits einen Mitarbeiter. All das geschieht vor allem, um Brecht gute Arbeitsbedingungen zu ermöglichen: »ich fürchte doch, sie müssen das manuskript (CAESAR) beim nächsten besuch mitbringen!«, schreibt sie an Rasmussen. »denn ich habe mich jetzt entschlossen, es doch noch einmal abzuschreiben, weil einfach zu wenig exemplare vorhanden sind. und dann können Sie ein ganzes haben. – es wäre wunderbar, wenn Sie es so weit durchlesen könnten, daß Sie mit Brecht *sehr ausführlich* darüber sprechen können. Sie können sich denken, wie sehr er in dieser svendborger abgeschlossenheit immer auf stimmen zu seinen noch unveröffentlichten arbeiten wartet.«[8]

Steffin weiß, worauf es Brecht ankommt. Im September 1938 müssen auch ihre Eltern die neuen Werke begutachten. Sie sind für eine Woche nach Kopenhagen gekommen und machen Urlaub. In einem ihrer autobiografischen Texte hält Grete Steffin vor allem die Meinung ihres Vaters fest. August Steffin hatte gleich an seinem ersten Morgen in Kopenhagen mit sicherem Instinkt die richtige Kneipe gefunden und Bekanntschaft mit dänischen Bauarbeiterkollegen gemacht, »so daß er mir erzählen konnte, was eigentlich in Kopenhagen los war.«[9] Am dritten Tag »las Vater auf Mutters dringendes Anraten das Stück ›Furcht und Elend des Dritten Reiches‹. Als er fertig war, sagte er, wie der Herr Brecht das wissen könne, er, Vater, habe nun auch die Zeitungen gelesen und gesehen, daß sie meist übertreiben, im Schildern der Widerwärtigkeiten und im Versprechen oder Prophezeien, aber was in dem Stück stehe, stimme alles ganz genau, und nichts sei übertrieben! (Dies schien ihm ganz besonders wichtig zu sein.) Bloß zwei Sachen habe Herr Brecht vergessen, den Ley und die West- und Ostfront. Darauf solle ich Herrn Brecht unbedingt aufmerksam machen, denn wenn in dem Stück alles so schön stimme, sei es doch sehr wichtig für die, die Deutschland nicht kennen, oder für später mal. Und dann müsse es alles enthalten.

Mein Vater schien sehr erschüttert. Er verstieg sich zu ganz pathetischen Ausdrücken, warum der deutsche Arbeiter, er auch, ein Schweinehund sei, der ›injespannt wird und nich mal bellt‹, er versuchte, mir an immer neuen Beispielen zu beweisen, warum Herr Brecht recht habe mit dem Stück und warum alles grad so und nicht anders aufgeschrieben werden müsse. [...]

Von den Gedichten gefielen ihm besonders die ›Deutschen Satiren‹, wo er aber auch eine über Ley vermißte. Mit Gedichten wie ›Der Schuh des Empedokles‹ wußte er nichts anzufangen, merkwürdigerweise aber gefielen ihm die privaten Gedichte sehr.«[10]

Beim Abschied am Ende des Urlaubs »sagte Vater noch: ›Na, jrüß den Brecht. Et is schade. Ick hätte zu jerne noch eens von seine Stücke int jroße Schauspielhaus jesehn. Und wir müssen zurück. Er soll man imma weita schreiben, jrüßn man. Det stimmt allet.‹«[11]

Im Februar 1939 stockt Brechts Arbeit am »Cäsar«-Roman. Er hat Darstellungsprobleme und hält die Arbeit »schon für unverständlich«[12], wie er im »Journal« notiert. Jetzt sorgt Grete Steffin dafür, daß ihre Schwester, die gerade zu Besuch gekommen ist, das Manuskript liest. Herta Hanisch: *Wenn sie gearbeitet haben, hat er uns gefragt, ob wir das verstehen, den Cäsar. Ich hatte es begriffen und der Steff hat auch gesagt, der Stefan, er solle weiter daran arbeiten. Andere hatten ihm gesagt, es wäre für uns nicht verständlich, Brecht wollte ja für das Volk schreiben, und so hat er öfter gefragt, ob wir das verstehen, was er schreibt, ob es realistisch ist oder nicht. Natürlich, nicht alles, was man nun gesagt hat, war auch seine Meinung, aber er hat sich oft mit uns unterhalten. Ich fand das gut von ihm. Wer fragt schon sonst nach der Meinung einfacher Arbeiter?*

Folgt man Brechts Aufzeichnungen, dann gibt das Gespräch mit Herta Hanisch und seinem Sohn Stefan den Ausschlag dafür, die Arbeit an dem Roman nicht abzubrechen: Er habe »Zuzug« von Steffins Schwester bekommen, die von Grete ausgefragt worden sei, schreibt er im »Journal«, während Benjamin und Sternberg, zwei qualifizierte Intellektuelle, seinen Text nicht verstanden und dringend geraten hätten, »doch mehr menschliches Interesse hineinzubringen, mehr von altem Roman! Und dann ist noch Steff da, der auf einer Fortsetzung besteht. Das sollte ausreichen.«[13]

In diesem Fall, wie auch bei ihren ständig wiederholten Aufforderungen an Walter Benjamin und Knud Rasmussen, tritt Grete Steffin als Vermittlerin auf, indem sie dafür sorgt, daß Brecht etwas über die Wirkung seines Romans erfährt. Sie tut das Richtige im richtigen Moment, weil sie offensichtlich ein sicheres Gefühl dafür hat, wie sehr er auf Zuspruch dieser Art angewiesen ist. Diese verständige Verläßlichkeit scheint der haltbarste Teil der Verbindung zwischen Steffin und Brecht zu sein. Auch Hanns Eisler weiß, wie dringlich Brecht auf Zuspruch von außen angewiesen ist. Was dagegen Brecht passiert, wenn Eisler ihm die Ermutigung versagt, schildert er so: Er habe Brecht in Amerika dringend davon abgeraten, das

Kommunistische Manifest in Hexametern zu formen, worauf Brecht die Arbeit allmählich aufgegeben habe. Jahre später dann, nach Brechts Tod, bedauerte Eisler, »Brecht von diesem Werk eher zurückgehalten zu haben, als ihn durch Zuspruch zu fördern«[14] und hielt seinen Rat von damals für einen schweren Fehler. Der große Verlust war nun nicht mehr zu korrigieren.

Nach der Abreise ihrer Eltern wendet sich Grete Steffin wieder mit einer Bitte an Knud Rasmussen. Sie will von jetzt an ihre Mutter unterstützen, denn sie hat erfahren, daß der Vater ihr nach wie vor zu wenig Geld für den Haushalt überlasse: »Crassus, hier ist die kleine Erzählung, von der ich schrieb. Ich selbst mag sie [...] seien Sie so gut und schreiben Sie rasch, was sie dazu meinen, ja? Ich möchte so gern viel schreiben, um Geld zu verdienen und dieses Geld an meine Mutter senden. Aber ich weiß natürlich nicht, ob es für Sie zu schwierig ist, so eine Art zu verkaufen. Es sind ja nur einige gewöhnliche Erzählungen.

Wie geht es Ihnen? Ich hoffe, daß es Ihnen gut geht? Bleibt es ruhig im alten Dänemark?«[15]

Ob es in Dänemark ruhig bleibt, ist die dringlichste Frage zur Jahreswende 1938/39. Nach der Annexion Österreichs und der Besetzung des Sudetenlandes ist die Okkupation Dänemarks nur noch eine Frage der Zeit. Der Brecht-Kreis muß sich nach anderen Ländern umsehen.

Gertrud Glondajewski berichtet von ihrem Treffen mit Steffin im Februar 1939 in Kopenhagen: *Im Februar 39 war absolut abzusehen, daß sie aus Dänemark rausmüssen. Das haben sie gesehen, und das haben wir gesehen. Gretl sprach davon, daß sie den Auszug aus Dänemark vorbereiten, und daß sie nach London gehn, wobei wohl Schweden noch nicht klar war um diese Zeit. Jedenfalls nach Norden, weil man da die wenigsten Schwierigkeiten hatte hinzukommen.*

Neben ihrer Andersen Nexö-Übersetzung ist Grete Steffin zu dieser Zeit mit der Herstellung und dem Versand von zwanzig Exemplaren des »Galilei«-Stückes beschäftigt und erkundigt sich bei Walter Benjamin: »ob GALILEI eine chance haben wird? ich meine ja, aber Brecht kann wenig von hier aus machen. es wäre so wichtig, daß er dies nest endlich verließe. ich predige dauernd: amerika! eine große frage: wie kam bloch hinüber? besuchsvisum oder einwanderungsvisum? wie lange wartet man? riskieren heute noch leute, auf besuchsvisum hinüberzufahren?«[16] Solche Fragen sind jetzt entscheidend, denn die politische Lage kurz vor dem Krieg bringt in vielen Ländern häufige Änderungen der ohnehin schwierigen Bestimmungen für die Aufnahme von Flüchtlingen mit sich.

Amerika mag ihr auch darum so verlockend erscheinen, weil von dort Nachrichten über einige Aufführungen von Brecht-Stücken kommen und man darüber hinaus an neuen Arbeiten interessiert ist. Im selben Brief erkundigt sie sich bei Benjamin nach Michail Kolzow, der im Dezember 1938 in Moskau wegen Spionage für Deutschland, England und Frankreich verhaftet worden war: »von Kolzow wußten wir nur ganz kurz über maria, sonst nichts. haben sie eine ahnung, was man ihm zur last legt? ist maria mit hineinverwickelt oder wie man das nennt? es wäre nett, wenn sie ausführlicher darüber schreiben würden, da das natürlich aus verschiedenen gründen sehr interessant ist.«[17]

»Sehr interessant« – ihre undeutliche Formulierung, scheint wie geschrieben für die begehrlichen Blicke der Geheimdienste und muß sie einige Überwindung gekostet haben. Denn natürlich ist es mehr als sehr interessant für sie, etwas über das Schicksal ihrer Freundin Maria und über die Umstände der Verhaftung Kolzows zu erfahren. Aber auch Benjamin kann ihre Fragen nicht beantworten. Er erkundigt sich in Paris bei Slatan Dudow und schreibt ihr: »Von Maria Kolzow wußte mir auch Dudow nichts zu berichten. Sie ist, wie Sie ja wohl wissen, noch in Paris.«[18]

An Maria Osten, die in Paris die westeuropäische Redaktion der Zeitschrift »Das Wort« leitet, hatte Brecht im Dezember 1938 geschrieben, er könne sich nicht vorstellen, was man Kolzow vorwerfe und sie um genauere Informationen gebeten. Zur selben Zeit entwirft er gemeinsam mit Steffin einen Brief an den Komintern-Vorsitzenden Georgi Dimitroff, in dem er ihm in vorsichtigen Worten vorschlägt, in Moskau eine Stelle einzurichten, die Auskünfte über das Schicksal von Verhafteten erteile, um Klarheit über die vielen umlaufenden Gerüchte zu schaffen. Aber er schickt den Brief an Dimitroff nicht ab.[19] Offenbar will er sich nicht dem Verdacht aussetzen, an den politischen Handlungen der Sowjetunion zu zweifeln. Am Vorabend des Zweiten Weltkrieges sitzt er, ebenso wie Grete Steffin, in der Klemme zwischen seiner klaren Haltung gegen das kriegsbereite deutsche Naziregime und seiner Loyalität gegenüber der Sowjetunion, die sich als antifaschistisches

Bollwerk versteht, gleichzeitig aber im Inneren des Landes einen Terror ausgelöst hat, dem zum Beispiel auch rund siebzig Prozent aller antifaschistischen deutschen Emigranten zum Opfer fallen. Die von kommunistischen Funktionären ausgegebene Propaganda lautet zu dieser Zeit, jede Kritik an Stalin nütze den Faschisten. Mehr noch, Kritiker in den eigenen Reihen, insbesondere die Trotzkisten, werden kurzerhand den Faschisten gleichgesetzt.

Während Brecht auf eine Intervention bei Georgi Dimitroff verzichtet, wird Maria Osten genau den umgekehrten Weg gehen und sich bei Dimitroff und bei ihrer Partei für die Freilassung Michail Kolzows einsetzen. Sie weiß nicht, daß einige ihrer Genossen sie bereits in die Kategorie der »Trotzkisten« eingeordnet haben. Maria Osten hatte als Reporterin von den Fronten des Spanischen Bürgerkriegs berichtet und Reportagen an Zeitschriften geschickt. Die Kämpfer der Internationalen Brigaden achteten sie deshalb, weil sie und die Fotografin Gerta Taro die einzigen Journalistinnen gewesen waren, die auch mit der Waffe in der Hand gekämpft hatten. Während des Bombardements von Barcelona hatte sie Ernst Busch bei der Herstellung seiner Schallplatten mit Liedern der Internationalen Brigaden geholfen, was Busch später zu dem Bekenntnis veranlaßte, ohne Marias Hilfe wären die Aufnahmen niemals zustande gekommen.[20] Auf dem II. Internationalen Schriftstellerkongreß zur Verteidigung der Kultur in Madrid hatte sie eine leidenschaftliche Rede gehalten. Aber ein geheimes Dossier über sie folgt militärischen Kriterien und der Stalinschen Ideologie. In einer Kurzcharakteristik über Maria Osten heißt es dort: »War in Spanien als Korrespondentin der DZZ [Deutsche Zentral-Zeitung], Moskau und der Wetschernaja Moskwa. Als Korrespondentin hatte sie Verbindung zu mehreren Kommandeuren, so mit General Walter, dem Journalisten Kolzow, und ferner gingen ihre Verbindungen bis zu dem Trotzkisten Rudolf Selke Ihre Tätigkeit in Spanien wurde sehr scharf kontrolliert.«[21]

Bald nachdem Michail Kolzow in Moskau verhaftet ist, wird Maria Osten Paris verlassen. Im Mai 1939 kehrt sie gegen den eindringlichen Rat ihrer Freunde in Frankreich, unter ihnen André Malraux, Lion Feuchtwanger und Hermann Kesten nach Moskau zurück, um sich dort dafür einzusetzen, daß Kolzow freigelassen wird. Hermann Kesten wertet ihren Entschluß als einen Opfergang, denn der Kampf um die Wahrheit ist zu dieser Zeit an diesem Ort lebensgefährlich. Selbst ihre Moskauer Kollegen, die in einer Atmosphäre der Furcht vor täglichen Verhaftungen leben und in der Regel mit dem NKWD zusammenarbeiten, können Marias Entscheidung nicht verstehen.

Hugo Huppert: *Maria Osten war eine freiwillig Kommende. Sie kam aus dem Ausland zurück, um zu zeigen, daß sie ein absolut reines Gewissen hat, was die Angelegenheit Kolzow und ihre Bekanntschaft und Feindschaft mit Hemingway[22] betrifft. Aber sie hatte die Furcht, daß man sie in der Sowjetunion vielleicht nicht als politisch absolut einwandfrei empfangen würde. Sie kam also mit diesem Gefühl, daß sie sich freiwillig in eine Gefahr begibt. Denn damals waren Verhaftungen bereits sehr häufig, auch ich selbst kam zum Handkuß, wenn auch wesentlich früher, bei mir lag das im Jahr 38/39. Aber sie kam freiwillig und setzte sich einer Gefahr aus, was keiner von uns verstehen konnte. Sie hatte ein spanisches Adoptivkind mitgebracht, ein Kind ohne Eltern, einen Knaben, und wohnte, wirtschaftete und hauste mit diesem aufwachsenden Knaben.*

Der russische Germanist Wladimir Koljazin, der 1997 die in Moskau geführten Akten über Maria Osten veröffentlichte[23], resümiert: *Die Bereitschaft zu opfern, war damals sehr hoch. Es war eine große Verblendung dabei, eine Blindheit könnte man sagen, und dazwischen steht auch etwas Verrücktes. Die Anpassungsfähigkeit von Maria Osten war meiner Meinung nach nicht besonders entwickelt. Sie war eine gläubige Kommunistin, aber sie hat einen Charakter gehabt.*

Richtiger wäre es wohl, von einer mangelnden Anpassungsbereitschaft Maria Ostens zu sprechen. Ihr Entschluß, nach Moskau zurückzukehren, wird sie das Leben kosten. Vorerst sucht sie den Kontakt zu ihrer Partei und zu Personen, die Zugang zu Stalin haben, unter anderem zu Dimitroff und Michail Apletin. Sie sollen Stalin ihre feste Überzeugung, Michail Kolzow sei kein Spion, nahebringen.

In Moskau arbeitet Maria Osten bei einem Filmstudio und für den Rundfunk, lebt mit ihrem spanischen Adoptivsohn und schreibt hin und wieder an Grete Steffin, Brecht und Ernst Busch über ihren zurückgezogenen Alltag und ihre literarischen Arbeiten, vor allem über ihren Roman »Kartoffelschnaps«, den sie in dieser Zeit beendet.

Brecht hatte sein Stück »Leben des Galilei« Anfang 1939 vorgelegt, in dem es mit Blick auf Deutschland um die Frage geht, ob und wie der Einzelne in finsterster Zeit seinen Kampf um Wahrheit und Vernunft dennoch fortsetzen kann. Ein Stück, das neben anderen Themen gerade auch die Frage der Anpassungsbereitschaft berührt.

In Skandinavien findet Brecht kein Theater, das sich an die Uraufführung wagt. Dennoch unternimmt Grete Steffin einen Versuch, den Kopenhagener Theateragenten Carl Strakosch davon zu überzeugen, »Leben des Galilei« in Skandinavien zu vertreiben. Politische Einsprüche, schreibt sie ihm, müßten kaum befürchtet werden, denn der »Galilei« sei »ein rein historisches Stück« und »seine Aktualität besteht nur darin, daß das Problem der freien Forschung behandelt wird. Es stellt keinen Angriff auf die Inquisition dar, da nach Ansicht des Verfassers die Inquisition des XVII. Jahrhunderts eine bei weitem liberalere und wissenschaftlichen Argumenten zugänglichere Institution war, als die ihr in gewissen zeitgenössischen Ländern entsprechenden Institutionen es sind.«[24] Mit dieser Argumentation gibt sie gegen ihren Willen preis, was sie verbergen will: die politische Brisanz des Stückes. Es gelingt ihr nicht, ihre Auffassung überzeugend genug zu verbergen, wahrscheinlich weil es gegen ihre Natur geht. Carl Strakosch wird den »Galilei« weder in seinen Vertrieb aufnehmen, noch wird das Stück von irgendeinem skandinavischen Theater angenommen. Jetzt, 1939, erscheint dieses Stück ihnen als politisch zu riskant. Erst 1943 wird es in Zürich uraufgeführt werden, wo es ein Rezensent keineswegs als »rein historisches Stück« versteht, sondern als »beängstigend zeitnah«[25] beschreibt.

Der Auszug der Brecht-Gruppe aus Dänemark erfolgt mit Ruth Berlaus Hilfe. Sie nutzt eine ihrer vielen in Spanien geschlossenen Freundschaften und benachrichtigt den schwedischen Reichstagsabgeordneten Georg Brantning, der dafür sorgt, daß die Visa- und Einreiseformalitäten der Brecht-Familie für Schweden beschleunigt bearbeitet werden. Kontakte nach Schweden gab es schon im Zusammenhang mit einer Aufführung der »Dreigroschenoper« und der »Gewehre der Frau Carrar«, die Hermann Greid in Stockholm inszeniert hatte. Eine weitere Inszenierung wird Curt Trepte herausbringen, Grete Steffins Bekannter aus der Berliner Zeit an der Piscatorbühne. Er arbeitet mit einer Laientruppe, die das Stück in mehreren Städten zeigen wird. Curt Trepte und andere nach Schweden emigrierte Theaterleute warten ungeduldig auf weitere Arbeiten von Brecht. Trepte kommentiert dazu einen Brief von Grete Steffin an ihn, die, wie so oft, einen Teil der Brechtschen Korrespondenz übernimmt:

Sie schrieb mir also am 7. Dezember 1938: »Heute bekam ich von Brecht einen ganzen Stapel alter Post zu erledigen und finde darunter auch einen Brief von Dir. Es wird sich herumgesprochen haben, daß Brecht kein Brief-Beantworter ist, aber trotzdem bittet er Dich zu entschuldigen, daß Du solange auf Antwort warten mußtest. Er schickt Grüße, ebenso Weigel. Carrar: *Natürlich würde sich Brecht freuen, wenn ihr das Stück öfter spielen könntet, bzw. würdet. Aber da der Dichter auch leben muß – und Brecht hat jetzt so gut wie keine Einnahmen – müßte er euch bitten, die üblichen Tantiemen an ihn abzuführen, wenn Einnahmen sind. Darüber hinaus wäre er Dir aber wirklich dankbar, wenn Du ihm über eventuelle Aufführungen schreiben könntest, evtl. auch Programme oder Plakate oder Presse schicken würdest.« – Das hat er alles bekommen, damals. – »Dann soll noch irgendeine Verrechnung zwischen euch ungeklärt sein, und ich höre, Du würdest gerne dafür die beiden erschienenen Bände der Gesammelten Werke haben wollen.« – Die im Malik Verlag rausgekommen waren, in Prag. – »Brecht würde sie Dir auch gerne schikken, nur muß er Dich bitten, noch etwas Geduld zu haben, denn die Bücher sind ja in Prag gedruckt worden, und es ist noch gar nicht sicher, ob sie nicht bald zum zweitenmal verbrannt werden. Brecht hat nur Handexemplare, die er nicht weggeben kann. Da aber Herzfelde schon in Genf ist, werden wir bald Bescheid bekommen, ob er von den gedruckten Exemplaren einige retten konnte, und ob man welche kriegen kann. Der Ladenpreis ist ja ungeheuer hoch.« – Na ja, wir wollten's natürlich haben, weil wir auch noch andere Sachen von ihm, also aus »Furcht und Elend« und so weiter machen wollten. Aber das ist ja erst später gedruckt worden. »Furcht und Elend« kam überhaupt erst in New York heraus, alle Szenen in einem Band. Es waren nur ein paar einzelne Einakter im »Wort« abgedruckt, »Die Rechtsfindung« zum Beispiel, »Der Spitzel«, die haben wir ja aufgeführt, beide. – »Wie geht es Dir sonst? Was machst Du und hörst Du von unseren Freunden? Wir bekommen scheußliche Briefe aus Prag und auch dieses Butterländchen fängt an, wenig sonnig auszusehen. Hast Du die ›Dreigroschenoper‹ jetzt gesehen, wie schaut das aus?*

Herzlichen Gruß,
Grete Steffin.«

Die vollständige Ausgabe von »Furcht und Elend«, die Trepte in Schweden hätte gebrauchen können, sollte im dritten Band der »Gesammelten Werke« erscheinen, zusammen mit dem »Galilei« und den »Svendborger Gedichten«. Nach der deutschen Besetzung des Sudetenlandes mußte Wieland Herzfelde bei seiner Flucht aus Prag den schon fertigen Drucksatz zurücklassen, so daß der dritte Band nicht mehr herauskommen kann. Unabhängig davon bringt Ruth Berlau die »Svendborger Gedichte« im Frühjahr 1939 in Kopenhagen als Einzelausgabe heraus.

Brecht und Weigel reisen am 22. April 1939 nach Schweden ab, während Grete Steffin in der Kopenhagener Druckerei noch mit Herstellungsfragen und dem Korrekturlesen für den Gedichtband zu tun hat. Außerdem wartet sie noch auf die schwedischen Einreisevisa der Kinder, die bei Kopenhagener Freunden untergebracht sind, geht mit Stefan häufig ins Kino und verkauft Möbel des Hausrats von Weigel und Brecht, die nicht nach Schweden mitgenommen werden.

Knud Rasmussen, der den Brecht-Kreis mit Wehmut davonziehen sieht und ihn vermissen wird, schickt an Grete Steffin als Abschiedsgeschenk einen teuren Kragen für ein Kleid. Er hätte gern ein Foto von ihr, das sie aber im Moment nicht finden kann, weil es »in einer unserer 34 Kisten«[26] verpackt ist. Auch Walter Benjamin bedauert den Auszug der Freunde aus Dänemark und schreibt einen melancholischen Brief an Steffin: »Die Schachpartien im Garten sind nun auch dahin.«[27]

Was hingegen auch von Schweden aus fortgesetzt werden soll, sind die Tabaksendungen, die sie ihren Briefen an Benjamin über all die Jahre beigelegt hatte. Nachdem der Zoll den Tabak einige Male beschlagnahmt hatte, glaubt Benjamin inzwischen die erfolgversprechendste Methode herausgefunden zu haben. Geöffnet würden in der Regel nur verschnürte Päckchen, schreibt er ihr, wogegen längliche Umschläge, die nur mit einer Klammer verschlossen waren, durchkommen würden: »Versuchen wir es doch noch ein Weilchen mit diesen letztern. Die Zeiten sind danach angetan, das Bedürfnis in einem wachzuhalten, sich hinter Tabakgewölk zurückzuziehen.«[28] Benjamin empfindet die politische Lage als trostlos und plant ebenso wie der Brecht-Kreis, nach Amerika zu übersiedeln, bevor in Europa der Krieg beginnt.

Grete Steffin reist am 7. Mai 1939 mit den Kindern von Kopenhagen nach Stockholm, wo Brecht und Weigel auf der Insel

Lidingö untergekommen sind. Steffins neue Wohnung tulevägen 11 liegt drei Minuten von Brecht entfernt. Das Frühjahr auf Lidingö gefällt ihr ausgesprochen gut: »das ganze quartier ist ein großer lichter tannenwald [...] es ist sehr angenehm.«[29]

Eine Woche nach ihrer Ankunft auf Lidingö sucht sie Kontakt zum Bermann-Fischer-Verlag, der ein Jahr zuvor von Wien nach Stockholm übersiedelt war.

Bermann-Fischer Stockholm, ein Teil des alten Berliner S. Fischer Verlages, bringt nicht nur deutsche Exilautoren heraus, sondern auch Übertragungen fremdsprachiger Schriftsteller ins Deutsche. Daher hätte Steffins neue Übersetzung, der Roman »Der verschwundene Oberregierungsrat« des dänischen Schriftstellers Hans Scherfig, durchaus ins Verlagsprogramm gepaßt: »ich habe mit bermanns lektor [...] gesprochen.«, teilt sie Knud Rasmussen mit, »aber er will den scherfig nicht bringen, zu radikal. auch nexös ERINNERUNGEN sind ihm zu radikal, was ich wirklich nicht verstehen kann. Was hören Sie die leute darüber sagen? ich habe ja nun auch die deutschen rechte für scherfig, ich will versuchen etwas unterzubringen, aber es *ist* schwer. der deutsche markt ist zu winzig.«[30] Eine Woche später scheint es dann besser auszusehen: »plötzlich ließ bermann-fischer bei mir nachfragen wegen des nexö-manuskripts, man muß wohl vorher sagen ›toi toi toi‹, aber vielleicht druckt er wirklich anläßlich des 70. geburtstags?«[31]

Und während sie auf genauere Äußerungen des Verlages wartet, fällt es ihr schwer, weiterzuarbeiten: »ich würde gern ein neues buch übersetzen, nebenbei. aber es ist so trostlos, das alles für die schublade zu machen.«[32]

Dennoch beginnt sie in Schweden noch einen weiteren Roman aus dem Dänischen zu übersetzen, »Die Fischer« von Hans Kirk. Kommunistische Autoren erscheinen indessen nicht im Programm des Bermann-Fischer-Verlages, daher fragt sie bei Wieland Herzfelde an, ob er interessiert sei.

Herzfelde ist inzwischen von London nach New York übergesiedelt und bemüht sich in den USA gerade um neues Startkapital für seinen Verlag. Er antwortet ihr: »Zu Deiner Frage wegen des Romans von Kirk kann ich im Augenblick wenig sagen. Sobald ich weiß, ob aus meinem Plan etwas wird oder sobald ich genügend Kapital aufgetrieben habe, um wieder mehr Malik Bücher herstellen zu können, komme ich darauf zurück. Jedenfalls notiere ich mir das Manuskript in der Liste unveröf-

fentlichter deutscher Manuskripte, die ich angelegt habe.«[33]
Herzfelde will erst mit der Buchproduktion beginnen, wenn
er deutschsprachige Abnehmer auch außerhalb der USA gefunden hat. Er denkt an die in alle Welt verstreuten deutschen Exilanten und plant, eine internationale Leserorgani-
sation aufzubauen. Herzfelde muß den »winzigen Markt« für
deutsche Bücher im Ausland, von dem Grete Steffin sprach,
zunächst einmal vergrößern, neue Leser interessieren, um
überhaupt mit der Produktion beginnen zu können.

Immerhin ist spätestens im Juli 1939 klar, daß die Übertragung von Andersen-Nexös »Erinnerungen« zwar nicht in
Stockholm, statt dessen aber in Moskau erscheint. Der Moskauer Verlag hatte inzwischen auch den vierten Band zur
Übersetzung bestellt: »schrieb ich Ihnen schon, daß nun alle
4 bände meiner (und Brechts) nexö-übersetzung in deutscher
sprache in moskau gedruckt werden (und bezahlt)? das ist
sehr angenehm. aber das geld kommt erst 1940 ...«[34]

Es wird immer dringlicher, Geld zum Überleben zu verdienen. Steffin überlegt, ihr Kinderstück »Die Geisteranna«
für Schweden umzuarbeiten, scheint aber zu wenig Zeit zu
finden, denn sie hat viel für Brecht zu tun. Knud Rasmussen
unternimmt von Dänemark aus das Seine, die Brecht-Gruppe
zu unterstützen, und beginnt im August 1939 mit einer Roh-
übersetzung der ersten Szenen des »Guten Menschen von
Sezuan« ins Dänische. Er will den Theatern das neue Stück
anbieten. Steffin macht ihn aber gleich darauf aufmerksam,
daß er in jedem Fall mit Überarbeitungen zu rechnen habe
und daß die chinesischen Namen der Stückfiguren noch
nicht stimmen: »ich treffe in der nächsten zeit eine dame, die
genau über china bescheid weiß, und die wird mir auch richtige namen nennen. die schicke ich Ihnen dann gleich.«[35]

Im Unterschied zum abgelegenen Skovsbostrand gibt es in
Stockholm eine vielschichtige Emigrantenszene, in die sich
Brecht nun einbringt. Er organisiert in seinem Haus eine Arbeitsgemeinschaft zu Fragen des Spanischen Bürgerkrieges,
die untersuchen soll, warum die republikanische Seite den
Krieg verloren hat. An diesen Gesprächsrunden beteiligen
sich auch Politiker und einige der zurückgekehrten Spanienkämpfer. Grete Steffin stenografiert diese Diskussionen und
übersetzt für die Arbeitsgemeinschaft aus einer russischen
Enzyklopädie. Ebenso stenografiert sie die Erzählungen des

Wiener Arztes Waldemar Goldschmidt, über dessen Erfahrungen im Ersten Weltkrieg Brecht ein Stück plant. Und auch sonst findet er in Stockholm die Art von Austausch und Geselligkeit, die ihm in Skovsbostrand gefehlt hatte. Unter den häufigen Gästen sind auch der aus Prag geflohene deutschsprachige Schauspieler Valter Taub und seine Frau Lucie Taubova.

VALTER TAUB: Wir waren jede Woche einmal da. Es gab so einen Tag in der Woche, ich weiß nicht mehr welcher, je einen bestimmten Tag in der Woche waren wir immer da. Manchmal kamen so fünf, sechs Leute. Arnold Ljungdahl war noch da, ein schwedischer Lyriker, und ein österreichischer Herr, der mir damals sehr alt vorkam. Woran ich mich erinnern kann ist das, woran ich aktiv beteiligt war. Das waren Dialoge, die wir gespielt haben, Brecht und ich, die von folgendem ausgingen. In der Zeitung stand: Hitler und Mussolini haben sich gestern getroffen. Das Gespräch dauerte ... wie halt solche diplomatischen Notizen aussehen. Und da hat jemand aus der Gesellschaft gefragt, worüber haben die wohl gesprochen?
Da hat der Brecht gesagt, das kann man ja genau herausbekommen. Man muß nur die politische Situation kennen, und dann muß man das Gespräch einfach ernst spielen. Und Brecht und ich haben, nachdem wir uns gesagt hatten, was die beiden zu der Zeit, als sie sich zu den Gesprächen hinsetzten, gewußt haben über die Situation, begonnen, diese Gespräche zu rekonstruieren. Ohne Versuch großer schauspielerischer Leistungen, mehr auf das Inhaltliche hin, auf das Sachliche.

LUCIE TAUBOVA: Du mußt aber auch sagen, daß Brecht sagte: Also Sie spielen den Mussolini, und ich spiele den Hitler.

VALTER TAUB: Ja. Und es hat sich dann nachher gezeigt, durch Zeitungsmeldungen, weil wir ja nicht umhin kamen, die Gespräche nicht nur retrospektiv zu führen, sondern auch perspektiv, also zu sagen, was jetzt geschehen müßte, es hat sich nachher gezeigt, daß wir richtig vorausgesagt haben. Nur einfach dadurch, daß wir vor Beginn des Gesprächs versucht haben, eine richtige Analyse der Zeit vorauszuschicken und mit den sehr begrenzten Kenntnissen, die wir hatten, aber in absoluter Logik das Gespräch weiter geführt haben.

Lucie Taubova: Und wir waren die Zuschauer. Ich kann mich genau erinnern, die Kinder waren schon im Bett. Wir saßen auf einer Bank, Steffin, Helli und ich, und die zwei saßen uns gegenüber, den Tisch in der Mitte, und haben diesen Dialog geführt. Sehr interessant. Und diese Dialoge sind dann zu einer Gewohnheit geworden, immer wenn wir bei ihnen waren.

Valter Taub: Es ging immer um die politische Aktualität und niemals darum, daß man jetzt gerne Rollen spielen möchte. Es ging darum, daß man durch Sich-Hineinleben in die Situation und durch logisches Weiterführen von Gedanken auch Dinge rekonstruieren kann, die man überhaupt nicht kennt. Im Vordergrund stand, politische Dinge aufzuklären, die man mit einer anderen Methode nicht feststellen kann.

Lucie Taubova: Ich weiß nur, daß das eines der interessantesten Gespräche zwischen ...

Valter Taub: ... zwischen Hitler und Mussolini war, bei dem du dabei warst.

Lucie Taubova: Nein. Die Methode hat sich natürlich Brecht ausgedacht. Das ist eine phantastische Methode. Daß zwei Schauspieler, die politisch so gebildet sind und auch eine politische Vergangenheit haben, eine Haltung, und dazu noch eine gewisse Intelligenz, daß die sich in diese zwei Gestalten einleben können.
Und die Grete war immer ganz im Hintergrund und doch hatte man das Gefühl, daß sie alles ordnete. Sie hat sich nie an Diskussionen beteiligt, aber sie war immer sehr wach. Wenn Brecht etwas wollte, dann sagte er es ihr, also wie seiner Sekretärin: Ich brauche das und das, kannst du das erledigen. Oder: Schreib dir mal auf, das und das. Da kam ihm plötzlich eine Idee, und das sollte also ...

Valter Taub: Oder: Wo ist denn das? Und sie wußte genau, wo es ist. Was er nicht wußte. An Helli hat er sich gar nicht gewandt mit solchen Fragen. An Helli hat er sich gewandt, wenn es um den Kaffee und um den Apfelstrudel ging, aber nicht, wenn es um literarische Arbeiten ging.

LUCIE TAUBOVA: Besonders um seine Arbeiten. Ich habe das Gefühl, daß Steffin sehr viel zu tun hatte mit Brecht, wenn er schrieb, daß sie dann auch etwas sagte. Sie war ja keine Sekretärin, sie war eine Mit-Denkerin.

VALTER TAUB: Na sicher, natürlich.

LUCIE TAUBOVA: Sie gehörte zur Familie, sie war ein Teil der Familie. Da war sie und da waren Helli und die zwei Kinder, das war eine Familie, die zusammenlebte. Aber sie hat sich nie in den Vordergrund gespielt, sie machte einen absolut zurückgezogenen Eindruck. Sie war sehr klug, scheu, zurückgezogen, hat wenig mitgesprochen in so erregten Diskussionen, die wir hatten.

VALTER TAUB: Ich würde nicht sagen, daß sie ohne eine sehr persönliche Ausstrahlung war. Sie hatte eine sehr starke persönliche Ausstrahlung, nur das, was man konventionell den erotischen Charme nennen würde, das hatte sie bestimmt auf den ersten Blick nicht. Aber es gibt so etwas wie einen direkten Weg vom Intellekt durch die Augen hindurch auf die Außenwelt. Und das hatte sie. Man sah in ihren Augen, was sich in ihrem Kopf abspielte, und das war interessant, das war ihr Reiz.

Mit dem deutschen Überfall auf Polen am 1. September 1939 stockt Brechts Arbeit an »Sezuan«. Grete Steffin kann Knud Rasmussen keine weiteren Szenen mehr zum Übersetzen schicken: »Brecht hat in diesen tagen nicht die rechte arbeitsfreude gehabt.«[36] Steffin weiß, daß sie sich mit Beginn des Krieges in Schweden sicherer fühlen kann als Rasmussen in Dänemark, meint aber, gerade unter diesen Umständen sollten sie miteinander in Verbindung bleiben. »wie ist die allgemeine stimmung jetzt in dänemark? hier gehört es nun zum guten ton deutschfeindlich zu sein. und ich muß sagen, man versteht es.«[37] In Frankreich wird Walter Benjamin inzwischen als feindlicher Ausländer behandelt und für drei Monate im Internierungslager Vernuche inhaftiert, so daß der Briefwechsel mit ihm unterbrochen ist.

Brecht beginnt ein Stück über den Krieg zu schreiben, das später ein Klassiker werden wird. In Steffins Kalender heißt es unter dem 27. September: »Brecht hat Mutter Courage angefangen« und am 3. November: »Courage fertig«.[38] Vom 5. bis 11. November: »b. hörspiel lucullus gemacht«.[39] Beides sind erste Fassungen, an deren Ausformung sie in der kommenden Zeit mitarbeiten wird.

Ende August kommt Ruth Berlau nach Lidingö, um hier ihren Urlaub zu verbringen. Diesmal kommt es zu einem heftigen Zusammenstoß zwischen beiden Frauen, wie man Steffins stenografischen Kalendernotizen entnehmen kann, in denen von »Schreien« die Rede ist. Vermutlich war Steffin davon ausgegangen, daß Brechts Verbindung zu Ruth Berlau mit dem Umzug nach Schweden beendet sein würde. Brecht versucht wie immer zu beschwichtigen und schreibt Gedichte an Grete Steffin. Inzwischen fallen sie weniger schlicht und eindimensional aus als diejenigen vom »Soldaten der Revolution«, die entstanden waren, nachdem es den ersten großen Krach zwischen ihm und Steffin wegen Ruth Berlau gegeben hatte. Im »Sonett Nr. 19« spricht Brecht vor allem über sich:

Nur eines möchte ich nicht: daß du mich fliehst.
Ich will dich hören, selbst wenn du nur klagst.
Denn wenn du taub wärst, braucht ich, was du sagst
Und wenn du stumm wärst, braucht ich, was du siehst

Und wenn du blind wärst, möchte ich dich doch sehn.
Du bist mir beigesellt, als meine Wacht:
Der lange Weg ist noch nicht halb verbracht
Bedenk das Dunkel, in dem wir noch stehn!

So gilt kein »Laß mich, denn ich bin verwundet!«
So gilt kein »Irgendwo« und nur ein »Hier«
Der Dienst wird nicht gestrichen, nur gestundet.

Du weißt es: wer gebraucht wird, ist nicht frei.
Ich aber brauche dich, wie's immer sei
Ich sage ich und könnt auch sagen wir.[40]

Wem also ist sie in diesem Sonett »beigesellt, als meine Wacht«? Einem »ich«, das ein »wir« braucht, und gleichzeitig beide deutlich voneinander getrennt halten muß. Es ist ein »wir«, das zugleich gespalten ist, denn einerseits will Brecht seine Autonomie bewahren und andererseits braucht er die Nähe seiner Geliebten.

Ähnliches findet sich ein halbes Jahr später in einem Schreiben an Ruth Berlau, die nach ihrem Urlaub wieder in Dänemark ist. Unmittelbar vor seiner Flucht nach Finnland fordert Brecht sie auf, fortan ihr Leben mit dem seinen zu verbinden: »... von jetzt ab warte ich auf Dich, wohin immer ich komme, und rechne immer mit Dir. Und ich rechne nicht wegen Dir auf Dein Kommen, sondern wegen mir, Ruth.«[41]

Offensichtlich zählt diese Abhängigkeit von Menschen seines Vertrauens zu den geistigen Stützpfeilern des Genies, das ohnehin ein risikoreiches Leben führt und besonders in Zeiten des Krieges auf Unterstützung und Nähe angewiesen ist. Grete Steffin aber ist von ihrer Eifersucht überwältigt und sieht zunächst nur sich selbst: »Ich will es nie vergessen, daß ich so lange einfach abgemeldet bin. Ich will es nie vergessen.«[42]

Wieder einmal denkt sie an Rückzug und Flucht. Bald darauf setzt sie einen Plan um, den sie bereits gefaßt hatte, bevor Ruth Berlau nach Lidingö gekommen war, der nun aber tatsächlich Züge einer Flucht offenbart, wie Brecht im »Sonett Nr. 19« befürchtet. Grete Steffin fährt am 20. November nach Kopenhagen. Sie hatte sich schon seit einiger Zeit vorgenommen, sich im Krankenhaus den Blinddarm herausnehmen zu lassen, da sie hin und wieder Blinddarmschmerzen verspürt. In Schweden hätte sie diese Operation bezahlen müssen, in Kopenhagen wird sie als dänische Staatsbürgerin kostenlos behandelt.

Bevor sie ins Krankenhaus geht, besucht sie ihre Freunde in Kopenhagen und macht einen Ausflug nach Stenlöse zu Martin Andersen Nexö.

Nach einer Untersuchung im Kopenhagener Öresund Hospital erhält sie den erfreulichen Befund, daß ihre Ohren-Tuberkulose vollkommen ausgeheilt sei. Sie ist erleichtert und in guter Stimmung, als sie am 1. Dezember zur Blinddarmoperation ins Bispebjerg Hospital einzieht und schreibt an Knud Rasmussen: »Ich liege mit zwei Krankenschwestern zusammen, die eine ist richtig nett, die andere so eine ›gebildete Kopenhagenerin‹, die Tag und Nacht erzählt, so daß man im Bett zittert. Sie ist so geputzt, so fein, wie nur ein unverbesserlicher Idiot sein kann, liegt stets in voller ›Kriegsbemalung‹ im Bett, wenn der Rundgang erfolgt, bis alle Ärzte durchgegangen sind.«[43] Steffin hat eine Abneigung gegen Frauenschmuck. Ihr fehle leider die Würde der Naiven und auch die Gefallsucht der Unverbildeten: Als Steffin die ersten Nachrichten vom Ausbruch des russisch-finnischen Winterkrieges erhält, beginnt sich ihr altes Mißtrauen gegen Zeitungen wieder zu regen. Daher bittet sie Rasmussen, von dem sie weiß, daß er als Journalist über zahlreiche Nachrichtenquellen verfügt: »... die Situation hat sich etwas verändert, seit ich aus Stockholm abreiste. Alle meine Freunde schreiben, daß man das friedliche Schweden nicht wieder erkennen würde. Crassus, würden Sie mir den großen Dienst erweisen, stets mehr über das zu schreiben, was nicht in die Zeitung kommt?«[44]

Rasmussen erfüllt ihre Bitte und schickt ihr außerdem noch verschiedene Zeitungen, Zeitungsausschnitte, Bücher und Blumen ins Hospital. Vor der Operation muß noch untersucht werden, ob Komplikationen mit ihrer Tuberkulose auftreten könnten. In dieser Zeit besuchen sie ihr Ehemann Sven Jensen Juul und andere Freunde. Auch Ruth Berlau kommt zu Besuch ins Krankenhaus und bringt ihr Obst und gutes Essen, weil sie zu Recht davon ausgeht, daß man dem drohenden Gewichtsverlust nach der Operation vorbeugen müsse. Die Operation am 18. Dezember verläuft gut, nur stellt sich hinterher eine Influenza ein, so daß Grete Steffin lange Zeit geschwächt ist und sich länger als geplant im Krankenhaus aufhalten muß. Brecht beauftragt von Schweden aus Freunde in Kopenhagen, ihr zu Weihnachten ein Tannenbäumchen zu bringen, schickt Geschenke und ein neues Gedicht. Er ist äußerst besorgt, weil Steffin ihn nur selten über ihren Gesundheitszustand unterrichtet. Meist muß er sich bei anderen erkundigen, denen sie mitgeteilt hat, wie sie mit ihrem Fieber und dem starken Gewichtsverlust nach der Operation zurechtkommt. Wenn sie ihm einmal schreibt, dann in einer solchen Tonlage, daß er ihr antwortet, er finde »so überlegene und ironische Briefe in so feindlicher Haltung wie den vorletzten nicht schön.«[45] Steffins Briefe aus dieser Zeit sind nicht erhalten. Sollte sie ihm tatsächlich Derartiges geschrieben haben, dann hat sie eine Umgangsform gewählt, von der sie weiß, daß Brecht sie fürchtet und vermeiden will. Offenbar nutzt sie ihre Abwesenheit, um ihm bewußt zu machen, wie sehr er auf sie angewiesen ist, und daß dieses Angewiesensein von anderer Qualität ist als dasjenige, das ihn mit Ruth Berlau verbindet. Brechts Briefe aus dieser Zeit, voller Unruhe, belegen jedenfalls, daß Steffin mit ihrer Taktik nicht ganz erfolglos ist.

Grete Steffin kann das Hospital erst um den 12. Januar 1940 herum verlassen. Martin Andersen Nexö holt sie mit dem Auto ab, und sie verbringt ein paar Tage bei ihm in Stenlöse. Für eine Fahrt zu Knud Rasmussen nach Odense, den sie gern getroffen hätte, fühlt sie sich noch zu schwach. Nach ihrer Abreise aus Dänemark verbringt sie noch einige Tage in Stockholm, bevor sie Anfang Februar auf die Insel Lidingö zurückkehrt.

Brecht hatte sich während ihrer Abwesenheit beim Bermann-Fischer-Verlag um die Übersetzungsarbeit eines Dramas oder eines Romans des schwedischen Autors Pär Lagerkvist für Grete Steffin bemüht. Dazu scheint es nicht mehr gekommen zu sein. Indessen hofft sie mit einem anderen Auftrag Geld zu verdienen: »Ich soll (zusammen mit B.) 20 schwedische Gedichte für eine Zeitschrift in Basel übersetzen.«[46] Diese Arbeit beginnt sie bereits ohne Genehmigung der schwedischen Behörden, denn die lehnen ihren Antrag auf Aufenthalts- und Arbeitserlaubnis am 6. Februar 1940 ab.[47] Daraufhin schickt ihr Knud Rasmussen einen Auftrag seiner Zeitungsredaktion. Er bestellt bei Steffin monatliche Film- und Theaterkritiken aus Stockholm.

Brechts Aufenthaltsgenehmigung wird nicht verlängert, und auch sonst häufen sich die Anzeichen eines starken politischen Drucks seitens Deutschlands auf die skandinavischen Staaten.

Ende März erkundigt sich Grete Steffin bei Knud Rasmussen, ob Dänemark schon ein deutsches Protektorat sei.

In Schweden werden ein Drittel aller kommunistischen Emigranten in Internierungslager eingesperrt, und bei Brecht und Steffin finden Haussuchungen statt. Als die deutsche Wehrmacht dann am 9. April 1940 Dänemark okkupiert und in Norwegen landet, fühlt sich Brecht in Schweden nicht mehr sicher.

Lucie Taubova: Wir waren sehr befreundet, und am Tag als die Nachricht kam, die Deutschen haben Norwegen überfallen, in Norwegen wurde ja gekämpft, da kam Brecht aus Lidingö in die Stadt, nach Stockholm, zu uns in die Wohnung, furchtbar aufgeregt und sagte: Wir müssen weg. Und dann gab's große

Diskussionen, wir machten das Radio an und hörten, was los war. Wir haben ihm gesagt, daß wir nicht weggehen. Und er sagte: Die Nazis kommen hierher, und ich geh' jedenfalls in kein Konzentrationslager. Und: Für Sie ist die Situation ebenso, wir müssen weg. Wir haben gesagt: Wir gehen nicht weg, für uns ist es wichtig zu bleiben. Da sagte Brecht: Ich werde keinen Helden spielen, ich gehe. Es ist besser einen Brecht draußen zu haben als im Konzentrationslager. Und sie haben sehr rasch gepackt. Es hat zwei oder drei Tage gedauert.

Valter Taub: Er hat uns dann sagen lassen, wir sollten doch rauskommen, nach Lidingö. Wir kamen noch am Abend bevor sie wegfuhren, und da wurde noch gepackt. Ich hab noch ein Buch bekommen mit einer Widmung: Für Freund Valter Taub. Es war der 16. April 1940, da waren wir das letzte Mal bei ihm.

Brecht kann einen anderen Schauspieler überzeugen, gemeinsam mit ihm nach Finnland zu fliehen. Am 17. April besteigt Hermann Greid gemeinsam mit der Brechtfamilie und Grete Steffin das Schiff von Stockholm nach Turku. Am nächsten Tag kommen sie in Helsinki an.

Margarete Steffin auf Lidingö, August 1939.

Brecht und Margarete Steffin auf Lidingö, Sommer 1939.

Lidingö, Sommer 1939. Von l.: Bertolt Brecht, Martin Andersen Nexö, dessen Tochter, Margarete Steffin, Frau Andersen Nexö.

HOTEL AMAGER
PENSION WESTERGAARD
∞
AMAGERBROGADE 29¹
TELF. AMAGER 8230
TELGR.ADR. WESNA
∞

København S., d. 25.I.1940

Kære Crassus, tak for de 6 minutter! Det var rart, at høre Deres stemme igen, men i begyndelsen syntes jeg, den lød lidt trist. Hvorfor det? De vagde næsten kun undtagelsesord!!

Maaske er De alligevel lidt ved og tror, jeg kunde godt komme derhen. Men jeg tør ikke. Dette tilbagefald til mit gode influenza gjorde mig endnu mere bange. Jeg vilde ikke være til nogen nytte. Jeg er ogsaa bange for rejsen til Stokholm, derfor udsætter jeg den dag for dag — og jeg glæder mig dog saa meget til at se Dem igen deroppe.

I dag har jeg Deres 3 bøger sendt

Brief in dänischer Sprache von Margarete Steffin an Crassus
(Knud Rasmussen), Kopenhagen, 25. Januar 1940.

Warten auf die Visastempel

Nach einigen Tagen Aufenthalt im Hotel Hospiz von Helsinki schreibt Grete Steffin aus ihrem nächsten Domizil im Stadtbezirk Tölö an Knud Rasmussen: »Wir haben es richtig gut, sind in eine 4-Zimmer-Wohnung gezogen, die Kinder wohnen in einem Zimmer zusammen, und wir anderen haben jeder eins für sich. Die Wohnung war unmöbliert, aber wir bekamen schöne Dinge geliehen und das Arbeitszimmer ist selbstverständlich das schönste von allen.«[1] Sie ist noch müde und benommen und denkt voller Melancholie an die zurückgebliebenen Freunde in Schweden und Dänemark. Sie weiß, daß sie zur Sentimentalität neigt und bekennt sich auch dazu. Nach den Anstrengungen und Aufregungen um den überstürzten Umzug in ein weiteres fremdes Land fühlt sie sich wie eine alte Frau, die man doch besser an dem Platz lassen solle, an dem sie sich befindet. Das aber ist unmöglich.

Es bleibt ihnen nichts anderes übrig als auch dieses Land bald wieder zu verlassen. Nachdem der Fluchtweg Richtung Westen durch Seeblockaden versperrt ist, erkundigt sie sich bei Ninnan Santesson, der Stockholmer Gastgeberin der Brechtgruppe, nach einer der letzten verbliebenen Möglichkeiten, die ein eisfreier Hafen an der finnischen Barentsee eröffnet: »Hast Du von der neuen Amerika-Linie gehört, von Petsamo aus? Es soll regelmäßig zwei Mal pro Monat verkehren und jedes Mal nimmt das Schiff (es ist ein Frachtschiff) etwa 14 Personen mit. Es kostet 118 Dollar pro Person. Das ist nicht so viel, die andere Route um den ganzen Erdball könnte man sich nicht vorstellen, und wer sollte soviel Geld bezahlen können. [...] Besonders Helli will ja so schnell wie möglich nach Amerika. Auch ich übrigens.«[2]

Eine Woche später, am 10. Mai 1940, bricht Steffin einen Brief an Ninnan Santesson ab, weil ihr alle Lust am Schreiben vergangen ist, nachdem sie im Radio gerade die Nachrichten vom deutschen Frankreich-Feldzug gehört hat. Ende Juni fällt dann auch die Petsamo-Passage aus, da die Stadt inzwischen von deutschen Truppen kontrolliert wird. Jetzt bleibt tatsächlich nur noch die Route nach Osten um den ganzen Erdball, um nach Amerika zu kommen, also die Fahrt über Moskau und Wladiwostok nach Los Angeles. Zuvor aber müßten erst einmal die amerikanischen Einreisevisa eintreffen und die lassen auf sich warten.

Brecht und seine Familie hatten im März 1939 einen Antrag zum Aufenthalt in den USA über das Quotenkontingent gestellt, aber noch keine Genehmigung erhalten. Es scheint einfacher, die Einreise über ein Besuchervisum mit Arbeitsnachweis zu erreichen. Erwin Piscator veranlaßt in New York, daß Brecht einen Lehrauftrag erhält, um Vorlesungen an der New School for Social Research zu halten. Brecht antwortet ihm, das Institut müsse sich beim amerikanischen Konsul in Helsinki auch für ein Visum für Grete Steffin einsetzen, da er sie bei der Arbeit brauche und tatsächlich nur sie seine Tausende von Manuskriptblättern überblicke: »Ich kann sie ja unmöglich einfach zurücklassen. Sie ist seit zehn Jahren meine engste Mitarbeiterin und steht mir menschlich viel zu nahe.«[3] Grete Steffin könnte ohnehin nur ein Besuchervisum bekommen, da sie wegen ihrer Lungentuberkulose kein dauerhaftes Aufenthaltsvisum für die USA erhält. Aber der amerikanische Konsul in Helsinki zeigt kein Verständnis für Brechts Anliegen. Steffin teilt Ninnan Santesson mit: »... Brecht erhielt eine Professur in New York, und der Konsul erkennt das an. Nur mit mir macht er ziemliche Schwierigkeiten, er kann nicht einsehen, daß Br. auch seine Mitarbeiterin mithaben will. Aber das wird schon. Wenn nur die anderen sich meinetwegen nicht aufhalten lassen.«[4]

Anfang Juli 1940 erweist sich die Einladung der finnischen Dramatikerin und Politikerin Hella Wuolijoki, den Sommer auf ihrem Landgut Marlebäck in der Kommune Kausala nördlich von Helsinki zu verbringen, besonders für Grete Steffin als ein Glücksfall. Hier kann sie sich noch einmal ein Vierteljahr lang mit Vitaminen versorgen, was in Helsinki gar nicht möglich war. Denn neben der allgemeinen Lebensmittelknappheit nach dem russisch-finnischen Winterkrieg 1939/40 waren auch einige Obsternten ausgefallen, so daß ihr die dringend notwendige vitaminreiche Nahrung gefehlt hatte: »In der Stadt sind Beeren und Pilze so schrecklich teuer, aber auf dem Land können wir so viele haben, wie wir nur wollen, selber suchen. Kostet nichts. Auch ein großer Gemüsegarten ist da, da holt man, was man braucht. Ich kenne aber die Gemüsesorten nur von unten, nicht von oben und muß immer eine Probe ausziehen, ehe ich weiß, was ich vor mir habe.«[5], schreibt sie an Ninnan Santesson.

Ruth Berlau ist auch mit nach Marlebäck gefahren. Sie war bald nach der deutschen Besetzung Dänemarks zu Brecht nach Finnland gekommen und gerät nun in einige Turbulenzen mit Hella Wuolijoki, die Schwierigkeiten hat, Brechts Lebensweise mit den drei Frauen zu akzeptieren. Sie verweist Ruth Berlau ihres Hauses, worauf Berlau kurz entschlossen ihr Zelt im Garten aufschlägt, um in Brechts Nähe zu sein.

In der folgenden Zeit hält Hella Wuolijoki ihr Hausverbot dann aber doch nicht aufrecht, und auch Ruth Berlau ist bei den abendlichen Gesprächsrunden im Gutshaus von Marlebäck dabei, wie sich ihre Tochter Vappu Tuomioja erinnert: *An diesen Abenden, die wir hatten, nach der Sauna und mit dem Kaffee, den Helli kochte, fing Brecht an, ein Ein-Mann-Theater zu spielen. Er spielte uns diese Opern- und Filmstars vor und die Tänzerin Tilly Lösch und Piscator, das war sehr komisch, das war wunderbar. Und bei allen Diskussionen, die wir hatten, alles, was sie stritten und so – Helli hat manchmal ein Wort dazwischen gesagt, aber Grete Steffin kein Wort. Sie war sehr freundlich, sehr, und sie war da, aber sie war nicht da, denn sie saß in einer Ecke und schrieb und schrieb. Und wir alle schrieen und zankten uns und sagten alles.*

Helli hat ja die Hausarbeit gemacht, auch auf dem Lande. Und die Grete hatte wirklich keine Zeit für den Haushalt. Entweder saß sie in einer Ecke mit einem Block und Bleistift und schrieb die ganze Zeit die Gespräche zwischen Hella Wuolijoki und Brecht mit, machte Notizen darüber. Sie hat furchtbar viel gearbeitet, und ich glaube, alles was sie sagte, was man tun sollte, oder ihre Meinungen, das hat Brecht sehr gut aufgenommen. Mit der Grete hat er viel gearbeitet.

Hella Wuolijoki ist eine wundervolle Erzählerin, deren Geschichten Grete Steffin stenogafiert wie schon in Dänemark die Geschichten, die Karin Michaelis erzählt hatte. Wuolijokis Erzählungen über ihren Onkel Roope, das Urbild des *Puntila*, sind weitaus farbiger und facettenreicher als das, was sich davon in ihrem eigenen Theaterstück »Die Sägemehlprinzessin« wiederfindet, und so entschließt sich Brecht, den Stoff zu bearbeiten. Grete Steffin überträgt die »Sägemehlprinzessin« zunächst mit Hella Wuolijoki ins Deutsche. Anschließend entsteht über mehrere Stufen und Fassungen das Volksstück »Herr Puntila und sein Knecht Matti«. Und während der »Puntila« zu einem bekannten und oft gespielten Stück auf den Bühnen der Welt wird, ist ein anderes wesentliches Resultat der gemeinsamen Arbeit von Wuolijoki, Brecht und Steffin bis heute weitgehend unbekannt geblieben. Es ist die deutsche Nachdichtung des langen estnischen Poems »Soja laul«, die erst 1984 nach einer verdienstvollen Initiative von Hans Peter Neureuter unter dem Titel »Das Estnische Kriegslied« veröffentlicht wird. Der Sommer in Marlebäck ist eine äußerst produktive Zeit.[6] Für Hella Wuolijoki war Grete Steffin »nicht nur eine Sekretärin, die die deutsche Sprache wie ein Dichter beherrschte, sie war ein wirklicher Mitarbeiter, mit dem man sich [...] beraten konnte.«[7]

Ihre Tochter Vappu Tuomioja erinnert sich: *Grete war aber eben auch sehr krank als sie hier war. Jemand wollte ein Kind herschicken und dann hat die Dienerin angerufen und gesagt, um Gottes Willen, schicken Sie das Kind nicht hierher, wir haben einen vollkommen kranken, lungenkranken Menschen hier. Und Hella sagte, ach nein, sie ist gar nicht krank, weil Hella das Kind haben wollte. Aber das war ja vor der Abfahrt nach Amerika. Brechts haben ja ein Visum bekommen, aber nicht Grete. Und da haben sie auf Grete gewartet, denn Brecht wollte ohne sie nicht fahren. Brecht kümmerte sich wirklich um ihre Gesundheit, wie er sich um wichtigere Dinge überhaupt nicht kümmerte, er war ständig besorgt um die Grete. Das war in Marlebäck. Und dann, als sie nach Helsinki zurückfuhren, hatte sie eine kleine Wohnung und hat hier bei uns gewohnt. Sie ist am Morgen zu Brecht gegangen und am Abend zurückgekommen oder nicht zurückgekommen.*

Am 5. Oktober 1940 reist die Sommergesellschaft aus Marlebäck ab und kehrt nach Helsinki zurück. Während Brecht und seine Familie diesmal eine kleine Wohnung im Hafenviertel beziehen, wohnt Grete Steffin bei Hella Wuolijoki in der Merikatu 7A. Ihre Wohnung in der vierten Etage liegt unmittelbar neben der Stadtwohnung von Wuolijoki und bietet einen Ausblick auf den Hafen und das Meer. Hier nun werden die in Marlebäck begonnen Arbeiten fortgeführt. Hans Peter Neureuter schreibt über diese Zeit: »Nachdem Brecht den Puntila am 19. 9. 1940 abgeschlossen hatte, und während Hella Wuolijoki seinen Puntilatext noch ins Finnische übertrug, ergab sich eine weitere Arbeit zu dritt, die Übertragung und Bearbeitung des japanischen Stücks »Okichi. Die Judith von Shimoda«, deren Beginn Brechts Journal am 25. 9. meldet. Erst nach der Rückkehr in die Hauptstadt, während Margarete Steffin bei Hella Wuolijoki wohnte und dafür auch als ihre Sekretärin tätig war, haben die beiden Frauen, wohl im November, mit der Arbeit am »Estnischen Kriegslied« begonnen. In dieser Zeit zwischen Oktober 1940 und Mai 1941 schrieb Margarete Steffin die Reinschrift des »Puntila«, des »Guten Menschen von Sezuan«, des »Arturo Ui«, die Steffinische Sammlung von Brechts Gedichten, und sie übersetzte mit Hella Wuolijoki deren Stück »Die junge Wirtin von Niskavuori« und Teile der finnischen »Puntila«-Fassung ins Deutsche. Anfang Dezember brach die vom Tode sichtbar gezeichnete Frau zusammen. Ihre offene Tuberkulose meldete sich mit einem Fieberanfall, der Arzt verbot ihr das Schreiben.«[8]

Der Fieberanfall Anfang Dezember 1940 ist ein Rückfall nach einer Influenza von Mitte November. Grete Steffin hatte schon am 18. November an Knud Rasmussen berichtet: »39,1 Temperatur [...] ich fühle mich elendig.«[9] Der Rückfall Anfang Dezember steht nun ganz offensichtlich im Zusammenhang mit einem Ereignis vom 29. November. An diesem Tag waren die gleichzeitig mit den amerikanischen Einreisevisa beantragten mexikanischen Visa für die Familie Brecht eingetroffen, nicht aber ein Visum für Grete Steffin.

Für sie ist das eine niederschmetternde Nachricht. Brecht telegrafiert noch am selben Tag wegen ihres Visums an den nach Mexiko emigrierten Schriftsteller Gustav Regler.[10] Einen Tag später schreibt Steffin an Elisabeth Hauptmann nach USA: »... ich bin kolossal pessimistisch und ängstlich geworden, wenn so was nicht auf einmal klappt – ob es dann später klappt?«[11] Helene Weigel informiert Ninnan Santesson in Stockholm: »Wir wollen uns jetzt wirklich auf den Weg machen, und zwar mit Grete, und sind auf den Gedanken gekommen, ob sie nicht ein Haiti'sches Visum bekommen könnte [...].«

Weigel bittet Ninnan Santesson, sich auf dem Stockholmer Konsulat von Haiti dafür einzusetzen, denn nun erwägen sie die folgende Möglichkeit: »Die Sache wäre dann so, daß Grete mit uns die Reise über Wladiwostok-Jokohama, Sankt Franzisko bis Mexiko machen würde und dann allein nach Haiti weiterfahren würde, falls nicht inzwischen ihr mexikanisches Visum gekommen ist.«[12] Wenige Tage später, Anfang Dezember 1940, erleidet Steffin ihren Fieberanfall: »... rückfall nach infl. ich liege wach, bin ganz auf den hund gekommen.«[13]

Brecht verfolgt neben der Haiti-Möglichkeit nach wie vor die USA-Variante und korrespondiert mit verschiedenen Leuten, um die Einreisevisa und ein Besuchervisum für Steffin nach den USA zu bekommen. Er rechnet wohl damit, daß die amerikanischen Visen, da schon seit langem beantragt, schneller eintreffen würden als das eben erst angemeldete haitianische. Zur selben Zeit wendet sich Lion Feuchtwanger, dem es gelungen war, aus einem französischen Internierungslager zu fliehen und über Lissabon nach New York zu entkommen, an Brecht: »Etwas sehr Wichtiges, lieber Brecht. Wenn sich Schwierigkeiten ergeben sollten in Bezug auf das Mitnehmen Ihrer Leute, dann, bitte, folgen Sie der Vernunft. Zögern Sie nicht, allein zu fahren. Ich habe mehrmals die Erfahrung machen müssen, daß Familien nicht wegkamen, weil sie wie die Kletten zusammenhingen, während es dem Einzelnen gelang, durchzukommen und seine Familie nachzuholen.«[14] In einem Nachsatz teilt er außerdem noch mit, er habe soeben erfahren, William Dieterle habe die notwendigen Bürgschaften (Affidavits) für die Brecht-Gruppe übernommen. Es ist der Schauspieler Wilhelm Dieterle, der 1919 als Solosprecher in Albert Floraths Berliner Inszenierungen die proletarische Sprechchor-Bewegung mitbegründet hatte und inzwischen als Filmregisseur in Hollywood arbeitet. Feuchtwanger rechnet damit, daß die Genehmigung des Besuchervisums für USA bald eintreffen werde, »dennoch würde ich raten, das mexikanische Visum unter allen Umständen auszunutzen und sobald wie möglich zu fahren.«[15]

Brecht, Weigel und Steffin sprechen über die Variante einer getrennten Reise. Vernünftiges Handeln, wie Feuchtwanger es fordert, ist angeraten, aber in Zeiten des Krieges kommt die Vernunft an ihre Grenzen. Ein- und Ausreisebestimmungen, Quotenregelungen und Verkehrsverbindungen können sich täglich ändern, ebenso schnell wie die militärische Lage. Und was bedeutet ein Aufenthalt in den USA, wenn auch dieses Land in den Krieg eintreten sollte? Werden die deutschen Flüchtlinge dann ebenso in Internierungslager gesperrt wie in anderen Ländern? Solche Fragen werden nun besprochen. Grete Steffin plädiert für eine getrennte Reise. Brecht lehnt das ab, er will sie nicht allein zurücklassen, hat aber auch seine Familie in Sicherheit zu bringen.

Fünf Monate später, im April 1941, ist Steffins Visum immer noch nicht eingetroffen, und Brecht teilt der finnischen Schriftstellerin Hagar Olsson mit: »Ich glaube, Sie können sich vor-stellen, was es bedeutet, befürchten zu müssen, daß man einen Menschen, mit dem man sich auf den langen Weg der Emi-gration gemacht hat, allein und wer weiß, ob nicht für immer, zurücklassen muß – sich selber rettend. Diese Sache ist immer noch nicht geordnet.«[16]

Über Brechts Verbindung mit Hagar Olsson ist wenig be-kannt, aber es scheint kein Zufall, daß er gerade ihr seinen Konflikt so offen darlegt. Gewöhnlich spricht er nicht über Persönliches, bei Hagar Olsson ist das anders. Offenbar sieht er in ihr einen verständigen Menschen und kann sich darauf verlassen, daß sie Steffin erkannt hat, die wegen ihrer zurück-haltenden Art oft übersehen wird. In Olssons Nachlaß jeden-falls findet sich eine Aufzeichnung im Zusammenhang mit der Entstehung des »Puntila«, die genau das zum Inhalt hat: »Allerdings brauchte er [Brecht] Mitarbeiter und bediente sich ihrer in hohem Maß (nicht alle Theaterautoren haben diese Möglichkeit, aber sie sollten es sich wünschen), und an erster Stelle dieser Mitarbeiter stand eben jene Margarethe Steffin, eine bemerkenswerte Persönlichkeit und einzigartige Sprach-kennerin, die sich hinter der anspruchslosen Bezeichnung Se-kretärin verbarg. [...] für mich ragt sie hervor, sowohl durch ihren Einsatz als auch durch ihr tragisches Schicksal.«[17]

Grete Steffin hatte im Oktober 1940 neben ihrer Arbeit für Brecht und Wuolijoki auch noch andere Übertragungen an-gefertigt: »Ich habe einiges aus dem Schwedischen übersetzt, mit Hilfe einer schwedischen Autorin; es ging wunderbar. Das Stück wurde heute fertig. Darum war ich so beschäftigt.«[18] Sie scheint Brechts Devise »Arbeit ist die beste Droge«[19] übernom-men zu haben, Gründe dafür gibt es mehr als genug.

Ihr Leben ist nicht nur von dem ausbleibenden Visum be-drängt: Finnland steuert auf ein Kriegsbündnis mit Deutsch-land zu, Seeblockaden schränken die Bewegungsfreiheit der Flüchtlinge ein, im November 1940 wird ihr Briefwechsel mit Elisabeth Hauptmann, in dem es auch um Visafragen geht, wochenlang von der englischen Postzensur aufgehalten und schließlich reißen die deutschen Siegesmeldungen nicht mehr ab. All das bestärkt ihre Skepsis, die geplante Flucht aus Europa überhaupt noch antreten zu können: »ich habe nicht glauben wollen, daß es immer noch ärger werden kann, dann kann es also.«[20]

Die Droge Arbeit kann sie von ihren Ängsten ablenken. In ihren Fieber-Halluzinationen während der Krankheitsperiode zur Jahreswende 1940/41 mischt sich die Arbeit denn auch in ihre Träume, aber hier lassen sich die Zweifel nun nicht mehr verdrängen. In ihren Träumen kollidieren die Ziele und Intentionen der Arbeit mit der politischen Lage. Der ungute Zustand der Welt und Brechts Utopie eines eingreifenden Theaters erscheinen ihr unvereinbar. In einem Traum, den sie aufschreibt und Brecht zum Geburtstag im Februar 1941 schenkt, sieht sie sich auf einem Fieberschiff schwimmen. Sie will das Schiff so schnell wie möglich wieder verlassen, wird aber von Wächtern daran gehindert. Erst soll sie eine Frage beantworten, sagen die Wächter und führen sie in den Bauch des Schiffes: »Auf langen Wartebänken sehe ich durch einen Nebel Menschen, viele. Männer und Frauen. Ich frage einen Wächter: Wer sind sie? Er sagt, mit einem Gemisch aus Ehrerbietung und Verachtung: Schauspieler! Und was wollen sie von mir? *Die Rolle!*

Ihre gierigen Augen fressen an mir. Ihre Stimmen sind heiser vor Aufregung. Sag uns, welches *die* Rolle ist, dann kannst du gehen.«[21] Sie zählt ihnen die Rollen vieler Brecht-Stücke auf, eine nach der anderen, aber die Schauspieler sind nicht zufrieden. Sie solle das *Stück* nennen, das ihr das liebste ist. »und plötzlich scheint mir, ich sehe hinter einen halbhohen Leinenvorhang. Einen, den ich doch aus den Berliner Theatern kenne, aber ich weiß, hier ist keine Bühne. Darf ich dahinter sehen? frage ich. Und wenn ich nie mehr vom Schiff dürfte, ich weiß, ich muß dahinter schauen! Wohinter, sagen sie. Da ist nichts. Hinter den Vorhang, sag ich. Vorhang? Wir haben keinen. Den dort! Geh schon, da!

Nur einen kleinen Spalt weit nehme ich ihn auseinander, nur einen Moment habe ich hingesehen und doch alles erblickt. Ich muß den Vorhang fallen lassen. Mir ist, als ob mir das Blut in den Adern gerinnt. Ich kann nicht sprechen, das Wort ist mir im Hals erstickt.«[22]

Es ist ein Blick in den Abgrund. Sie sagt: »Alle Stücke, die durch die Ungunst der Zeit nie eine Bühne gesehen, sie sind mir die liebsten!

Gib sie uns, schreien sie. Gib sie uns! Wir brauchen doch Stücke!

Ach, ihr könnt sie nicht spielen! Nicht geduldet wird, daß man die Wahrheit sagt, [...] ihr könnt die Stücke, die die großen

Rollen für euch bergen erst spielen, wenn es anders wird, aber wie, wenn es nur anders wird dadurch, daß ihr sie spielt?

Und der schwankende Boden unter mir öffnet sich und ich falle, falle, falle.«[23]

»... aber wie, wenn es nur dadurch anders wird, daß ihr sie spielt?« – so sehr sich Steffin mit Brechts Arbeit identifiziert, dieser Widerspruch läßt sich nicht auflösen. Brecht übernimmt ihren Traumtext in sein »Journal«. Es ist der Ort, an dem er auch aktuelle ästhetische Fragen verhandelt.

Grete Steffin kann ihr Fieber erst Mitte Januar 1941 überwinden und kommt noch einmal zu Kräften. Im Februar schickt sie wieder einige ihrer Geschichten zur Übersetzung an Knud Rasmussen, denn sie will das Honorar an ihre Mutter nach Berlin überweisen.[24] Rasmussen kann sie in Dänemark verkaufen: »Ich erinnere mich an die Titel zweier Kurzgeschichten von Grete, die sie mir aus Finnland übersandt hatte: ›Veronal‹ und ›Konfutze weiß nichts von Frauen‹; [...] ich habe damals die Übersetzungen an die Zeitungen Hjemmets Sondag (Social-Demokraten's Sonntags-Beilage) und Politiken's Sonntags-Beilage ›Magasinet‹ geschickt. ›Konfutze‹ wurde auch im dänischen Rundfunk vorgelesen.«[25] »Veronal« ist die 1933 im Sanatorium von Agra entstandene Unterhaltungsgeschichte. »Konfutse versteht nichts von Frauen« hingegen eine im Januar oder Februar 1941 in Finnland geschriebene Erzählung, die im Zusammenhang mit ihrer Kritik an Brechts Entwürfen zu einem Stück über den chinesischen Philosophen Konfutse entsteht. Während der Arbeit muß es einige Diskussionen gegeben haben, über die Brecht notiert: »Grete, welche das (bißchen) Material studierte, darunter die ›Analects‹, findet alles enorm reaktionär. Die Forderung nach *einem* Fürsten (statt einem Dutzend von Baronen, die *nur* Exploiteure waren), die Haltung zur Frauenfrage usw. stoßen sie ab.«[26]

Brechts Interesse an Konfutse geht auf dessen Sittenlehre zurück, die mit wenig Moral auskommt, was ihm Gelegenheit gab, den unmittelbaren Zusammenhang zwischen den sozialen Prämissen der Gesellschaft und den Verhaltensweisen von Menschen vorzuführen. Er will den Stoff biografisch behandeln, Konfutse also in seiner historischen Zeit, dem Feudalismus, belassen, wobei auch die patriarchalen Strukturen und damit die »Haltung zur Frauenfrage« ausgestellt worden wären, die Steffin so abstoßen. Davon mag eine jener Diskussionen ausgelöst worden sein, die Brecht veranlassen, von seiner Mitarbeiterin wiederholt als einer Lehrerin zu sprechen, oder auch als »kleiner Lehrerin«, in Anspielung auf ihre geringe Körpergröße.

Was sie ihm während des Gesprächs über Konfutse beibringen kann, sind die Ansprüche der sozialistischen Frauenbewegung. Steffin ist ihr seit ihrer frühen Jugend verbunden, lange bevor sie die Seminare von Max Hodann besucht hatte, der in den zwanziger Jahren seinerseits die Forderungen der Sozialistischen Fraueninternationale, gegründet 1907 in Stuttgart, weiterentwickelt hatte. So mag sie Brecht einen halbwegs systematischen Überblick zu einem Thema gegeben haben, das er bislang nicht im Blick gehabt hatte. »Belehrte beide wir und Lehrer«, heißt es in einem von Brechts Gedichten auf Steffin, womit er die Eigenart dieser Arbeitsgemeinschaft umschreibt. Vielleicht sind es ihre starken Einwände gegen seine Fabelführung, die ihn veranlassen, die Arbeit an dem Konfutse-Stück aufzugeben.

Grete Steffin verarbeitet ihre Vorbehalte gegen seine Auffassungen in einer Art Gegenentwurf, mit dem sie offenbar auf Brecht anspielt – und scheitert ebenfalls. In ihrer Erzählung »Konfutse versteht nichts von Frauen«[27] greift sie eine Episode aus Konfutses Leben auf, die darauf zielt, daß Konfutse eben nichts von Frauen verstehe. Dies erscheint nun lediglich als eine Mitteilung, nicht aber als erzählte Geschichte, weshalb ihr die Erzählung mißlingt. Wahrscheinlich hatte sie sich vorgenommen, ihre eigenen Erfahrungen mit Brecht/Konfutse zu verarbeiten. Nachdem sie diese aber in Brechts Gedankenwelt und in seiner Stoffwahl beläßt, statt ihre eigene Geschichte zu erzählen, für die sie in ihrem Fragment »Ich bin ein Dreck« schon einmal die geeignete Form gefunden hatte, scheitert auch sie.

Das ist die problematische Seite der Arbeitsverbindung zwischen Steffin und Brecht: Steffins Identifikation mit seiner Gedankenwelt und mit seiner Person stößt an ihre Grenzen. Sie ist zu eng mit ihm verbunden, so daß es ihr schwerfällt, sich zu lösen und als Autorin ihre eigenen Erfahrungen zu gestalten.

Mit seinem nächsten Stück verhält es sich dagegen ganz anders. Beide können am selben Strang ziehen, und die Arbeitsgemeinschaft bewährt sich ein letztes Mal. Brecht nimmt sich in »Der aufhaltsame Aufstieg des Arturo Ui« seinen wichtigsten Feind Hitler vor, den er in einem Verbrechermilieu auf die Bühne bringen will: »Grete züchtigt mich mit Skorpionen der Jamben des ›Ui‹ wegen.«, notiert er, »Seit einer vollen Woche sitze ich jetzt darüber, und sie will mir immer noch keine beruhigenden Versicherungen abgeben. Wedekind, erzählt sie nebenbei, bringe den Sinn immer auf *eine* Zeile.«[28] Im April 1941 liegt eine Auseinandersetzung mit dem deutschen Faschismus, der sich anschickt, ganz Europa zu unterwerfen, freilich auch näher als der Konfutse-Stoff.

Seit ihrer Genesung im Januar wird Grete Steffin nicht mehr gesund. Sie hat immer wieder mit kurzen Fieberperioden zu kämpfen und verliert dabei erheblich an Gewicht. Der sonst übliche Ausgleich durch fetthaltige Nahrung ist kaum mehr möglich: Finnland wird immer schlechter mit Lebensmitteln versorgt. Brecht vergleicht die Beschaffung »einer Hand voll Trauben« für Steffin mit der Eroberung eines Reiches.[29] »mir geht's nicht so besonders gesundheitlich.«, schreibt sie an Rasmussen. „das klima ist nix für meinen husten. er gedeiht mir zu sehr. und ich nehm ab. Sie würden erschrecken, wie dünn ich geworden bin.«[30]

Der finnische Journalist und Autor Erkki Vala, der sich mit den Flüchtlingen befreundet hatte, als er »Mutter Courage« ins Finnische übersetzte, erinnert sich: *Helene Weigel kochte Fisch- und Gemüsesuppe, also ganz einfaches Essen, denn es herrschte ein Mangel an Lebensmitteln. Es lag schon in der Luft, daß bald irgend etwas passiert. Damals waren die deutschen Truppen schon in Finnland. Sie taten so, als seien sie auf dem Weg nach Norwegen, aber sie blieben in Nordfinnland, schon während des Friedens. Das war ja eigentlich ein Vergehen gegen die Neutralität Finnlands. Sie wurden dann in Lappland stationiert, bereit zum Angriff gegen die Sowjetunion. Davon sind wir natürlich unterrichtet worden. Meine Mutter stammt aus dem Tornio-Tal und dort habe ich viele Verwandte, die mir immer schrieben, so daß mir ganz klar war, daß ein neuer Krieg kommt. Aber schon vorher war die Lebensmittelversorgung schlecht. England war schon an den Kämpfen beteiligt, und die englische Flotte beherrschte die Meere. Da konnten kaum Lebensmittel durchkommen, so daß es hier sehr schlecht wurde. Alles gab es nur auf Karten in dieser Zeit. Im Frühjahr 1941 kamen die Karten für Tee, Kaffee und anderes. Später gab es nur noch Rüben, Kohlrüben und nichts weiter. Sogar die Erbsen hat man beschlagnahmt für die Armee. Man bekam nicht mal Erbsensuppe, die ein alltägliches Essen der Finnen ist.*

Kurz vor Ausbruch des Krieges legte im Hafen von Petsamo noch einmal ein großes Schiff an, mit dem man amerikanische Staatsbürger wegbrachte, und Brecht hätte die Möglichkeit gehabt, mit diesem Schiff zu fahren. Aber die Krankheit von Margarete Steffin war so schlimm, daß er sie nicht allein lassen wollte. Ich glaube, sie hatte damals einen sehr schweren Anfall, bis es dann besser wurde und sie später reisen konnte. Aber es war keine endgültige Besserung.

Grete Steffins Gesundheitszustand verschlechtert sich zusehends. Es sind nicht nur die immer noch nicht eintreffenden Visen, die sie an den Rand der Verzweiflung bringen. Eine weitere schwere Belastung kommt hinzu: Brecht hätte schon längst abfahren können, will aber ohne sie nicht reisen. Steffin dagegen will nicht, daß die ganze Gruppe ihretwegen Schwierigkeiten bekommt oder in Gefahr gerät. Ihren Konflikt teilt sie ihrem Freund Knud Rasmussen in Dänemark nicht mit. Nur soviel: »Sie müssen verzeihen, daß ich nichts weiter schreibe, [...] aber ich bin in diesen Tagen aus verschiedensten Gründen völlig durcheinander. Ein andermal ...«[31]

Am 30. April 1941 werden die amerikanischen Immigrationsvisen für Brecht und seine Familie für den 2. Mai angekündigt. Falls sie nicht eintreffen werden, wollen Brecht und Weigel an diesem Tag entscheiden, ob sie nach Mexiko abfahren oder weiter in Helsinki auf die amerikanischen Visen warten. Grete Steffin ist »absolut dafür, daß sie fahren, und ich muß sagen, ich hoffe, in spätestens einer Woche sind sie weg. Vielleicht fahre ich mit. Wenn ich viel Glück habe.«[32] Sie selbst hat wegen ihres amerikanischen Touristenvisums noch darauf zu warten, daß US-amerikanische Staatsbürger beim State Department für ihren Lebensunterhalt und ihre Rückreise garantieren. Auch ihre zusätzlich beantragten Visen nach Haiti und Mexiko sind noch nicht da. »Und Eislers schreiben mir *sehr* pessimistische Briefe über meine Chance nach Mexico zu kommen. [...] Aber ob ich was höre, und was ich höre über meine Visumschancen: unabhängig davon sollten B's nun fahren. Sie mußten ja die letzten Wochen notgedrungen warten (wegen ihrer Visen und wegen Schiff). Aber nun einfach los. Finde ich. Diese Warterei kann ja endlos dauern.«[33]

Jetzt aber dauert sie nicht mehr endlos. Ruth Berlau hatte ihr Visum schon seit einiger Zeit erhalten, am 3. Mai treffen die Papiere für die Brecht-Familie ein und am 12. Mai das amerikanische Touristenvisum für Grete Steffin.

Noch am selben Abend findet in Helsinki ein Abschiedsfest statt. Daran nimmt Sylvi Killiki-Kilpi teil, die als Mitarbeiterin eines Hilfskomitees die Flüchtlinge mit Lebensmitteln versorgt hatte, Hella Wuolijoki, der Dichter Elmer Diktonius und auch Erkki Vala: *Diese Abschiedsfeier, die Brechts finnische Freunde organisiert hatten, war übrigens im Hotel Torni. Ich erinnere mich daran, daß Hella Wuolijoki mit großer Hochachtung von Margarete Steffin gesprochen hat. Brecht und Wuolijoki haben ja ein Stück erarbeitet und dann hat Margarete Steffin das Resultat dieser Zusammenarbeit begutachtet und kritisiert. Hella Wuolijoki sagte mir, daß auch Margarete Steffin mit dem Resultat zufrieden sei, also müsse es ganz bestimmt gut sein. Das war also der ›Puntila‹. Offensichtlich vertraute man ihrem Arbeitsvermögen sehr.*

Als Brecht abfahren konnte, fragte ich ihn, warum er nicht in der Sowjetunion bliebe, da er doch durch die Sowjetunion reise. Er antwortete, daß seine Stücke dort nicht gespielt würden und daß er kein Russisch könne, es wäre sehr schwer für ihn. Es war merkwürdig, ich hatte den Eindruck, daß er schlechte Beziehungen zur Sowjetunion hatte. Die Leute dort waren sehr kritisch gegen ihn als Schriftsteller. Ich merkte es daran, daß er mehr darauf vertraute, daß seine Stücke in Amerika gespielt würden. Übrigens hatte er mich auch gebeten, mitzukommen. Aber ich weigerte mich mit der Begründung, daß ich dort keine Arbeit machen könnte. Darauf sagte er, oh, in Hollywood gibt es so viele deutsche Regisseure, zum Beispiel William Dieterle, der den ›Glöckner von Notre Dame‹ verfilmt hatte. Diesen Film hatten wir nämlich zusammen gesehen. Er sagte: Dieterle ist mein sehr guter Freund und er wird dir auch Arbeit geben. Aber ich habe das nicht so leicht geglaubt. Die Stellung eines Emigranten ist immer furchtbar, ganz egal wo, und außerdem wußte ich, daß ich dorthin nicht paßte. Aber Brecht sagte, daß ein Emigrant einen sechsten Sinn haben muß, damit er immer weiß, wann und wohin er gehen muß. Darum wollte er auch, daß ich mit nach Amerika gehe. Er sagte: Es wird dir noch dreckig gehen, es wird dir noch an den Kragen gehen, sein Instinkt sagte ihm das. Ja, eigentlich hat er damit auch recht gehabt. Anfangs hatte Brecht ja den Gedanken aufgegeben, nach Amerika zu gehen. Margarete Steffins Krankheit war ja schon lange bekannt, deswegen war die Reise als solche für sie gefährlich und Brecht hatte den Gedanken aufgegeben. Als dann aber immer deutlicher wurde, daß Hitlers Angriff im Sommer kommt, hatte er Angst, überhaupt noch wegzukommen. Im Frühjahr 41 hatte er Angst, noch herauszukommen.

Mich verwunderte die Begeisterung dieser Frauen Berlau und Steffin, die lange Reise durch die Sowjetunion nach Amerika mitzumachen. Ich fand das ein übermütiges Unternehmen für die beiden, das nicht gut enden kann. Die eine war furchtbar krank, und die andere war eine Schauspielerin, die wahrscheinlich keine Möglichkeiten in Amerika haben würde. Aber es ist ja so, daß in diesen Dingen meist nicht Vernunft im Spiel ist, sondern Not und Zwang. Mit Ruth Berlau sprach ich schwedisch, was sie sehr gut beherrschte. Als sie ging, sagte sie, sie hätte ein Zelt bei sich und bat mich, daß ich es für sie aufbewahren sollte. Brecht und alle anderen gaben uns Erinnerungsgeschenke als sie abfuhren. Brecht schenkte mir so eine Maispfeife, die George Grosz gehört hatte und erzählte, Grosz habe sie bei ihm vergessen als er von Kopenhagen nach Amerika fuhr und nun wolle er sie mir überlassen. Aber dann kam der Krieg nach Finnland, und ich kam in derartige Lebensumstände, daß ich die Pfeife meinem Sohn gab, der sie dann verlor. Diese Erinnerung habe ich also nicht mehr. Das Zelt, das ich von Ruth Berlau bekam, ging natürlich mit der Zeit kaputt, aber das Buch, das sie auf Dänisch geschrieben hatte, das habe ich, das habe ich immer noch. Margarete Steffin war furchtbar krank auf dem Fest, sie hatte Rosen auf den Wangen, Fieber. Als ich ihr auf Wiedersehen sagte, fiel sie mir um den Hals, weinte und sagte, daß sie nicht weiß, ob sie je einen ihrer alten Freunde wiedersehen kann. Sie weinte an meiner Schulter. Das blieb mir in Erinnerung, ich war gerührt und fühlte in diesem Moment Mitleid mit ihr, sie war so krank und die Reise so schwer.«

Am 15. Mai 1941, einen Tag vor der Abreise aus Helsinki, schreibt sie einen letzten Brief an ihre Schwester Herta in Berlin: »Morgen fahre ich also nach Kalifornien. [...] Ihr dürft euch nicht sorgen, wenn ihr nichts hört, das ist sogar ein gutes Zeichen, denn ich hab mit einer Freundin ausgemacht, sie telegrafiert euch, wenn mir was passiert, aber das tuts nicht, verlaßt euch drauf.«[34] – Welche Freundin ihre Schwester benachrichtigen soll, ist nicht bekannt. Vermutlich ist es Maria Osten, mit der Steffin während der Zeit in Finnland korrespondiert hatte. Dieser Briefwechsel ist nicht überliefert.

Vermutlich letztes Foto von Margarete Steffin, Finnland 1940/41.

Am Ende der Flucht

Grete Steffin ist schwerkrank, als sie am 16. Mai 1941 zusammen mit Brecht, Weigel, den Kindern und Ruth Berlau in den Zug von Helsinki nach Leningrad steigt. Dennoch schreibt sie aus Leningrad noch einen zuversichtlichen Brief nach Berlin, in dem sie ihren Angehörigen versichert, sie sei überzeugt davon, in Kalifornien gesund zu werden. In der Nacht auf den 17. Mai erleidet sie einen heftigen Hustenanfall, von dem Ruth Berlau berichtet, erst dieser Anfall habe ihr endgültig klargemacht, wie krank Steffin sei.[1]

Am nächsten Morgen reist die Gruppe weiter nach Moskau, wo sie im Hotel Metropol in einem Doppel-Appartement unterkommt. Grete Steffin, die als einzige russisch spricht, hat viel zu übersetzen, wie schon an der finnisch-russischen Grenze, als die zwei Dutzend Kisten und Koffer der Reisegruppe kontrolliert worden waren.

Das Gepäck, das nun in dem Doppel-Appartement abgestellt ist, hinterläßt bei einigen der Freunde, die jetzt zu Besuch kommen, den Eindruck eines Feldlagers. Unter ihnen ist auch Maria Osten, die seit ihrer Rückkehr aus Paris ein isoliertes Leben in Moskau geführt hatte.

Die meisten ihrer Mitmenschen meiden ihren Umgang, sie sehen in ihr die Frau des verhafteten »Volksfeindes« Michail Kolzow. Maria aber glaubt, Kolzow habe sich in den Augen der Parteifunktionäre durch seinen Umgang mit ihr kompromittiert und setzt sich nach wie vor für seine Freilassung ein. Indessen war Michail Kolzow bereits am 2. Februar 1940 nach kurzer Gerichtsverhandlung erschossen worden, wovon Maria Osten noch gar nichts weiß. Der NKWD hatte Kolzows Bruder, mit dem Maria Osten in Verbindung steht, etwas anderes mitgeteilt: Kolzow sei zu fünfzehn Jahren Lagerhaft verurteilt worden.[2]

Viele der Freunde aus früheren Tagen trifft der Brechtkreis nun nicht mehr an. Auch Bernhard Reich kommt ohne seine Frau Asja Lacis zu Besuch ins Hotel Metropol. Lacis war 1938 zu zehn Jahren Gulag verurteilt worden und wird erst nach ihrer Entlassung von Bernhard Reich erfahren, wie Brecht die Nachricht von ihrer Verhaftung aufgenommen hatte: *Als Brecht 1941 nach Moskau kam, fragte er Reich als erstes: Wo ist Asja? Und da hat Reich gesagt: Weißt du denn nicht, sie ist im Lager in Kasach-stan. Das zweite Wort von Brecht war: Was kann ich tun? Dann hat Reich gesagt: Ich habe alles getan, was ich konnte. Dann sagte Brecht: Ich fahre jetzt nach Amerika, in diesen einen Staat – ich weiß nicht mehr, welcher das war – da gibt es einen Konsul, der sehr befreundet ist mit Stalin. Und ich werde für Asja reden. Ich muß Asja retten. Später hat Reich einen Brief bekommen von Brecht: Als ich ankam, war der Konsul schon arretiert von Stalin. Er konnte mir nicht mehr helfen. Brecht war ja ein echter Freund und Kommunist, er hat nur kein Parteibuch gehabt.*[3]

Brecht trifft sich mit seinen Kollegen Johannes R. Becher und Erich Weinert. Bei seinen Spaziergängen durch Moskau wird er häufig von dem Majakowski-Nachdichter Hugo Hup-pert begleitet, der ihn in seinen Memoiren als ungeduldigen Transitreisenden schildert, von »nervöser Unruhe gepeinigt. Er zeigte für Sehenswürdiges und Kurioses kein besonderes Interesse: ›ich bin hier kein Tourist, bin es nie gewesen, kenne diese Stadt sowieso, bin gleichmüde wie jeder Flüchtling.‹«[4]

Im Hotel Metropol lernt Hugo Huppert dann auch Grete Steffin kennen und kommt mit ihr ins Gespräch: *Grete Steffin machte auf mich den Eindruck einer Intellektuellen, die es nicht sein will. Und zwar aus Gründen ihrer immensen Bescheidenheit und ei-nes Vorurteils gegen die zeitgenössische Intelligenzia, gegen gewisse Gruppen von Typen dieser Intelligenzschicht. Das hat sich bei mir so tief eingewurzelt, daß sie selbst sagte: ›Ich möchte gar nicht intel-ligent im Sinne dieser Schicht sein, sondern bestenfalls bin ich nicht dumm und nicht unerfahren und nicht ausgesprochen blöd.‹ Das war also auch ihre Art zu sprechen. Grete Steffin war bezaubernd, wie sie sprach, wie sie lachte, wie sie andere zum Lachen bringen konnte, wie heiter ihr Gemüt war, auch noch in einer Lage, die sie vielleicht schon durchschaute.*

Helene Weigel hatte viel zu tun mit der Wirtschaft, mit der Versor-gung dieser kleinen Reisegruppe, mit Geldbeschaffung und mit all den notwendigen Dingen, die auf einer Reise eben unentbehrlich sind. Als Maria Osten kam, waren Grete und Maria sofort herzlich befreundet und unzertrennlich. Das muß ich unterstreichen, weil es die letzten Tage von Margarete Steffin wesentlich erleichterte, sogar beseelte.

Bald wurde Grete aus der gemeinsamen Hotelwohnung in eine
höhere Etage übersiedelt, weil es ihr nicht mehr gut ging, sie hatte
oft Arztbesuche. Nicht sehr weit, es ging nur die Stiege hinauf, man
besuchte sie ständig. Auch wir Literaten und unsere Angehörigen und
Freunde besuchten sie ständig. Ich muß sagen, daß ich sie außeror-
dentlich lieb gewonnen habe. Wir sprachen vor allem über literarische,
geschichtliche und philosophische Dinge. Ihre Gespräche waren von
einer ungekünstelten Gescheitheit, die sich sehr oft in Humor verwan-
delte und für uns alle zwingend zum Lachen war, wo wir doch genau
wußten, wie tragisch die Situation ist und wie wenig wir Grund ha-
ben, unsere Traurigkeit zu verbergen. Wir waren fortwährend im Zu-
stand der Angst, der Beklemmung, der schrecklichen Erwartungen.
Die Hoffnung auf eine Besserung, auf Genesung, schwand eigentlich
von Tag zu Tag. Aber Grete war furchtlos. Ich möchte fast sagen, mit
Todesverachtung ging sie in den Tod. Ich möchte nicht sagen, daß sie
ihn gewünscht hat, aber sie hat sich zu ihm in einer unglaublich phi-
losophisch ausgewogenen Art etabliert, seelisch etabliert. Sie war eine
Frau von ungewöhnlichen Qualitäten.

Sie selbst sagte mir: ›Ich wollte dir noch manches sagen, bevor ich
abkratze.‹ Dieses Wort hab ich mir eingeprägt. Ich hab sie fortwährend
aufmerksam gemacht, daß ich das nicht hören kann, daß das ist nicht
das Wort ist! Deswegen war mein Kommen und Weggehen aus ihrem
Zimmer immer erfüllt von den widerspruchvollsten Empfindungen.
Das war immer zugleich eine Qual, aber auch eine leise Hoffnung,
daß sie abgelenkt wird von dem Zustand, in dem sie sich befindet, und
daß sie aus ihrer Umwelt Hoffnung schöpft, aus all den Menschen,
die um sie waren.

In seinen Memoiren teilt Huppert mit, er habe stundenlang
an Steffins Krankenlager gesessen, ihr aus Zeitungen vorgelesen, Zitronenwasser bereitet und kalte Kompressen gegen das
Fieber aufgelegt. Aber ihr Gesundheitszustand verschlimmert
sich täglich. Die Ärzte lehnen es ab, die Verantwortung für
die bevorstehende zehntägige Zugreise nach Wladiwostok zu
übernehmen.[5] Statt dessen ordnen sie am 29. Mai eine Über-
weisung in die Lungenspezialklinik »Hohe Berge« an. Brecht
begleitet sie: »Vormittags packe ich für sie. Auch Helli hilft.

Sie sucht ihren kleinen Ring, findet ihn nicht. Sie ist aber
zuversichtlich.«[6] Ein Jahr später werden die Bilder dieser Szene
wieder vor ihm aufsteigen: »Ich sehe häufig Grete mit ihren
Sachen, die sie immer wieder in die Koffer packte. Das seide-
ne Tuch mit dem Porträt, von Cas gemalt; die hölzernen und

elfenbeinernen kleinen Elefanten aus verschiedenen Städten, in denen ich war; den chinesischen Schlafmantel; die Manuskripte; das Leninfoto; die Wörterbücher. Sie verstand schöne Dinge, wie sie sprachliche Schönheiten verstand.«[7]

Die Elefantenminiaturen, die er ihr im Laufe der Jahre geschenkt hatte, sind inzwischen zu einer kleinen Herde angewachsen. Insgesamt sind es sieben, Symbole für Zuverlässigkeit, Stärke, Kraft und List, die ihr Zuversicht bringen sollen. Außerdem gibt er ihr Manuskripte der gemeinsamen Arbeit mit.

»Als ich sie in Moskau aus dem Hotel in die Klinik brachte, lag sie mit dem Sauerstoffkissen; aber sie regte sich auf, daß ich ihren braunen finnischen Kapuzenmantel mitnähme, und war erst ruhig, als ich ihn ihr zeigte. In diesem Mantel, erfuhr ich später, hatte sie 15 englische Pfund, seit Jahren gespart und versteckt, über die Grenzen geschmuggelt: das sollte ihr Freiheit verleihen. Ich liebte sie sehr als ich das erfuhr.«[8]

Am 29. Mai ist Grete Steffin bereits so geschwächt, daß sie nicht mehr alleine gehen kann: »Ich weiß, daß ihre Überführung lebensgefährlich ist. Mittags fahre ich mit ihr in einem alten Krankenauto in das Sanatorium ›Hohe Berge‹ in Moskau. Sie muß mehrmals Sauerstoff nehmen, sieht sehr müd und verändert aus und sagt oft: Schreib mir. Es ist aber noch nicht sicher, ob wir Fahrkarten bekommen. Ich kaufe einen Ring und besuche sie um 5 Uhr. Sie ist sehr ruhig, und wie gewöhnlich gehe ich fast heiter weg.«[9]

Grete Steffin geht davon aus, daß die Familie Brecht und Ruth Berlau die Reise wie geplant fortsetzen werden. Brecht versucht zunächst, die Tickets für den schwedischen Frachter ab Wladiwostok umzutauschen gegen solche für ein späteres Schiff. Er erhält die Auskunft, das dies nicht möglich sei. Man verspricht ihm, daß für Grete Steffin, falls sie genesen sollte, ein Schiffsticket besorgt werden würde.

Später hat man Brecht oft vorgeworfen, Steffin allein zurückgelassen zu haben, und in der Tat ist sein Entschluß nur schwer zu verstehen. Er steht in Moskau vor einer klassischen Dilemma-Entscheidung, er hat nur die Wahl zwischen zwei gleichermaßen problematischen Lösungen: Es gibt ebenso viele gute Gründe für die Abreise wie gegen sie.

Welche Wahl er auch trifft, er wird nicht ohne Schuldgefühle bleiben. Brecht entscheidet sich für die Abreise: »Ich habe ihr gesagt, daß ich fahren werde, Billetts bekommen habe. Sie lächelt und sagt mit tiefer Stimme: Das ist gut.«[10]

Diese Einstellung von Grete Steffin kann Hugo Huppert wiederum nicht begreifen: »Und ich konnte es kaum fassen, daß die Todkranke darauf Wert legte und drängte, die Brechts sollten sofort *ohne* sie weiterreisen und sich um sie keine Sorgen machen. Sie finde sonst nicht Ruhe.«[11]

Huppert weiß nichts von all den Konflikten um die Reise in der vergangenen Zeit. Grete Steffin hatte schon seit langem auf die Abreise der anderen gedrängt. Sie will nicht »Schuld daran sein«, daß sich das Fortkommen der anderen wegen ihrer Krankheit oder wegen eines ausbleibenden Visums verzögert. Offensichtlich hatte sie sich seit einem halben Jahr für die Verzögerung der Abreise verantwortlich gefühlt.

Der rapide Verfall ihrer Gesundheit hatte Ende November 1940 in Helsinki begonnen, genau in dem Moment, da die mexikanischen Einreisevisa für die Familie Brecht eingetroffen waren, aber keines für sie. Brecht hatte sich damals entschlossen, auf Steffins Papiere und auf die amerikanischen Visa zu warten, obwohl ihm Feuchtwanger und andere dringend geraten hatten, abzureisen. Das wiederum hatte Grete Steffin nervlich zu schwer belastet, zumal von Brechts Entscheidung auch Helene Weigel, die Kinder und Ruth Berlau betroffen waren. All das geschah in täglicher Erwartung des Krieges, vor dem sich Steffin fürchtete. Zu Beginn des Krieges hatte sie aus Stockholm einmal an Rasmussen geschrieben, es sei so schrecklich, daß man auf keinen Fall darüber sprechen könne. Grete Steffin hatte ihr selbstloses Verhalten, von dem sich Huppert so überrascht zeigt, im vergangenen halben Jahr gegen ihre Ängste und Verzweiflungen über das ausbleibende Visum und den drohenden Krieg behaupten müssen. Diese Anstrengung war über ihre bereits geschwächten Kräfte gegangen und hatte sie verbraucht. Steffin wird das gespürt haben, und vielleicht rührt daher ihre ausgewogene Haltung zum Tod, von der Huppert berichtet.

Hinzu kam, daß sie der von der Krankheit verursachten Auszehrung ihres Körpers wegen der Lebensmittelknappheit in Finnland nicht wirksam genug begegnen konnte. Das Tagebuch der finnischen Flüchtlingshelferin Sylvi-Killikki Kilpi und einige Aufzeichnungen Brechts geben Auskunft darüber. Kilpi konnte die Brecht-Gruppe zwar mit Grundnahrungsmitteln versorgen, nicht aber mit der für Steffin so notwendigen fett- und vitaminreichen Nahrung.[12] In Moskau will nun Grete Steffin vor allem Brecht, dem das Problematische seiner Abreise bewußt ist, die Entscheidung erleichtern. Sie kennt die Gefahren des Krieges, aus dem sie ihn heraushalten will, und überspielt ihre eigenen Ängste. Das entspräche einem Verhalten, das ihr seit ihrer Jugend selbstverständlich ist, nämlich von eigenem Leid abzusehen, wenn es um die Belange einer größeren Gruppe geht. Und dennoch wird der Abschied für beide nicht ohne tiefe Traurigkeit gewesen sein. Am Tag der Abreise, dem 30. Mai 1941, besucht er sie noch einmal: »Mittags um 12 bin ich im Sanatorium mit einem kleinen Elefanten, der sie sehr freut. Ich habe ihr ein Kopfkissen mitgebracht. Sie sagt: Ich komme nach, nur zwei Dinge können mich abhalten: Lebensgefahr und der Krieg.

Sie ist wieder ruhig und lächelt, als ich gehe, ohne Anstrengung. Sie sagt: Du hast mir solche Dinge gesagt, daß ich ganz ruhig bin.«[13]

Brecht übergibt Steffins Dokumente, den Paß und Geld an Michail Apletin vom sowjetischen Schriftstellerverband. Er vereinbart mit ihm, daß er für Steffin eine weitere Kur auf der Krim organisiere, falls sie genesen sollte. Apletin hatte ihm bei vielen organisatorischen Vorbereitungen der Reise geholfen und verabredet nun mit Brecht einen Telegrammwechsel. Entweder Maria Osten oder Apletin werden ihn täglich über Steffins Befinden informieren. Am späten Nachmittag steigen Helene Weigel, die Kinder, Ruth Berlau und Brecht in einen Zug der Transsibirischen Eisenbahn und fahren nach Wladiwostok ab. Kurz vor der Abreise hatte sich Brecht in einem Brief bei Apletin für dessen Bemühungen um Grete Steffin bedankt: »Nur Ihr warmherziges Versprechen, für sie zu sorgen und, falls sie gesund wird, ihre Weiterreise zu organisieren, gibt mir den Mut, selbst weiterzufahren.«[14]

Die Lungenklinik liegt in einem weitläufigen Park mitten in Moskau, Tschkalowskaja 53. Es ist eine alte große Villa mit hohen, stuckverzierten Räumen. Grete Steffin liegt im Zimmer 23, einem Einzelzimmer mit Blick auf den Park. Ihr behandelnder Arzt R. S. Schatchan erinnerte sich später, daß Steffin den im Zimmer befindlichen Tisch »schon am Tag nach ihrer Einlieferung mit Büchern, Manuskripten und Papier bedeckt hatte. In der Regel sind wir dagegen, es ist immerhin ein zusätzlicher Staubfänger, in diesem Fall aber machten wir eine Ausnahme: das Zimmer war ja groß und außerdem hat sie darauf bestanden. [...] Sie rührte mich durch die seltene Verquickung widersprüchlicher Eigenschaften. Sie war kraftlos und außerordentlich nervös, hatte dabei aber ein kindliches Vertrauen und glaubte fest an den Arzt. [...] Ihre Stimmung konnte von einem Augenblick auf den anderen umschlagen, sie lebte plötzlich auf und war ganz verändert. Nur mit Mühe vermochte sie aufzustehen, aber sie versuchte es immer allein, ohne fremde Hilfe. Und in den kurzen Momenten, wenn die Schmerzen nachließen, griff sie gleich nach ihren Papieren.«[15]

In den Nachtstunden wird Grete Steffin von einer Schwester betreut, tagsüber besuchen sie Freunde und Bekannte. Hugo Huppert erinnert sich: *Das Lungenkrankenhaus lag in einem ziemlich grünen Bezirk. Dort besuchten wir sie oft, man kann sagen ständig. Sie lebte in ihrer letzten Lebenszeit, die man ja nach Tagen zählen konnte, in der Gemeinschaft von uns Literaten, Emigranten, Exilierten. Sie hatte das Gefühl, daß wir alle in der gleichen Lage sind und ihr nicht aus Mitleid für eine Schwerkranke entgegenkommen, sondern weil wir zusammengehören. Wir bildeten eine Gemeinschaft, eine größere Familie, deren Mittelpunkt Maria Osten war. Grete Steffin liebte die Besuche von Maria Osten am meisten. Sie waren so verwandte Seelen gewissermaßen, Maria Osten war wirklich gefesselt von dem Beisammensein mit Grete Steffin.*

Das Krankenhaus ist an das Moskauer Zentralinstitut für Tuberkulose angegliedert, so daß die dort tätigen Professoren regelmäßig zu Konsultationen herangezogen werden. Grete Steffin wird von Professor Rabuchin untersucht, dessen Diagnose keine Hoffnung mehr läßt: »Kaum ein Sechstel ihrer Lungen arbeitet noch.«[16]

Am 3. Juni schreibt Michail Apletin in einem Brief an Brecht: »Ich führe jeden Tag ein ausführliches Gespräch mit der Ärztin und Grete empfängt täglich Besuch.«[17] Über diesen Tag berichtet Maria Osten in ihren Aufzeichnungen für Brecht, daß Grete Steffin noch einmal Bücher von Seghers, Becher und Majakowski in russisch und deutsch bei ihr bestellt habe.

Marias Gespräche mit ihr handeln von der vergangenen Zeit, vor allem von Steffins Eifersucht auf Ruth Berlau, ihren Kränkungen und ihrem Kummer über Brechts Verhalten. »Aber jetzt glaube sie doch, daß Brecht verstehe und alles besser würde. In Amerika würde er auch den Unterschied sehen.«[18] Grete

Steffin kennt ihren Wert und ist außerdem davon überzeugt, die treueste aller Gefährtinnen Brechts zu sein.

Über den nächsten Tag, den 4. Juni 1941, schreibt Maria Osten an Brecht: »Um sechs Uhr ist Grete aufgewacht. Fühlt sich frisch. Liest Ihr Telegramm, macht es selbst auf. Hat drei Glas Tee getrunken, kleine Kuchen gegessen und Äpfel. Leiterin ist bei ihr. Grete bittet, daß man ihr den Kopf heute wäscht. Um halb acht fordert Grete ein Glas Champagner. Es schmeckt ihr gut. Um acht fühlt sie sich schlechter. Bekommt eine Kampfer-spritze. Etwas später Digitalis. Um halb neun ruft man bei mir an. Ich soll kommen. Es geht Grete sehr schlecht. Nehme ein Taxi und fahre. Bin zwei Minuten zu spät gekommen. Um fünf Minuten vor neun ist Grete gestorben. Sie hatte kaum Puls. Die Leiterin hielt die ganze Zeit Gretes Hand. Grete sagt: ›schlecht, sehr schlecht‹, hält sich an der Hand fest. Leiterin sagt ihr: ›In ein paar Minuten wird es Ihnen besser gehen.‹ Grete nickt zu-stimmend. ›Doktor, Doktor, Doktor‹, waren ihre letzten Worte.

Das Gesicht ist völlig ruhig. Die Hände liegen ganz ruhig. Die linke geschlossen, die rechte geöffnet.

Ich dachte, sie wache jeden Augenblick auf – so ruhig lag sie da. Stand lange vor ihr. Später wurden die Masken von Gesicht und rechter Hand gemacht.

Lieber Brecht, ich glaube und glaubte nicht, daß ich Ihnen diese Nachricht noch geben müßte. Aber seien Sie versichert – was man machen konnte, wurde gemacht. Alle Genossen in der Klinik gaben sich die größte Mühe. Alle in der Klinik hat-ten Grete gerne. Sie sei so bescheiden, so sympathisch. Noch am Abend hat sie der Leiterin von ihrer Mutter in Berlin er-zählt, daß sie sich so freue, daß sie von Amerika aus – der ar-men Frau helfen könnte. Für mich, die ich so nahe mit Grete in all diesen Tagen war – ist es auch ein furchtbarer Schlag. Und später erzähle ich Ihnen – was ich vielleicht noch vergessen habe. Alles Gute

Auf Wiedersehen

Maria

Ich will der Grete das schwarze Kleid, das sie in den letzten Tagen hier trug, anziehen. Am 6. um 3 Uhr ist die Verbren-nung.«[19]

Grete Steffin stirbt im Alter von 33 Jahren.

Am 6. Juni 1941 nimmt Hugo Huppert an der Urnenbeiset-zung teil: *Wir waren unsäglich traurig und unfähig, miteinander zu*

sprechen und Gedanken zu fassen. Ich muß sagen, daß sich die sowje-
tischen Behörden, die Stadtbehörden, Bezirksbehörden dieser Sache
sehr annahmen, daß sie uns erleichterten, diese Tage in einer Form
mitzuerleben, die uns möglichst wenig beschwerte. Immer wieder war
Maria Osten da, und sie weinte Tag und Nacht. Die Bestattung war
zugleich auch eine Angelegenheit von vielen, vielen literarisch ihr un-
bekannten Menschen, die sie auf ihrem letzten Gang begleiteten. Es
war eine feierliche Bestattung, es war eine würdige Feier. Das muß
ich sagen, weil diese Erinnerungen mir außerordentlich wichtig sind.
Ich habe sie leider nur dort gekannt, nur dort in dem beschriebenen
Zustand kennengelernt und mich von ihr sozusagen verabschiedet.
Ich nahm das mit in mein Leben und hab es bis heute nicht verges-
sen.

Brecht hatte die Nachricht vom Tod Grete Steffins am 4. Juni
erhalten als der Zug auf einer Station jenseits des Baikalsees
hielt. Man übergab ihm ein Telegramm von Maria Osten und
ein weiteres von Michail Apletin, das auch vom Vorsitzenden
des sowjetischen Schriftstellerverbandes Alexander Fadejew
unterzeichnet war.

Ruth Berlau berichtet: »Vier Tage hat Brecht nicht gelächelt.
Ich bot ihm meine Kabine im Schlafwagen an, denn ich hatte
eine für mich, während er mit Weigel, Steff und Barbara in einer Kabine wohnte. Ich hätte woanders unterkommen können.
Aber die Weigel sagte: ›Wozu? Das vergißt er schnell.‹ Zum ersten Mal lächelte Brecht wieder, als wir aus dem Zug ausstiegen.
Da standen russische Kinder und verkauften Maiglöckchen.
Das waren Grete Steffins Lieblingsblumen. Als ich sie zum letzten Mal sah, hatte ich ihr auch Maiglöckchen mitgebracht.«[20]

Die Reisenden kommen am 10. Juni in Wladiwostok an.
Brecht korrespondiert erneut mit Apletin, um sich einige Erin-
nerungsstücke, Fotos und Manuskripte von Grete Steffin in die
USA nachsenden zu lassen. Er will von dort aus über die Adresse von William Dieterle mit Apletin in Verbindung bleiben. Am
13. Juni besteigt die Reisegruppe in Wladiwostok ein schwe-
disches Frachtschiff, und die Fahrt über den Pazifik beginnt.

Neun Tage später, am 22. Juni, überfällt die deutsche Wehrmacht die Sowjetunion und überzieht das Land mit Krieg. Die
meisten deutschen Emigranten werden aus Moskau evakuiert.
Maria Osten wird am 24. Juni im Moskauer Hotel Metropol, ihrem Wohnort, von NKWD-Beamten verhaftet. Zusammen mit
anderen Verhafteten wird sie nach Saratow gebracht. Sie war

bereits im Oktober 1939 aus der KPD ausgeschlossen worden, nun wirft man ihr Spionage für Deutschland und Frankreich vor. Maria Osten bestreitet alle Vorwürfe. Aber es geht schon lange nicht mehr um die Aufklärung realer Vorgänge, der Terror hat sich längst verselbständigt.

Wladimir Koljazin, der das Vorgehen des Geheimdienstes in seiner Dokumentation der NKWD-Akten von zwanzig angeklagten Kommunisten analysiert, schildert die Umstände der Verhaftung Maria Ostens: *Der NKWD arbeitete wie ein Messer. Und zwar nach einem Karteikartensystem, das Informationen enthielt, die über lange Zeit gesammelt worden waren. Die Beamten waren nur daran interessiert, bestimmte Gruppen von Leuten zu desavouieren, zu verhaften und zu vernichten. Zuerst wurde eine Kartei der Beziehungen angelegt. Dann sammelte man alles, was mit den Beziehungen zusammenhing, Bücher, Erwähnungen in Zeitungen, Briefwechsel, auch intimste Briefwechsel. Den Beamten wurde eine Frist gegeben: Spätestens zwei Wochen vor der Verhaftung mußte eine Version der Anklage und der zukünftigen Schicksale erarbeitet worden sein. Oft gab es mehrere Versionen für die Anklage, aber meist entschied man sich für den Spionagevorwurf. Die Beamten im Gericht wichen dann in der Regel nicht mehr von dieser Gesamtlinie ab. Im Fall von Maria Osten war es eine sanktionierte, das heißt von oben genehmigte Massenaktion. Die Listen waren schon vorbereitet.*

Die Gerichtsverhandlung gegen Maria Osten findet am 6. Dezember 1941 in Saratow statt. Die Anklage kann sich lediglich auf zwei von Mitgefangenen erpreßte Zeugenaussagen stützen und auf den Umstand, daß sie in Frankreich mit André Malraux zusammengearbeitet habe, den man ebenfalls mit einem Spionageverdacht belegte. Maria Osten wird zum Tode verurteilt und am 8. August 1942 in Saratow erschossen. Das gerichtliche Todesurteil endet mit dem Satz: »Beweismittel gibt es nicht.«[21]

Diese Feststellung ähnelt auf verblüffende Weise dem Antrag eines Juristen von 1957, mit dem er das Gegenteil, nämlich die Aufhebung des Urteils erreichen will: Wegen »Mangels an vorhandenen Verbrechen«[22] solle das Urteil für nichtig erklärt werden. Daraufhin wird Maria Osten im August 1957 rehabilitiert. –

Noch im Juni 1941 listen die NKWD-Beamten akkurat auf, welche Gegenstände aus dem Nachlaß von Maria Osten »zerstört werden sollen«[23]. Darunter sind etwa zweitausend Fotos, mehrere handschriftliche Manuskripte, Briefe und Notizbücher. Maria Ostens Roman »Kartoffelschnaps«, der vor ihrer Verhaftung abgeschlossen war und in einem Moskauer Verlag in russischer Sprache erscheinen sollte, gilt als verschollen. Grete Steffins Nachlaß wurde während des Krieges von Michail Apletin im sowjetischen Schriftstellerverband aufbewahrt, eine ganze Truhe voller Manuskripte und Briefe. Nach dem Krieg gelangte er in mehreren Schüben nach Berlin, wo er im Brecht-Archiv betreut wird.

Steffins Nachlaß ist bis heute nicht vollständig, der Briefwechsel mit Brecht ist lückenhaft, und besonders groß ist die Lücke in ihrem Briefwechsel mit Walter Benjamin. Das mag eine Relation veranschaulichen, auf die die Literaturwissenschaftlerin Chryssoula Kambas hinweist: Während etwa siebzig Briefe von Steffin an Walter Benjamin erhalten sind, sind nur acht Antworten von Benjamin an Steffin bekannt geworden.[24] Nach Benjamins Freitod an der französisch-spanischen Grenze im September 1940 konnte sein Nachlaß den Krieg in der Pariser Nationalbibliothek überstehen. Daher sind Steffins Briefe an ihn vollständig erhalten. Walter Benjamins Briefe an Steffin befanden sich in ihrem Moskauer Nachlaß. Sie fehlen bis heute.

»Grete war sehr gebildet und belesen. Sie war gescheit und nüchtern. Sie war freundlich und heiter.« So erinnert sich Gerda Goedhart an Grete Steffin und fügt hinzu, daß sie »eine der wertvollsten und gescheitesten Frauen war, die ich kenne. Mit einem großen Herzen und Interesse an allem, was mit dem Sozialismus zu tun hatte.«[25] Gerda Goedhart gehörte zu den vielen Menschen, die in den USA an der Immigration der Brecht-Gruppe gearbeitet hatten. Schon im April 1939 hatte sie einen dringlichen Brief aus Hollywood an Steffin und Brecht gerichtet und präzise Angaben darüber gemacht, welche Schritte als nächstes zu unternehmen wären. Am Schluß ihres Briefes wunderte sie sich über die Zögerlichkeit der in Dänemark Verbliebenen: »... ich habe ein bißchen das Gefühl, als ob uns hier mehr daran liegt, daß Ihr nach Amerika kommt, als Euch.«[26]

Brecht und seine Familie erreichen den Hafen von San Pedro bei Los Angeles am 21. Juli 1941. Brecht hat große Schwierigkeiten, sich an den neuen Kontinent zu gewöhnen. Und er ist nun wieder auf die Einsamkeit des Dichters zurückgeworfen, die er in seiner Zusammenarbeit mit Grete Steffin überwunden hatte. »Fast an keinem Ort war mir das Leben schwerer als hier in diesem Schauhaus des easy going. [...] Und gerade hier fehlt Grete. Es ist, als hätte man mir den Führer weggenommen gerade beim Eintritt in die Wüste.«[27] Er trauert um Grete Steffin, und sein Arbeitselan ist gelähmt – eine Lähmung, die länger als ein Jahr andauern wird.

In manchen ihrer Briefe hat Grete Steffin von Brecht als ihrem »Chef« gesprochen. Damit übernahm sie einen Sprachgebrauch aus der Angestelltenwelt und umschrieb ihr reales Arbeitsverhältnis: Sie war seine Angestellte und wurde von ihm für ihre Arbeit bezahlt. Brecht sieht das in einem seiner Trauergedichte auf Grete Steffin genau umgekehrt:

NACH DEM TOD MEINER MITARBEITERIN M. S.

Seit du gestorben bist, kleine Lehrerin
Gehe ich blicklos herum, ruhelos
In einer grauen Welt staunend
Ohne Beschäftigung wie ein Entlassener.

Verboten
Ist mir der Zutritt zur Werkstatt, wie
Allen Fremden.

Die Straßen sehe ich und die Anlagen
Nunmehr zu ungewohnten Tageszeiten, so
Kenne ich sie kaum wieder.

Heim
Kann ich nicht gehen: ich schäme mich
Daß ich entlassen bin und
Im Unglück.[28]

Wer sollte ihn entlassen haben? Ist es nicht seine Werkstatt? Wäre denn irgendein Produkt, das die Werkstatt je verlassen hat, ohne ihn entstanden? Natürlich nicht. Und dennoch empfindet er sich nach dem Tod von Grete Steffin als beschäftigungslos. Ohne Kenntnis der biografischen Zusammenhänge könnte man denken, hier spricht ein Arbeitsloser. Tatsächlich aber verweist die poetische Sublimierung auf sein Selbstverständnis, auf das Entscheidende, die Grundvoraussetzung seiner Zusammenarbeit mit Grete Steffin. Deren Basis war offenbar eine Imagination, die in seiner Vorstellung zur festen Gewißheit wurde: Sie war die Chefin – mit ihrem Tod ist er entlassen.

Ein Dichter, der seinen humanen Anspruch auch in finsterer Zeit behaupten will, hat nicht viel mehr zur Verfügung als seine Poesie. Er transformiert die Alltagsrealität, kann sie aber nur jenseits der Wirklichkeit zu Poesie formen. In seinem Trauergedicht auf Grete Steffin ist die Entfernung vom Alltag nun so weit getrieben, daß die vergangene Realität auf dem Kopf steht: Er ist nur ein Angestellter, der vor dem Nichts steht, wenn es die Chefin nicht mehr gibt. Allein kann er nicht weitermachen, denn »Verboten / Ist mir der Zutritt zur Werkstatt, wie / Allen Fremden.« War Grete Steffin seine Chefin oder seine Angestellte?

Bei Dichtern kann sich die mehrfache Verwandlung der Realität auch auf ihr Verhältnis zu ihren Mitmenschen übertragen, so daß Imaginationen dieselbe Bedeutung erlangen können wie die Wirklichkeit, mitunter auch eine größere. Im Negativ der auf den Kopf gestellten Realität ist Brechts Vorstellung von Grete Steffin als seiner Chefin das mentale und psychische Fundament, als Grundvoraussetzung seiner Produktion während ihrer gemeinsamen Zeit. Mit ihrem Tod ist dieses Fundament nicht mehr vorhanden. Die Folge ist, daß seine produktivste Periode, die man später als die klassische bezeichnen wird, beendet ist.

Tatsächlich wußte Brecht sehr genau um den künstlerischen Abstand, der ihn von seiner Mitarbeiterin trennte. Und auch Grete Steffin war dieser Abstand deutlich bewußt. Sie sah ihn zu Recht als einen Höhenunterschied, vor dem ihr manchmal bange war: »Aber dieses alte Weib mit seinem Nursohochnichthinauf hat schon gewußt, was es murmelte«[29], heißt es in einem ihrer autobiografischen Fragmente. Der Höhenunterschied auf der Arbeitsebene aber war für Brecht nicht entscheidend. Er war von ihrem nüchternen Blick auf die Menschen und die Gesellschaft angerührt, von ihrem sarkastischen Witz, in dem Platz für die Abgründe des Lebens war, von ihrer humanen Kraft, ihrem Talent, der Abwesenheit alles Aufgeblasenen oder Aufgeputzten in ihren Texten, aber auch in ihrem Auftreten. Und nicht zuletzt von ihrer politischen Überzeugung, die aus einer gelebten Erfahrung kam, über die er nicht verfügte. Auf diese Weise und durch die Arbeitsteilung war der Höhenunterschied aufgehoben. Dagegen konnte Steffin den Abstand zwischen ihren und Brechts Vorstellungen über das gemeinsame Liebesleben nur ironisch überbrücken. In ihrem Fragment »Ich bin ein Dreck«, einer launigen Reflexion über ihr Leben, ihre Liebe und ihre Krankheit, heißt es: »Natürlich hat er keine Schuld. Er hat mir immer gesagt, er hat das Gewissen eines Eisklumpens. Hört sich ganz gut an, wenn man zusammenliegt und lacht.«[30] Diesen Text von 1940 hatte sie offenbar unter dem Einfluß von Morphium geschrieben, das sie gegen ihre Schmerzen nahm. Er schwankt zwischen Wehleid und Sarkasmus und bringt gerade dadurch viele wahrhaftige Mitteilungen über ihr Befinden hervor.

Sie litt unter ihrer Krankheit und besonders darunter, immer wieder anderen zur Last zu fallen. Und sie litt unter dem merkwürdigen Status eines Wesens zwischen Geliebter und Mitarbeiterin ohne festen inneren und äußeren Ort. So taucht denn auch in diesem Text wieder der Trennungsgedanke auf, aber es ist zweifelhaft, ob sie die Trennung von Brecht je vollzogen hätte. Die Fluchtbewegungen im Exil ließen keinen festen äußeren Ort zu, abgesehen davon, daß sie auf Brechts finanzielle Hilfe angewiesen war. Und für den inneren Ort, ihre Sehnsucht nach einer anderen Art von Liebe, fand sie keinen geeigneten Bewerber. Hinzu kam die Verlockung, im Zentrum der politischen Theater-Avantgarde an entscheidender Stelle mitzuarbeiten, mit der sich Grete Steffin einen Traum erfüllte, der ihr Leben seit ihrer Jugend begleitet hatte. Diese Avantgarde war auf eine Utopie aus, auf die kollektive politische Emanzipation, und konnte von daher ganz eigene Motivationen und Stabilisierungsfaktoren entwickeln. Auch an diesen größeren Zusammenhang mag Brecht beim Schreiben seines Gedichts gedacht haben als er das Bild von der Werkstatt wählte. Gleichzeitig war die Werkstatt aber auch real: im Alltag war es die Schreibwerkstatt. Hier erfuhr Grete Steffin nicht nur die vielen Eröffnungen, die Brecht ihr mit seinen Ideen ununterbrochen bot, sondern auch seine geradezu rührende Angewiesenheit auf ihre klare Urteilsfähigkeit und ihre Kritik. So sah Brecht das gemeinsame Leben als gegenseitige Abhängigkeit mit vielerlei Facetten. In einem anderen seiner Gedichte legt er nur wenige von ihnen frei:

Mein General ist gefallen
Mein Soldat ist gefallen

Mein Schüler ist weggegangen
Mein Lehrer ist weggegangen

Mein Pfleger ist weg
Mein Pflegling ist weg[31]

In einem anderen Trauergedicht beschreibt er die gemeinsamen Gegenstände im Arbeitsraum als Trümmer. Er sieht sich vereinsamt und ohne Gesprächspartner: »Da ist die Antwort, aber kein Frager ist da«.[32]

Grete Steffin wird sehr viele Fragen gestellt haben. Manches an ihrer Zeit und an der Politik der kommunistischen Bewegung muß ihr unverständlich gewesen sein. Der Terror in der Sowjetunion muß ihr Fragen aufgegeben haben, über die man aus ihren Überlieferungen so gut wie nichts erfährt, bestenfalls verhaltene Andeutungen. Vielleicht hat sie sich, wie viele andere Kommunisten, selbst ein Redeverbot auferlegt. Das muß gerade ihr, deren hervorstechendster Charakterzug ihre insistierende Lauterkeit war, unendlich schwer gefallen sein. Darauf deutet ein Musikstück von Hanns Eisler, das er seiner Freundin Grete Steffin nach ihrem Tod widmete. Aber selbst ein großer Musiker wie Hanns Eisler schlägt im Jahr 1941 einen kompositorischen Umweg über Mozart ein, um seine Mitteilung allegorisch verkleiden zu können. Erst 1974 gelang es dem Musikwissenschaftler Manfred Grabs, diese Botschaft zu entschlüsseln. Hanns Eisler überschrieb den Mittelteil des ersten Finales seiner »Variationen für Klavier« 1941 mit »Trauermusik für Grete« und setzte hinzu: »Gestorben auf der Flucht an Tuberkulose.« Dazu schreibt Grabs: »Das Thema beginnt mit einer Variante des Papageno-Motivs aus dem Quintett des 1. Aufzugs der ›Zauberflöte‹. Diese Motivvariante wird in die den Variationen zugrunde liegende Zwölftonreihe und in ihrer rhythmischen Gestalt auch in das Thema einbezogen. Papageno ist durch ein Schloß vor seinem Mund am Sprechen gehindert. Die Variationen folgen weniger dem heiteren Wesen Papagenos, als dem Bild des zum Schweigen Veurteiltseins. So mußte Eisler seine und die Lage vieler Emigranten im Exil begreifen und darüber reflektiert diese Komposition.«.[33] Beim

Lesen dieser Interpretation muß man berücksichtigen, daß Grabs sie 1974 in der DDR veröffentlichte. Hanns Eisler wird bei seiner Anspielung auf Papagenos Schloß vor dem Mund nicht an den Faschismus gedacht haben, denn ihm gegenüber hatten weder er selbst noch Grete Steffin ein Redeverbot akzeptiert. In seinem Musikstück hört man einen ständigen Wechsel von wilden, donnernden, sich aufbäumenden Rhythmen, die im Tempo stark anziehen, und gezähmten, besinnlichen, ruhig dahinfließenden Passagen. Es ist ein treffendes Porträt von Grete Steffin, das ihren aufbegehrenden Impetus und zugleich ihre Nachdenklichkeit hörbar werden läßt.

Brecht widmet seiner Mitarbeiterin eines seiner bewegendsten Gedichte, den »Kinderkreuzzug 1939«.[34] Man kann an Steffins Liebe zu Kindern denken und an den Krieg, vor dem sie sich fürchtete und der in ihr Leben eingriff.

In seinem »Journal« kommt Brecht immer wieder auf Grete Steffin zurück, und manchmal trinkt er ein Glas Whisky, wenn ihr Bild vor ihm aufsteigt. Mehr als ein Jahr nach ihrem Tod notiert er am 30. Juni 1942: »Ich habe nichts getan und werde nichts tun, den Verlust Gretes zu ›verwinden‹. Sich mit dem Geschehenen aussöhnen – wozu sollte das gut sein?« Und er gestattet sich ein wenig Selbstkritik: »Bei meinem Versuch, sie zu retten, bin ich geschlagen worden, und es ihr leicht zu machen, habe ich nicht vermocht.«[35]

Brecht hatte Steffins Schwester noch in Wladiwostok brieflich von Gretes Tod unterrichtet, aber sein Schreiben erreicht sie nicht. Herta Hanisch hat eine neue Adresse, ihr Gartenhäuschen in Biesenhorst mußte im Juni 1939 einem Autobahnbau weichen. Sie wohnt jetzt in Fredersdorf bei Berlin und erfährt erst nach dem Krieg, daß Grete gestorben ist:

In ihrem letzten Brief hatte sie ja geschrieben, wir sollten uns keine Gedanken machen: Wenn keine Post mehr von ihr kommt, ist das ein gutes Zeichen. Jetzt haben wir gewartet, von '42 an, und immer gedacht: Na? Nach ,45 haben wir ans Rote Kreuz geschrieben und überall hin, an verschiedene Stellen, ich hab auch Brechts Adresse erwähnt. Keine Antwort. Und dann, es war wohl 1946, standen wir auf dem Bahnhof Lichtenberg. Schwiegervater hatte uns einen Sack Mohrrüben aus Magdeburg geschickt, den wollten wir abholen. Da haben wir Hilde Lützenhoff getroffen, und ich sag zu ihr: Na, und von Grete hoffen wir doch, daß sie auch bald zurückkommt. Da sagte Hilde: Na

weißt du denn nicht, Grete lebt doch gar nicht mehr. Ich dachte, ich
muß vom Bahnsteig runter, so 'n Schreck hab ich gekriegt! Nee, sagte
ich, die muß leben, wir haben doch keine Nachricht, sie muß ja da sein.
Aber die Hilde wußte das schon ein Jahr vor uns. Woher, weiß ich nicht.

Ein Jahr später kam Brechts Brief aus Amerika, da haben wir erst
erfahren, daß sie gar nicht mehr am Leben war. Und in der Zeit war
unsere Mutter so schwer krank, die hatte Typhus, ach, der haben wir
das erst ein paar Jahre später erzählt. Mutter hatte ja viel gesammelt
von der Schwester, Briefe, Erzählungen, die Plakate von ihren Rezita-
tionen, Programmhefte, Zeitungsartikel und Fotos. Aber dann wurde
sie ausgebombt. 1943 kam ein Bombenangriff, und eine Brandbombe
fiel auf das Haus in der Lasdehner Straße. Mutter konnte gerade noch
ihr Federbett und ein kleines Köfferchen retten. Dadurch ist viel ver-
loren gegangen von der Schwester.

Brecht hatte uns aus Amerika zwei Care-Pakete geschickt, die aber
nicht angekommen sind. Zwei oder dreimal kriegten wir auch Klei-
derpakete von ihm, Jacken, Schuhe, Hemden, Blusen und so was, die
sind angekommen. Von Kalifornien hat er uns auch Geld geschickt,
und zwar über die Schweiz, 1946/47. Ich bekam ein paar Mal so 'ne
Art Schecks, mit denen ging ich dann zur Friedrichstraße in eine
Schweizer Behörde, und dort konnte ich mir dann aussuchen, Kaffee,
Schokolade und so was. Na ja, damit haben wir gekaupelt, so sagte man
damals, Schwarzmarkt eben. Ich hab' den Kaffee in 10-Gramm-Tüt-
chen verpackt und verkauft, hier in Fredersdorf. Dafür haben wir uns
immer Brot geholt, auch auf dem Schwarzmarkt, die Schokolade haben
wir genauso versetzt. Nur ein einziges Mal haben wir den Kaffee sel-
ber getrunken. Ich war doch hier im Frauenausschuß in Fredersdorf
und als der Frauenverband gegründet wurde, hab' ich dann mal spen-
diert: Da haben wir Frauen in Fredersdorf Brechts Kaffee getrunken.

Bald nachdem Brechts wieder hier waren, traf ich sie mal auf einer
Festveranstaltung im Metropol-Theater, unten, im Hof. Da gab mir
Helli noch ein Foto von Grete aus Finnland. Sie waren zum Essen
eingeladen, aber zweimal. Einmal in die Möwe und einmal ins Ad-
lon. Es ging alles ganz schnell. Weil sie ja nun nicht zu beiden Essen
gehen konnten, machte Helli meinen Mantel auf und guckte sich an,
was ich anhabe. Da hatte ich zufällig ein Kleid an, das Grete mir mal
geschickt hatte. Da war ich wohl standesgemäß angezogen, und sie
hat mir die Einladung für die Möwe gegeben. In dieser Zeit bin ich
mit Brecht auch mal zum Dietz Verlag gegangen, da bekam ich fünf-
tausend Mark für Gretes Nexö-Übersetzung. Die Hälfte hat Mutter
gekriegt, wir haben das geteilt.

Dann besuchten wir Brecht noch ein paarmal in Weißensee. Ich
brachte ihm die Bücher zurück, die ich '33 aus seiner Wohnung in
der Hardenbergstraße herausgeholt hatte, nachdem er weg war. Und
sonst trafen wir uns mehr zufällig. Später schickte uns Helli manch-
mal Karten für Premieren im Berliner Ensemble.[36]

Als Brecht nach Ende des Krieges im Oktober 1948 in die
Trümmerstadt Berlin zurückkehrt, kommt er zunächst in dem
einzigen unzerstörten Flügel des Hotels Adlon unter. Hier beginnt er bald darauf mit den Vorbereitungen seiner Inszenierung von »Mutter Courage und ihre Kinder«.

Darüber berichtet Gerda Goedhart: »Angelika Hurwicz erzählte mir, daß Brecht sie eines Tages zu einer Arbeitsbespre-
chung für die Rolle der Kattrin in ›Mutter Courage‹ in seinem
Hotel empfing. Er sagte im Laufe dieser Stunden ganz unvermittelt: ›Ich habe eine Sekretärin gehabt, Grete Steffin. Sie ist in
Moskau gestorben. Sie hatte eine unheilbare TB.‹ Erst viel später,
nachdem Frau Hurwicz Brecht besser kannte, begriff sie, wie
schwer es ihm gefallen sein mußte, ohne Grete nach Deutschland zurückzukehren.«[37] Es gehört zu den vielen tragischen
Momenten im Leben von Grete Steffin, daß sie die legendäre
Berliner »Courage«-Aufführung von 1949, aber auch alle weiteren Erprobungen der Stücke, an denen sie mitgearbeitet hatte,
nicht erleben konnte. Sie ist in vielen Werken Brechts vorhanden,
wie auch in ihren eigenen Arbeiten, mit denen sie nicht weniger kritisch umging als mit seinen. Ihr Drama »Wenn er einen
Engel hätte« fand sie zum Beispiel kaum zwei Jahre nach Abschluß der Arbeit schon wieder »schlecht«. Sie störte sich daran,
daß es »zu viel Freigeistiges«[38] enthalte. Möglicherweise hatte
sie bemerkt, daß die Religion ein vielschichtigerer Komplex ist
als in ihrem Stück abgebildet. Vielleicht hätte sie es noch einmal überarbeitet. Auch hier verweist ihr zu früher Tod auf die
vielen abgebrochenen Möglichkeiten, auf die offenen Enden.
Aber auch nach einer Überarbeitung hätte sich an der humanen, den Menschen zugewandten Botschaft des Stückes nichts
geändert. Sie ist damals wie heute gültig: prüfen statt glauben.

Kopenhagen am 4. Mai 1945, dem Tag der deutschen Kapitulation.
Fotos von Mogens Voltelen.

Anmerkungen

Kurztitelverzeichnis

Rummelsburger Kellerkind

1 Aus Gesprächen mit Margarete Steffins langjähriger Freundin Hilde-
Lützenhoff. Da es im BBA keinerlei Dokumente über Margarete Stef-
fins Leben vor 1932 gibt, war es notwendig, die Schwester, Freunde und
Bekannte über Grete Steffins Kindheit und Jugend zu befragen. Neben
Hilde Lützenhoff sprach ich mit Margarete Steffins Schwester Herta
Hanisch, ihren Berliner Jugendfreundinnen und -freunden Martha Dit-
zell, Gertrud Glondajewski, Gertrud Cerny, Friedel und Fritz Thulke,
Hertha und Gerhard Reinicke, Richard Müller, Alfred Hanf, Herwart
Grosse, Herbert Dymke und mit ihren Bekannten Steffi Spira und Curt
Trepte. Über die Emigrationszeit sprach ich mit Lou Eisler, Asja Lacis,
Sven Jensen Juul, Mogens Voltelen, Steffi Spira, Dorothea Meyer, Valter
Taub, Lucie Taubova, Charlotte Bischoff, Vappu Tuomioja, Erkki Vala,
Hugo Huppert und Willi Adam, außerdem mit Käthe Rülicke-Weiler,
Brechts Mitarbeiterin in den fünfziger Jahren, und dem Moskauer Ger-
manisten Wladimir Koljazin. Im Folgenden wird aus den Tonbandab-
schriften dieser Gespräche zitiert, die zwischen 1977 und 2002 geführt
wurden; sie sind kursiv gedruckt. Um die Anzahl der Fußnoten nicht
unnötig zu erhöhen, werden sie im folgenden nicht gesondert ange-

merkt. Ferner sind in den Text zahlreiche Informationen aus den Gesprächen eingeflossen, die nicht in wörtlicher Rede erscheinen.

2 Kinderlandverschickung, Konfutse, S.29f. Die Erzählung »Schwesternliebe« konnte bisher nicht gefunden werden.

3 Ebd. S.30.

4 Information von Herta Hanisch.

5 Familienstammbuch Steffin, Archiv Hanisch. Die Mozartstraße gehörte 1908 zum Landkreis Niederbarnim. Heute gehört sie zum Ortsteil Biesdorf im Berliner Stadtbezirk Lichtenberg. – Die Rummelsburger Hauptstraße, in die Familie Steffin wenige Monate nach der Geburt Margaretes zog, gehörte zur Landgemeinde Boxhagen-Rummelsburg. 1912 wurde die Landgemeinde von der Stadt Lichtenberg eingemeindet. Lichtenberg wiederum wurde nach einer Verwaltungsreform 1920 einer der Stadtbezirke Berlins. Benennungen und zeitliche Zuordnung der Wohnorte der Familie Steffin folgen den Informationen von Margarete Steffins Schwester Herta Hanisch und dem Familienstammbuch.

6 Hinterhof, Keller und Mansarde. Einblicke in Berliner Wohnungselend 1901-1920, Hg. Gesine Asmus, Reinbeck 1982, S.266.

7 Herta Hanischs Vergleich mit Mutter Courage geht auf ein äußeres Wiedererkennen während der deutschen Erstaufführung von »Mutter Courage und ihre Kinder« in Berlin 1949 zurück. Sie kannte keinerlei Berichte ihrer Schwester über Brechts Arbeit an dem Stück. Es ist gut möglich, daß ihm Margarete Steffin von ihrer Großmutter erzählt hatte, jedoch ist das ebenso wenig nachweisbar als die in Konfutse aufgestellte Behauptung, daß »die Großmutter für Brecht das Vorbild für Mutter Courage abgab« (Zur Entstehung des Stücks vgl. GBA Bd. 7, S.377-381).

8 Von der Liebe. Und dem Krieg, Konfutse, S.11. Geschrieben im April 1933. Herta Hanisch bestätigte die Authentizität der hier zitierten Vorgänge, die Margarete Steffin in ihrer Erzählung auf 1916 datiert. Sie schrieb diesen Text, wie alle bislang gefundenen Erzählungen über ihre Kindheits- und Jugenderfahrungen, erst als erwachsene Frau. Ihre Prosa ist autobiografisch grundiert und enthält sowohl faktische als auch fiktive Anteile (vgl. Anm.7 im folgenden Kapitel).

9 Ebd. S.12.

10 Ebd. S.13.

11 Ebd. S.13.

12 Ebd. S.13.

13 Sebastian Haffner: Die deutsche Revolution 1918/1919, München 1991, S.168.

14 Ebd. S.166.

15 Ebd. S.165.

16 Die große Sache, Konfutse, S.15.

17 Max Kahane im Gespräch mit Horst Helas: Erinnerungen an die Grenadierstraße, in: Das Scheunenviertel, Hg. Stiftung Scheunenviertel, Gesamtredaktion Thomas Raschke, Berlin 1994, S.92f.

18 Die große Sache, Konfutse, S.15.

Gott und Vater

1 Knorr-Bremse, in: Das Arbeiterlied, Hg. Inge Lammel, Leipzig 1975. S.170f. Das Lied ist vermutlich während des 1. Weltkriegs entstanden.

2 Nach dem Fall des Bismarckschen Sozialistengesetzes erklärte Karl Kautsky den Zusammenhang zwischen »Wirtshaus« und Arbeiterbewegung so: »Das einzige Bollwerk der politischen Freiheit des Proletariers, das ihm so leicht nicht konfisziert werden kann, ist – das WirtshauS.Der Temperenzler mag darüber die Nase rümpfen, aber das ändert nichts an der Tatsache, daß unter den heutigen Verhältnissen Deutschlands das Wirtshaus das einzige Lokal ist, in dem die niederen Volksklassen frei zusammenkommen und ihre gemeinsamen Angelegenheiten frei besprechen können. Ohne Wirtshaus gibt es für den Proletarier nicht bloß kein geselliges, sondern auch kein politisches Leben. Unter dem Sozialistengesetz, als alle Vereinigungen der Arbeiter aufgelöst waren und die Sozialdemokratie trotzdem fortfuhr, als einheitlicher politischer Körper fortzuleben, suchten Polizisten und Staatsanwälte mit verzweifelter Rührigkeit nach der geheimen Organisation, die die ganze sozialistische Arbeiterschaft zusammenhalte. Sie übersahen bei ihrem erfolglosen Suchen, das jedes von Parteigenossen besuchte Wirtshaus einen ›Geheimbund‹ bildete, der Einmütigkeit im Denken und Handeln verbreitete und den Zusammenhang unter den einzelnen Genossen aufrecht hielt – freilich einen Geheimbund ohne Obere, ohne Satzungen, ja sogar ohne bestimmte Mitgliedschaft: wer eben da war und an den politischen Diskussionen teilnahm, ob aktiv oder passiv, war Mitglied dieses unauflöslichen und immer wieder sich erneuernden Geheimbundes.« (Karl Kautsky: Der Alkoholismus und seine Bekämpfung, Folge 6, in: Die Neue Zeit, Heft 30, 1890/91, S.107).

3 Vater, Konfutse, S.42.

4 Die große Sache, Konfutse, S.14.

5 Ebd. S.18f.

6 Ebd. S.17.

7 Einige Interpreten lesen Steffins autobiografische Prosa wie Protokolle. Sie übersehen, daß die Autorin hin und wieder zwischen Fiktion und Wirklichkeit changiert. Stefan Hauck gibt in seiner Chronologie zu Margarete Steffin für das Jahr 1920 an: »Steffin in der Kindergruppe der Internationalen Arbeiterhilfe IAH« (Briefe, S.315, eine Erwähnung aus: Die große Sache, a.a.O., S.16f und S.20). Tatsächlich erschien der Gründungsaufruf der IAH erst am 30. 8. 1921 (siehe: Willi Münzenberg: Fünf Jahre Internationale Arbeiterhilfe, Berlin 1926, S.38). Für das Jahr 1922 weist Hauck in der Chronologie aus: »Steffin Laufmädchen bei den Deutschen Telefonwerken« (Briefe, S.315). Eine Erwähnung aus der Skizze: So wurde ich Laufmädchen, Konfutse, S.42, die nach Auskunft von Herta Hanisch, Margarete Steffins Schwester, frei erfunden ist. Steffin benutzte sie offenbar als knapp gesetzte Schlußpointe, um sie deutlich vom Hauptstrang ihrer Skizze abzuheben, der Weigerung des Vaters, ihr einen Lyzeumsbesuch zu ermöglichen, die allerdings der

Wirklichkeit entsprach. In gleicher Art kontrastierend verwendete sie zuvor die Erwähnung, ihre Eltern hätten ihr ursprünglich den Besuch des Lyzeums erlaubt, die nach Auskunft von Herta Hanisch wiederum nicht authentisch ist. Solche Beispiele aus Steffins Prosa, die von Interpreten als Fakten ausgegeben werden, ließen sich fortsetzen. Innerhalb der autobiografischen Prosa Steffins gibt es immer wieder fiktive Passagen. Um zu erfahren, was in ihren Skizzen, Geschichten und Erzählungen fiktional und was authentische Erfahrung oder Fakten sind, gab es keine andere Möglichkeit, als die beschriebenen Vorgänge von möglichst vielen Beteiligten und Zeitzeugen prüfen zu lassen. Die in dieser Biografie als Fakten ausgewiesenen Mitteilungen, die sich auch in Steffins Prosa finden, wurden zuvor von ihrer Schwester oder ihren Freunden bestätigt.

8 Vgl. Vertrag mit Gott, Konfutse, S.90-94; Leichtfertige Äußerungen eines Pastors, ebd. S.195; Ich erhielt vom lieben Gott ein Schreiben, ebd. S.205; Wenn er einen Engel hätte, ebd. S.207-301.

9 Mit derartigen Auffassungen mußten sich linke Schulreformer noch bis weit in die zwanziger Jahre hinein auseinanderzusetzen. Der Sozialdemokrat Kurt Löwenstein etwa hatte große Schwierigkeiten, begabte Kinder von Arbeitern an seinen Aufbauschulen zu unterrichten, um sie zum Abitur zu führen, weil er immer wieder auf dieselbe Ignoranz der Eltern stieß, eine aus Armut geborene Beschränktheit. Kommunistische Schulreformer wie Edwin Hoernle reagierten darauf mit der radikalen Forderung, man müsse die Kinder von ihren Eltern trennen, um sie in Heimen unter der Obhut und Pflege ausgebildeter Pädagogen im Geiste einer Solidargemeinschaft zu erziehen, weil die wirtschaftlichen, mentalen, pädagogischen und hygienischen Verhältnisse in Arbeiterfamilien insgesamt einem gedeihlichen Heranwachsen junger Menschen zuwiderliefen. (Die Schule der werdenden Gesellschaft: Karl-Marx-Schule Neukölln – Perspektive Gesamtschule, in: Weimarer Republik, Hg. Kunstamt Kreuzberg und Institut für Theaterwissenschaft der Universität Köln, Berlin und Hamburg 1977, S.546-562).

10 Steffin an Walter Benjamin, September 1937, Briefe, S.251.

11 Der Gründung weltlicher Volksschulen war ein »Erlaß zur Aufhebung des Religionszwanges« vorangegangen, basierend auf Artikel 149 der Weimarer Verfassung. Als erste weltliche Schule in Preußen war am 15. Mai 1920 die 3. Gemeindeschule in Berlin-Adlershof, Radickestraße 43-49 eröffnet worden. Ein Jahr später wurde ein Teil der Volksschule in der Rummelsburger Marktstraße, die Margarete Steffin besuchte, zur weltlichen Volksschule, so daß sie die Schule im letzten Schuljahr 1921/22 nicht mehr wechseln mußte.

12 Die große Sache, Konfutse, S.14.

»Das ferne Land«

1 Vgl. Iring Fetscher: Hans Paasche (1881-1920) – Kapitänleutnant a. D., Pazifist und Sozialdemokrat, Nachwort in: Hans Paasche: Die For-

schungsreise des Afrikaners Lukanga Mukara ins Innerste Deutschland, Bremen 1988, S.107.

2 Helmut Donat: Hans Paasche – ein deutscher Revolutionär, in: Hans Paasche: Ändert Euren Sinn! Schriften eines Revolutionärs, Hg. Helmut Donat und Helga Paasche. Mit einem Nachwort von Robert Jungk, Schriftenreihe Geschichte & Frieden, Bd. 2, Bremen 1992, S.20.

3 Hans Paasche: Deutscher Naturschutz, ebd. S.85.

4 Werner Lange: Hans Paasches Forschungsreise ins innerste Deutschland. Eine Biographie. Mit einem Geleitwort von Helga Paasche, Bremen 1995, S.202.

5 Ebd.

6 Ebd. S.203. Paasche verfaßte unter dem Titel »Die Legende von der Vertreibung der Kaiserin« einen Bericht über sein Gespräch mit Kaiserin Auguste Victoria (in: Hans Paasche: Ändert euren Sinn!, a.a.O., S.202ff).

7 Hans Paasche: Das verlorene Afrika, in: Hans Paasche: Ändert euren Sinn!, a.a.O., S.236.

8 Ebd.

9 Iring Fetscher: Hans Paasche (1881-1920) ..., a.a.O., S.99.

10 Robert Jungk: Wo sind die Paasches der Jahrtausendwende?, Nachwort, in: Hans Paasche: Ändert Euren Sinn!, a.a.O., S.264f.

11 Hans Paasche: Das verlorene Afrika, a.a.O., S.236.

12 Werner Lange: Hans Paasches Forschungsreise ins innerste Deutschland, a.a.O., S.220-229.

Die Gruppe

1 1921 zählte der Touristenverein »Die Naturfreunde«, wie der offizielle Name lautete, 800 Ortsgruppen mit 90 000 Mitgliedern in Deutschland, Österreich, Ungarn, der Schweiz, Norwegen und den USA. Ein Jahr später waren es bereits 130 000 Mitglieder, davon in Deutschland mehr als 30 000. Der Verein besteht bis heute unter dem Namen »NaturFreunde Deutschlands e. V., Verband für Umweltschutz, sanften Tourismus, Sport und Kultur«. In der Dachorganisation »Naturfreunde Internationale« (NFI) sind Verbände aus 19 Ländern zusammengeschlossen.

2 Erich R. Schmidt: Meine Jugend in Groß-Berlin. Triumph und Elend der Arbeiterbewegung 1918-1933, mit einem Geleitwort von Willy Brandt, Bremen 1988, S.121. Schmidt war Mitglied einer Gruppe der Sozialistischen Arbeiterjugend (SAJ) in Berlin-Prenzlauer Berg, Vorsitzender der SAJ Berlin und Jugendsekretär der SPD bis zu seinem Ausschluß aus der Partei im April 1933. Danach im Prager Exil Mitglied der Gruppe »Neu Beginnen«.

3 Ebd. S.122. Auf Grund ihrer politischen Übereinstimmung hatten SAJ und Naturfreunde das gleiche Bildungskonzept. Daher traten bei den Gruppenabenden beider Organisationen meist dieselben Referenten auf.

4 Das Paradestück, Konfutse, S.46.

352

5 Ebd. S.46-55.

6 Floraths Sprechchor wurde auf Initiative Kurt Eisners zunächst vom Zentralen Bildungsausschuß der USPD organisatorisch gestützt und gefördert, ab 1922, nach der Wiedervereinigung von USPD und SPD, vom Berliner Bezirksausschuß für sozialistische Bildungsarbeit der SPD.

Rufe aus der Tiefe

1 Jon Clark: Bruno Schönlank und die Arbeitersprechchorbewegung, Schriften des Fritz-Hüser Instituts für deutsche und ausländische Arbeiterliteratur der Stadt Dortmund, Köln 1984, S.77. Ähnliche Veranstaltungen hatte es schon zuvor in München gegeben. Clark merkt an, daß der Berliner Sprechchor für proletarische Feierstunden zunächst von Tilla Durieux und Alexander Moissi, nach anderen Quellen von Mary Welhöner geleitet wurde, bevor ihn Albert Florath übernahm (ebd. S.241). Tilla Durieux berichtet in ihren Memoiren über ihre Mitwirkung an den Sozialistischen Morgenfeiern, den Vorformen des Sprechchors (Tilla Durieux: Meine ersten neunzig Jahre, nacherzählt von Joachim Werner Preuß, Frankfurt/M.-Berlin 1991, S.297/301). Leo Kestenberg (1882-1962), der Clark zufolge entscheidenden Anteil an der Entstehung der Arbeitersprechchorbewegung hatte, war Pianist, Musiktheoretiker und Kulturpolitiker. Als Referent für Musik im preußischen Kultusministerium setzte er sich von 1919 bis 1932 für eine gleichberechtigte Förderung von Elite- und Breitenkultur ein und verband seine Reformen in der Musikerziehung mit dem Gedanken allgemeiner Menschenbildung. Er hat das Berliner Musikleben in den zwanziger Jahren wesentlich mitbestimmt (vgl. Materialien zum Leo-Kestenberg-Symposium der Universität der Künste Berlin vom Dezember 2005, Leo-Kestenberg-Dokumentation im Archiv der UdK).

2 Tilla Durieux, ebd. S.184f. Albert Florath hatte sich von drei Gestaltungsmitteln anregen lassen, um seinen Sprechchor zu formen: vom chorischen Rezitieren, wie es schon vor dem Weltkrieg in sozialdemokratischen Kulturveranstaltungen üblich war, von den unterschiedlichen Stimmgruppen, die in Oratorien zu hören sind, und schließlich vom Auftreten von Massen als dramatische Subjekte, wie sie Max Reinhardt im Rückgriff auf die Chöre im antiken Drama in seinen Arenaspielen seit der Jahrhundertwende entwickelt hatte. Florath nahm die Musik des Oratoriums nach und nach zurück. An deren Stelle setzte er die Musikalität gesprochener Versrhythmen.

3 Erich R. Schmidt a.a.O., S.44. (vgl. auch Albert Horlitz: Vom Sprechchor, in: Arbeiter-Jugend, Monatsschrift des Verbandes der Sozialistischen Arbeiterjugend Deutschlands, 16. Jg., Heft 11, Berlin 1924, S.309ff. Die Form des Sprechchors wurde bald auch von bürgerlichen Vereinen, etwa dem Wandervogel, und von konfessionellen, ständischen und völkischen Organisationen übernommen.

4 Vgl. Friedrich Wolfs 1935 verfaßte Rückschau auf die Genealogie des

Agitproptheaters (Schöpferische Probleme des Agitproptheaters, in: Friedrich Wolf: Aufsätze über Theater, Berlin 1957, S.21f.

5 Jon Clark, a.a.O., S.105.   Bruno Schönlank: Mehr Propaganda!, in: Die Freiheit, 30. 11. 1918, zit. nach Jon Clark, a.a.O., S.174f (Quellen-Anhang).

7 Bruno Schönlank: Fiebernde Zeit. Sprechchöre und Kantaten, Arbon 1935, S.III.

8 Bruno Schönlank: Mehr Propaganda!, a.a.O., S.173.

9 Jon Clark, a.a.O., S.70.

10 Bruno Schönlank: Fiebernde Zeit, a.a.O., S.III.

11 Jon Clark, a.a.O., S.76.

12 Der Sprechchor der Naturfreunde bestand seit Februar 1922. Er hatte als erstes Bruno Schönlanks Weihespiel »Erlösung« aufgeführt. Das Werk wurde 1922 und 1923 auf den Stufen des Rathauses in Frankfurt/O., sowie anläßlich einer internationalen Naturfreunde-Tagung und eines Antifaschistentages in Leipzig aufgeführt, vgl. T. N. [d. i. Traute Neumann]: Drei Jahre Sprechchor. ein Rückblick und Ausblick in: Fahrtgenoss, Monatsschrift für proletarisches Wandern, Gau Brandenburg Touristenverein; »Die Naturfreunde«, Internationale Arbeiterwanderer, Gau Danzig-Ostpreußen, Heft 3-4/1925, S.41f.

13 Herwart Grosse war in den zwanziger Jahren auch zeitweilig Privatsekretär von Max Hodann. Er war Hodanns Mitarbeiter bei der Herausgabe einer Sammlung von dessen Briefen: »Sexualelend und Sexualberatung, Briefe aus der Praxis«, Rudolstadt 1928. Nach 1945 war Grosse einer der prägenden Schauspieler am Deutschen Theater in Berlin, zugleich spielte er in vielen Kinofilmen der DEFA und in Fernsehfilmen. Kurt Bork (1906-1972) wechselte 1927 vom Naturfreunde-Sprechchor zum Sprech- und Bewegungschor der Berliner Volksbühne, wo im Mai 1929 sein Chorspiel »Unser die Erde« aufgeführt wurde. Er war von 1954 bis 1962 Leiter der Hauptabteilung Theater, Musik, Veranstaltungswesen im Kulturministerium der DDR und von 1963 bis 1972 stellvertretender Minister für Kultur, bis 1969 zuständig für Theater.

14 Arbeiter Bauern Soldaten. Der Aufbruch eines Volkes zu Gott, ein Festspiel, in: Johannes R. Becher, Gesammelte Werke, Hg. Johannes-R.-Becher-Archiv der Deutschen Akademie der Künste zu Berlin, Bd. 8, Berlin und Weimar 1971, S.19-99.

15 Bemerkung zur Umarbeitung, ebd. S.104.

16 Arbeiter, Bauern, Soldaten. Entwurf zu einem revolutionären Kampfdrama, ebd. S.112.

17 Ebd.

18 Ebd. S.169.

19 Ebd. S.177.

20 Ebd. S.152.

21 Ebd.

22 Jon Clark, a.a.O., S.76.

23 Vgl. Schönlanks Aufsätze über den Sprechchor als Bühnengenre, (Jon Clark a.a.O., S.173-191 und Schönlanks Verhältnis zu Becher nach 1945, ebd. S.167ff).

24 Dem Kartell gehörten die folgenden Organisationen an: Arbeiter-Abstinentenbund, Verband Volksgesundheit, Touristenverein Die Naturfreunde (Gau Brandenburg), Arbeiterheaterbund, Proletarischer Gesundheitsdienst und Arbeiter-Wanderbund Naturfreunde. In den Richtlinien zur Kartell-Gründung hieß es: »Die herrschende Klasse hat nur almosenhafte Brocken an Kultur und Bildung für Arbeiter, die überdies inhaltlich nicht deren Interessen entsprechen.« Daher wolle sich das Kartell für eine Verbesserung der Bildungsangebote und der Gesundheitsfürsorge für Arbeiter einsetzen, dem »Vergnügungsrummel der bürgerlichen Kunst« eine eigene Kunst entgegensetzen, geistige und körperliche Betätigungen vereinen, und die sozialistischen Parteien unterstützen.« (Fahrtgenoss, a.a.O., Heft 11/1922, S.115-119.

25 J.-R. [Kürzel]: Magdeburg – Ein Bekenntnis zum proletarischen Klassenwollen!, Fahrtgenoss, a.a.O., Heft 6/1924, S.50.

26 Wittfogel grenzte in seinem Referat die proletarische von der kleinbürgerlichen und bürgerlichen Kunst ab, indem er ihr eine Funktion zuwies: Sie schaffe nicht um der Kunst willen, »sondern um der Aufrüttlung des Klassenbewußtseins willen ... Nicht ein Kulturphilistertum, vom Bildungswahn besessen, bringt uns weiter, unsere Kraft muß in erster Linie eingesetzt werden, um den werktätig Schaffenden die Macht zu erobern.« (ebd. S.47). Max Hodann referierte über proletarische Pädagogik. Arbeiterkinder sollten zu solidarischen, klassenbewußten und kampfbereiten Menschen erzogen werden. Er benannte vorhandene Defizite, die bis in den eigenen Verein hineinreichten: »Unter eingehender Würdigung der sozialen Lage des Jungproletariats findet er Gelegenheit zur scharfen Zurückweisung aller Versuche von Autoritätserziehung, wie sie heute in Elternhaus, Schule und Lehrstelle und (er sprach dies deutlich aus) auch in proletarischen Organisationen betrieben wird.« (ebd. S.48).

27 Ebd. S.46.

28 Über proletarische Künstler, ebd. S.51.

29 Proletarische Feierstunde, ebd. S.48.

30 Arbeiter, Bauern, Soldaten, Vorrede, a.a.O., S.103.

31 - ld. [Kürzel]: Arbeiterwandern und Klassenkampf, Fahrtgenoss, a.a.O., Heft 5/1925, S.47.

32 Ebd. S.48f, Hervorhebungen im Original.

33 Ebd. S.50.

34 Ebd.

35 An die Mitglieder des Touristenvereins »Die Naturfreunde«, Fahrtgenoss, a.a.O., Heft 2/1925, S.2 und So[Kürzel]: Für die Einheit der Arbeiter-Wanderbewegung, Fahrtgenoss (Ausgeschlossene Gruppen), a.a.O., Heft 1/1926, S.7. Zur wechselvollen Geschichte der Naturfreunde in Berlin und Brandenburg liegt eine Dissertation von Oliver Kersten vor: »Laßt weit zurück die Stätten eurer Fron«. Kontinuitäten und Brüche in der Naturfreundebewegung Berlin-Brandenburg von ihren Anfängen bis in die Gegenwart, Freie Universität Berlin, Otto-Suhr-Institut, Fachbereich Poltik und Sozialwissenschaften 2004.

36 Die Anklage gegen Becher löste internationale Proteste aus, die unter anderem von Thomas Mann, Romain Rolland, Maxim Gorki und Bertolt Brecht unterstützt wurden. Der Becher-Prozeß fiel 1928 unter eine Amnestie.

37 K. T. [Kürzel]: Fünf Jahre oppositionelle Naturfreunde-Arbeit!, Kampfgenoss, Zeitschrift für proletarische Geistes- und Körperkultur, Monatsschrift des Turn- und Sportvereins Fichte, Berlin, Heft 1/1930, S.8.

38 Großstadt, in: Bruno Schönlank: Fiebernde Zeit, a.a.O.,S.36.

39 Ebd. S.17.

40 Ebd.

41 Aus Annoncen der Naturfreunde-Zeitschrift »Fahrtgenoss«, der Fichte-Zeitschrift »Kampfgenoss« und der KPD-Zeitung »Rote Fahne« in den Jahren 1926 bis 1929, in denen die Veranstaltungspläne der Naturfreunde- bzw. der Fichte-Gruppen monatlich bekanntgegeben wurden.

Das Leben verfeinern

1 Steffin: Tagebuch 15. 7. bis 24. 8. 1927, Eintrag vom 1. 8. 1927, Archiv Hanisch

2 Bernd Stenzig: Worpswede Moskau. Das Werk von Heinrich Vogeler, Worpswede 1991, S.18, siehe auch S.194

3 Steffin: Tagebuch 15. 7. bis 24. 8. 1927, Eintrag vom 29. 7. 1927, a.a.O., Hervorhebung im Typoskript.

4 Liebe liebte ich, doch nicht das Lieben., Konfutse, S.204.

5 BBA 602/08.

6 Liebe liebte ich, doch nicht das Lieben., Konfutse, S.204.

7 Steffin: Tagebuch 15. 7. bis 24. 8. 1927, Eintrag vom 24. 7. 1927, a.a.O.

8 Ebd. 1. 8. 1927.

9 Ebd. 27. 7. 1927. Hervorhebung im Typoskript.

10 Ebd. 24. 8. 1927.

11 Ebd. 26. 7. 1927. Hervorhebung im Typoskript.

12 Hans Halter: Ein Leben lang der schwarzen Fahne treu. Gedenkartikel anläßlich des einjährigen Todestages von Liesl Albrecht, TAZ Berlin, 4. 4. 1991. Paul Albrecht, geboren 1902, Werkzeugmacher, »wurde 1926 als FAUD-Mitglied [Freie Arbeiter-Union Deutschlands] 2. Betriebsratsvorsitzender der Norddeutschen Kabelwerke in Berlin-Neukölln. Ende 1929 wechselte Albrecht zur KPD, für die er später in den Reichstag einzog. Nach dem Krieg war Albrecht SED-Bezirkssekretär in Halle.« (zitiert bei: Hartmut Rübner: Freiheit und Brot, Die Freie Arbeiter-Union Deutschlands, Eine Studie zur Geschichte des Anarcho-Syndikalismus, Berlin/Köln 1994, S.198, Anm. 129).

13 Steffin: Tagebuch 15. 7. bis 24. 8. 1927, Eintrag vom 26. 7. 1927, a.a.O.

14 Ebd. 28. 7. 1927. Hervorhebung im Typoskript.

15 Ebd. 26. 7. 1927. Hervorhebung im Typoskript.

16 Ebd. 17. 7. 1927.

17 Ebd. 25. 7. 1927. Hervorhebung im Typoskript.

18 Ebd. 24. 7. 1927.

19 Natürlich hab ich als Kind, Konfutse, S.189. Werner Hecht bezieht das
   Gedicht auf eine Abtreibung infolge einer Schwangerschaft aus Steffins Liebesverbindung mit Brecht, die er unter dem 10. Oktober 1932
   einordnet. (Chronik, S.336). Wahrscheinlich verließ er sich dabei auf
   die Datierung des Gedichts in Konfutse, S.190: »1932/33«. Tatsächlich
   schrieb Steffin das Gedicht im Juli/August 1933 in Paris, wie sie in einem Brief an Brecht mitteilt, (BBA 654/17 und Briefe, S.63). Die Verwei-
   se des Gedichts auf die realen Vorgängen von 1927, also Steffins Liebesverbindung mit Dymke, und auf die Erzählung »Zwillinge«, (Konfutse,
   S.55-61), die eindeutig auf 1927 Bezug nimmt, sind so evident, daß jeder
   Zusammenhang mit Brecht ausgeschlossen ist. Die in Konfutse im Bild-
   teil ab S.192 aufgeführten »Daten zu Leben und Werk von Margarete
   Steffin« enthalten einige fehlerhafte Mitteilungen, beispielsweise auch
   die, daß Steffin 1930 aus einem Buchverlag »wegen politischer Interessen kommunistischer Art« entlassen wurde. Tatsächlich ist dies eine
   von Steffins Schutzbehauptungen, die sie anläßlich ihrer Polizeiverhöre während der Emigration in Dänemark vortrug, um ihre Aufenthaltsgenehmigung nicht zu gefährden, was ihr allerdings nicht gelang,
   weshalb sie das Land am 21. 12. 1935 verlassen mußte. Hans Christian
   Nørregaard hatte sie in dänischen Polizeiprotokollen gefunden und die
   Ergebnisse seiner Untersuchungen 1986 veröffentlicht (zuletzt in »Bertolt Brecht und Dänemark«, in: Exil in Dänemark, Heide 1993, S.409. Siehe auch in dieser Biografie das Kapitel »Leben aus dem Koffer«, Anm.
   22). Die oft kolportierte Mitteilung über Steffins Arbeitslosigkeit entspricht ebenfalls nicht den Tatsachen. Sie war zu keiner Zeit arbeitslos.
20 Zwillinge, Konfutse, S.56f.
21 Ebd. 57.
22 Ebd. 56.
23 Ebd. 58f.
24 Die in Konfutse, S.307f (Anmerkungen) enthaltene fragmentarische
   Fortsetzung der Erzählung »Zwillinge« hielt Hilde Lützenhoff für frei
   erfunden (BBA 535/140, ebenso den Entwurf der Fortsetzung, BBA
   602/07).
25 BBA 602/08, wahrscheinlich Mitte/Ende der dreißiger Jahre.

Am Ende der Jugend

1 Erich Mühsam war 1919 an der Proklamation der Bayrischen Rätere-
  publik beteiligt und zu fünfzehn Jahren Haft auf der Festung Nieder-
  schönenfeld verurteilt worden. Er wurde am 20. Dezember 1924 nach
  fünfjähriger Haft entlassen und traf am selben Tag in Berlin ein. Zum
  Empfang auf dem Anhalter Bahnhof vgl. Chris Hirte: Erich Mühsam.
  »Ihr seht mich nicht feige«. Biographie, Berlin 1985, S.347-351.
2 Die von der KPD angeleitete Marxistische Arbeiterschule (MASCH) bot
  vor allem bildungsinteressierten Arbeitern Kurse, Seminare und Vorträge an, unter anderem zu Themen der Ökonomie, Philosophie, Kunst,
  Politik und Gesellschaftstheorie. Zu den Lehrern gehörten Bruno Taut,

Walter Gropius, Egon Erwin Kisch, Ludwig Renn, Alfred Kurella, Karl Korsch, Hanns Eisler, Erwin Piscator, John Heartfield, Jürgen Kuczynski, Ernst Schneller und andere.

3 Mitte der achtziger Jahre fand Herta Hanisch auf ihrem Dachboden einen kleinen Rest von Büchern ihrer Schwester Grete Steffin: Upton Sinclair: »Die goldene Kette«, Heinrich Zille: »Für alle«, J. W. Goethe: »Die Leiden des jungen Werthers«, John Habberton: »Helens Kinder und anderer Leute Kinder«, Jack London: »Abenteuer des Schienenstrangs«, Charles Dickens: »Oliver Twist«, Richard Voß: »Tragödien der Zeit«, Ilja Ehrenburg: »Die Liebe der Jeanne Ney«.

4 Erich Mühsam wurde am 10. Juli 1934 im Konzentrationslager Oranienburg ermordet.

Brodeln in Berlin

1 Steffin: Tagebuch 15. 7. bis 24. 8. 1927, Eintrag vom 11. 8. 1927, a.a.O.

2 A. K. [Kürzel]: Die Fabrik. Uraufführung eines revolutionären Agit-propstückes aus Anlaß der Zentralen Leninfeier, in: Die Rote Fahne, 25. 1. 1927.

3 Kampfgenoss, Monatsschrift des Turn- und Sportvereins Fichte, Berlin, Heft 11/1929.

4 A. K. [Kürzel]: Die Fabrik, a.a.O.

5 Ich höre das erste Mal von Brecht, Konfutse, S.163.

6 Piscators Auseinandersetzung mit der Leitung der Volksbühne dokumentiert: Hg. Knut Boeser/ Renata Vatková: Erwin Piscator. Eine Arbeitsbiografie in zwei Bänden, Berlin 1986, Bd. 1, S.108-155.

7 Mitteilungen von Herta Hanisch, Alfred Hanf, Gertrud Glondajewski und Richard Müller.

8 Curt Trepte war 1930/31 Schauspieler an der Piscatorbühne, danach bis 1933 Mitbegründer und Mitglied der von Gustav Wangenheim geleiteten Truppe 1931. Er emigrierte 1933 in die Sowjetunion, ab 1938 nach Schweden. Rückkehr 1946, danach Schauspieler, Intendant und Theaterhistoriker in der DDR.

9 Auf meine Anfrage im Bundesarchiv, in dem das KPD-Parteiarchiv betreut wird, erhielt ich mit Schreiben vom 28. 7. 2005 die Antwort, daß im »Historischen Archiv der KPD« keine Mitgliederkartei überliefert ist. Herbert Dymke berichtete, Margarete Steffin sei bis einschließlich 1930 nicht Mitglied der KPD gewesen. Johanna Steffin hingegen erwähnt das Parteibuch von Margarete Steffin in einem verschlüsselten Brief vom Juni 1933 an ihre Tochter nach Paris (BBA 654/43). Siehe dazu auch Margarete Steffin an Bertolt Brecht, Ende Juni/Anfang Juli 1933 (BBA 654/42). Der Zeitpunkt des Beitritts Margarete Steffins zur Kommunistischen Partei läßt sich daher mit 1931 nur annähernd bestimmen.

10 Steffin hat sich nach dem im September 1930 erfolgten Umzug in die Lasdehner Str. 5 nicht polizeilich angemeldet. Hilde Lützenhoff begründete dies damit, dass Johanna Steffin bereits einige Arbeitslose pro forma als Untermieter in ihrer Wohnung geführt habe, um ihnen

mit der polizeilichen Anmeldung eine geringe Unterstützung vom Arbeitsamt zu ermöglichen. Auf solche Hilfestellungen war Margarete Steffin nicht angewiesen, da sie nie arbeitslos war. Noch 1932 gibt sie in einer polizeilichen An- und Abmeldung als letzten gemeldeten Aufenthalt die alte Wohnung in der Weserstr. 18 an, BBA 461/102.

11 Der Berliner Ortsverband des Sportvereins Fichte zählt zu dieser Zeit um die 35 000 Mitglieder.

12 Der Film wurde vom August 1931 bis Februar 1932 produziert, die Uraufführung fand Mitte Mai 1932 in Moskau statt, die deutsche Erstaufführung am 30. Mai 1932 in Berlin. »Kuhle Wampe oder Wem gehört die Welt?«. Filmprotokoll und Materialien, Hg. Wolfgang Gersch und Werner Hecht, Leipzig 1971, S.213ff.

13 Informationen von Herta Hanisch, Gertrud Glondajewski und Hilde Lützenhoff. Wann Margarete Steffin ihre Arbeit bei der Gehag aufgenommen hat, lässt sich mit Ende 1930 nur annähernd bestimmen. Die 1924 vom ADGB gegründete Gemeinnützige Heimstätten-, Spar- und Bau AG (Gehag) baute bis 1933 unter ihrem Chefarchitekten Bruno Taut, dessen Architekturauffassung mit dem Bauhaus korrespondierte, u. a. die Britzer Hufeisensiedlung, die Waldsiedlung Zehlendorf, die Wohnstadt Carl Legien in Prenzlauer Berg und die Afa-Siedlung in Treptow. 1932/33 richtete sie in Berlin 953 Erwerbslosensiedlerstellen ein (50 Jahre Gehag. Ein Bericht, mit Vorworten von Klaus Schütz u. a., Redaktion F. R. Winkler, N. Müller-Lenhartz, Berlin o. J. [1974].

14 Steffie Spira war Schauspielerin u. a. am Hebbeltheater und an der Volksbühne in Berlin, ab 1931 in der Truppe 1931. Sie emigrierte 1933 nach Paris, ab 1939 nach Mexiko. 1947 Rückkehr nach Berlin-Ost. Vizepräsidentin der Genossenschaft Deutscher Bühnenangehöriger, Film- und Theaterrollen, vor allem an der Volksbühne.

15 Neueren Forschungen zufolge betrug der Anteil des Mittelstandes an der Wählerschaft der NSDAP rund 60 Prozent, Siehe Jürgen W. Falter: Hitlers Wähler (München 1991).

16 Johanna Schau: Wir sind ja sooo zufrieden. Die Rote Revue der Jungen Volksbühne, Die Rote Fahne, 20. 11. 1931.

17 Friedrich Wolf: Schöpferische Probleme des Agitproptheaters, in: Gesammelte Werke Bd. 15, Aufsätze, Hrsg. Else Wolf und Walter Pollatschek, Berlin 1967, S.289. Wolf schrieb seinen Aufsatz 1933 als Emigrant in Frankreich. Er hatte keinerlei Unterlagen zur Verfügung und rekonstruierte aus dem Gedächtnis, so daß ihm einige Erinnerungsfehler unterliefen: Er nennt den Protagonisten der Revue Krause statt Freese, als Aufführungsjahr 1932 statt 1931, Brecht als alleinigen Autor und gibt den Titel mit »Roter Rummel« an.

18 Günther Weisenborn im Gespräch mit Hans Bunge, 23. 8. 1962, Stiftung Archive der Akademie der Künste Berlin, Hanns Eisler-Archiv, zit. nach Joachim Lucchesi/Ronald K. Shull: Musik bei Brecht, Berlin 1988, S.560. Von der Revue »Wir sind ja sooo zufrieden« ist ein Textbuch nicht erhalten.

19 »Das Lied vom SA-Proleten« geändert in »Das Lied vom SA-Mann«,

GBA Bd. 11, S.209; »Die Ballade vom § 218« geändert in »Ballade zu § 218«, GBA Bd. 14, S.40; Das Solidaritätslied, ebd. S.116.

20 Anlaß und Zeitpunkt der ersten Begegnung von Steffin und Brecht wurden außerdem von Gertrud Cerny und Alfred Hanf bestätigt. Nach Auskunft von Steffi Spira lag die durchschnittliche Probendauer von Inszenierungen, die der Revue »Wir sind ja sooo zufrieden« vergleichbar waren, zwischen sechs und acht Wochen. Steffin selbst schildert ihre erste Begegnung mit Brecht anläßlich einer Probe zur Revue »Wir sind ja sooo zufrieden« (Ich sehe Brecht das erste Mal, Konfutse, S.166). Da die Revue am 17. 11. 1931 uraufgeführt wurde, wäre der Zeitpunkt der ersten Begegnung zwischen Brecht und Steffin annähernd genau mit Oktober 1931 zu bestimmen. In der Brechtforschung, einschließlich der Biografien, wird die erste Begegnung zwischen Brecht und Steffin mit unterschiedlichen Jahreszahlen und unrichtigem Anlaß angegeben. Meist werden »Januar 1932«, und die Uraufführung von »Die Mutter« nenannt (z. B. bei Klaus Völker: Bertolt Brecht, Reinbeck 1988, S.202, bei Werner Mittenzwei: Das Leben des Bertolt Brecht, Berlin 1986, Bd. 1, S.486 und bei Jan Knopf: Bertolt Brecht, Frankfurt/M. 2006, S.38).

21 Programmzettel, Stiftung Archiv der Akademie der Künste Berlin, Theaterarchiv, auch im BBA und in der Theaterabteilung des Märkischen Museums Berlin.

22 Johanna Schau: Wir sind ja sooo zufrieden, a.a.O.

Brecht

1 Ich sehe Brecht das erste Mal, Konfutse, S.166.

2 Hanns Eisler. Fragen Sie mehr über Brecht, Gespräche mit Hans Bunge, Leipzig 1975, S.171.

3 Brecht/Eisler: Offener Brief an die künstlerische Leitung der Neuen Musik Berlin 1930, Berliner Börsenkurier 13. 5. 1930, zit. nach Bertolt Brecht: Die Maßnahme, Kritische Ausgabe mit einer Spielanleitung von Reiner Steinweg, Frankfurt/M. 1972, S.236.

4 Gershom Scholem Walter Benjamin – die Geschichte einer Freundschaft, Frankfurt/M. 1997, S.220.

5 Ich sehe zum ersten Mal: Brecht ist ›bei uns‹, Konfutse, S.165.

6 Ebd.

7 [Anonym]: Die Maßnahme, Rezension in: Die Rote Fahne, 16. 12. 1930, zit. nach Steinweg a.a.O., S.336.

8 Über die eigene Arbeit, GBA Bd. 22.1, S.446.

9 Ich sehe zum ersten Mal: Brecht ist ›bei uns‹, BBA 159/87. auch Konfutse, S.165. Dort wird der letzte Satz sinnentstellend wiedergegeben, da im Typoskript eine Korrektur von Steffin übersehen wurde.

10 Ich sehe Brecht das erste Mal, a.a.O.

11 Konfutse, S.183, auch GBA Bd. 26, S.465f.

12 Chronik, S.976. Das Vorhaben, geplant für den Band Theaterarbeit des Berliner Ensembles, wurde offenbar nicht realisiert.

13 Helene Weigel: Erinnerungen an die erste Aufführung der »Mutter«, in:

Materialien zu Bertolt Brechts »Die Mutter«, Hg. Werner Hecht, Frankfurt/M. 1973, S.29f.

14 Ebd. 32.

15 »... die Proletarischen Wiegenlieder«, geändert in Wiegenlieder, entstanden im Zusammenhang mit dem Schauspiel »Die Mutter«, GBA Bd. 11, S.206-209.

16 Zeitliche Zuordnungen und Angaben zu Margarete Steffins Aufenthalt in der Hardenbergstraße stammen von Herta Hanisch, Hilde Lützenhoff und Richard Müller, der sie dort besuchte. Ihren Mitteilungen zufolge handelte es sich um die Zeit zwischen Januar und März 1932. S.a. Anm. 26 in diesem Kapitel.

17 Vgl. Steffins autobiografische Aufzeichnungen zu Brecht, Konfutse, S.163-168.

18 Joachim Lucchesi/Ronald K. Shull: Musik bei Brecht, a.a.O., S.492.

19 Werner Mittenzwei: Das Leben des Bertolt Brecht, a.a.O., Bd. 1, S.487.

20 [Zu beachten], GBA Bd. 21, S.371.

21 [Das Theater ist auch eine dumme Sache], GBA Bd. 21, S.91.

22 Sabine Kebir: Abstieg in den Ruhm. Helene Weigel. Biographie, Berlin 2000, S.42 und 45.

23 Ebd. S.57.

24 Brecht an Helene Weigel, GBA Bd. 28, S.344f. Der Brief ist mit »Dezember 1932« falsch datiert. Er ist spätestens im März 1932 geschrieben. Helene Weigel kommt Brechts Aufforderung am 1. April 1932 nach, sie zieht nach Zehlendorf, wo sie auch eine Wohnung für Steffin findet (vgl. BBA 461/101 ff). Steffins erste briefliche Nachrichten von ihrem Aufenthalt auf der Krim, den Brecht in seinem Brief an Weigel ankündigt, datiert vom 10. Juni 1932 (RGALI 631/14/392, auch im BBA und in Briefe, S.51-54).

25 GBA Bd. 28, S.345.

26 Polizeiliche Ab- und Anmeldung, BBA 721/32-35.

27 Mit der »Bediensteten« ist Helene Weigels Hausangestellte Martha Franke gemeint.

28 Polizeiliche Ab- und Anmeldung, 13. 5. 1932, BBA 461/101ff.

Tanz der Konjunktive

1 Steffin an Brecht, 10. 6. 1932, Briefe, S.51.

2 Ebd.

3 Ebd. 53.

4 Ebd.

5 Steffin an Brecht, 23. 6. 1932, ebd. 57.

6 Steffin an Brecht, 10. 6. 1932, ebd. 51.

7 Steffin an Brecht, 23. 6. 1932, ebd. 57.

8 Steffin an Brecht, 14. 6. 1932, ebd. 55.

9 Brecht an Steffin, [Ende Juni/ Anfang Juli] 1932, GBA Bd. 28, S.340.

10 Steffin an Brecht, 22. 6. 1932, Briefe, S.58.

11 Das erste Sonett, GBA Bd. 11, S.185.

12 Das geheime Wort wird in Brechts Sonett nicht benannt. Herta Ram-thun entschlüsselte es 1986, als sie es in einem Sonett von Steffin aus-geschrieben fand, allerdings wiederum als Akrostichon codiert. (Herta Ramthun: Die Entdeckung des »unauffälligen Worts«, in: notate 4/1986, Hg. Brecht-Zentrum der DDR. Steffins Sonett: Als der Klassiker am Montag ..., Konfutse, S.206.

13 Brecht an Hanns Eisler, August/September 1932, GBA Bd. 28, 341. Der Brief muß früher geschrieben worden sein, er ist eher auf Juli/August 1932 zu datieren, denn Steffin kündigt ihrer Schwester schon am 8. Au-gust 1932 auf einer Postkarte vom Tegernsee ihre Rückkehr nach Berlin für die »nächste Woche« an (Archiv Hanisch). Zitate aus dieser und anderen Postkarten, die Steffin aus Bayern schrieb, finden sich auch in: Juri Okljanski: Powest o malenkom soldate [russ.], Moskau 1978, S.88ff.

14 Steffin an Herbert Hanisch und Herta Steffin, Ende Juli 1932, Postkarte, Archiv Hanisch.

15 Das zweite Sonett, GBA Bd. 11, S.185.

16 Vgl. Bertolt Brecht: Liebesgedichte, ausgewählt von Werner Hecht, Frankfurt/M. 2006.

17 Brecht an Steffin, 4. 4. 1933, GBA Bd. 28, 3S.54.

18 Polizeiliche Anmeldung ab 29. 9. 1932, BBA 461/100.

19 O. Düggeli: Die Bedeutung der Heilstätten in der Entwicklung der Tu-berkulosebehandlung, in: Jubiläumsschrift der Stiftung Deutsche Heil-stätte Davos und Agra, Stuttgart 1951, S.22.

20 Vgl. Ferdinand Sauerbruch: Die moderne Bekämpfung der Tuberkulose durch operative und diätetische Maßnahmen, in: 34. Deutscher Kran-kenhaustag, Dresden 1930).

21 Brecht an Steffin, Dezember 1932/Januar 1933, GBA Bd. 28, S.345.

22 Heute träumt ich, daß ich bei dir läge, Konfutse, S.197.

23 Brecht an Steffin, Dezember 1932/Januar 1933, GBA Bd. 28, S.345.

24 Taschenkalender Steffin, 16. 2. 1933, BBA 2112/17.

Fremd in Agra

1 Brecht an Steffin, 13. 3. 1933, GBA 28, S.348.

2 Regeln für M. S., GBA 22.1, S.7.

3 Ebd.

4 Brecht an Steffin, 13. 3. 1933, a.a.O., S.349.

5 Wollen Ärzte heilen?, GBA 22.1, S.8 und die fragmentarische Skizze zu einem Stückentwurf, GBA 22.2, S.873f.

6 Regeln für M. S., a.a.O.

7 Vgl. Steffins knappe, nicht näher ausgeführte Kalendernotiz vom 19. 2. 1933, drei Tage nach ihrer Abreise aus Berlin: »Noch nicht im Sanatori-um, aber hier ist es umso schlimmer«, BBA 2112/16.

8 Brecht an Steffin, 4. 4. 1933, GBA 28, S.354.

9 Spectator: Leseabend, in: Die Terrasse, Monatshefte des Deutschen Hauses Agra, 9. Jhrg., Nr. 2, Mai 1933, Lugano 1933, S.10.

10 W.H. [Kürzel]: Der »Tag der nationalen Arbeit« in Lugano, ebd. S.12. Der

Autor teilt mit, daß »gegen 25 Patienten« aus Agra an der NSDAP-Feier teilgenommen haben, das wären knapp 40% aller Gäste des Sanatoriums.

11 Ebd.

12 Chronik, in: Die Terrasse, Juni 1933, a.a.O., S.66.

13 Die Briefe sind nicht überliefert, aber Steffin notiert die Ein- und Ausgangsdaten ihrer Korrespondenz in ihrem Kalender 1933, wobei sie oft die Spitznamen ihrer Briefpartner verwendet. Soweit es sich um enge Freunde oder Familienangehörige handelt, die ihr nach Agra schreiben, kann entschlüsselt werden, wer sie über die Situation in Berlin informierte: Hoppchen ist Herta Steffin, Trulla ist Gertrud Glondajewski, Hänfling ist Alfred Hanf, Rulle ist Richard Müller, Hannchen ist Johanna Steffin, Hilla ist Hilde Lützenhoff, BBA 2112/03-2112/19.

14 Information von Herta Hanisch. Prof. Dr. H. Alexander an August Steffin, 8. 7. 1933, BBA bZ 23/144f.

15 Familienkrach ums Hakenkreuz, Konfutse, S.95f.

16 Die rote Fahne, ebd. S.61-66.

17 Außer den oben erwähnten Texten gehören dazu: Schach bei Erpel, Konfutse, S.67f, Kleiner Mann, was tun!, ebd. S.68f.

18 Steffin an Brecht, [Anfang Juli 1933], Briefe, S.62.

19 Wer war der Täter?, Konfutse, S.100-104.

20 Marg. Steffin: Sanatoriumsleben in der Krim, in: Die Terrasse, Mai 1933, a.a.O., S.6.

21 Ebd. S.5.

22 Regeln für M. S., a.a.O.

23 Spectator: Unterhaltungsabend, in: Die Terrasse, a.a.O., Juni 1933, S.35.

24 Veronal, Konfutse, S.81-89.

Lyrische Dialoge

1 Prof. Dr. H. Alexander an August Steffin, 8. 7. 1933, BBA bZ 23/144f.

2 Vgl. Taschenkalender Steffin, 18.-20. 11. 1937, BBA 2112/157.

3 Taschenkalender Steffin, stenografischer Eintrag vom 17. 6. 1933, BBA 2112/22. Die Transkription der stenografischen Kalendereinträge, auch der im Folgenden zitierten, stammt von Hertha Ramthun.

4 Taschenkalender Steffin, stenografischer Eintrag vom 18. 6. 1933, BBA 2112/23.

5 Ich wohne fast so hoch wie er, Konfutse, S.196 und Ich lieg allein im Bett, ebd. S.198.

6 Stell dir vor: es kommen alle Frauen, ebd. S.199, vgl. auch Steffin an Brecht, 13. 7. 1933, Briefe, S.68.

7 Das fünfte Sonett, GBA Bd. 11, S.187.

8 Ebd. S.360.

9 Steffin an Brecht, [Juli 1933], Briefe, S.62.

10 Das sechste Sonett, GBA Bd. 11, S.187. Steffin kommentiert den Erhalt des Sonetts: »die sonette finde ich sehr schön. aber mit dem sechsten bin ich nicht einverstanden.«, Steffin an Brecht, [Juli 1933], Briefe, S.77.

11 Vgl. Das zwölfte Sonett, Das dreizehnte Sonett und andere, GBA Bd. 11, S.190.

12 Brecht an Steffin, 11. 8. 1933, GBA Bd. 28, S.375f.

13 Steffin an Brecht, [Ende Juli 1933], Briefe, S.87.

14 Brecht an Steffin, Datierung von Steffin: 19. August 1933, GBA Bd. 28, S.379.

15 Ebd. S.378.

16 GBA Bd. 11, S.372 (Kommentar zu »Lieder Gedichte Chöre«).

17 Achtes Sonett, GBA Bd. 11, S.191.

18 Steffin an Brecht, [Juli/August 1933], Briefe, S.86.

19 Das dritte Sonett, GBA Bd. 11, S.186.

20 Als er mich zum ersten Male fragte, Konfutse, S.202.

21 Liebe liebte ich, doch nicht das Lieben, ebd. S.204.

22 Ich erhielt vom lieben Gott ein Schreiben, ebd. S.205.

23 Als er mich zum ersten Male fragte, a.a.O.

24 Wenn ich zu dir komme, Konfutse, S.203.

25 Ich wohne fast so hoch wie er, ebd. S.196.

1933/34. Versuche

1 Steffin an Brecht, 26. 7. 1933, Briefe, S.89.

2 Vgl. Steffin an Brecht, [Mitte Juli 1933], ebd. S.75.

3 Steffin an Brecht, [Juli 1933], ebd. S.100.

4 Steffin an Brecht, [Mitte Juli 1933], ebd. S.76.

5 Natürlich hab ich als Kind, ebd. S.64. Das Gedicht ist auch veröffentlicht in: Konfutse, S.189f.

6 Steffin an Brecht, [Anfang Juli 1933], ebd. S.63.

7 Steffin an Brecht [Mitte Juli 1933], ebd. S.72.

8 Steffin schickt den Brief ihrer Mutter mit den notwendigen Entschlüsselungen versehen, am 26. Juli 1933 weiter an Brecht nach Dänemark. Er ist als Anhang gedruckt in ebd. S.90.

9 Steffin an Brecht, [Mitte August 1933], ebd. S.95.

10 Sabine Kebir Ich fragte nicht nach meinem Anteil, Elisabeth Hauptmanns Arbeit mit Bertolt Brecht (Berlin 1997), S.159 – 173.

11 Steffin an Brecht, [Anfang August 1933], Briefe, S.91.

12 Steffin an Brecht, [Ende Juli 1933], BBA 654/30.

13 Brecht an Steffin, Datierung von Margarete Steffin: 19. August 1933, GBA Bd. 28, S.377.

14 Ebd. S.377f.

15 Brecht an Steffin, Datierung von Margarete Steffin: 28. August 1933, ebd. S.383.

16 Brecht an Johannes R. Becher, Anfang August 1933, ebd. S.373f. Vgl. auch Brecht an Sergej Tretjakow, Ende April 1933, ebd. S.357.

17 Steffin an Brecht, 13. 7. 1933, Briefe S.67.

18 Steffin an Brecht, [Mitte Juli 1933], ebd. S.72.

19 Steffin an Brecht, 27. 5. 1933, ebd. S.61.

20 Steffin an Brecht, [Mitte August 1933], ebd. S.96.

21 Brecht an Steffin, Datierung von Margarete Steffin: 28. August 1933, a.a.O.

22 Steffin an Brecht, [Ende Juli 1933], Briefe S.85.

23 Vgl. Brecht an Steffin, Datierung von Margarete Steffin: 11. August 1933, GBA Bd. 28, S.375 und Brecht an Steffin, Datierung von Margarete Steffin: 16. August 1933, ebd. S.376.

24 Mitteilung von Herta Hanisch.

25 Jean Renoir: Mein Leben, meine Filme, Zürich 1992, S.146.

26 Walter Benjamin an Steffin, 4. 11. 1936, BBA 2169/07.

27 Brechts Lai-tu, Erinnerungen und Notate von Ruth Berlau, Hg. Hans Bunge, Darmstadt und Neuwied 1985, S.109f.

28 Steffin an Walter Benjamin, o. D. [Anfang Januar 1934], Briefe, S.104, Hervorhebung im Typoskript.

29 Brecht an Steffin, Datierung von Margarete Steffin: 13. Januar 1934, GBA Bd. 28, S.402.

30 Taschenkalender Steffin, BBA 2112/63.

31 Steffin an Walter Benjamin, o. D., [Ende Januar 1934], Briefe, S.107.

32 Ebd.

33 Steffin an Brecht, [Kopenhagen, Mitte Februar 1934], ebd. S.113.

34 Ebd. S.115.

35 Ebd.

36 Taschenkalender Steffin, BBA 2112/66. Vgl. auch Steffin an Walter Benjamin, [Svendborg, Februar 1934], Briefe, S.116f.

37 Briefkonzept an Toet Blaupoot ten Cate, in: Walter Benjamin Gesammelte Schriften, Bd. VI, unter Mitwirkung von Theodor W. Adorno und Gershom Scholem, Hg. Rolf Tiedemann und Hermann Schweppenhäuser, Frankfurt/M. 1985, S.811. – Für den Hinweis ist Erdmut Wizisla zu danken.

38 Von der Liebe, GBA Bd. 22.1, S.29. Der Text entstand im Zusammenhang mit Diskussionen mit Margarete Steffin über Lenins ablehnende Haltung zur Glas-Wasser-Theorie von Alexandra Kollontai. Brecht stellt die beiden Auffassungen nebeneinander und resümiert sie in der zitierten Passage, womit er zu erkennen gibt, daß er eher Lenins Meinung teilt. Die Auseinandersetzung ist offenbar Teil der Diskussion über die zukünftige Lebensweise, vgl. Anm. GBA Bd. 22.2, S.884.

39 Brechts Lai-tu, a.a.O., S.110.

40 Vgl. Brecht an Steffin, Datierung von Margarete Steffin: 15. Oktober 1934, GBA Bd. 28, S.448, Chronik, S.401 und Stefan Hauck/Rudy Hassing: Chronik Margarete Steffins: Vorläufige Forschungsergebnisse, Focus, S.47.

Die Mitarbeiterin

1 Rudi Arndt kam nach seiner Entlassung aus dem Zuchthaus Brandenburg 1936 in die Konzentrationslager Sachsenhausen, Dachau und Buchenwald, wo er im Mai 1940 ermordet wurde. Zu Gertrud Glondajewskis Verbindung mit der Widerstandsgruppe Herbert Baum und dem

Widerstandskreis um Hans Fruck. Siehe: Regina Scheer: Im Schatten der Sterne, Eine jüdische Widerstandsgruppe, Berlin 2004.

2 Journale, 15. 8. 1938, GBA Bd. 26, S.318.

3 Zur gleichen Zeit schrieb Brecht eine Reihe von Gedichten, in denen er Vorgänge gestaltete, die sich sämtlich in der ab 1937 entstandenen Szenenfolge »Furcht und Elend des Dritten Reiches« wiederfinden und möglicherweise von den Erzählungen der Berliner Besucher angeregt waren (Das Kreidekreuz, Der Arzt, Der dem Tod geweihte, Der Nachbar, Die Untersuchung, GBA Bd. 14, S.236-241.

4 Die rote Fahne, Konfutse, S 61-66.

5 Wer war der Täter?, Konfutse, S.104.

6 Steffin an Brecht, [Anfang Juli 1933], Briefe, S.62.

7 Vertrag mit Gott, Konfutse, S.90-94. Das Vorbild für die Hauptfigur gab wahrscheinlich Hans Hermann Borchardt ab, mit dem Steffin in Paris Kontakt hatte.

8 Vgl. Die Stadt Berlin hatte in vielen großen Lokalen..., Fragment einer Erzählung, BBA 534/03, 534/05. Erzählt wird von einer Gruppe junger Leute der Kommunistischen Jugend, die sich nach dem Verbot der Organisation trifft, um ihre Arbeit, getarnt als Schachverein, fortzusetzen. In Konfutse, S.67f ist unter dem Titel »Schach bei Erpel« eine gekürzte Fassung abgedruckt.

9 Vgl. [Über die Niederlage] und Fragen nach einer Niederlage, GBA Bd. 22.1, S.19-21. Daneben begann Brecht einen Text zu schreiben, »Die Reisen um Deutschland«, in dem die Vorgänge im Land aus der Emigrantenperspektive, teils satirisch reflektiert werden, ebd. S.11-18.

10 Vgl. beispielsweise die fragmentarische Ui-Erzählung Wenige wissen heute, GBA Bd. 19, 367 - 375.

11 Information von Willi Adam, der die Gruppe zeitweilig leitete.

12 Werner Mittenzwei: Das Leben des Bertolt Brecht, Bd. 1, a.a.O., S.591.

13 Hanns Eisler. Fragen Sie mehr über Brecht, Gespräche mit Hans Bunge, Leipzig 1975, S.110.

14 Brecht an Steffin, Datierung von Margarete Steffin: 19. August 1933, GBA Bd. 28, S.379.

15 Brecht an Steffin, Datierung von Margarete Steffin: 16. August 1933, ebd. S.381.

16 Vgl. Steffins Korrekturen, BBA 269/14 und Dreigroschenroman, GBA Bd. 16, S.33f.

17 BBA 294/30.

18 Zit. nach Wolfgang Jeske: ...jetzt habe ich ihm wieder Flöhe ins Ohr gesetzt. Anmerkungen zu Margarete Steffin, Hauslektorin bei Brecht, Focus, S.125.

19 Steffin an Walter Benjamin, [Kopenhagen, Ende Januar 1934], Briefe, S.107.

20 Wolfgang Jeske wies darauf hin, daß die genaue Analyse der Folgen von Steffins Einreden erst möglich sein wird, wenn der zitierte Brief Steffins an Walter Benjamin (hier Anm. 19) exakt datiert ist. (Wolfgang Jeske: Bertolt Brechts Poetik des Romans, Frankfurt/M. 1984 S.165.) Sagen läßt

sich, daß nur zwei Daten in Frage kommen: der 28. 1. 1934 und der 12. 2. 1934. Steffins Brief an Walter Benjamin beginnt: »eben komme ich vom bahnhof, habe b hingebracht, der kurze zeit hier war ...« Brecht hielt sich vom 18. 1. bis 28. 1. 1934 in Kopenhagen auf, wie Steffin in ihrem Taschenkalender vermerkt (BBA 2112/64). Danach kommt er vom 10. 2. bis 12. 2. 1934 erneut nach Kopenhagen (Chronik, S.393). In ihrem Brief an Benjamin kündigt Steffin außerdem an, eine Freundin würde »irgendwann im Februar« zu Besuch kommen. Es handelte sich um Hilde Lützenhoff, die nach eigener Aussage vor dem 20. 2. 1934 (also vor der Ankunft von Johanna Steffin und Herta Hanisch) nach Kopenhagen gekommen war. Daher wäre es eher unwahrscheinlich, daß Steffin am 12. 2. noch kein genaues Datum ihrer Ankunft mitteilen kann, (was wiederum für Benjamin wichtig gewesen wäre, da sich Lützenhoff in Berlin evtl. um die Spedition von Benjamins Bibliothek nach Svendborg kümmern sollte, die schließlich am 14. März dort eintrifft (Steffin an Walter Benjamin, 15. 3. 1934, Briefe, S.118). Für eine Datierung des Briefes auf den 28. 1. 1934, in dem Steffin Benjamin mitteilt, Brecht sei mit dem Roman fertig gewesen, spricht auch, daß Brecht bereits vor Mitte Januar an Steffin geschrieben hatte, er sei mitten in der Arbeit am Schlußkapitel (Brecht an Steffin, Datierung von Margarete Steffin: 13. Januar 1934, GBA Bd. 28, S.402). Daher machen die Folgen von Steffins Interventionen mit ziemlicher Sicherheit den Unterschied zwischen der Ende Januar 1934 abgeschlossenen zweiten Fassung des Romans (BBA, S.271-273) und der im Februar/März 1934 entstehenden dritten Fassung (BBA, S.291-293) aus.

21 Karl Korsch an Brecht, 17. 3. 1934, BBA 294/66-73 und 14. 5. 1934, BBA 259/44-48.

22 zwischen dem schlesischen bahnhof und dem bahnhof treptow..., Anfang einer Erzählung, BBA 237/61. Konfutse, S.35ff bringt unter dem Titel »Im Schlesischen Kietz« eine andere, ebenfalls fragmentarische Fassung.

23 Dreigroschenroman, a.a.O., S.287.

24 Konfutse, S.11f. Die Geschichte hat Margarete Steffin auf den 10. 4. 1933 datiert.

25 Dreigroschenroman, a.a.O., S.190f.

26 Steffins ergänzende Abschnitte lassen sich nur deshalb nachweisen, weil die Korrekturfassung des Romans im Gegensatz zu den drei vorangegangenen Fassungen komplett erhalten ist. Wolfgang Jeske listet Steffins Ergänzungen erstmals in seiner Studie auf »... jetzt habe ich ihm wieder Flöhe ins Ohr gesetzt ...«, a.a.O., S.119-139. Die Studie enthält eine detailreichere Darstellung der Mitarbeit Steffins am Dreigroschenroman als sie hier möglich ist. Jeske liefert die Nachweise aller zehn Steffin-Ergänzungen in Anm. 97, ebd. S.139.

27 Brecht an Steffin, Datierung von Margarete Steffin: 9. Dezember 1934, GBA Bd. 28, S.465.

28 Steffin an Walter Benjamin, 15. März 1934, Briefe, S.118f.

29 Steffin an Walter Benjamin, [April 1934], ebd. S.121.

30 Brecht an Elias Alexander, 31. März 1934, GBA Bd. 28, S.413.

31 Steffin an Walter Benjamin, 15. März 1934, a.a.O., S.119f.

32 Hanns Eisler. Fragen Sie mehr über Brecht, Gespräche mit Hans Bunge, a.a.O.

33 Vgl. Hartmut Reiber: Das eigene Leben des Anderen, Gespräch mit Käthe Rülicke-Weiler, Focus, S.163-185.

34 Das zehnte Sonett, GBA Bd. 11, S.189.

35 Maria Osten: Aufzeichnungen für Brecht, Konfutse, S.340.

36 [Über die eigene Arbeit], GBA Bd. 22.1, S.447f.

37 Vgl. GBA Bd. 4, S.505, sowie Steffin an Walter Benjamin, 25. 9. 1935, Briefe, S.146 und Steffin an Walter Benjamin, 16. 10. 1935, ebd. S.148.

38 Herta Ramthun entschlüsselte 1986 ein Akrostichon in dem Sonett »Als der Klassiker am Montag ...«, das sich in Brecht-Ausgaben befand und wies nach, das es von Steffin stammte (Herta Ramthun: Die Entdeckung des »unauffälligen Worts«, in: notate 4/1986, Hg. Brecht-Zentrum der DDR, jetzt abgedruckt in Konfutse, S.206. Siehe auch: Gerhard Seidel: Anerkennung durch Aneignung? Ein Sonett Margarete Steffins, bearbeitet von Bertolt Brecht. In: Edition als Wissenschaft. Festschrift für Hans Zeller. Hg. G. Martens, W. Woesler, Tübingen 1991, S.181-185. Auf neuere Entdeckungen in Zuordnungsfragen von Stefan Hauck verweist Hiltrud Häntzschel in: Brechts Frauen, Reinbeck 2002, S.219 und S.300, Anm. 58, 59).

Schreiben neben Brecht

1 Vgl. Brecht an Steffin, Datierung von Margarete Steffin: 11. 8. 1933, GBA Bd. 28, S.375. Im Mai 1934 schrieb Steffin an Walter Benjamin: »Mir wollte O. einen Sanatoriumsplatz durch W. verschaffen, Sie wissen, aber jetzt zieht sich das schon 2 Monate hin [...]« (Steffin an Walter Benjamin, Mai 1934, Briefe S.123. Der Herausgeber Stefan Hauck liest Steffins Abkürzung »O.« als Osten, was nicht stimmen kann, da Steffin zu dieser Zeit noch nicht mit Maria Osten bekannt ist. »O.« steht wohl für Otto Katz und »W.« für Willi Münzenberg. Steffin hatte ab Juli 1933 in Paris Kontakt mit Piscators und Münzenbergs Mitarbeiter Otto Katz, Siehe:Taschenkalender 1933, BBA 2112/25).

2 Sergej Tretjakow an Brecht, 8. 9. 1934, in: Fritz Mierau: Erfindung und Korrektur. Tretjakows Ästhetik der Operativität, Berlin 1976, S.263f.

3 Brecht an Steffin, Datierung von Margarete Steffin: 11. September 1934, GBA Bd. 28, S.438.

4 Brecht an Steffin, Datierung von Margarete Steffin: 21. September 1934, GBA Bd. 28, 441.

5 Steffin an Walter Benjamin, 24. September 1934, Briefe, S.129.

6 Ebd. S.128f.

7 Lacis hatte ihre Erfahrungen mit dem Kindertheater 1928 gemeinsam mit Walter Benjamin im Programm eines proletarischen Kindertheaters reflektiert und politisch verallgemeinert (Asja Lacis: Revolutionär im Beruf. Berichte über proletarisches Theater, über Meyerhold, Brecht,

Benjamin und Piscator, Hg. Hildegard Brenner, München 1976 S.30-34. Auch in: Walter Benjamin: Gesammelte Schriften, a.a.O., Bd. II, 2, S.763-769).

8 Steffin an Walter Benjamin, 13. Dezember 1934, Briefe S.131.

9 Brecht an Steffin, Datierung von Margarete Steffin: 19. November 1934, GBA Bd. 28, S.459f und Brecht an Steffin, Datierung von Margarete Steffin: 15. November 1934, ebd. S.459.

10 Steffin an Walter Benjamin, 13. 12. 1934, Briefe, S.131.

11 In: 30 Erzähler des neuen Deutschlands, Hg. Wieland Herzfelde, Berlin 1932, S.17-28.

12 Wenn er einen Engel hätte, Konfutse, S.225.

13 Ebd. S.298.

14 Ebd. S.299.

15 Ebd. S.298f.

16 Brecht an Steffin, Datierung von Margarete Steffin: 28. Dezember 1934, GBA Bd. 28, S.468.

17 Thesen für proletarische Literatur, GBA Bd. 22.1, S.39f.

18 Brecht an Steffin, Datierung von Margarete Steffin: 17. Februar 1935, ebd. S.490.

19 Steffin an Brecht, 28. 10. 1935, Briefe, S.151.

20 Ebd. S.152.

21 Brecht an Steffin, Datierung von Margarete Steffin: 14. November 1935, GBA Bd. 28, S.533.

22 Konfutse, S.132-159.

23 Taschenkalender Steffin, 4. April 1936: »Berlau – Schutzengel«, BBA 2112/100. Am selben Tag schreibt sie auch einen Brief an die Kopenhagener Schauspielerin Lulu Ziegler, die mit dem Regisseur Per Knudson zusammenarbeitet, ebd.

24 Kalendereintrag 27. April 1936: »Becher – Schutzengel«, BBA 2112/104.

25 Steffin: Lied des Schiffsjungen, in: Das Wort, Heft 6, Moskau 1936, S.42f.

26 Brecht an Johannes R. Becher, 23. Februar 1937, GBA Bd. 29, S.11. – »an becher den schutzengel«, Taschenkalender Steffin, 23. März 1937, BBA 2112/124.

27 Steffin an Walter Benjamin, 20. Juli 1937, Briefe, S.246.

28 Steffin: Herr Fischer, wie tief ist das Wasser?, in: Internationale Literartur, Heft 7, Moskau 1937 S.55-58.

29 Steffin an Walter Benjamin, 7. September 1937, Briefe, S.252f.

30 Journal, 12. 12. 1948, GBA Bd. 27, S.290.

31 Steffin an Walter Benjamin, Mai 1934, Briefe, S.124.

32 Steffin an Walter Benjamin, 9. 4. 1937, ebd. S.236.

33 Walter Benjamin an Steffin, 23. März 1937, BBA 2169/11.

34 Steffin: Die Geisteranna, Focus, S.20.

35 Taschenkalender Steffin, 28. 3. 1937, BBA 2112/125.

36 Steffin an Walter Benjamin, 29. Dezember 1937, Briefe, S.265.

37 BBA 340/39.

38 Steffin an Walter Benjamin, [1934/35], Briefe

39 Steffin an Walter Benjamin, o. D., [vermutlich Januar 1939], ebd. s.294.

Leben aus dem Koffer

1 Steffin an Walter Benjamin, 13. Dezember 1934, Briefe, S.130.
2 Ebd. S.132.
3 Ebd. S.130.
4 Brecht an Steffin, Datierung von Margarete Steffin: 2. Oktober 1934, GBA Bd. 28, S.444.
5 Steffin an Walter Benjamin, 6. 3. 1935, Briefe, S. 133.
6 Steffin an Walter Benjamin, 13. 5. 1935, ebd. S.135.
7 Bernhard Reich an Brecht, 2. 11. 1934, BBA 477/86.
8 Brecht an Helene Weigel, Ende März 1935, GBA Bd. 28, S.496.
9 Brecht an Joris Ivens, 19. Mai 1935, GBA Bd. 28, S.501.
10 Georg Lukács/Johannes R. Becher/Friedrich Wolf u.a. Die Säuberung, Moskau 1936: Stenogramm einer geschlossenen Parteiversammlung, Hg. Reinhard Müller, Reinbeck 1991, S.416. Die Versammlung fand vom 4. bis 9. September 1936 statt.
11 Vgl. Günther Agde Kämpfer. Biographie eines Films und seiner Macher, Berlin 2001.
12 Brecht an Helene Weigel, 13. April 1935, GBA Bd. 28, S.498.
13 Alexander Granach an Lotte Lieven-Stiefel, Moskau am 10. V. 1935, Alexander-Granach-Archiv, Stiftung Archive der Akademie der Künste Berlin. Zum Verhalten Wangenheims vgl. auch Granach an Lieven-Stiefel, 22. V. 1935 und [Juni] 1935, ebd. sowie Reinhard Müller: Menschenfalle Moskau. Exil und stalinistische Verfolgung, Hamburg 2001 und Günther Agde: Kämpfer, a.a.O.
14 Bert-Brecht-Abend im Hause der Sowjetschriftsteller, Rote Zeitung, Leningrad, 22. Mai 1935.
15 Steffin an Arnold Zweig, 31. 7. 1935, Briefe, S.141.
16 Steffin an Walter Benjamin, Juli 1935, ebd. S.139.
17 Steffin an Hanns Eisler, 8. September 1935, BBA 479/07f.
18 Ebd.
19 Brecht an Paul Peters, Ende August 1935, GBA Bd. 28, S.520.
20 Briefe, S.147. Eine überarbeitete Fassung von 1936 mit dem Titel »Als der Klassiker am Montag ...« ist abgedruckt in Konfutse, S.206.
21 Steffin an Brecht, 24. 2. 1936, Briefe, S.177.
22 Hans Christian Nørregaard: Bertolt Brecht und Dänemark, in: Exil in Dänemark, Heide 1993, S.409. Nørregaard zitiert aus Steffins Verhörprotokollen vom November/Dezember 1935 und schildert, worüber sie in Svendborg 1934 im Zusammenhang mit der Aufenthaltsgenehmigung verhört wurde. Vgl. auch Steffin an Brecht, 20. 2. 1936, Briefe, S.172.
23 Steffin an Walter Benjamin, 18. 2. 1936, Briefe, S.167.
24 Walter Benjamin an Steffin, 28. Mai 1936, Stiftung Archive der Akademie der Künste Berlin, Sammlung Walter Benjamin.
25 Siehe Wladimir Koljazin: »Vernite mne svobodu!« [Gebt mir meine

Freiheit wieder!], russ., Moskau 1997.

26 Brecht an Steffin, Datierung von Margarete Steffin: 26. 2. 1936, GBA Bd. 28, S. 548.

27 Steffin an Brecht, 24. II. 1936, Briefe, S.177.

28 Steffin an Walter Benjamin, 13. 12. 1934, ebd. S.130.

29 Steffin an Brecht, o. D. [März 1936], ebd. S.194f.

30 Ebd. S.194.

31 Ebd. S.195.

32 Ich dacht, dein Heim, GBA Bd. 14, S.229.

33 Steffin an Brecht, Ende März 1936, ebd. S.193.

34 Steffin an Brecht, 22. 2. 1936, RGALI 631/14/415. Briefe, S.172-174 gibt dieses Schreiben unvollständig wieder, es fehlt eine lange Passage.

35 Steffin an Brecht, 5. 3. 1936, Briefe, S.181.

36 Ebd. S.182.

37 Steffin an Arnold Zweig, [März 1936], ebd. S.185.

38 Journal, I. 39 [Januar 1939], GBA Bd. 26, S.326.

39 Steffin an Walter Benjamin, 10. 5. 1936, Briefe S.197f.

40 Gerda Goedhart an den Autor, 17. IX. 1979.

Verlorenheit und Liebe

1 Brechts Lai-Tu, a.a.O., S.111.

2 Steffin an Walter Benjamin, 11. X. 1936, Briefe, S.207.

3 Steffin an Walter Benjamin, 29. X. 1936, ebd. S.208.

4 Für diese Information danke ich Rudy Hassing, Kopenhagen, der Steffins Patientenakte im Öresund-Hospital einsehen konnte.

5 Steffin an Walter Benjamin, 7. XI. 1936, Briefe, S.213.

6 Steffin an Brecht, 28. 11. 1936, ebd. S.214.

7 Ebd.

8 Ebd. S.215f.

9 Brechts Lai-Tu, a.a.O., S.112.

10 Carl Pietzcker: »Ich kommandiere mein Herz«, Brechts Herzneurose – ein Schlüssel zu seinem Leben und Schreiben, Würzburg 1988.

11 Notiz von Margarete Steffin, 3. III. 37, BBA 508/04.

12 Carl Pietzcker »Ich kommandiere mein Herz«, a.a.O., S.10.

13 Steffin an Brecht, 28. 11. 1936, a.a.O., S.214.

14 Ebd. S.215.

15 Vgl. Steffin an Walter Benjamin, 10. 12. 36, ebd. S.220.

16 Ebd.

17 Steffin an Walter Benjamin, 29. XII. 1936, ebd. S.221, Hervorhebung im Typoskript.

18 Taschenkalender Steffin, 13. 1. 1937, BBA 2112/116.

19 Wieland Herzfelde an Margarete Steffin, 29. 1. 37, BBA 477/03.

20 Steffin an Walter Benjamin, 11. II. 1937, Briefe, S.227.

21 Wilhelm Pieck, Wilhelm Florin, Peter Wieden [d. i. Ernst Fischer], Walter Ulbricht, Franz Dahlem, Paul Merker und andere: Der Fluch von Nürnberg. Hitlers Kriegsrat gegen Freiheit und Frieden, Moskau 1936

[Vegaar] und Strasbourg 1937 [Edition Promethee].

22 Notiz von Margarete Steffin, 7. III. 37, BBA 508/04.

23 Ebd. Hay hatte bei der »Wort«-Redaktion einen Aufsatz eingereicht, in dem er unter anderem behauptete, Brechts Stück »Die Rundköpfe und die Spitzköpfe« gieße Wasser auf die Mühlen der Faschisten. Der Aufsatz wurde nicht gedruckt, kündigte aber die Formalismusvorwürfe an, die Georg Lukács bald darauf gegen Brecht erhob. Vgl. Brecht an Bernhard Reich, 11. III. 1937, Brecht an Johannes R. Becher, 11. III. 1937 und Brecht an Julius Hay, Mitte März 1937, GBA Bd. 29, S.19-22.

24 Notiz von Margarete Steffin, 10. III. 37, BBA 508/04.

25 Brecht an Lion Feuchtwanger, Mitte/Ende Mai 1937, GBA Bd. 29, S.31.

26 Helene Weigel an Erwin Piscator, Februar 1937, in: »Wir sind zu berühmt, um überall hinzugehen«, Helene Weigel, Briefwechsel 1935-1971, Hg. Stefan Mahlke, Berlin 2000, S.14.

27 Steffin an Walter Benjamin, 29. XII. 1936, Briefe, S.222, Hervorhebungen im Typoskript.

28 Steffin an Walter Benjamin, 11. II. 1937, ebd. S.226f.

29 Ebd. S.226.

30 Ebd.

31 Brecht an Lion Feuchtwanger, Mitte/Ende Mai 1937, a.a.O., S.30.

32 Taschenkalender Steffin, 8. Februar bis 8. Juli 1937, BBA 2112/118-138. Alexandra Karjagina taucht im Kalender unter dem Namen Sascha auf, vgl. Konfutse, S.349 (Nachwort).

33 Taschenkalender Steffin, 21. bis 27. März 1937, BBA 2112/124.

34 Steffin an »Liebe Genossen«, 30. 7. 1937, RGALI 631/12/67. Aus dem Brief ist nicht ersichtlich, an wen er adressiert ist, wahrscheinlich an die deutsche Sektion der Sowjetschriftsteller in Moskau, da er im RGALI in einer entsprechenden Mappe archiviert ist.

35 Brecht an »Liebe Genossen«, 4. 9. 1937, ebd. Brechts Verweis auf Michail Kolzow bezieht sich auf ein Gespräch, das er im Juli 1937 in Paris mit ihm führte, wo er ihn anläßlich des II. Kongresses zur Verteidigung der Kultur getroffen hatte. Ein Moskauer Vermerk auf dem Brief teilt mit, daß er am 10. 9. 1937 an die »Auslandskommission« weitergegeben wurde, womit die Auslandskommission des sowjetischen Schriftstellerverbandes gemeint ist.

36 Taschenkalender Steffin, stenografischer Eintrag vom 8. September 1937, BBA 2112/146.

37 Michail Apletin an Brecht, 15. 10. 1937, RGALI 631/12/67.

38 Taschenkalender Steffin, stenografische Notiz 11. 8. 1937, BBA 2112/142.

39 Taschenkalender Steffin, 1. 9. 1937, BBA 2112/145.

40 Taschenkalender Steffin, 20. 9. 1937, BBA 21212/149.

41 Taschenkalender Steffin, stenografischer Eintrag 3. bis 9. 10. 1937, BBA 2112/150. Schreibweise wie im Typoskript.

42 Taschenkalender Steffin, stenografische Notiz 13. 10. 1937, BBA 2112/151.

43 Taschenkalender Steffin, stenografischer Eintrag 7. bis 13. 11. 1937, BBA

2112/155.

44 Ebd.

45 Brechts Lai-Tu, a.a.O., S.77.

46 Ebd.

47 Vom Mädchen Ursula, Konfutse, S.172.

48 Letztes Liebeslied, GBA Bd. 14, S.383, vgl. Über die Untreue der Weiber, ebd. S.384.

49 Brecht an Margarete Steffin, 21. September 1937, GBA Bd. 29, S.49.

50 Nordahl Grieg: Die Niederlage. Ein Schauspiel über die Pariser Kommune. Autorisierte Übersetzung aus dem Norwegischen von Margarete Steffin, in: Das Wort, Heft 1, S.49-66; Heft 3, S.50-74; Heft 4, S.56-81, Moskau 1938.

51 Brecht an Johannes R. Becher, 14. Oktober 1937, GBA Bd. 29, S.50.

52 Johannes R. Becher an Brecht, 21. 10. 1937, RGALI 631/13/64.

53 Hans Kirk: Die Tagelöhner. Auszug aus dem gleichnamigen Roman, aus dem Dänischen übertragen von Margarete Steffin, in: Internationale Literatur, Heft 8, S.80-90, Moskau 1938.

54 Steffin an Walter Benjamin, 20. VII. 1937, Briefe, S.246.

55 Steffin an Fritz Erpenbeck, o. D. [Oktober/November 1937], RGALI 631/13/64.

56 Steffin an Walter Benjamin, 1. II. 38, Briefe, S.268.

57 Steffin an Walter Benjamin, 12. März 1938, ebd. S.275f.

58 Vgl. David Pike: Brecht and Stalin's Russia. The victim as apologist (1931-1945), in: Beyond: Brecht/Über Brecht hinaus, Das Brecht-Jahrbuch 11/1982, Hg. John Fuegi, Gisela Bahr, John Wille, Wayne State University Press, Detroit und München, 1983.

59 Walter Benjamin: Gespräche mit Brecht, 1. Juli 1938, in: Versuche über Brecht, Hg. Rolf Tiedemann, Frankfurt/M. 1966, S.130.

»das frühjahr ist weit«

1 Steffin an Walter Benjamin, [Ende November/Anfang Dezember 1937], Briefe, S.262.

2 Arnold Zweig an Margarete Steffin, 24. April 1938, Stiftung Archive der Akademie der Künste Berlin, Arnold-Zweig-Archiv, Bl. 6237.

3 Steffin an Walter Benjamin [April 1938], Briefe, S.284.

4 Steffin an Arnold Zweig, 27. IX. 1937, ebd. S.256.

5 Brecht an Martin Andersen Nexö, 3. April 1938, GBA Bd. 29, S.83.

6 Fredrik Martner an den Autor, 22. 8. 1979. Knud Rasmussen nahm während der deutschen Besetzung Dänemarks den Namen Fredrik Martner an, den er später beibehielt. Manche seiner Arbeiten zeichnete er mit dem Pseudonym Crassus, das Steffin in ihren Briefen an ihn auch als Anrede verwendet.

7 Steffin an Knud Rasmussen, [Dezember 1938], Archiv Hanisch. Die Briefe Margarete Steffins an Knud Rasmussen können auch im Brechtarchiv eingesehen werden.

8 Steffin an Knud Rasmussen, [Oktober/November 1938], Hervorhebung

im Typoskript, Archiv Hanisch.

9 »Jrüß den Brecht«, Konfutse, S.174. Robert Ley, NSDAP-Politiker, löste im Mai 1933 die Gewerkschaften auf, Führer der »Deutschen Arbeitsfront«.

10 Ebd. S.175f.

11 Ebd. S.177, Hervorhebung in der Druckvorlage.

12 Journal, 26. 2. 39, GBA Bd. 26, S.331.

13 Ebd.

14 Hanns Eisler. Fragen Sie mehr über Brecht, Gespräche mit Hans Bunge, a.a.O., S.120.

15 Steffin an Knud Rasmussen, [4. Quartal 1938], [dän.], übersetzt von Vera Köller, Archiv Hanisch. – In der folgenden Zeit kann Rasmussen einige Erzählungen Steffins in Zeitungen und im Rundfunk unterbringen.

16 Steffin an Walter Benjamin, [Januar 1939], Briefe, S.294f. Mit »bloch«, ist der Philosoph Ernst Bloch gemeint.

17 Ebd. S.295.

18 Walter Benjamin an Margarete Steffin, 20. März 1939, BBA 2169/15.

19 Brecht an Georgi Dimitroff [1938] und Brecht an Maria Osten, Ende Dezember 1938, GBA Bd. 29, S.124ff.

20 Karl Siebig: Ernst Busch, Reinbeck 1980, S.157.

21 Bundesarchiv RY 1/I 2/3/88, Bl. 183. Vgl. auch: Die Säuberung, a.a.O., S.290.

22 Ernest Hemingway hatte Maria Osten in einer Person seines Romans »Wem die Stunde schlägt« porträtiert und dabei ein zwiespältiges, nicht mit der Wirklichkeit übereinstimmendes Bild entworfen.

23 »Vernite mne svobodu!« [russ.], Hg. V. F. Koljazin, Moskau 1997.

24 Steffin an Carl Strakosch, 4. Januar 1939, BBA 1386/62.

25 Der Bund, Bern 11. September 1943, zit. nach GBA Bd. 5, 374.

26 Steffin an Knud Rasmussen, [April 1939], Archiv Hanisch.

27 Walter Benjamin an Margarete Steffin, 18. April 1939, BBA 2169/13.

28 Ebd, BBA 2169/14.

29 Steffin an Knud Rasmussen, [9. April 1939], Archiv Hanisch.

30 Steffin an Knud Rasmussen, [Mitte Mai 1939], Archiv Hanisch.

31 Steffin an Knud Rasmussen, [ca. 20. Mai 1939], Archiv Hanisch. Martin Andersen Nexö begeht am 26. Juni 1939 seinen 70. Geburtstag.

32 Steffin an Walter Benjamin, [22. 6. 1939], Briefe, S.304.

33 Wieland Herzfelde an Margarete Steffin, 8. Juli 1939, BBA 911/10.

34 Steffin an Knud Rasmussen, [Juli 1939], Archiv Hanisch. Die Übersetzung von Nexös »Erinnerungen« erscheint 1940 im Moskauer Verlag Meshdunarodnaja Kniga (Das Internationale Buch).

35 Steffin an Knud Rasmussen, [August 1939], Archiv Hanisch.

36 Steffin an Knud Rasmussen, [Mitte September 1939], Archiv Hanisch.

37 Steffin an Knud Rasmussen, [Anfang September 1939], Archiv Hanisch.

38 Taschenkalender Steffin, BBA 2112/217 und 2112/219.

39 Ebd. BBA 2112/219.

40 Sonett Nr. 19, GBA Bd. 14, S.437.

41 Brecht an Ruth Berlau, Mitte April 1940, GBA Bd. 29, S.163.

42 Taschenkalender Steffin, stenografischer Eintrag 27. bis 30. August 1939, BBA 2112/215.

43 Steffin an Knud Rasmussen, [ca. 2. 12. 1939], [dän.], übersetzt von Vera Köller, Archiv Hanisch.

44 Steffin an Knud Rasmussen, [Anfang Dezember 1939], [dän.], übersetzt von Vera Köller, Archiv Hanisch.

45 Brecht an Margarete Steffin, Ende Dezember 1939/ Anfang Januar 1940, GBA Bd. 29, S.158.

46 Steffin an Knud Rasmussen, [Anfang März 1940], [dän.], übersetzt von Vera Köller, Archiv Hanisch.

47 BBA 2113/06.

Warten auf die Visastempel

1 Steffin an Knud Rasmussen, 27. 4. 40, [dän.], deutsch von Vera Köller, Archiv Hanisch.

2 Steffin an Ninnan Santesson, 2. 5. 40, Königliche Bibliothek Stockholm, zit. nach Hans Peter Neureuter: Brecht in Finnland, Habilitationsschrift, Universität Regensburg 1984, S.189 (Anhang).

3 Brecht an Erwin Piscator, 27. 5. 1940, GBA 29, S.173.

4 Steffin an Ninnan Santesson, [Ende Mai 1940], Königliche Bibliothek Stockholm, zit. nach Neureuter, a.a.O., S.204.

5 Steffin an Ninnan Santesson, 22. 8. 40, Königliche Bibliothek Stockholm, zit. nach Neureuter a.a.O., S.232.

6 Soja laul. Das Estnische Kriegslied, zusammengestellt und mit Hilfe von Bertolt Brecht und Margarete Steffin ins Deutsche übertragen von Hella Wuolijoki, [estnisch und deutsch], hg. und kommentiert von Hans Peter Neureuter, Ruth Mirov und Ülo Tedre, Stuttgart 1984, Bd. 18 der Sammlung Trajekt, hg. von Manfred Peter Hein in Zusammenarbeit mit den Verlagen Klett-Cotta Stuttgart und Otava Helsinki.

7 Zit. nach Hans Peter Neureuter: Bertolt Brecht und das Estnische Kriegslied, ebd. S.160.

8 Ebd. S.160f. Zum Zitat merkt Neureuter an: »... so Hella Wuolijoki in: Enkä ollut vanki, Helsinki/Porvoo 1945, zit. nach H. P. Neureuter: Zur Brecht-Chronik April 1940 bis Mai 1941, in: Mitteilungen aus der deutschen Bibliothek Helsinki 7, 1973, S.17.«

9 Steffin an Knud Rasmussen, 18. 11. 40, [dän.], deutsch von Vera Köller, Archiv Hanisch. Der handschriftliche Brief ist stellenweise unleserlich, enthält aber eindeutige Hinweise auf das Fieber und die Krankheit.

10 Steffin an Elisabeth Hauptmann, 30. 11. 1940, notate, Hg. Brecht-Zentrum der DDR, Heft 3/1984.

11 Ebd.

12 Steffin/Weigel an Ninnan Santesson, Ende November/Anfang Dezember 1940, Königliche Bibliothek Stockholm, zit. nach Hans Peter Neureuter: Brecht in Finnland, a.a.O. S.255f.

13 Steffin an Elisabeth Hauptmann, 30. 11. 1940, a.a.O., handschriftliche Nachsätze, einige Tage nach dem 30. 11. »infl.«: Influenza.

14 Feuchtwanger an Bertolt Brecht, 2. 12. 1940, zit. nach notate 3/1984, a.a.O.

15 Ebd.

16 Brecht an Hagar Olsson, April 1941, GBA 29, S.204.

17 Hagar Olsson: Aufzeichnungen aus dem Nachlaß, zit. nach Hans Peter Neureuter Brecht in Finnland, a.a.O. S.154.

18 Steffin an Knud Rasmussen, [Anfang November 1940], [dän.], deutsch von Vera Köller, Archiv Hanisch. Autor und Titel des erwähnten Stückes konnten nicht ermittelt werden.

19 Brecht an Hans Tombrock, Datierung von Gregor Gog: Helsinki, 4. Mai 1940, GBA 29, S.170.

20 Steffin an Elisabeth Hauptmann, 30. 11. 1940, a.a.O.

21 Ein Versuch der Aufzählung seiner Stücke zu Brechts Geburtstag 1941, Konfutse, S.182. Auch in: Journal, Februar 1941, GBA 26, S.465f.

22 Ebd. S.184.

23 Ebd. S.185.

24 Steffin an Knud Rasmussen, 18. 2. 41, Archiv Hanisch.

25 Fredrik Martner an den Autor, 22. August 1979.

26 Journal, 14. 1. 41, GBA 26, S.470.

27 Konfutse versteht nicht von Frauen, Konfutse, S.111-119.

28 Journal, 7. 4. 41, GBA 26, S.470.

29 Kein Reich vermochten sie, GBA 15, S.14.

30 Steffin an Knud Rasmussen, [um den 10. April 1941], Archiv Hanisch.

31 Steffin an Knud Rasmussen, [März/April 1941], Archiv Hanisch.

32 Steffin an Ninnan Santesson, [30. 4. 41], Königliche Bibliothek Stockholm, zit. nach Hans Peter Neureuter: Brecht in Finnland, a.a.O. S.292.

33 Ebd.

34 Steffin an Herta Hanisch, 15. 5. 1941, Archiv Hanisch.

Am Ende der Flucht

1 Brechts Lai-Tu, a.a.O., S.112.

2 Ursula El-Akramy: Transit Moskau, Margarete Steffin und Maria Osten, Hamburg 1998, S.270. Die Autorin gibt eine ausführliche Darstellung des Lebens von Maria Osten, auch über die Moskauer Zeit nach ihrer Rückkehr aus Paris.

3 Vgl. Bernhard Reich, Im Wettlauf mit der Zeit. Erinnerungen aus fünf Jahrzehnten deutscher Theatergeschichte, Berlin 1970, S.377.

4 Hugo Huppert: Schach dem Doppelgänger, Halle 1979, S.31.

5 Information von Valter Taub, dessen Eltern von Schweden nach Moskau gekommen waren, um dieselbe Transitreise wie Brecht anzutreten. Taubs Eltern berichteten, daß alle Reisenden mit dem Ziel USA schon vor der Abreise in Moskau zu einer geschlossenen Gruppe zusammengestellt worden waren.

6 Journal, 29. 5. 41, GBA 26, S.489.

7 Journal, 16. 3. 42, GBA 27,67. Cas ist der Bühnenbildner Caspar Neher.

8 Ebd.

9 Journal, 29. 5. 41, a.a.O.

10 Ebd.

11 Hugo Huppert: Schach dem Doppelgänger, a.a.O., S.33.

12 Sylvi Killikki Kilpi: Tagebuch-Auszüge 5. 11. 40 bis 19. 5. 41, in: Hans Peter Neureuter: Brecht in Finnland, a.a.O.

13 Journal, 30. 5. 41, GBA 26, S.489.

14 Brecht an Michail Apletin, 30. 5. 41, GBA 29,205.

15 Juri Okljanski: Powest O malenkom soldate [russ.], Moskau 1978, S. 224f, deutsch von Alexander Resnik.

16 Ebd. 226.

17 Michail Apletin an Brecht, 3. 6. 1941, zit. nach ebd. S.7.

18 Maria Osten: Aufzeichnungenfür Brecht, Konfutse, S.340.

19 Ebd., S.340f.

20 Brechts Lai-Tu, a.a.O. S.114.

21 Vernite mne svobodu! [russ.], Hg. V. F. Koljazin, a.a.O., S. 297, deutsch von Nancy Aris.

22 Ebd. S.301.

23 Ebd. S.294f.

24 Chryssou1a Kambas: Walter Benjamin - Adressat literarischer Frauen, Weimarer Beiträge 39/1993, S.247f.

25 Gerda Goedhart an den Autor, 26. VI. 77 und 17. IX. 79.

26 Gerda Goedhart an Steffin und Brecht, 24. IV. 39, BBA 654/121-122.

27 Journal, 1. 8.41, GBA 27, S.10.

28 GBA 15,45.

29 Ich bin ein Dreck, Konfutse, S.179.

30 Ebd. S.181.

31 Mein General ist gefallen, GBA 15,45.

32 Die Trümmer, GBA 15,42.

33 Manfred Grabs: Über Berührungspunkte zwischen der Vokal- und Instrumentalmusik Hanns Eislers, in: Hanns Eisler heute, Arbeitshefte 19, Hg. Akademie der Künste der DDR, Berlin 1974, S.114f.

34 GBA 15, S.50-56.

35 Journal, GBA 27, S.110.

36 Vgl. Brecht an Herta Hanisch, [Juni/Ju1i 1947], GBA 29, S.419f, Brecht an Johanna Steffin, [Juni/Juli 1947], ebd. S.420f und Brecht an Herta Hanisch, 30. Oktober 1948, ebd. S.475. - Martin Andersen Nexös Erinnerungen in der Übersetzung von Steffin und Brecht sind 1946 und 1948 im Dietz Verlag Berlin erschienen.

37 Gerda Goedhart an den Autor, 26. VI. 77.

38 Margarete Steffin an Knud Rasmussen, o. D. [1939], Archiv Hanisch.

Personenverzeichnis

Margarete Steffin und der auf Seite 113 zuerst erwähnte Bertolt Brecht wurden in dieses Register nicht aufgenommen.

Mein erster Dank gilt Herta Hanisch und allen Freunden von Margarete Steffin, ohne deren Hilfe, Interesse und Anteilnahme die Nacherzählung dieses Lebens nicht möglich gewesen wäre.

Besonders zu danken habe ich Rudy Hassing für Rat und Unterstützung in Dänemark, Peter Weiss für ermunternde Gespräche in Schweden, Anu Saari und Toni Edelmann für tätige Hilfe in Finnland, Wolfgang Jeske für gemeinsame Gänge durch die Schweiz, Ludwig Hoffmann für die Organisation einer Reise nach Riga, Anatol Erdmann und György Dalos für die Beschaffung von Büchern und Brigitte Struzyk für ihren Humor.

Ich danke auch dem früheren Leiter des Brecht-Archivs Gerhard Seidel und seinem Nachfolger Erdmut Wizila, sowie Herta Ramthun und allen anderen Mitarbeitern des Archivs für ihren Rat und ihre Geduld.

Schließlich habe ich vielen anderen hier ungenannten Menschen für Unterstützungen unterschiedlichster Art zu danken.

H. R.
Berlin, Januar 2008

ISBN 978-3-359-02202-2

© 2008 Eulenspiegel Verlag, Berlin
Umschlaggestaltung unter Verwendung
eines Fotos von Margarete Steffin
Druck und Bindung: Druckerei Finidr

Ein Verlagsverzeichnis schicken wir Ihnen gern:
Eulenspiegel · Das Neue Berlin Verlagsgesellschaft mbH & Co. KG
Neue Grünstr. 18, 10179 Berlin
Tel. 01805/30 99 99
(0,14 Euro/Min. aus dem deutschen Festnetz, abweichende Preise
für Mobilfunkteilnehmer)

Die Bücher des Eulenspiegel Verlags
erscheinen in der Eulenspiegel Verlagsgruppe.

www.eulenspiegel-verlag.de